Luise Hölscher, Anke Nestler und Ralf Otto

Handbuch Financial Due Diligence

200 Jahre Wiley – Wissen für Generationen

Jede Generation hat besondere Bedürfnisse und Ziele. Als Charles Wiley 1807 eine kleine Druckerei in Manhattan gründete, hatte seine Generation Aufbruchmöglichkeiten wie keine zuvor. Wiley half, die neue amerikanische Literatur zu etablieren. Etwa ein halbes Jahrhundert später, während der »zweiten industriellen Revolution« in den Vereinigten Staaten, konzentrierte sich die nächste Generation auf den Aufbau dieser industriellen Zukunft. Wiley bot die notwendigen Fachinformationen für Techniker, Ingenieure und Wissenschaftler. Das ganze 20. Jahrhundert wurde durch die Internationalisierung vieler Beziehungen geprägt – auch Wiley verstärkte seine verlegerischen Aktivitäten und schuf ein internationales Netzwerk, um den Austausch von Ideen, Informationen und Wissen rund um den Globus zu unterstützen.

Wiley begleitete während der vergangenen 200 Jahre jede Generation auf ihrer Reise und fördert heute den weltweit vernetzten Informationsfluss, damit auch die Ansprüche unserer global wirkenden Generation erfüllt werden und sie ihr Ziel erreicht. Immer rascher verändert sich unsere Welt, und es entstehen neue Technologien, die unser Leben und Lernen zum Teil tiefgreifend verändern. Beständig nimmt Wiley diese Herausforderungen an und stellt für Sie das notwendige Wissen bereit, das Sie neue Welten, neue Möglichkeiten und neue Gelegenheiten erschließen lässt.

Generationen kommen und gehen: Aber Sie können sich darauf verlassen, dass Wiley Sie als beständiger und zuverlässiger Partner mit dem notwendigen Wissen versorgt.

William J. Pesce
President and Chief Executive Officer

Peter Booth Wiley
Chairman of the Board

Luise Hölscher, Anke Nestler und Ralf Otto

Handbuch Financial Due Diligence

Professionelle Analyse deutscher Unternehmen bei Unternehmenskäufen

BICENTENNIAL 1807 WILEY 2007 BICENTENNIAL

WILEY-VCH Verlag GmbH & Co. KGaA

1. Auflage 2007

Bibliografische Information der Deutschen Nationalbibliothek
Die Deutsche Nationalbibliothek verzeichnet diese Publikation in der Deutschen Nationalbibliografie; detaillierte bibliografische Daten sind im Internet über http://dnb.d-nb.de abrufbar.

Printed in the Federal Republic of Germany

Gedruckt auf säurefreiem Papier.

Satz TypoDesign Hecker GmbH, Leimen
Druck und Bindung AALEXX Druck GmbH, Großburgwedel
Umschlaggestaltung Christian Kalkert, Birken-Honigsessen
Wiley Bicentennial Logo Richard J. Pacifico

ISBN: 978-3-527-50295-0

Inhaltsverzeichnis

Handbuch Financial Due Diligence. Luise Hölscher, Anke Nestler und Ralf Otto

ISBN 978-3-527-50295-0

Abkürzungsverzeichnis

∅	Durchschnitt
Abs.	Absatz
AfA	Absetzung für Abnutzung
AG	Aktiengesellschaft
AHK	Anschaffungs- und Herstellungskosten
AktG	Aktiengesetz
AO	Abgabenordnung
APA	Asset Purchase Agreement
APV	Adjusted Present Value
aRAP	aktiven Rechnungsabgrenzungspostens
Art.	Artikel
Aufl.	Auflage
BaFin	Bundesanstalt für Finanzdienstleistungsaufsicht
BB	Betriebs-Berater (Zeitschrift)
BFH	Bundesfinanzhof
BGB	Bürgerliches Gesetzbuch
BGBl.	Bundesgesetzblatt
BGH	Bundesgerichtshof
BGHZ	Sammlung der Entscheidungen des Bundesgerichtshofs in Zivilsachen
BilReG	Bilanzrechtsreformgesetz
BMF	Bundesministerium für Finanzen
BStBl	Bundessteuerblatt
Buchst.	Buchstabe
BWA	betriebswirtschaftliche Auswertungen
bzgl.	bezüglich
bzw.	beziehungsweise
c.p.	ceteris paribus
CAPM	Capital Asset Pricing Model
CO_2	Kohlendioxid
d. h.	das heißt

Handbuch Financial Due Diligence. Luise Hölscher, Anke Nestler und Ralf Otto

ISBN 978-3-527-50295-0

DAX	Deutscher Aktienindex
DB	Der Betrieb (Zeitschrift)
DCF	Discounted Cashflow
DCGK	Deutscher Coporate Governance Kodex
DRS	Deutsche Rechnungslegungsstandards
DV	Datenverarbeitung
EBI	Earnings (after tax) Before Interest
EBIT	Earnings Before Interest and Tax
EBITA	Earnings Before Interest, Tax and Amortization
EBITDA	Ergebnis vor Zinsen, Steuern und Abschreibungen
EBT	Earnings Before Tax
EDV	elektronische Datenverarbeitung
EEX	European Energy Exchange
EG	Europäische Gemeinschaft
EGHGB	Einführungsgesetz zum Handelsgesetzbuch
EHUG	Gesetz über elektronische Handelsregister und Genossenschaftsregister sowie das Unternehmensregister
EK	Eigenkapital
ESt	Einkommensteuer
EStG	Einkommensteuergesetz
EStR	Einkommensteuerrichtlinien
etc.	et cetera
ETS	EU Emission Trading Scheme
EU	Europäische Union
evtl.	eventuell
EWG	Europäische Wirtschaftsgemeinschaft
EWR	Europäischer Wirtschaftsraum
f.	folgende
FASB	Financial Accounting Standards Board
FCF	Free Cashflow to firm
FDD	Financial Due Diligence
ff.	fortfolgende
Fifo	First in, last out
FK	Fremdkapital
FRA	Forward Rate Agreements
GAufzV	Gewinnabgrenzungsaufzeichnungs-Verordnung
GbR	Gesellschaft bürgerlichen Rechts
gem.	gemäß
GewSt	Gewerbesteuer
ggf.	gegebenenfalls

GKV	Gesamtkostenverfahren
GmbH	Gesellschaften mit beschränkter Haftung
GmbHG	GmbH-Gesetz
GoB	Grundsätze ordnungsmäßiger Buchführung
GuV	Gewinn- und Verlustrechnung
GWG	geringwertige Wirtschaftsgüter
h.M.	herrschende Meinung
HGB	Handelsgesetzbuch
Hifo	Highest in, first out
Hrsg.	Herausgeber
i.d.F.	in der Fassung
i.d.R.	in der Regel
i.e.S.	im eigentlichen Sinne
i.H.v.	in Höhe von
i.S.d.	im Sinne des
i.S.v.	im Sinne von
i.V.m.	in Verbindung mit
I/B/E/S	Institutional Brokers Estimate System
IAS	International Accounting Standards
IASB	International Accountings Standard Board
IDW	Institut der Wirtschaftsprüfer
IDW PS	IDW Prüfungsstandard
IDW S 1	IDW Standard: Grundsätze zur Durchführung von Unternehmensbewertungen vom 18. Oktober 2005
IFRS	International Financial Reporting Standards
IKS	internes Kontrollsystem
inkl.	inklusive
insb.	insbesondere
insg.	insgesamt
KapAEG	Kapitalaufnahmeerleichterungsgesetz
KG	Kommanditgesellschaften
KGaA	Kommanditgesellschaften auf Aktien
KGV	Kurs-Gewinn-Verhältnis
KonBefrV	Konzernabschlussbefreiungsverordnung
KonTraG	Gesetz zur Kontrolle und Transparenz im Unternehmensbereich
Konzern-GuV	Konzern-Gewinn- und -Verlustrechnung
KoR	Kapitalmarktorientierte Rechnungslegung (Zeitschrift)
KSt	Körperschaftsteuer
Lifo	Last in, first out

Lofo	Lowest in, first out
LoI	Letter of Intent
M&A	Mergers & Acquisitions
m.a.W.	mit anderen Worten
MAC-Klauseln	Material-Adverse-Change-Klauseln
MIS	Management-Informations-System
MoU	Memorandum of Understanding
NetCapEx	Net Capital Expenditures
NIE	Net Income recognized directly in Equity
Nr.	Nummer
NZG	Neue Zeitschrift für Gesellschaftsrecht
o.Ä.	oder Ähnliches
o.g.	oben genannt
OCI	Other Comprehensive Income
OHG	Offene Handelsgesellschaft
OPEC	Organisation of Petroleum Exporting Countries
OTC	Over the Counter
p.a.	per annum
PBT	Profit Before Tax
PublG	Publizitätsgesetz
RAP	Rechnungsabgrenzungsposten
REACH	Registration, Evaluation and Authorisation of Chemicals.
ROA	Return on Assets
ROCE	Return on Capital Employed
ROI	Return on Investment
RONA	Kennzahl Return on Net Assets
S.	Seite
SAR	Stock Appreciation Rights
s.o.	siehe oben
s.u.	siehe unten
SEStEG	Gesetz über steuerliche Begleitmaßnahmen zur Einführung der Europäischen Gesellschaft und zur Änderung weiterer steuerrechtlicher Vorschriften
SFAS	Statements of Financial Accounting Standards
SGB	Sozialgesetzbuch
SME	Small and Medium sized Enterprises
sog.	so genannt
SolZ	Solidaritätszuschlag
SPA	Share Purchase Agreement
SPV	Special Purpose Vehicle

β	Beta
SWOT	Stärken-Schwächen-Chancen-Risiko-Profil
TCF	Total Cashflow
TEHG	Treibhausgas-Emissionshandelsgesetz
TransPuG	Transparenz und Publizitätsgesetz
Tz.	Textziffer
u.a	unter anderem
u.Ä.	und Ähnliche
u.U.	unter Umständen
u.v.m	und vieles mehr
UKV	Umsatzkostenverfahren
UM	Unternehmensbewertung & Management (Zeitschrift)
UmwG	Umwandlungsgesetz
US-GAAP	United States Generally Accepted Accounting Principles
UStG	Umsatzsteuergesetz
usw.	und so weiter
v.a.	vor allem
vgl.	vergleiche
VHS	Video Home System
WACC	Weighted Average Cost of Capital
WIB	Zeitschrift Wirtschaftliche Beratung
WpHG	Wertpapierhandelsgesetz
WpÜG	Wertpapierübernahmegesetz
ytd	year to date
z.B.	zum Beispiel
z.T.	zum Teil
ZIP	Zeitschrift für Wirtschaftsrecht

Vorwort

»The buyer needs a hundred eyes,
the seller but one.«

George Herbert (1593 – 1633)

Die Analyse eines potenziell zu erwerbenden Unternehmens durch den Kaufinteressenten wird nach anglisiertem Sprachgebrauch als »Financial Due Diligence« bezeichnet. Die direkte Übersetzung dieses Fachbegriffs als »gebotene finanzielle Sorgfalt« erfasst die Vorgehensweise, aber auch die Bedeutung dieses Transaktionsschrittes nur sehr unzureichend. Financial Due Diligence beinhaltet die Ermittlung von Fakten, die Analyse von Sachverhalten und die Abgabe von Einschätzungen hinsichtlich der wirtschaftlichen Situation eines potenziellen Transaktionskandidaten. Sie beginnt bei der Auswertung der Unternehmensvergangenheit anhand seiner Jahresabschlüsse und endet eigentlich erst nach der Integration einer zukunftsgerichteten Ertragswertprognose in den Kaufvertrag.

Für den Erwerb eines Unternehmens in Deutschland beinhaltet die Financial Due Diligence einige besondere Herausforderungen. Zum Ersten wird die Unternehmenslandschaft in Deutschland zunehmend durch M&A-Transaktionen verändert. Die Anzahl der Transaktionen nimmt stetig zu, und auch öffentliche Übernahmeangebote deutscher Unternehmen sind keine Rarität mehr.

Zum Zweiten besteht eine Herausforderung für die Financial Due Diligence in Deutschland darin, dass vor allem internationale Investoren mit einem anderen, oft angloamerikanisch geprägten Unternehmensbild an die Akquisition herangehen. Die für die Financial Due Diligence benötigten Daten liegen in vielen Fällen nicht oder nicht in ausreichendem Maße vor. Für die Entscheidung, ob eine Gesellschaft erworben werden soll oder nicht, ist ein Leitfaden erforderlich, welche Informationen vorliegen müssen und nach welchen Daten explizit recherchiert werden muss.

Zum Dritten ist die Abbildung des Unternehmens in seinem Jahresabschluss nur so gut oder schlecht wie die zugrunde liegenden Rechtsvorschriften. Schon eine schlichte Betrachtung der Rechnungslegungsprinzipien macht den Umfang der Beeinflussbarkeit des Bilanzbildes durch den Rechnungslegenden deutlich. Hinzu kommen zahlreiche Wahlrechte und Ermessensspielräume, die – zum Teil zwar nur für Personenunternehmen,

Handbuch Financial Due Diligence. Luise Hölscher, Anke Nestler und Ralf Otto

ISBN 978-3-527-50295-0

zum Teil aber auch für Kapitalgesellschaften – umfangreiche bilanzpolitische Möglichkeiten eröffnen. Diese Möglichkeiten zu kennen und ihre Anwendung im Zielunternehmen aufzudecken, macht zu einem guten Teil das Ergebnis einer Financial Due Diligence aus. Hierzu gehören auch das Auffinden von Risiken, die im Jahresabschluss per se nicht abgebildet werden und somit off balance sind, sowie von operativen Effekten aus der laufenden Geschäftstätigkeit.

Auch wenn die internationalen Rechnungslegungsstandards IFRS für eine wachsende Anzahl deutscher Unternehmen Relevanz gewinnen, wird für die Financial Due Diligence der HGB-Hintergrund noch lange Zeit im Bilanzbild zu erkennen sein. Folglich sollten nicht nur die deutschen Rechnungslegungsvorschriften, sondern auch die Differenzen zu den internationalen Standards bekannt sein und bei der Analyse eines deutschen Abschlusses auf IFRS-Basis berücksichtigt werden können.

Eine vierte Herausforderung besteht im derzeitigen deutschen Steuerrecht. Zwar mag die Aussage, dass der Großteil der weltweiten Steuerrechtsliteratur in deutscher Sprache geschrieben sei, historisch bedingt und nur schwer überprüfbar sein. Das ändert jedoch nichts an der Unzahl von Fallunterscheidungen, Sonderregelungen und Interdependenzen zwischen Steuerarten. Eine konsequente Steuerrechtspolitik der immerwährenden Änderungen hat zudem zu kaum noch handhabbaren Effekten im Zeitablauf geführt; in der Folge müssen sich steuerliche Gestaltungen zunehmend anhand ihrer Flexibilität und Anpassbarkeit an auch zukünftig zu erwartende Steuerrechtsänderungen beurteilen lassen.

Dies betrifft auch den Zeitpunkt, zu dem das vorliegende Werk erscheint. In dieses Handbuch wurden die Änderungen des Jahressteuergesetzes 2007 sowie – sofern benötigt – des SEStEG einbezogen. Auf die Berücksichtigung der zur Drucklegung noch offenen Unternehmensteuerreform 2008 wurde hingegen verzichtet. Die Autoren bemühen sich, auf ihrer Webpage unter www.financial-due-diligence.com auf aktuelle Entwicklungen hinzuweisen.

Schließlich zeigt der Blick in die Statistik, dass die Struktur der Unternehmenslandschaft noch immer stark mittelständisch ausgerichtet ist. Mittelständische Unternehmen oder Unternehmensgruppen sind dabei Ziel sowohl von strategischen Investoren als auch von Finanzinvestoren. Die prägende Rolle des Unternehmers in einem eigentümergeführten Unternehmen ist vor allem deshalb von Bedeutung, weil durch die Transaktion regelmäßig auch der Erfolgsfaktor Management instabil wird. Wertpotenziale müssen dann losgelöst von der Unternehmerpersönlichkeit entdeckt oder erhalten und in jedem Fall gehoben werden. Eine schlichte Fortschreibung der Vergangenheit bildet die Zukunft mit großer Wahrscheinlichkeit unzureichend ab; damit steigen die Anforderungen an die Financial Due Diligence.

Mit der mittelständischen Struktur einhergeht ein deutlicher Schwerpunkt hinsichtlich der vorhandenen Rechtsformen. Zahlreiche Unternehmen mit Sitz in Deutschland, die potenzielles Ziel von strategischen und Finanzinvestoren sind, werden in der Rechtsform eines Personenunternehmens geführt bzw. haben in ihrer Gruppenstruktur Gesellschaften als Personenunternehmen. Dazu zählen zwar theoretisch auch Einzelunternehmen, Gesellschaften bürgerlichen Rechts und Offene Handelsgesellschaften, die jedoch selten Gegenstand von größeren Fusionen oder Akquisitionen sind. Von Bedeutung sind vielmehr die oft anzutreffenden GmbH & Co. KGs, bei denen die Unternehmer Gesellschafter der haftungsabschirmenden GmbH und haftungsbegrenzte Kommanditisten der Kommanditgesellschaft sind. Juristisch eine Personengesellschaft, dominiert hier doch wirtschaftlich der Charakter einer Kapitalgesellschaft. Letztlich sind es somit Kapitalgesellschaften (GmbH, AG oder – selten – KGaA) und kapitalgesellschaftsähnliche GmbH & Co. KGs, die im Fokus einer Financial Due Diligence in Deutschland stehen und auf deren Besonderheiten eingegangen werden muss.

Auch wenn der bisherige Eindruck ein anderer sein mag, hat die Financial Due Diligence nicht nur die Aufgabe der Suche nach Risiken, sondern dient auch der Analyse von Erfolgspotenzialen. Dazu wird – basierend auf der umfangreichen Vergangenheitsanalyse – die Zukunftsprognose des potenziellen Übernahmekandidaten analysiert und auf ihre Plausibilität untersucht. Kritisch erscheinende Annahmen werden einer Sensitivitätsanalyse unterzogen, um ihre Bedeutung für die künftige Geschäftsentwicklung einschätzen zu können. Die Simulation unterschiedlicher wirtschaftlicher Szenarien liefert Informationen darüber, wie stabil die vorhergesagten Unternehmensergebnisse sind. Resultat ist der Wert des Unternehmens für den Käufer unter Berücksichtigung seiner individuellen Einschätzung des Risikos; dieser Wert bildet die Grundlage für die Preisverhandlungen zwischen Käufer und Verkäufer.

Ein wesentliches Anliegen dieses Handbuches ist es zu verdeutlichen, dass die Financial Due Diligence nicht mit der Erstellung eines Financial Due Diligence-Berichtes beendet ist. Vielmehr spielen die Erkenntnisse aus dieser Analyse für die Vertragsgestaltung und -verhandlung eine sehr zentrale Rolle. Kaufverträge sind nicht nur das Instrument zur Sicherung der Rechtsstellung des Erwerbers, sondern insbesondere auch zur Dokumentation der betriebswirtschaftlichen Parameter der Transaktion. So wird nicht nur der Preis als Verhandlungsergebnis im Kaufvertrag festgehalten. Vielmehr werden in Kaufverträgen üblicherweise komplexe Kaufpreisanpassungsformeln und -mechanismen vereinbart, die sich erheblich auf den letztlich zu zahlenden Kaufpreis auswirken, sowie Garantien und Bedingungen, die zum Zeitpunkt des Vertragsschlusses erfüllt sein müssen. Die Financial Due Diligence umfasst somit die Wertanalyse, die Wertermittlung und die vertragliche Wertabsicherung und erfüllt aus Sicht der Verfasser eine der wesentlichen schnittstellenübergreifenden Schlüsselfunktionen im Transaktionsprozess.

Trotz dieser Bedeutung wird der Financial Due Diligence in der Literatur zum Unternehmenskauf meist nur ein Kapitel unter vielen eingeräumt. So enthalten die existierenden allgemeinen Handbücher zur Due Diligence oft nur einen Grundriss der Financial Due Diligence, was ihrem Stellenwert im Transaktions- und Analyseprozess nicht gerecht wird. Die Teilbereiche einer Due Diligence, d.h. Legal Due Diligence, Tax Due Diligence, Commercial Due Diligence, Technical Due Diligence, Environmental Due Diligence usw., zielen alle darauf ab, zu identifizieren, welches zukünftige Erfolgspotenzial in der Zielgesellschaft steckt. Diese Einzelbereiche münden immer wieder in die Welt der Finanzdaten, die dann in der Financial Due Diligence aufzubereiten sind. Daher nimmt das vorliegende Werk primär den Blickwinkel eines Käufers oder des von ihm beauftragten Financial Due Diligence-Prüfers ein mit dem Ziel, diese Sichtweise dem Leser nahe zu bringen. Gleichzeitig kann sich damit aber auch ein Eigentümer darauf vorbereiten, welche Anforderungen an ihn als Veräußerer in einer Transaktion hinsichtlich der Financial Due Diligence gestellt werden. Vor diesem Hintergrund orientiert sich der Aufbau des Buches an den typischen Schritten, die im Rahmen einer Financial Due Diligence abzuarbeiten sind: Kapitel 1 stellt die Durchführung der Financial Due Diligence aus Sicht des Financial Due Diligence-Prüfers dar. Kapitel 2 informiert über die handelsrechtlichen Rechtsvorschriften, die für Unternehmen mit Sitz oder Ort der Geschäftsführung in Deutschland relevant sind. In Kapitel 3 wird dargestellt, wie die Vergangenheitsdaten zu analysieren sind, um in Kapitel 4 Aussagen über die Entwicklung des Zielunternehmens in der Zukunft ableiten und damit die Planung des Managements überprüfen zu können.

Bis hierher liegt der Schwerpunkt auf der Analysemethodik und den Maßnahmen zur Plausibilisierung von Vergangenheitsinformationen und Zukunftsprognosen einer Zielgesellschaft. Kapitel 5 wendet den Blick des Lesers weg von der Methode hin zu den Analyseergebnissen. Ziel ist die Aufdeckung finanzieller Chancen und Risiken, die sich aus der Zielgesellschaft selbst, aber auch aus der Struktur und Finanzierung der geplanten Transaktion ergeben können. Von der Abgrenzung des Erwerbsobjektes bis zur Post-merger-Integration werden Risikofaktoren und Erfolgspotenziale aufgezeigt und Maßnahmen zu deren Aufdeckung erläutert.

Kapitel 6 leitet über zur Bedeutung der Ergebnisse der Financial Due Diligence für den Kaufvertrag. In das Vertragswerk müssen die Erkenntnisse der Financial Due Diligence und damit die betriebswirtschaftlichen Aspekte in ausreichendem Umfang einfließen, dazu gehören Kaufpreisformeln, Anpassungsmechanismen, Garantievereinbarungen und ähnliche Vertragsbestandteile. Mit der Integration der Erkenntnisse der Financial Due Diligence in die Verträge und mit der Hilfestellung bei der Definition von Finanzdaten im Kaufvertrag findet die Financial Due Diligence ihren Abschluss.

Für eine Reihe der im vorliegenden Werk betrachteten Problembereiche und Fragestellungen gibt es keine allgemein gültigen Lösungen. Daher sei darauf hingewiesen, dass die folgenden Informationen zwar nach bestem Wissen und Gewissen zusammengetragen wurden, es aber im Einzelfall andere Interpretationen geben kann und immer auch eine situationsspezifische Auslegung erfolgen muss. Hinzu kommen regelmäßige Änderungen der Rechtslage, so dass für den Financial Due Diligence-Prüfer wie für den interessierten Leser ein permanenter Aktualisierungsbedarf bestehen bleibt.

Zum Abschluss dieser Vorbemerkung bedanken sich die Autoren bei allen, die dieses Buch durch ihr Tun oder Dulden ermöglicht haben. Ohne die Teams der Oppenhoff & Rädler Corporate Finance Beratungsgesellschaft mbH und der Frankfurt School of Finance & Management e.V. wäre das Ende dieses Projektes gewiss noch nicht in Sicht. Besonders möchten wir uns bedanken für die unermüdliche Unterstützung trotz hoher Arbeitsbelastung im laufenden Tagesgeschäft bei Matthias Gassert, Michael Graser, Bianca Schütz und Bettina Klüwer sowie bei Marie-Noëlle Biemer und Michael Haug. Unser Dank geht auch an den Verlag Wiley-VCH und unsere Lektorin Frau Ute Boldewin, die uns alle inhaltlichen Freiheiten gelassen haben, ohne den Zeithorizont aus den Augen zu verlieren. Und nicht zuletzt danken wir unseren Familien, die ohne Anpassungsklauseln so manches Mal auf die gebotene Sorgfalt während dieser »Financial Due Diligence« verzichten mussten.

Frankfurt am Main, im Juni 2007

Luise Hölscher
Anke Nestler
Ralf Otto

1
Durchführung der Financial Due Diligence

Die Durchführung einer Due Diligence ist mittlerweile auch in Deutschland bei mittleren und großen Transaktionen als fester Bestandteil des Transaktionsprozesses etabliert. Sie stellt hohe Anforderungen an fachliche Expertise und Erfahrung der beteiligten Personen. In diesem Kapitel sollen daher einleitend die Ziele und die Grundlagen einer effizienten Durchführung einer Due Diligence dargestellt werden. Im Anschluss dazu wird auf die für die Financial Due Diligence wichtigen Rahmenbedingungen einer Transaktion (Kapitel 1.2), deren Informationsgrundlagen (Kapitel 1.3), Interdependenzen mit anderen Due Diligence Teilprüfungen (Kapitel 1.4) und ihre Organisation (Kapitel 1.5) eingegangen. Abschließend werden Einzelfragen, wie die durch den Verkäufer initiierte Due Diligence (so genannte Vendor Due Diligence, siehe Kapitel 1.6) und die Verbindung der Due Diligence mit rechtlichen Fragen (Kapitel 1.7), kurz thematisiert, um für die entsprechenden Fragestellungen zu sensibilisieren.

1.1 Ziele und zielorientierte Durchführung

Eine Due Diligence ist die sorgfältige Analyse eines Zielunternehmens. Wesentliche Einflussfaktoren auf den Geschäftsbetrieb des Unternehmens sollen identifiziert werden, um die Chancen der Investition zu ermitteln, aber vor allem um das Risiko einer Fehlakquisition zu minimieren.

Im Rahmen der Financial Due Diligence wird die Vermögens-, Finanz-, und Ertragslage der Zielgesellschaft auf der Basis der externen und internen Rechenwerke des Zielunternehmens detailliert analysiert.

Häufig werden Due Diligence-Prüfungen als Grundlage für Investitionsentscheidungen wie Unternehmenskäufe oder Fremdkapitalvergabe auf freiwilliger Basis durchgeführt. Oft besteht aber auch die Notwendigkeit zu einer Due Diligence, insbesondere einer Financial Due Diligence, um gesetzlich motivierte Unternehmensbewertungen vornehmen zu können. Dies gilt beispielsweise bei der Festsetzung der angemessenen Barabfin-

Handbuch Financial Due Diligence. Luise Hölscher, Anke Nestler und Ralf Otto

ISBN 978-3-527-50295-0

dung von Minderheitsaktionären im Rahmen eines Squeeze Out oder zur Ermittlung des Umtauschverhältnisses von Anteilen bei einer Verschmelzung nach dem Umwandlungsgesetz. Die detaillierte Analyse der Vergangenheitsdaten sowie die Planung, die einer Bewertung für die Festlegung angemessener Abfindungs- und Ausgleichzahlungen zugrunde liegt, enthält dabei im Grundsatz die Analyseschritte einer Financial Due Diligence. Detaillierte Vorgaben, wie intensiv eine solche Analyse sein muss, gibt insbesondere der IDW Standard: Grundsätze zur Durchführung von Unternehmensbewertungen (IDW S 1).

Das generelle Ziel der Financial Due Diligence ist die Überwindung der Informationsasymmetrie zwischen dem Verkäufer und dem Kaufinteressenten in Bezug auf die finanzielle Situation des Zielunternehmens. Der potenzielle Käufer will die finanziellen Stärken und Schwächen sowie die Chancen und Risiken des Zielunternehmens zur besseren Entscheidungsfindung und Ermittlung seiner Kaufpreisobergrenze untersuchen. Daher wird der Käufer schon vor dem Kauf möglichst viele Informationen über das Zielobjekt sammeln, während der Verkäufer hingegen ein berechtigtes Interesse hat, vorab möglichst wenig vertrauliche Daten mit sensiblen Informationen über das eigene Unternehmen offenzulegen. Dies gilt insbesondere, wenn der potenzielle Käufer ein strategischer Investor ist und beim Scheitern der Transaktion als direkter Wettbewerber die Informationen aus der Due Diligence für die eigene Geschäftsstrategie verwenden könnte.

Die Erkenntnisse aus der Financial Due Diligence tragen zur Qualität der Entscheidungsfindung über den Kauf an sich und während der laufenden Kaufverhandlungen bei, unterstützen aber auch bei der Vertragsgestaltung und in der späteren Integrationsphase bzw. bei der Steuerung der erworbenen Gesellschaft. Darüber hinaus gibt die Analyse eine konkrete Vorstellung, wo und in welchem Umfang zwischen dem Käufer und dem Zielunternehmen Synergien realisiert werden können.

Häufig hat die Käuferseite bereits vor der Durchführung der Due Diligence z.B. auf der Basis eines Informationsmemorandums oder öffentlich verfügbarer Informationen bestimmte Kenntnisse über das Zielunternehmen erlangt. Dieser Informationsstand ist aber meist für eine umfassende Einschätzung der finanziellen Situation nicht ausreichend. Für einen Käufer ist es besonders wichtig, sich ein eigenes Bild von der finanziellen Lage der Gesellschaft zu machen und so die Richtigkeit und Vollständigkeit der von der Verkäuferseite offengelegten Informationen selbst zu überprüfen.

Die Schwerpunkte einer Financial Due Diligence liegen dabei einerseits auf der Analyse der Vermögens-, Finanz- und Ertragslage der Gesellschaft in der Vergangenheit sowie andererseits auf der Analyse und Plausibilisierung der Geschäftsplanung.

Die Vergangenheitsanalyse beinhaltet eine kritische Analyse der Vermögens-, Finanz- und Ertragslage, die auf der Grundlage erstellter und oft bereits testierter Jahresabschlüsse durchgeführt wird (zu Details siehe Kapitel 3). Ausgehend von den dabei gewonnen Kenntnissen wird unter Einbeziehung von Marktstudien und Informationen von Wettbewerbern die Unternehmensplanung plausibilisiert. Dafür sind die zukünftige Entwicklung des relevanten Marktes und die Wettbewerbssituation zu analysieren. Ein weiteres Indiz hinsichtlich der Realisierbarkeit der Planung des Zielunternehmens ist das Erreichen von Planvorgaben in der Vergangenheit (Planungstreue). Dazu sind die historischen Plan-/Ist-Abweichungen zu analysieren (vergleiche Kapitel 4).

Ergänzt werden diese Untersuchungsschwerpunkte in Abhängigkeit vom Umfang der Due Diligence durch eine Analyse des Risikomanagement-Systems, des Planungsprozesses und der vorhandenen Controlling- und Steuerungsinstrumente. Der Umfang der Due Diligence selbst ist allerdings meist durch zeitliche und kostenmäßige Beschränkungen bestimmt.

Der Umfang der Untersuchungen orientiert sich an der Größe und der Komplexität des zu übernehmenden Unternehmens, an den speziellen Interessen der Parteien und an den spezifischen Rahmenbedingungen der Transaktion. Es ist z.B. denkbar, dass nur bestimmte, kritische Aspekte im Zielunternehmen geprüft werden sollen. Ein strategischer Investor kennt üblicherweise Branchen- und Marktspezifika des Zielunternehmens. Daher stehen für solche Investoren eher Fragen nach der Integrierbarkeit des Unternehmens in den Unternehmensverbund und den dadurch voraussichtlich entstehenden Kosten im Vordergrund. Ist der Auftraggeber dagegen ein Finanzinvestor, werden im Regelfall auch Informationen zu Produkten und Marktumfeld eingeholt. Des Weiteren interessiert einen Finanzinvestor vorrangig die Frage, wie weit die geplante Investition über die Aufnahme von Fremdkapital finanzierbar ist. Somit sind für ihn auch der Cashflow und die Innenfinanzierungskraft des Zielunternehmens von besonderer Bedeutung. Wesentlich für den Umfang der Financial Due Diligence ist, in welchem Rahmen die Transaktion stattfindet (zu Details siehe Kapitel 1.2).

Neben dem Hauptziel einer Financial Due Diligence, der Überwindung der Informationsasymmetrie zwischen Käufer und Verkäufer durch die Identifikation von finanziellen Chancen und Risiken der geplanten Transaktion, haben die Untersuchungsergebnisse weitere wichtige Funktionen. Sie sind kritische Erfolgsgrößen für die Verhandlung und Ermittlung der Kaufpreishöhe, für die vertragliche Strukturierung sowie für die Vereinbarung von Gewährleistungen, Garantien und Freistellungen.

1.2 Rahmenbedingungen der Transaktion und Financial Due Diligence

Umfang, Ausrichtung und Bedeutung der Financial Due Diligence sind in hohem Maße von den Rahmenbedingungen der Transaktion abhängig. Wesentliche Rahmenbedingungen sind:

- Wie wird das Erwerbsobjekt abgegrenzt?
- Aus welcher Perspektive werden die Fragen der Financial Due Diligence gestellt (Käufer- oder Verkäufersicht)?
- Welche Parteien sind beteiligt und wie ist der Transaktionsprozess an sich strukturiert?

In einem Bieterverfahren sind eher standardisierte Untersuchungen mit Datenraum möglich. In anderen Fällen kann z.B. ein weiterreichender Zugang über einen längeren Zeitraum bei der Zielgesellschaft möglich sein.

Zunächst stellt sich grundsätzlich die Frage, was Kaufobjekt und damit Gegenstand der Financial Due Diligence ist. Kaufgegenstand können grundsätzlich Anteile an einer Gesellschaft, eine Gruppe von Vermögensgegenständen oder eine Kombination aus Anteilen und einzelnen Vermögensgegenständen sein. Der Fokus dieses Buches liegt auf der Due Diligence bei Erwerb der Anteile einer Gesellschaft bzw. eines Teilbereiches. Auf Besonderheiten bei einem Erwerb einzelner Vermögensgegenstände wird hier nicht explizit eingegangen.

Der Erwerb von Anteilen an einer Gesellschaft kann eine vollständige Übernahme sämtlicher Anteile (100 Prozent Erwerb) oder den teilweisen Erwerb von Anteilen umfassen. Abhängig davon, ob nur Anteile an einer Gesellschaft erworben werden oder auch noch weitere oder ausschließlich Vermögensgegenstände, Rechte und Verbindlichkeiten, spricht man im ersten Fall von einem Share Deal bzw. dem dazugehörigen Vertrag (Share Purchase Agreement – SPA) oder im zweiten Fall von einem Asset Deal bzw. dem dazugehörigen Vertrag (Asset Purchase Agreement – APA).

Bei einem Asset Deal werden einzelne Vermögensgegenstände, Rechte und Verbindlichkeiten an den Erwerber verkauft und auf diesen übertragen. In einem APA sind sämtliche zur Zielgesellschaft gehörenden Vermögensgegenstände, Rechte und ggf. Verbindlichkeiten vertraglich festzuhalten.

Rechtlich erfolgt dabei die Übertragung der zur Zielgesellschaft gehörenden Vermögensgegenstände, Rechte und Verbindlichkeiten auf dem Wege der Einzelrechtsnachfolge nach den dafür maßgeblichen Vorschriften. Handelt es sich bei dem Kauf um einen Share Deal, werden die Anteile an der Zielgesellschaft übertragen. Dabei bleibt die Identität der Zielgesellschaft, d.h. alle Eigentumsrechte an materiellen und immateriellen Vermögensgegenständen, Verpflichtungen aus Verbindlichkeiten und Vertragsbeziehungen zu Kunden, Lieferanten, Gläubigern, Mitarbeitern etc. unberührt, da die Anteile an der Gesellschaft selbst verkauft und übertragen werden.

Ein weiterer wichtiger Aspekt der Abgrenzung des Kaufgegenstands ist die Frage, inwieweit Vermögensgegenstände oder Teilbereiche der Zielgesellschaft als nicht betriebsnotwendig für das laufende Geschäft angesehen werden (nicht betriebsnotwendiges Vermögen), so dass im Zuge der Transaktion alternative Szenarien zu ihrer Behandlung im Erwerbsprozess verhandelt werden. Ein typisches Beispiel für nicht betriebsnotwendiges Vermögen sind Immobilien.

Folgende Konstellationen sind für eine Behandlung von nicht betriebsnotwendigem Vermögen denkbar:

- Es werden im Zuge eines Asset Deal nur die Vermögensgegenstände veräußert, die als betriebsnotwendig angesehen werden;
- der Käufer erwirbt die gesamte Einheit (Asset Deal oder Share Deal) einschließlich sämtlicher nicht betriebsnotwendiger Vermögenswerte und veräußert diese gegebenenfalls nach Abschluss der Transaktion auf eigenes Risiko weiter;
- der Verkäufer separiert vor der Transaktion die nicht betriebsnotwendigen Vermögenswerte (z.B. durch konzerninternen Verkauf); Kaufgegenstand ist dann die Gesellschaft ohne diese Vermögensgegenstände (Asset Deal oder Share Deal).

Darüber hinaus ist denkbar, dass nicht alle betriebsnotwendigen Vermögensgegenstände in der Zielgesellschaft vorhanden sind, so dass die Transaktion mit dem zusätzlichen Erwerb von einzelnen Vermögenswerten kombiniert werden muss (kombinierter Asset-Share Deal). Wird beispielsweise eine Tochtergesellschaft aus einem Konzernverbund heraus erworben, während die von ihr genutzten Markenrechte, Rezepturen oder Immobilien von einer anderen Konzerngesellschaft gehalten werden, ist für die Fortführung des operativen Geschäfts eine zusätzliche Vereinbarung (z.B. über Nutzung oder Erwerb) für diese spezifischen Vermögensgegenstände erforderlich.

Die Financial Due Diligence muss sich somit über den gesamten Kaufgegenstand, also auch auf die einzelnen Vermögenswerte erstrecken. Unter Umständen ist es auch erst das Ergebnis einer Due Diligence, dass die für den operativen Geschäftsbetrieb erforderlichen Vermögenswerte nicht vollständig bei der analysierten Zielgesellschaft liegen. In diesen Fällen ist die Financial Due Diligence im Nachgang auf den neuen Erwerbsgegenstand zu erweitern.

Für die Durchführung der Financial Due Diligence ist auch von Bedeutung, ob eine einzelne Gesellschaft, mehrere Schwestergesellschaften, ein Teilkonzern oder ein Konzern erworben werden. Ebenso ergeben sich spezifische Fragestellungen, wenn nur ein Teilbetrieb erworben werden soll, der wirtschaftlich zwar völlig separat agiert, aber rechtlich bislang nicht selbstständig organisiert ist. In diesem Fall kann der Erwerber den Teilbetrieb vor der Transaktion auf eine rechtlich selbstständige Gesellschaft ausgliedern. Alternativ kann der Teilbereich im Rahmen eines Asset Deal erworben werden. In Abhängigkeit von der betreffenden Konstellation sind die finanziellen Informationen, sowohl für die Vergangenheitsdaten als auch für die Geschäftsplanung, auf unterschiedlichen Ebenen vorhanden.

Die Fragen der Financial Due Diligence stellen sich in der Regel aus der Sicht eines potenziellen Erwerbers. Der Erwerber führt eine Analyse der finanziellen Situation des Zielobjektes durch, um einen detaillierten Einblick in die Chancen und Risiken zu erhalten (siehe auch Kapitel 1.1). Gleichermaßen ist aber auch ein Verkäufer möglicherweise daran interessiert zu erfahren, was ihn für die Financial Due Diligence bei einem Verkauf erwartet. Diese Vorstellung ist wichtig, um in einem Datenraum die richtigen, entscheidungsrelevanten Informationen zu hinterlegen. Entscheidet sich der Verkäufer für eine Vendor Due Diligence, fällt ihm die Aufgabe der finanziellen Analyse in hohem Maße zu (siehe hierzu Kapitel 1.6).

Die Transaktion selbst und damit auch die Durchführung der Financial Due Diligence werden erheblich davon beeinflusst, ob es sich bei den Vertragsparteien um strategische Investoren oder um Finanzinvestoren handelt, die mit unterschiedlichen Zielen in eine Transaktion gehen. In Abhängigkeit vom Typ des Investors werden erfahrungsgemäß die Schwerpunkte der Financial Due Diligence unterschiedlich liegen.

Finanzinvestoren umfassen klassisch Beteiligungsgesellschaften von Banken und Versicherungen, aber auch Private Equity-Investoren und Venture Capital-Investoren. Finanzinvestoren orientieren sich häufig am Free Cashflow einer Zielgesellschaft und interessieren sich für die Möglichkeiten, die Rendite durch eine geschickte Strukturierung der Transaktion zu steigern (siehe hierzu Kapitel 5.2). Andere Finanzinvestoren fokussieren sich z.B. auf Familiengesellschaften und stellen primär die Frage, wie die Gesellschaft langfristig ohne Leitung und Unterstützung von bisherigen Eigentümern oder dem zentralen Gründer erfolgreich weitergeführt werden kann.

Demgegenüber suchen strategische Investoren in der Regel eine geeignete Ergänzung zu ihrem vorhandenen Geschäftsmodell. Im Vordergrund steht somit die Analyse von Erfolgsfaktoren des zu akquirierenden Unternehmens und die Identifizierung potenzieller finanzieller Synergien, die im Rahmen der Postmerger-Integration realisiert werden können (siehe hierzu Kapitel 5.3).

Schließlich wird die Durchführung der Financial Due Diligence ganz maßgeblich davon bestimmt, in welcher Form die Transaktion abläuft. Grundsätzlich lassen sich folgende Verfahren unterscheiden:

- Klassische Transaktion
- Bieter-/Auktionsverfahren
- Börsenerwerb bzw. öffentliches Übernahmeangebot

Beim klassischen Transaktionsprozess gibt es einen oder einige wenige Kaufinteressenten für ein Zielobjekt, die über einen persönlichen Kontakt oder über einen professionellen M&A-Berater (z.B. eine Investmentbank) in das Verfahren eintreten. In solchen Transaktionen, insbesondere wenn sich Verkäufer und potenzieller Käufer über die Transaktion an sich prinzipiell einig sind und die Zielgesellschaft über das Vorhaben informiert ist, gibt es in der Regel einen sehr guten Zugang zu den relevanten Informationen und auch zum Management der Zielgesellschaft. Der typische Ablauf einer klassischen Transaktion beginnt dabei in der Regel mit ersten Gesprächen zwischen Verkäufer und Kaufinteressenten, bei denen auch erste Informationen über die Zielgesellschaft ausgetauscht werden (zur rechtlichen Zulässigkeit der Herausgabe von Informationen siehe Kapitel 1.7). Solche Informationen sind z.B. ein Informationsmemorandum (siehe Kapitel 1.3), der letzte Jahresabschluss, eine Unternehmenspräsentation und eine erste Geschäftsplanung. Bei Konkretisierung des Interesses wird zwischen den Parteien ein so genannter Letter of Intent (LoI) oder Memorandum of Understanding (MoU) vereinbart. Dabei handelt es sich um eine schriftliche Absichtserklärung der Parteien, die in der Regel keine rechtliche Bindung haben soll, insbesondere soweit diese eine Kauf- oder Verkaufsverpflichtung betrifft. Nach Vereinbarung des LoI beginnt die Durchführung der Due Diligence. Nach der Due Diligence und auf der Basis der dort gewonnenen Erkenntnisse verhandeln die Parteien meistens den Kaufvertrag, und kommen – soweit die Verhandlung erfolgreich ist – zum Abschluss der Transaktion

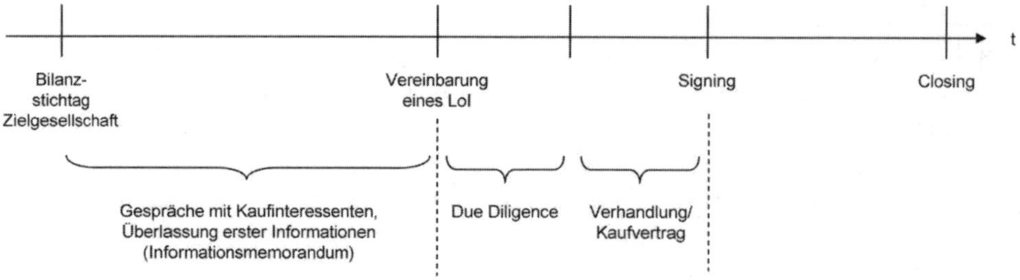

Abb. 1.1: Typischer Ablauf einer klassischen Transaktion

(Signing). Zu einem vertraglich festgelegten oder durch den Eintritt aufschiebender Bedingungen resultierenden Stichtag ist zuletzt durch den Käufer der Kaufpreis zu zahlen und durch den Verkäufer der Kaufgegenstand zu übertragen (Closing). Der eben beschriebene typische Ablauf einer klassischen Transaktion ist in Abbildung 1.1 dargestellt.

Bei einem Bieter- bzw. Auktionsverfahren wird für den Verkauf der Zielgesellschaft ein strukturierter Prozess aufgesetzt, der Zeitrahmen und Vorgehensweise genau reguliert. Der Verkäufer fordert verschiedene von ihm ausgewählte potenzielle Investoren auf, bis zu einem Stichtag ihr Gebot für den Erwerb der Zielgesellschaft abzugeben. Die Rahmenbedingungen sind teilweise schon konkret genannt, z.B. liegt häufig ein Musterkaufvertrag vor, die Kaufpreisformel und Zahlungsbedingungen sind vorgegeben und das Gebot soll auf der Basis einer bestimmten Informationsgrundlage abgegeben werden. Bei diesen Transaktionen sind die Informationen der Financial Due Diligence meistens in einem Datenraum zusammengestellt (siehe Kapitel 1.3) oder gleich als Vendor Due Diligence-Bericht aufbereitet (siehe Kapitel 1.6). Der typische Ablauf eines Auktionsprozesses ist schematisch in Abbildung 1.2 dargestellt.

Ist die Zielgesellschaft börsennotiert, können Anteile über die Börse erworben werden bzw. kann ein öffentliches Übernahmeangebot nach §§ 29 ff. Wertpapierübernahmegesetz (WpÜG) abgegeben werden (ein Pflichtangebot ist abzugeben ab einem Stimmrechtserwerb von 30 Prozent). Bei diesen Transaktionen fällt die Financial Due Diligence zwangsläufig relativ »schlank« aus, da einem Erwerber aus rechtlichen Gründen nur Informationen zugänglich gemacht werden dürfen, die dem Kapitalmarkt bzw. der Öffentlichkeit auch bekannt sind (Insiderproblematik).

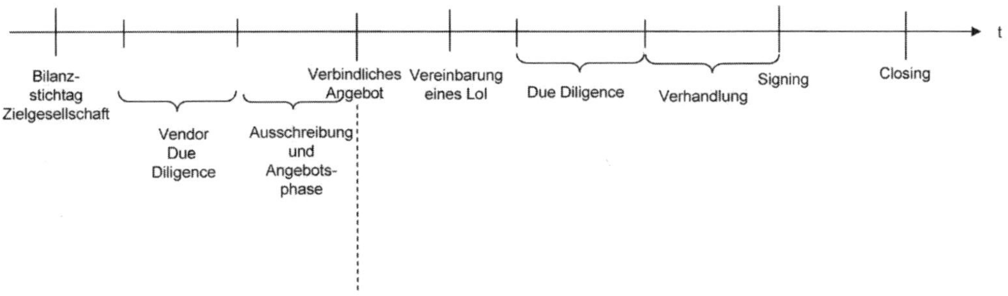

Abb. 1.2: Typischer Verlauf eines Auktionsverfahrens

1.3 Informationsgrundlagen

Informationsquellen, die für die Durchführung einer Financial Due Diligence herangezogen werden können, lassen sich hinsichtlich ihrer Zugänglichkeit in externe und interne Informationen einteilen.

Externe Informationen werden in der Regel vor der eigentlichen Durchführung der Financial Due Diligence recherchiert und ausgewertet. Da die internen Informationsquellen in erster Linie von der subjektiven Sicht des Zielunternehmens bzw. den Absichten des Verkäufers geprägt sind, ist es ratsam, diese Informationen durch externe Informationsquellen zu ergänzen. Solche externen Quellen zur Analyse der finanziellen Situation des Zielunternehmens sind z.B. Veröffentlichungen über das Unternehmen, Branchenberichte, Informationen von Verbänden, Marktforschungsberichte, Pressemitteilungen und Informationen aus dem Internet. Sie bilden eine zusätzliche Informationsbasis des potenziellen Käufers für die erste Verhandlungsphase. Während der Durchführung der Financial Due Diligence geht es somit auch darum, die extern recherchierten Informationen mit den internen Daten abzugleichen, um das zunächst gewonnene Bild über die Lage der Zielgesellschaft zu verifizieren. Darüber hinaus kann es unter Umständen erforderlich sein, Auskünfte bei Unternehmensexternen wie Banken, Lieferanten und Kunden einzuholen. In diesen Fällen ist eine Zustimmung der Zielgesellschaft erforderlich, um nicht gegen Geheimhaltungsvereinbarungen zu verstoßen.

Interne Informationsquellen sind insbesondere Jahresabschlüsse, Prüfungsberichte, die Kostenrechnung und die Management-Berichterstattung des Zielunternehmens. Ferner zählt hierzu die Planungsrechnung mit Teilplänen wie z.B. Produkt-, Umsatz- und Investitionsplanung sowie zugehörige Plan- und Ist-Vergleiche. Weitere interne Informationsquellen sind Management-Letter, Berichte der internen Revision der Zielgesellschaft und andere Management-Berichterstattungen, Produkt- und Produktgruppenrechnungen sowie Plan-Ist-Vergleiche der Zielgesellschaft. Ein Management-Letter enthält ergänzende organisatorische Informationen und ergänzende Hinweise des Abschlussprüfers an das Management, die sich aus der Jahresabschlussprüfung ergeben haben. Sie enthalten Informationen, die im Rahmen des Gesamturteils oder hinsichtlich der Ordnungsmäßigkeit der Rechnungslegung nicht ins Gewicht fallen oder nicht unmittelbar zum Prüfungsauftrag gehören, die aber an die Unternehmensleitung schriftlich adressiert werden sollen. Der Management-Letter ist nicht Gegenstand des Prüfungsberichtes. Es besteht auch keine Verpflichtung, im Prüfungsbericht auf einen solchen Management-Letter hinzuweisen. Im Rahmen von Bieter- und Auktionsverfahren werden zur ersten Ansprache potenzieller Investoren häufig in einem so genannten Informationsmemorandum durch die den Verkäufer begleitende Investmentbank wichtige Informationen zur Zielgesellschaft in einem Dokument zusammengestellt. Dies umfasst regelmäßig Angaben zur Geschäftstätigkeit des Unternehmens, wichtige operative Kennzahlen und Finanzkennzahlen sowie eine hochaggregierte Geschäftsplanung.

Im weiteren Transaktionsprozess werden auch Vertragsbeziehungen des Unternehmens offengelegt, wie z.B. Anstellungsverträge (anonymisiert), Pensionsvereinbarungen, Darlehensverträge sowie Vereinbarungen mit Lieferanten und Kunden. In diesem Bereich ist ein intensiver Austausch mit den Rechtsanwälten notwendig, die die rechtliche Due Diligence durchführen (siehe Kapitel 1.4).

Eine mögliche gute interne Informationsquelle kann unter Umständen die Verrechnungspreisdokumentation der Zielgesellschaft sein. Diese ist bei international tätigen Konzernen zur steuerlichen Dokumentation der konzernintern verwendeten Abrechnungspreise für Waren und Dienstleistungen in Deutschland vorgeschrieben. Auf Basis von § 90 Abs. 3 Abgabenordnung (AO) ist jeder Steuerpflichtige in Deutschland verpflichtet, Aufzeichnungen über Art und Inhalt seiner Geschäftsbeziehungen zu nahestehenden Personen im Ausland zu erstellen. Art, Inhalt und Umfang dieser Verrechnungspreisdokumentation sind in der Gewinnabgrenzungsaufzeichnungs-Verordnung (GAufzV) geregelt. Ignoriert der Steuerpflichtige seine Aufzeichnungspflichten, sind die Steuerbehörden zu Schätzungen und Strafzuschlägen berechtigt.

Die internen Informationen werden in der Regel vom Verkäufer in einem Datenraum zugänglich gemacht. Der Datenraum wird entweder bei dem

Zielunternehmen selbst oder bei einem Berater des Verkäufers zusammengestellt. Die Einrichtung des Datenraums an einem externen Ort wird oft gewählt, um nicht alle Mitarbeiter der Zielgesellschaft frühzeitig über den Prozess zu informieren. Die Konzentration der erforderlichen Dokumente an einem Ort ist insbesondere dann empfehlenswert, wenn gleichzeitig mehrere Interessenten zum Beispiel im Rahmen eines Bieterverfahrens dieselben Informationen benötigen. Der Inhalt des Datenraums soll durch einen Datenraumindex dokumentiert sein. Dieser gibt einen Überblick darüber, welche Informationen verfügbar und für die Financial Due Diligence von Interesse sind.

Datenräume werden in der Regel nur für kurze Zeit zugänglich gemacht und bieten daher wenig Möglichkeit zur Informationsverarbeitung. Gerade für die Financial Due Diligence ist eine Analyse außerhalb des Datenraumes problematisch, wenn die relevanten Zahlen und Rechenwerke nicht mehr vorliegen. Vor diesem Hintergrund ist es besonders wichtig, die wesentlichen finanziellen Informationen so rasch und so weit wie möglich zu erfassen. In der Praxis werden zunehmend so genannte virtuelle Datenräume eingerichtet, in denen die Dokumente den Interessenten elektronisch zugänglich gemacht werden. Ein virtueller Datenraum ist eine Datenbank-Software im Internet, die eine sichere, unternehmensübergreifende Zusammenarbeit auf Basis eines Web-Browsers ermöglicht. Sie werden meist von darauf spezialisierten Dienstleistern betrieben. Diese richten nach Vorgaben des Verkäufers eine beschränkte Anzahl von Zugangsmöglichkeiten für die verschiedenen Kaufinteressenten ein. Der Zugang ist individuell mit einem Nutzernamen und Kennwort versehen. Dies ermöglicht dem Verkäufer während des Verkaufsprozesses die Häufigkeit des Zugangs und die durch die Interessenten untersuchten Dokumente zu analysieren. Dokumente können einzeln in Stufen zugriffsbeschränkt werden: Ansicht nur am Bildschirm, Druckmöglichkeit und Downloadmöglichkeit. Oft wird den Interessenten auch über die Technik des virtuellen Datenraums eine formalisierte Schnittstelle geboten, Nachfragen nach weiteren Dokumenten und Verständnisfragen an das Management des Verkäufers zu adressieren.

In der Praxis hat es sich bewährt, die Informationsbedürfnisse des Käufers hinsichtlich des Zielunternehmens in Form einer Anforderungs- oder Checkliste zu kommunizieren. Bei der Erstellung der Checkliste sollten die abzufragenden Informationen ausgehend von einer standardisierten Anforderungsliste an den jeweiligen Einzelfall angepasst werden. Dabei bietet es sich an, die benötigten Informationen mit Prioritäten zu versehen.

Durch individualisierte Checklisten können bereits im Vorfeld transaktionsspezifische Schwerpunkte gesetzt werden. Die Vermeidung der Anforderung unnötiger Unterlagen dient der Zeitersparnis in der Due Diligence und einer effizienten Vorbereitung durch das Zielunternehmen bzw. den Verkäufer. Als Ausgangspunkt einer individuellen Checkliste sind im Anhang die wichtigsten Gliederungsinhalte einer Checkliste enthalten (siehe Anhang).

Erfahrungsgemäß ist es sehr effizient, die Financial Due Diligence mit der Durchsicht der Prüfungsberichte zu beginnen. In Abhängigkeit davon, wie ausführlich die prüfende Gesellschaft ihre Prüfungstätigkeit dokumentiert, sind dort gebündelt wichtige Informationen zur finanziellen Vergangenheit dargestellt.

Nicht nur die Einsicht in die zur Verfügung gestellten Dokumente ist relevant. Auch die Durchführung eines Management-Interviews und einer Betriebsbesichtigung sind weitere wichtige Wege der Informationsbeschaffung in der Financial Due Diligence. Sofern möglich, sollte nicht nur das Management, sondern auch andere Mitarbeiter zentraler Funktionen (z.B. Leiter Rechnungswesen, Controlling, interne Revision) des Zielunternehmens befragt werden. Hierdurch können nicht nur die aus der Sichtung des Informationsmaterials gewonnenen Beurteilungen überprüft werden, sondern es kann auch die Einstellung von Management und Mitarbeitern zu der geplanten Transaktion bzw. ihre Kooperationsbereitschaft erkundet werden. Bei manchen Transaktionen ist es üblich, eine offene Gesprächsrunde durchzuführen, in der das Management des Zielunternehmens eine kurze Präsentation zur Einführung und Vorstellung gibt und für Fragen anschließend zur Verfügung steht. Meist wird zur besseren Vorbereitung durch die Kaufinteressenten vorab eine strukturierte Frageliste an das Management versandt. Auch kann das Management anhand der Fragen beurteilen, welche Spezialisten des Unternehmens für einzelne Fragestellungen an diesem Gespräch teilnehmen sollten.

Neben dem Management des Zielunternehmens kann in der Financial Due Diligence der Abschlussprüfer des Zielunternehmens wertvolle Hinweise und Anmerkungen zu den Hintergründen der Rechnungslegung und Bilanzierung geben. Hierbei können unter Umständen sehr effizient Erkenntnisse bezüglich der Jahresabschlussprüfung, der Bilanzierung und der bestehenden Systemabläufe im Rechnungswesen gewonnen werden. Anhand der Prüfungsplanung und der Risikoeinschätzung durch den Abschlussprüfer erhält der Due Diligence-Prüfer einen ersten Überblick über die Qualität des Unternehmens, der finanziellen Informationen sowie der Systemabläufe. Für ein solches Gespräch benötigt der Abschlussprüfer eine Entbindung von seiner Verschwiegenheitspflicht durch seinen Mandanten. Darüber hinaus wird der Abschlussprüfer in der Regel eine Haftungsfreistellung für seine Auskünfte verlangen (Hold Harmless Letter). Ein kritischer Punkt in diesem Zusammenhang ist häufig die Forderung des Abschlussprüfers, auf eine Weiterverwendung der im Gespräch gewonnen Erkenntnisse gegenüber Dritten zu verzichten. Ein Gespräch mit dem Abschlussprüfer ist in der Praxis daher eher selten, da der Abschlussprüfer – wie beschrieben – hohe Anforderungen stellt und nach oft langwierigen Vorbereitungen dennoch nur sehr eingeschränkt zu im Rahmen der Due Diligence verwertbaren Aussagen bereit ist.

1.4 Interdependenzen der Financial Due Diligence mit anderen Due Diligence-Teilprüfungen

Eine Due Diligence umfasst in der Regel mehrere Teilprüfungen unter verschiedenen Aspekten. Die häufigsten Teilprüfungen sind die Legal, die Tax, die Commercial und die Financial Due Diligence.

In der *Legal Due Diligence* sollen rechtliche Risiken evaluiert werden. Dabei werden die gesellschaftsrechtlichen Strukturen des Zielunternehmens, die rechtlichen Verhältnisse hinsichtlich maßgeblicher Vermögensgegenstände und die Rechtsbeziehungen zu Dritten analysiert. Neben allgemeinem Zivil-, Handels- und Gesellschaftsrecht sind häufig unter anderem die Rechtsgebiete Arbeitsrecht, Immobilienrecht und Marken- sowie Patentrecht relevant.

Die *Tax Due Diligence* überprüft die gesamte steuerliche Situation des Unternehmens und zielt darauf ab, mögliche Risikopotenziale im Sinne verdeckter möglicher Steuernachforderungen aufzudecken. Zu den Aufgaben der Tax Due Diligence wird auch die steuerlich optimale Gestaltung der Akquisition für Käufer und Verkäufer gezählt (Akquisitionsstruktur).

Als *Commercial* oder *Market Due Diligence* bezeichnet man die Analyse des wirtschaftlichen Umfeldes, der Marktposition und der Organisationsstruktur des Zielunternehmens. Sie deckt hauptsächlich Fragen der derzeitigen Marktposition des Zielunternehmens, seiner Produkte und Vertriebswege und der zukünftigen Entwicklungsmöglichkeiten des Zielunternehmens ab.

Zusätzlich existieren noch einige weitere Teilprüfungen:

- Bei der *Environmental Due Diligence* geht es um die Identifizierung und Bewertung von Umweltrisiken, wie sie beispielsweise durch Altlasten in Böden und Gebäuden oder durch laufende Produktionsverfahren entstehen können.

- Eine *Technical Due Diligence* wird durchgeführt, wenn der Zustand der technischen Ausstattung und des Entwicklungsstands der Produkte des Zielunternehmens für die Akquisition von Interesse sind. Ein IT Audit wird eingesetzt, wenn die verwendete EDV Hard- und Software des Zielunternehmens auf ihren Stand und ihre weitere Verwendbarkeit geprüft werden soll.
- Die *Human Ressource Due Diligence* bezieht sich auf die Qualität des Personalbestands, insbesondere des Managements, und ist v.a. bei Forschungs- und Dienstleistungsunternehmen relevant. Bei der *Organizational Due Diligence* liegt der Schwerpunkt der Untersuchungen auf der Analyse der im Unternehmen zu besetzenden Stellen und der Klärung des Potenzials von Maßnahmen die Stellenbesetzungen zu optimieren.
- Eine *Cultural Due Diligence* hat die Aufgabe, die Unternehmensphilosophie des Zielunternehmens oder seine ethische Grundposition zu analysieren, um Schwierigkeiten im Rahmen der bevorstehenden Eingliederung der Neuakquisition in das Erwerberunternehmen vorzubeugen. Sie wird meist nur bei länderübergreifenden Akquisitionen durchgeführt.

Bei der Due Diligence gibt es immer wieder Informationen und Dokumente, die für mehrere Teilprüfungen relevant sind. Diese Informationen werden jedoch in den einzelnen Teilprüfungen in der Regel aus unterschiedlichen Perspektiven bewertet. Ferner besteht oft eine Vielzahl von Schnittstellen und Überschneidungen der einzelnen Gegenstandsbereiche sowie Wechselwirkungen zwischen den Untersuchungsgebieten einer Due Diligence. Eine verlässliche Analyse der Umsatzplanung innerhalb der Financial Due Diligence kann beispielsweise nur erfolgen, wenn dabei auch die Produktpalette und die Entwicklung der relevanten Märkte analysiert werden. Werden beispielsweise rechtliche Risiken wie eine bevorstehende Rechtsstreitigkeit aufgrund eines drohenden Produkthaftungsfalls entdeckt, wird in der Legal Due Diligence die Durchsetzbarkeit dieses Rechtsanspruchs untersucht. Im Rahmen der Financial Due Diligence ist hingegen zu prüfen, ob bereits ausreichend Rückstellungen für dieses Risiko gebildet worden sind. Darüber hinaus ist zu untersuchen, inwieweit die Planung das Risiko des Mehraufwands für eine eventuelle Rückrufaktion berücksichtigt. Der Financial Due Diligence-Prüfer kann dieses Risiko beispielsweise durch eine Szenario-Rechnung quantifizieren, um damit die möglichen Konsequenzen dieses Risikos für die wirtschaftliche Situation des Zielunternehmens transparent zu machen. Ein typisches Beispiel für die Interdependenz zwischen Legal und Financial Due Diligence sind so genannte Change-of-Control-Klauseln. So können z.B. in den Dienstverträgen der Geschäftsleitung Sonderkündigungsrechte und hohe Abfindungsbeträge für den Fall vorgesehen sein, dass ein Wechsel des Mehrheitseigentümers der Gesellschaft stattfindet. Diese Klauseln können zu hohen unerwarteten finanziellen und organisatorischen Belastungen nach dem Erwerb führen. Auch in konzernweiten Softwarelizenzvereinbarungen können Klauseln enthalten sein, die niedrige Lizenzraten für Tochtergesellschaften des Konzerns von deren weiteren Zugehörigkeit zum Konzern abhängig machen.

Werden bei einer Tax Due Diligence zum Beispiel Risiken in der Höhe der vereinbarten konzerninternen Verrechnungspreissätze entdeckt, dann ist in der Financial Due Diligence-Prüfung zu untersuchen, ob möglichen Nachforderungen der Finanzverwaltung durch entsprechende Rückstellungen Rechnung getragen worden ist und ob dieses Risiko bereits in der Geschäftsplanung berücksichtigt wurde. Darüber hinaus sind die Planzahlen der Gesellschaft dahingehend zu überprüfen, ob die angenommenen Verrechnungspreise den Anforderungen der Finanzverwaltung entsprechen und angemessen sind. Möglicherweise ist hier eine Korrektur vorzunehmen, die nicht nur eine einmalige Zahlung beinhaltet, sondern einen erheblichen Einfluss auf die langfristige Ergebnissituation des Zielunternehmens haben kann.

Enge Interdependenzen ergeben sich auch zur Commercial Due Diligence. Beispielsweise könnte in der Commercial Due Diligence herausgearbeitet werden, dass der für das Unternehmen relevante Markt in den nächsten Jahren gemäß Expertenschätzungen voraussichtlich um fünf Prozent wachsen wird. Die Analyse der Planungsrechnung im Rahmen der Financial Due Diligence könnte hingegen zeigen, dass eine Wachstumsrate der prognostizierten Umsätze in Höhe von sieben Prozent unterstellt wird. Falls das Umsatzwachstum des Zielunternehmens auch in der Vergangenheit eher unterhalb des Marktes lag, sind die Prämissen der Planungsrechnung verstärkt zu hinterfragen beziehungsweise sogar nach unten anzupassen (siehe auch Kapitel 4.3.3).

Der Erfolg einer Transaktion steht in einem Spannungsfeld zwischen Effizienz und Qualität der Durchführung. Aufgrund der knapp bemessenen Zeit der Due Diligence-Prüfung ist es wichtig, dass Doppelarbeit von den einzelnen Due Diligence-Teams vermieden wird. Zugleich ist sicher zu stellen, dass wichtige Sachverhalte unter allen Aspekten (Legal, Financial, Tax, Commercial etc.) untersucht werden. Für die Qualität der Ergebnisse ist insgesamt von großer Bedeutung, dass eine enge Abstimmung zwischen den Teilbereichen und ein ständiger Austausch von Informationen und Erkenntnissen erfolgt. Die Ergebnisse der anderen Due Diligence-Teilprüfungen sind also daraufhin zu untersuchen, welche wirtschaftlichen Folgen sich für die Zielgesellschaft aus ihnen ergeben können.

1.5 Organisation einer Financial Due Diligence

Ein Due Diligence-Team umfasst eine Vielzahl unterschiedlicher Parteien. Der Käufer selbst involviert neben der Geschäftsleitung für einzelne Fragestellungen zahlreiche interne Abteilungen wie Rechts- und Steuerabteilung, Einkauf, Vertrieb, EDV etc. Daneben beauftragt der Käufer meist zur begleitenden Beratung eine Investmentbank, Rechtsanwälte zur Kaufvertragsverhandlung, Unternehmensberater zu strategischen Fragen und Fragen zu Markt und Wettbewerb, Wirtschaftsprüfer oder Corporate Finance-Berater zur Financial Due Diligence sowie Steuerberater zur Tax Due Diligence und steuerlichen Strukturierung der Transaktion.

M&A-Transaktionen laufen in der Regel unter hohem Zeitdruck ab. Der Datenraum ist meistens nur eine bestimmte Zeit geöffnet, andere Interessenten treiben die Verhandlungen voran und die Parameter der Transaktion können sich im Zeitablauf ändern. Folglich müssen viele Informationen in einer äußerst kurzen Zeitspanne ausgewertet und die wesentlichen Ergebnisse der Due Diligence-Prüfung übersichtlich zusammengestellt werden.

Bei einer Transaktion werden daher meistens auch externe Teams für die Due Diligence beauftragt. Externe Due Diligence-Teams stellen einer Vertragspartei zusätzliche Kapazitäten zur Verfügung und können ihre Erfahrungen aus anderen Transaktionen einbringen.

In den Fällen, in denen ein externes Due Diligence-Team für die Financial Due Diligence beauftragt wird, sollte der Auftraggeber folgende Aspekte berücksichtigen:

(a) Auswahl eines Due Diligence-Teams,
(b) Festlegung des Due Diligence-Programms und
(c) Organisation und Steuerung des Due Diligence-Teams.

Zu a. Auswahl eines Due Diligence-Teams

Bei der Auswahl des Financial Due Diligence-Teams ist der Auftraggeber in einem M&A-Prozess grundsätzlich frei. Die Financial Due Diligence kann, muss aber nicht, an Wirtschaftsprüfer bzw. eine Wirtschaftsprüfungsgesellschaft vergeben werden. Auch auf Transaktionsgeschäfte spezialisierte Unternehmens- und Corporate Finance-Berater werden für diese

Aufgabe mandatiert. Die Jahresabschlussprüfer der Zielgesellschaft und des Käufers sind meist aus berufsständischen und rechtlichen Anforderungen an ihre Unabhängigkeit heraus an einer Annahme solcher Mandate gehindert.

Im Vorfeld der Transaktion können mehrere Due Diligence-Anbieter aufgefordert werden, ein Angebot abzugeben, in dem sie Vorgehen, Team, Prüfungsablauf und erwartetes Honorarvolumen konkretisieren. Um eine Vorstellung über die Erfahrung des Due Diligence-Teams in ähnlichen Transaktionen zu erhalten, sollte nach aktuellen Referenzen der Beratungsgesellschaft und den Qualifikationen sowie Erfahrungen der einzelnen Teammitglieder gefragt werden.

Ein Financial Due Diligence-Prüfer sollte in den folgenden Themengebieten ausreichende Qualifikationen aufweisen:

- Nationale (HGB) und internationale Rechnungslegung (International Accounting Standards (IAS)/International Financial Reporting Standards (IFRS) bzw. US-GAAP),
- Geschäftsplanungsanalyse,
- Steuer- und Gesellschaftsrecht,
- Branchenkenntnisse sowie
- Sensibilität für angrenzende Problemfelder.

Grundvoraussetzung sind in jedem Fall vielfältige Erfahrungen aus bereits durchgeführten Transaktionen. Wichtig ist, dass der Due Diligence-Prüfer die Schnittstellen zu angrenzenden Problemfeldern erkennt und während des Prozesses berücksichtigt. Nur so kann gewährleistet werden, dass Risiken in der Transaktion umfassend und vollständig identifiziert werden.

Zu b. Festlegung des Due Diligence-Programms

Das Due Diligence-Programm sollte der Auftraggeber auf seine konkreten Bedürfnisse und Ziele ausrichten. Auch wenn die Elemente einer Financial Due Diligence (Vergangenheitsanalyse, Verifizierung Geschäftsplanung) prinzipiell gleich gewichtet sind, kann eine Financial Due Diligence in ganz unterschiedlichen Intensitäten durchgeführt werden. Der Due Diligence-Prüfer kann sowohl mit einer umfassenden Due Diligence beauftragt werden als auch nur ausgewählte Aspekte analysieren. Steigenden Kosten der Due Diligence durch höheren Prüfungsumfang stehen dabei höhere Aufdeckungswahrscheinlichkeiten für die vorab nicht quantifizierbaren Risiken des Zielunternehmens entgegen.

Bei einer Financial Due Diligence sollten im Vorfeld mit dem Due Diligence-Prüfer die Schwerpunkte der Analyse besprochen werden. Dabei ist auf eine ergebnisorientierte Prüfung Wert zu legen und zu bestimmen, welche Aspekte für die Kaufentscheidung relevant sind.

Umfang und Intensität der Due Diligence hängen zum großen Teil allerdings von den verfügbaren Daten im Datenraum sowie von den Regeln ab, die der Verkäufer für die Sichtung des Informationsmaterials bzw. für die Nutzung des Datenraumes festlegt. Für den Prüfer sind die Bedingungen besonders erschwert, wenn im Datenraum keine Kopien erstellt werden dürfen und Datenmaterial nur während der Öffnungszeiten erfasst werden kann.

Wichtig ist, dass zwischen dem Due Diligence-Prüfer und seinem Auftraggeber vereinbart wird, in welcher Form und in welchem Umfang die Ergebnisse zur Verfügung gestellt werden sollen. Es kann zum einen ein ausführlicher Due Diligence-Bericht erstellt werden, in dem das Zielunternehmen sowie das Markt- und Wettbewerbsumfeld genau dargestellt sind. Zum anderen können auch nur die wesentlichen Ergebnisse in einem Kurzbericht zusammengefasst sein.

Bei der Darstellung der Ergebnisse sollte deutlich werden, welche Daten ursprünglich von dem Zielunternehmen bzw. dem Verkäufer kommen und in welcher Form und in welchem Umfang der Due Diligence-Prüfer Bereinigungen und Modifizierungen vorgenommen hat. Folgende Bestandteile kann der Bericht einer Financial Due Diligence in einer ausführlichen Version beispielsweise enthalten:

- Zusammenfassung (Executive Summary),
- Auftrag und Auftragsumfang,
- wesentliche Informationen und Unterlagen, die zur Verfügung standen und ausgewertet wurden,
- Benennung von Auskunftspersonen,
- Darstellung der Vergangenheitsdaten,
- Analyse der Vergangenheitsdaten, z.B. gegliedert nach den wesentlichen Positionen der Gewinn- und Verlustrechnung (GuV), der Bilanz und der Cashflow-Rechnung sowie jeweils integrierte Kennzahlenanalyse,
- Darstellung der Geschäftsplanung,
- Analyse der Planung, z.B. gegliedert nach den wesentlichen Positionen der GuV, der Planbilanz und der Finanzplanung sowie jeweils integrierte Kennzahlenanalyse,
- Sensitivitätsanalyse der Planung bezüglich zentraler Annahmen,

- Zusammenfassung z.B. als Stärken-Schwächen-Chance(n)-Risiko-Profil (Strengths-Weaknesses-Opportunities-Threats: SWOT-Analyse),
- gegebenenfalls Empfehlungen für erste Integrationsmaßnahmen nach Erwerb des Unternehmens.

Zu c. Organisation und Steuerung des Due Diligence-Teams

Die Größe des Due Diligence-Teams hängt von der Größe des Zielunternehmens und dem gewählten Aufgabenumfang ab. Je größer das Due Diligence-Team ist, desto mehr Kapazitäten stehen für eine (schnelle) Analyse zur Verfügung und desto problematischer ist die Abstimmung untereinander.

Bei der Financial Due Diligence wird es vor allem darauf ankommen, ausreichend Kapazitäten im Datenraum zu haben, um im Rahmen der Öffnungszeiten die erforderlichen Daten zu erfassen.

In der Praxis hat es sich bewährt, am Ende jeden Tages im Datenraum mit dem gesamten Team des Due Diligence-Prüfers zu allen Teilprüfungen ein kurzes »Debriefing« durchzuführen. In dem Debriefing sollte der Prüfer dem Auftraggeber die wesentlichen Ergebnisse des Tages berichten. Daraufhin kann die Planung für den nächsten Prüfungstag besprochen und gegebenenfalls die Prüfungsschwerpunkte angepasst werden.

In der Financial Due Diligence bietet es sich in der Regel an, die Aufgaben nach Analyse der Vergangenheit einerseits und die Analyse der Planung andererseits zu trennen. Zusätzlich können verschiedene Beteiligungen, Teilkonzerne oder Geschäftsbereiche auf einzelne Teammitglieder verteilt werden. Der Teamleiter muss dann sicherstellen, dass die Teilanalysen ineinander greifen.

1.6 Vendor Due Diligence

In den meisten Fällen wird eine Financial Due Diligence vom potenziellen Käufer (bzw. von den beauftragten Beratern) durchgeführt. Inzwischen wird eine Financial Due Diligence aber auch immer häufiger vorab von dem Verkäufer als eine so genannte Vendor Financial Due Diligence (oder auch Sell-Side Due Diligence) initiiert. Die Financial Due Diligence wird dabei zwar im Auftrag des Verkäufers, jedoch aus Sicht eines potenziellen Käufers vorgenommen. Die Aussagekraft und Qualität einer Vendor Due Diligence sollten für den Käufer mit denen einer traditionellen so genannten Buy-Side Due Diligence übereinstimmen. Dafür muss das vom Verkäufer beauftragte Prüfungsteam unabhängig sein und die Lage des Zielunternehmens objektiv darstellen. Die Durchführung einer Vendor Due Diligence erfolgt im Unterschied zu einer käuferseitigen Due Diligence bereits in einer relativ frühen Phase des Transaktionsprozesses. In der Praxis wird mit der Vendor Due Diligence parallel zur oder kurze Zeit nach Beginn der Erstellung des Informationsmemorandums begonnen.

Eine solche Sell-Side Due Diligence kommt typischerweise dann zum Einsatz, wenn mehrere potenzielle Käufer – beispielsweise im Rahmen eines Bieterverfahrens – an einem Zielobjekt interessiert sind und die vorzeitige Einräumung von Exklusivität an nur einen Käufer vermieden werden soll. Eine Vendor Due Diligence eignet sich auch für besonders komplexe Transaktionen wie das Herauslösen von Unternehmensteilen aus dem Unternehmens- oder Konzernverbund (Carve Outs) oder bei grenzüberschreitenden Sachverhalten.

Da ein Verkäufer nicht die Interessenschwerpunkte eines jeden möglichen Bieters kennen kann, empfiehlt es sich, in der Vendor Due Diligence auf allgemeine Kernpunkte des Unternehmens einzugehen, die für jeden Käufer interessant sein können. Die Prüfung wird in der Regel somit eine Financial und eine Commercial Due Diligence beinhalten. Der Vendor Due Diligence-Bericht wird normalerweise – nach Berücksichtigung bestimmter vertraglicher Regelungen wie eines Hold Harmless-Letters (siehe Kapitel 1.3) – den Interessenten zur Verfügung gestellt, die sich auf Basis ihrer indikativen Angebote für die zweite Auktionsrunde qualifiziert haben.

Bei großen Transaktionen kann der Informationsumfang im Vendor Due Diligence-Bericht für strategische Investoren und Finanzinvestoren unterschiedlich gestaltet werden. So kann z.B. eine frühzeitige Informationsfreigabe bzgl. Kunden und Lieferanten vor allem an (derzeitige) Wettbewerber vermieden werden (siehe auch Kapitel 1.7).

Angesichts der hohen Kosten, die häufig mit einer Vendor Due Diligence einhergehen, stellt sich die Frage, welche Vorteile sich daraus für die beteiligten Parteien ergeben.

Der Vorteil für den Verkäufer liegt darin, dass der Transaktionsprozess insbesondere bei einer Vielzahl von Kaufinteressenten beschleunigt wird und alle Interessenten den gleichen Kenntnisstand über das Zielunternehmen haben. Außerdem behält der Verkäufer die Kontrolle über den Verkaufsprozess sowie über die Weitergabe von vertraulichen Informationen. Die Bereitstellung des Vendor Due Diligence-Berichts senkt die Transaktionskosten und ermöglicht es mehreren Parteien am Bieterstreit teilzunehmen, was tendenziell zu einem höheren Verkaufspreis führen soll(te). Außerdem kann die Exklusivität für einzelne Investoren zeitlich nach hinten verlagert werden. Zusätzlich erhält der Verkäufer durch den Vendor Due Diligence-Prozess die Möglichkeit, vor dem eigentlichen Verkaufsprozess seine Unterlagen systematisch zu kontrollieren. Dabei können eventuelle Unklarheiten in der Dokumentation oder bislang unzureichend adressierte Risiken vorab geklärt und so ein negativer erster Eindruck der späteren Kaufinteressenten vermieden werden.

Umgekehrt kann der potenzielle Käufer auf der Basis einer systematisch aufbereiteten und objektiven Datengrundlage das Zielunternehmen bewerten und darauf aufbauend eine Kaufpreisvorstellung entwickeln. Das eigene Angebot kann damit auf einer wesentlich besseren Datenbasis abgegeben werden und somit auch ein angemesseneres Preisangebot enthalten als bei alleiniger Stützung auf das Informationsmemorandum. Außerdem sind auch die Kosten für die nicht erfolgreichen Bieter geringer, da keine umfangreiche eigene Due Diligence in Auftrag gegeben werden muss. Durch diese geringeren anfänglichen Transaktionskosten ist mit einer zahlreicheren Teilnahme von Interessenten zu rechnen.

Trotz dieser Vorteile besteht bei einer Vendor Due Diligence dennoch die Gefahr, dass die Daten des Vendor Due Diligence-Berichts schnell an Aktualität verlieren, da die Due Diligence in einem relativ frühen Stadium des Transaktionsprozesses, nämlich vor Beginn des Bieterverfahrens, durchgeführt worden ist. Folglich müssen die Untersuchungen häufig aktualisiert bzw. erweitert werden. Eine eigenständige Financial Due Diligence des Käufers kann durch eine Vendor Due Diligence demnach nicht vollständig ersetzt werden. Trotzdem gestaltet eine Vendor Due Diligence ein Transaktionsgeschäft aufgrund der oben genannten Vorteile für alle Beteiligten – insbesondere bei einem Verkaufsprozess mit mehreren Interessenten – effizienter.

Eine weitere Möglichkeit für den Verkäufer den Transaktionsprozess über Berater aktiv zu unterstützen, ist die Beauftragung von *Vendor Assistance*. Hierunter versteht man eine aktive Begleitung des Prozesses durch die Berater des Verkäufers während der gesamten Transaktion. Hierzu kann unter anderem die Unterstützung bei Verkaufsvorbereitungen, Beratung bei der Erstellung eines Datenraums und eine Aufbereitung der finanziellen Daten in Form eines Vendor Assistance-Berichts zählen.

Die wesentlichen Unterschiede einer Vendor Assistance im Vergleich zu einer Vendor Due Diligence bestehen darin, dass der Verkäufer den Umfang der Vendor Assistance selbst festlegt und die Dienstleistung der Berater nicht unabhängig aus Sicht eines potenziellen Käufers erbracht wird.

1.7 Rechtliche Aspekte

Eine Due Diligence ist in der letzten Zeit immer mehr zum integralen Bestandteil und Standard bei der Durchführung von Unternehmenstransaktionen avanciert. Sie soll dem Kaufinteressenten im Rahmen von Unternehmensakquisitionen ermöglichen, den Informations- und Wissensvorsprung des Veräußerers hinsichtlich des Zielobjekts zumindest teilweise zu kompensieren. Eine systematische und detaillierte Untersuchung und Analyse des Unternehmens bieten dem Erwerber dabei eine geeignete Möglichkeit, Risiken, die sich aus den entsprechenden Gegebenheiten des Unternehmens ergeben können, herauszufiltern (Risikoermittlungsfunktion) und auch etwaige Mängel am Kaufobjekt aufzudecken (Gewährleistungsfunktion). Dabei können Gegenstand und Umfang einer Due Diligence je nach Fallkonstellation unterschiedlich und facettenreich ausfallen. Die Ergebnisse einer Due Diligence dienen dem Erwerber nicht zuletzt als Entscheidungsgrundlage, entweder von dem geplanten Geschäft ganz Abstand zu nehmen oder zumindest Aufschluss darüber zu erhalten, welche Aspekte besonders klärungs- und regelungsbedürftig sind. Im Folgenden soll kurz auf einige rechtliche Aspekte eingegangen werden, die die Geschäftsführungen bei der Durchführung einer Due Diligence zu beachten haben. Insbesondere soll hierbei auf die Berechtigung der Geschäftsführung einer GmbH und des Vorstands einer AG zur Herausgabe von gesellschaftsinternen Informationen bei Zusammenstellung eines Datenraums sowie auf Probleme des Insiderhandels bei der börsennotierten AG als auch der Haftung des Geschäftsführers der Käufergesellschaft bei unterlassener Due Diligence eingegangen werden.

(a) Berechtigung zur Herausgabe von Informationen durch die Zielgesellschaft

Besondere praktische Bedeutung haben rechtliche Grenzen der Informationsgewährung im Rahmen einer Due Diligence-Prüfung bei der Aktiengesellschaft (AG). Diese Gesellschaftsform ist im Gegensatz zur GmbH insbesondere dadurch gekennzeichnet, dass die Aktionäre grundsätzlich nicht an der Geschäftsführung mitwirken und hinsichtlich gesellschaftsinterner Informationen nur begrenzte Informationsrechte haben. Insbesondere steht Aktionären – anders als bei Gesellschaftern einer GmbH – kein Weisungsrecht gegenüber dem Vorstand der Aktiengesellschaft in Geschäftsführungsangelegenheiten zu.

Im Mittelpunkt der Diskussion um die Gestattung der Due Diligence bei der Aktiengesellschaft steht einerseits die Verpflichtung des Vorstands, über vertrauliche Angaben und Geheimnisse der Gesellschaft Stillschweigen zu bewahren (§ 93 Abs. 1 Satz 2 Aktiengesetz (AktG)). Andererseits hat der Vorstand gem. § 76 Abs. 1 AktG die Gesellschaft unter eigener Verantwortung zu leiten. Die wohl herrschende Meinung billigt dem Vorstand daher einen Entscheidungsspielraum dahingehend zu, dass dieser im Rahmen der Ausübung seines pflichtgemäßen Ermessens dann bestimmte gesellschaftsinterne Informationen offenlegen darf, wenn das Unternehmensinteresse an der Offenlegung bzw. der dahinter stehenden Transaktion das Geheimhaltungsinteresse überwiegt. Das Unternehmensinteresse kann daher ausnahmsweise gebieten oder zumindest rechtfertigen, Verschwiegenheits- und Neutralitätspflichten zu durchbrechen. Sofern die Transaktion im überwiegenden objektiven Unternehmensinteresse liegt, ist eine Offenlegung zulässig. Bei der Entscheidung darüber hat der Vorstand grundsätzlich eine umfassende Abwägung der Interessen der Gesellschaft und aller Beteiligten, einschließlich ihrer Aktionäre, vorzunehmen. Denkbare Aspekte für das Vorliegen eines solchen überwiegenden objektiven Unternehmensinteresses sind:

- Das Erreichen einer wettbewerbsfähigen Größe durch Integration in einen größeren Unternehmensverbund und dadurch die Ausweitung oder Festigung von bestehenden Geschäftsfeldern die Erschließung neuer Märkte und Kunden sowie möglicherweise von zusätzlichem Know-how;
- das Schaffen von Synergien und Einsparpotenzialen;
- die Zufuhr frischen Kapitals aufgrund der Finanzkraft oder der strategischen Positionierung des neuen Aktionärs ggf. verbunden mit einer klaren Aussage des bisherigen Großaktionärs nicht bereit zu sein, weitere (notwendige) Finanzmittel in die Gesellschaft investieren zu wollen;
- die Sicherung der Standorte und Beschäftigungsbedingungen der Arbeitnehmer;
- die Ausweitung oder Festigung von Lieferbeziehungen durch den veränderten Gesellschafterkreis sowie
- die Reaktion auf Veränderungen in der Branche, etwa im Hinblick auf etwaige Konsolidierungstendenzen.

Die Entscheidungskompetenz über die Zulassung der Due Diligence fällt also nach allgemeiner Ansicht in die Kompetenz des Vorstands einer AG. Aufsichtsrat und Hauptversammlung müssen nach überwiegender Meinung grundsätzlich nicht konsultiert werden. Insbesondere kann der Vorstand auch nicht auf Basis eines Hauptversammlungsbeschlusses angewiesen werden, Informationen an Erwerbsinteressenten herauszugeben. Etwas anderes gilt dann, wenn eine Interessenkollision oder die Gefahr einer solchen im Vorstand besteht. In diesen Fällen wird der Aufsichtsrat in analoger Anwendung zu § 111 Abs. 4 Satz 2 AktG verlangen können, dass bestimmte Due Diligence-Maßnahmen nur mit seiner Zustimmung vorgenommen werden.

Hat sich der Vorstand nach Abwägung aller Vor- und Nachteile dafür entschieden, eine Due Diligence zu gestatten, so trifft ihn nunmehr die Pflicht, effektive inhaltliche und prozedurale Sicherheitsvorkehrungen zu implementieren. Die Weitergabe vertraulicher Daten richtet sich zum einen nach der Person des Empfängers und zum anderen nach dem Stadium der Verhandlungen und der Ernsthaftigkeit der Erwerbsabsichten. Es wird allgemein gefordert, dass die Ernsthaftigkeit der Erwerbsabsicht in einem Letter of Intent zum Ausdruck gebracht werden muss.

Sensible Daten können Wettbewerbern erst dann zur Verfügung gestellt werden, wenn eine sehr überwiegende Wahrscheinlichkeit für die Durchführung der Transaktion besteht. In einem frühen Stadium der Transaktion wird es nur sehr eingeschränkt zulässig sein, Informationen direkt an den Kaufinteressenten weiterzugeben. Vielmehr wird es in dieser Phase erforderlich sein, den Kaufinteressenten das abstrakte Ergebnis einer von einem neutralen Prüfer vorgenommenen Due Diligence im Rahmen einer so genannten Vendor Due Diligence mitzuteilen.

Um die mit der Zulassung einer Due Diligence verbundenen Risiken möglichst gering zu halten, ist der Vorstand verpflichtet, vor der Offenlegung von Informationen mit dem Erwerbsinteressenten eine Vertraulichkeitsvereinbarung abzuschließen. Da eine Verletzung der Vertraulichkeitsvereinbarung und ein Missbrauch der zur Verfügung gestellten Informationen in der Regel schwierig zu beweisen sein wird, sollte der Vorstand versuchen, die Einhaltung der Verpflichtungen aus den Vertraulichkeitsvereinbarungen etwa durch Vereinbarung einer Vertragsstrafe oder Beweislastvereinbarungen zu sichern.

Wie eingangs erwähnt, ist die Rechtslage bei der GmbH etwas anders. Denn grundsätzlich hat jeder Gesellschafter einer GmbH einen Anspruch, unverzüglich Auskunft über die Angelegenheiten der Gesellschaft und Einsicht in die Bücher zu verlangen (§ 51a GmbH-Gesetz (GmbHG)). Allerdings kann auch hier eine Auskunft und Einsicht verweigert werden, wenn zu befürchten ist, dass der Gesellschafter sie zu gesellschaftsfremden Zwecken verwenden und der Gesellschaft oder einem verbundenen Unternehmen einen nicht unerheblichen Nachteil zufügen wird. Auch in der GmbH besteht ein Geheimhaltungsinteresse der Gesellschaft, jedoch ist der Geschäftsführer einer GmbH im Gegensatz zum Vorstand einer AG weisungsgebunden.

Für die praktische Handhabung bedeutet dies, dass die Geschäftsführung einer GmbH vor Beginn einer Due Diligence-Prüfung einen Gesellschafterbeschluss herbeiführen sollte, in dem detailliert dargelegt wird, welche Informationen an Erwerbsinteressenten in welchem Stadium des Verkaufsprozesses gegeben werden dürfen.

Zu beachten ist ferner, dass bestimmte Informationen in einer Due Diligence unter keinen Umständen zur Verfügung gestellt werden können. Dies betrifft insbesondere sämtliche Verträge zwischen dem Unternehmen und einem Dritten, z.B. Kunden, die eine Geheimhaltungsvereinbarung enthalten. Sollten diese Informationen dennoch im Datenraum zur Verfügung gestellt werden, bedarf es der Einwilligung des Dritten zur Offenlegung.

(b) Insiderhandel

Da der Käufer im Rahmen von Due Diligence-Prüfungen detaillierte Einblicke in das Zielunternehmen erhält, stellt sich bei börsennotierten Aktiengesellschaften die Frage der Vereinbarkeit einer Due Diligence mit dem Verbot des Insiderhandels. Durch das Anlegerschutzverbesserungsgesetz vom 28. Oktober 2004 wurde der Wortlaut des Verbots von Insidergeschäften nach § 14 Wertpapierhandelsgesetz (WpHG) geändert. In der alten Rechtslage war anerkannt, dass keine Einschränkungen für eine Due Diligence wegen der Regelungen des WpHG bestanden. Durch die Gesetzesänderung aber wurde fraglich, ob der Anteilserwerb nach einer durchgeführten Due Diligence noch zulässig ist oder schon strafbaren Insiderhandel darstellt. Der Käufer erlangt im Rahmen einer Due Diligence nicht öffentliche Informationen, die im Falle eines öffentlichen Bekanntwerdens erheblichen Einfluss auf den Börsenkurs haben könnten.

Wenn die Neufassung des § 14 WpHG eine Änderung der Zulässigkeit der Verwendung von aus einer Due Diligence gewonnenen Informationen bei einem Unternehmenskauf nach sich zöge, hätte dies in Anbetracht des Nutzens und der Ziele einer Due Diligence gravierende Folgen für die Praxis des Transaktionsgeschäfts. Die Prüfung der Zielgesellschaft durch den Erwerber in finanzieller, rechtlicher und steuerlicher Sicht ist bei dem Erwerb ganzer Unternehmen und großer Beteiligungen in der Praxis heutzutage eigentlich nicht mehr wegzudenken (siehe auch Kapitel 6).

Bei der Beurteilung, ob strafbarer Insiderhandel vorliegt, kommt es auf den Bestand einer kausalen Verbindung zwischen Kenntnis der Insiderinformation und dem Kaufvorgang an. Auf die Notwendigkeit dieser Kausalität wird auch in dem von der Bundesanstalt für Finanzdienstleistungsaufsicht (BaFin) herausgegebenen Emittentenleitfaden hingewiesen: Ein in Folge der Ergebnisse einer Due Diligence verändertes Käuferverhalten kann strafbaren Insiderhandel darstellen, wenn zweifelsfrei ein Verwenden von Insiderinformationen vorliegt. Als Beispiel wird angeführt, wenn der Käufer aufgrund der aus der Due Diligence erhaltenen Informationen weitere Käufe über den ursprünglich geplanten Umfang hinaus tätigt (so genannte Alongside-Käufe). Im Ergebnis habe sich hier die Rechtslage im Vergleich zur alten aber nicht geändert.

Das Verwenden einer strafbaren Insiderinformation scheidet also in der Regel aus, wenn ein potenzieller Erwerber im Rahmen seiner Akquisitionsstrategie die Zielgesellschaft zuerst prüft und dann kauft. Bestand der Plan zum Erwerb von Anteilen bereits vor der Due Diligence, war die Transaktion auch ohne Kenntnis der Insiderinformation beabsichtigt und letztere wird mithin im Rahmen der Kaufentscheidung nicht verwendet. Auch das Entdecken weiterer positiver Informationen während der Due Diligence ist unbeachtlich, da der Kaufentschluss vorher feststand. Wird bei Entdeckung von Informationen, die sich negativ auf eine Kaufentscheidung auswirken können, die Transaktion hingegen abgebrochen, kommt es zu keiner insiderrechtlich relevanten Tathandlung. Falls das Unternehmen trotz der nachteiligen Informationen gekauft werden sollte, waren die negativen Informationen nicht kausal für die Kaufentscheidung und es kann wiederum kein strafbarer Insiderhandel vorliegen.

Vorstehende Ausführungen gelten sowohl für den Paketerwerb unterhalb der 30 Prozent-Kontrollschwelle (siehe oben Kapitel 1.2) als auch für den Erwerb aufgrund eines öffentlichen Übernahmeangebots. Sollte der Bieter allerdings bei Abgabe eines öffentlichen Übernahmeangebots Insiderinformationen verwenden, ist nach dem Emittentenleitfaden der BaFin die Abgabe des Angebots erst zulässig, nachdem eine entsprechende Ad-hoc-Mitteilung nach § 15 WpHG veröffentlicht wurde.

Die BaFin empfiehlt im Emittentenleitfaden die einzelnen Schritte der Übernahmetransaktion immer umfassend und genau zu dokumentieren – von der Planfassung bis zur Durchführung der unternehmerischen Entscheidung.

(c) Haftung der Geschäftsführung

Wie eingangs bereits erörtert, hat der Vorstand einer AG bzw. der Geschäftsführer einer GmbH stets zu prüfen, ob und inwieweit er gesellschaftsinterne Informationen an einen potenziellen Erwerber der Gesellschaft weitergeben darf. Denn eine unbefugte Weitergabe von Informationen kann gegebenenfalls zur Haftung des Vorstands bzw. Geschäftsführers der Zielgesellschaft führen. Ferner kann im Zusammenhang mit einer Due Diligence auch darüber nachgedacht werden, ob sich die Geschäftsführung des Käufers, sollte diese eine Due Diligence unterlassen oder fehlerhaft betreiben, haftbar machen kann. Grundsätzlich sieht das deutsche Recht vor, dass der Verkäufer zur Gewährleistung verpflichtet ist. Allerdings ist eine Due Diligence in diesem Fall unter Umständen kontraproduktiv, da der Verkäufer nach § 442 Bürgerliches Gesetzbuch (BGB) grundsätzlich nicht für Mängel haftet, die dem Käufer bei Vertragabschluss bekannt oder grob fahrlässig unbekannt waren. Im Gewährleistungsrecht besteht also das Problem, dass eine Due Diligence-Prüfung dem Erwerber unter Umständen eher schaden als nutzen kann. Auf der anderen Seite ist der Verkäufer gegebenenfalls nach Treu und Glauben verpflichtet, den Käufer über bestimmte Sachverhalte, die ein Risiko beinhalten, vor Vertragsschluss aufzuklären.

In der M&A Praxis werden allerdings die gesetzlichen Bestimmungen der Gewährleistungen ebenso wie der Gewährleistungsausschluss bei Kenntnis des Käufers weitestgehend abbedungen und einzelvertraglich geregelt.

Daher stellt sich in der Praxis lediglich die Frage, inwieweit die Geschäftsführung des Käufers gegen die ihr bei der Geschäftsführung obliegenden Sorgfaltspflichten verstößt, wenn sie keine Due Diligence durchführt, jedoch einen umfangreichen Gewährleistungskatalog verhandelt.

Eine Due Diligence dient nicht nur zur Ermittlung vertraglicher Gewährleistungsansprüche, sondern insbesondere zur Analyse potenzieller Risikoquellen des Zielunternehmens. Als Rechtsbasis einer verpflichtenden Durchführung der Due Diligence verbleibt die allgemeine Pflicht des Vorstandes bzw. Geschäftsführers nach § 93 AktG/§ 43 GmbHG zur Anwendung der Sorgfalt eines ordentlichen und gewissenhaften Geschäftsleiters bei ihrer Geschäftsführung. In Anbetracht der großen Risiken, die mit einer fehlgeschlagenen Akquisition für die Gesellschaft einhergehen können, könnte eine ordnungsgemäße Geschäftsführung somit die verpflichtende Durchführung einer Due Diligence-Prüfung im Vorfeld einer Transaktion erfordern.

Ob eine vom Vorstand zu treffende Entscheidung im Unternehmensinteresse liegt, beinhaltet einen Ermessensspielraum des Vorstands, ohne den unternehmerisches Handeln nicht vorstellbar ist. Um wirtschaftlich erfolgreich zu sein, muss der Vorstand auch Risiken eingehen können. Dazu gehört auch die Gefahr von Fehlbeurteilungen oder Fehleinschätzungen eines Sachverhalts. Dieser Handlungsspielraum wird dadurch begrenzt, dass der Vorstand gemäß § 93 Abs 1 Satz 2 AktG nur dann keine Pflichtverletzung begeht, wenn er bei einer unternehmerischen Entscheidung vernünftigerweise annehmen durfte, auf der Grundlage angemessener Informationen zum Wohle der Gesellschaft zu handeln (»Business Judgement Rule«).

Daher wird die Geschäftsführung in der Praxis bei der zu treffenden Entscheidung, ob und in welchem Umfang eine Due Diligence durchzuführen ist, eine Vielzahl von Punkten berücksichtigen müssen: u.a. Zeitrahmen, Kosten einer Due Diligence, Umfang des Gewährleistungskatalogs im Kaufvertrag, Vorkenntnis des Unternehmens, Wichtigkeit und Größe der Transaktion für die Käuferin. Maßgeblich für die Frage der Durchführung einer Due Diligence ist also eine Entscheidung anhand des jeweiligen Einzelfalls.

2
Rechnungslegung deutscher Unternehmen

Die externe Rechnungslegung deutscher Unternehmen wird von einer Reihe von Faktoren beeinflusst. Dabei sind handelsrechtliche, steuerrechtliche, börsen- und publizitätsrechtliche sowie internationale Einflüsse zu unterscheiden. Die Anzahl bzw. Art der Beeinflussung ergibt sich aus der Rechtsform, der Größe sowie einer eventuellen Kapitalmarktorientierung des Unternehmens. Eine Aussage über »die« deutsche Rechnungslegung ist kaum möglich. Im Folgenden werden daher zunächst die Quellen und damit die Grundlagen der Rechnungslegung dargestellt (Kapitel 2.1). In den nachfolgenden Kapiteln werden die Inhalte der allgemeinen Regelungen für alle Kaufleute (Kapitel 2.2) und die besonderen Vorschriften für Kapitalgesellschaften (Kapitel 2.3), die wesentlichen Unterschiede zu einer Rechnungslegung nach IFRS (Kapitel 2.4) sowie die Grundlagen des Konzernabschlusses nach deutschen Vorschriften (Kapitel 2.5) erläutert. Abschließend wird auf die Prüfungs- und Offenlegungspflichten deutscher Unternehmen eingegangen (Kapitel 2.6).

2.1 Grundlagen der externen Rechnungslegung in Deutschland

2.1.1 Deutsche Rechnungslegungsvorschriften

Vor Beginn einer Financial Due Diligence ist es wichtig, den Umfang und den Detaillierungsgrad der Rechnungslegung der Zielgesellschaft zu kennen.

Grundlage der handelsrechtlichen Rechnungslegung in Deutschland ist das Handelsgesetzbuch (HGB). Die Kernaussagen zur externen Rechnungslegung sind im Dritten Buch: »Handelsbücher« enthalten und untergliedern sich wie folgt:

Handbuch Financial Due Diligence. Luise Hölscher, Anke Nestler und Ralf Otto

ISBN 978-3-527-50295-0

- Allgemeine Vorschriften für alle Kaufleute (Erster Abschnitt, § 238 bis § 263 HGB) und
- ergänzende Vorschriften für Kapitalgesellschaften (Zweiter Abschnitt, § 264 bis § 335 HGB).

Darüber hinaus gibt es ergänzende Vorschriften für eingetragene Genossenschaften (Dritter Abschnitt, § 336 bis § 339 HGB) sowie für Unternehmen bestimmter Geschäftszweige (Vierter Abschnitt, dabei beziehen sich § 340 bis § 340o HGB auf Kredit- und Finanzdienstleistungsinstitute und § 341 bis § 341p HGB auf Versicherungsunternehmen und Pensionsfonds). Die übrigen Regelungsbereiche des HGB betreffen die Regelungen zum Privaten Rechnungslegungsgremium (Fünfter Abschnitt, § 342 bis § 342a HGB) und die Vorschriften hinsichtlich einer Prüfstelle für Rechnungslegung (Sechster Abschnitt, § 342b bis § 342e HGB). Das vorliegende Buch zur Financial Due Diligence konzentriert sich auf die ersten beiden Abschnitte des dritten Buches des HGB, während die speziellen und die übrigen ergänzenden Vorschriften nicht explizit behandelt werden.

Die ergänzenden Vorschriften für Kapitalgesellschaften gelten jedoch auch für bestimmte Personenhandelsgesellschaften (§ 264a HGB). Demnach müssen Offene Handelsgesellschaften (OHG) und Kommanditgesellschaften (KG), die nicht mindestens eine natürliche Person direkt oder indirekt über eine oder mehrere andere Personengesellschaften als Vollhafter vorweisen (so genannte Kapitalgesellschaften & Co.), ebenso wie die Kapitalgesellschaften den Ergänzenden Vorschriften der § 264 bis § 335 HGB nachkommen. Darüber hinaus sind für Unternehmen, die die ausschließlich an der Größe ansetzenden Kriterien des § 1 Publizitätsgesetz (PublG) erfüllen (so genannte Großunternehmen), Jahresabschluss und Lagebericht weitgehend nach den Ergänzenden Vorschriften für Kapitalgesellschaften aufzustellen (§ 5 PublG). Abschließend müssen Aktiengesellschaften und Kommanditgesellschaften auf Aktien (KGaA) die zusätzlich relevanten Vorschriften des AktG, Gesellschaften mit beschränkter Haftung die entsprechenden Vorschriften des GmbHG beachten.

Neben den bereits genannten Unterscheidungen nach der Rechtsform und der Branche sind eine Reihe handelsrechtlicher Vorschriften von der Größe des Unternehmens abhängig. Während für Personenhandelsgesellschaften, sofern sie nicht unter das PublG fallen, der Jahresabschluss ausschließlich nach dem Ersten Abschnitt des Dritten Buches des HGB zu erstellen ist, gelten für Kapitalgesellschaften und für unter das PublG fallende Personenhandelsgesellschaften zusätzlich die Vorschriften des Zweiten Abschnitts. Die Kapitalgesellschaften sind wiederum auf Basis der Kennzahlen

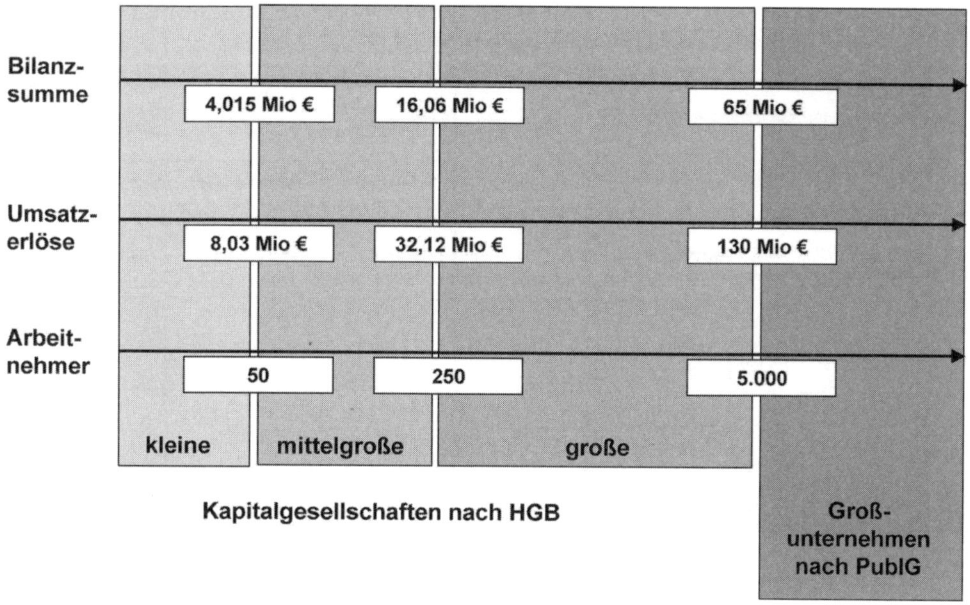

Abb. 2.1: Größenkriterien in der Bilanzierung nach HGB und PublG

Bilanzsumme, Umsatz und Mitarbeiterzahl unterteilt (§ 267 HGB) in kleine, mittelgroße und große Kapitalgesellschaften (siehe Abbildung 2.1 »Größenkriterien in der Bilanzierung nach HGB und PublG«). Ein Wechsel in die nächsthöhere Kategorie ergibt sich, wenn jeweils mindestens zwei der Kennzahlen in zwei aufeinander folgenden Geschäftsjahren überschritten werden (§ 267 Abs. 4 HGB). Unabhängig von diesen Wertgrenzen gelten so genannte »kapitalmarktorientierte« Gesellschaften jedoch immer als »große« Kapitalgesellschaften (§ 267 Abs. 3 HGB).

Unternehmen, die nicht unter den Zweiten Abschnitt des Dritten Buches fallen, können als Großunternehmen durch das PublG publizitätspflichtig werden, wobei die dort festgelegten Größenkriterien weit über denjenigen für große Kapitalgesellschaften liegen. Das PublG greift bei Unternehmen, die mindestens zwei der Kennzahlen des § 1 Abs. 1 PublG in drei aufeinander folgenden Geschäftsjahren überschreiten.

2.1.2 Elemente des Jahresabschlusses nach deutschem Recht

Der Umfang des zu erstellenden Jahresabschlusses hängt v.a. von der Größe des Unternehmens ab. Dementsprechend kann ein Erwerber vor der

		Bilanz	GuV	Anhang	Lagebericht
Personenunternehmen, die nicht unter das PublG fallen		verkürzt	verkürzt	nein	nein
Kapital-gesellschaften	kleine	verkürzt	verkürzt	stark verkürzt	nein
	mittelgroße	ja	verkürzt	leicht verkürzt	leicht verkürzt
	große	ja	ja	ja	ja
Großunternehmen nach PublG	Personen-unternehmen	ja	ja	nein	nein
	Nicht-Personen-unternehmen	ja	ja	verkürzt	ja

Tab. 2.1: Bestandteile der handelsrechtlichen Rechnungslegung

Financial Due Diligence prüfen, welche Informationen vorliegen müssen (siehe Tabelle 2.1 »Bestandteile der handelsrechtlichen Rechnungslegung«).

Personenunternehmen (d.h. Einzelunternehmen und Personengesellschaften), die nicht unter das Publizitätsgesetz fallen, sind zur Erstellung eines Jahresabschlusses verpflichtet, der in seiner kürzesten Form lediglich aus Bilanz sowie GuV besteht. Da für diese Unternehmen nur die Allgemeinen Vorschriften für alle Kaufleute gelten, ergibt sich die Gliederung von Bilanz und GuV nur aus den Grundsätzen ordnungsmäßiger Buchführung sowie aus § 247 Abs. 1 HGB, nach dem in der Bilanz nur das Anlage- und das Umlaufvermögen, das Eigenkapital, die Schulden sowie die Rechnungsabgrenzungsposten gesondert auszuweisen und hinreichend aufzugliedern sind. In der Praxis sind Bilanz und GuV von Personenunternehmen jedoch in der Regel zumindest entsprechend der Hauptgliederungspunkte unterteilt, wie sie für Kapitalgesellschaften in § 266 Abs. 2, 3 HGB zur Bilanz und in § 275 Abs. 2, 3 HGB zur GuV vorgegeben sind. Zur Erstellung eines Anhangs sowie eines Lageberichts sind Personenunternehmen nicht verpflichtet (§ 242 Abs. 3 HGB). Die freiwillige Aufstellung dieser Elemente ist in der Praxis auch nicht zu beobachten.

Für kleine Kapitalgesellschaften kommt die Pflicht zur Erstellung eines Anhangs hinzu (§ 264 Abs. 1 HGB), der allerdings nicht den vollen Umfang möglicher Angaben umfasst: So wird beispielsweise auf die Erläuterung vieler Einzelpositionen sowie auf weitere Pflichtangaben verzichtet (§ 288 HGB). Zusätzlich wird eine weniger tiefe Untergliederung von Bilanz und GuV verlangt, als sie für Kapitalgesellschaften generell vorgegeben ist (§ 274a, § 276 HGB).

Mittelgroße und große Kapitalgesellschaften müssen zusätzlich zum Jahresabschluss, bestehend aus Bilanz, GuV und Anhang, einen Lagebericht erstellen, in dem der Geschäftsverlauf einschließlich des Geschäftsergebnisses und die Lage des Unternehmens den tatsächlichen Verhältnissen entsprechend abgebildet sind (§ 264 Abs. 1, § 289 Abs. 1 HGB). Die Pflichtangaben des Anhangs ergeben sich aus § 268 Abs. 2, 4 bis 7, § 269, § 274, § 277, § 281 sowie § 284 bis § 285 HGB, wobei den mittelgroßen Kapitalgesellschaften zum einen ein verkürztes Gliederungsschema für die GuV erlaubt und zum zweiten die Aufgliederung der Umsatzerlöse nach Tätigkeitsbereichen und geographisch bestimmten Märkten erlassen werden (§ 276 Satz 1, § 288 Satz 2 HGB).

Bei den Unternehmen, die unter das PublG fallen, wird zwischen Personenunternehmen und Nicht-Personenunternehmen unterschieden. Während bei Personengesellschaften die Pflicht zur Erstellung eines Jahresabschlusses auf Bilanz und GuV beschränkt ist, müssen alle übrigen Großunternehmen auch einen Anhang sowie einen Lagebericht aufstellen (§ 5 Abs. 1, 2 PublG). Die Gliederung muss in vollem Umfang eingehalten werden, allerdings kann auf die Angaben, in welchem Umfang die Steuern vom Einkommen und vom Ertrag das Ergebnis belasten sowie auf Informationen zu den Gesellschaftern und zur Corporate Governance verzichtet werden (§ 5 Abs. 2 Satz 1 PublG).

2.1.3 Einflüsse auf die handelsrechtliche Rechnungslegung

Die Aussagekraft der handelsrechtlichen Zahlen für eine Financial Due Diligence ist ganz maßgeblich von den zugrunde liegenden Rechnungslegungssystemen bestimmt. Insgesamt sind die Vorschriften zur Erstellung von handelsrechtlichen Jahresabschlüssen in Deutschland von drei Einflüssen geprägt:

(1) Gläubigerschutz

Das *Gläubigerschutzprinzip* ist der vorherrschende Gedanke der handelsrechtlichen Rechnungslegung in Deutschland. Bedingt durch die primären Aufgaben der Handelsbilanz, d.h. die Information über die Lage des Unternehmens und die Definition einer Bemessungsgrundlage für Zahlungsansprüche der Gesellschafter, manifestiert sich der Gläubigerschutz im Vorsichtsprinzip, das die Ausrichtung des HGB dominiert. In einer nach klassischen Grundsätzen errichteten Handelsbilanz stellt sich der Kaufmann im Regelfall »ärmer« dar, als er ist; folglich müsste seine reale Situation stets mindestens so gut wie ihr Abbild in der Bilanz sein. Da Wahlrechte und Ermessensspielräume jedoch auch in umgekehrter Richtung genutzt werden können, sollten diese Gestaltungsfelder im Rahmen der Financial Due Diligence bekannt sein und vor allem bei wechselnder Inanspruchnahme durch den Bilanzierenden näher untersucht werden.

(2) Maßgeblichkeitsprinzip

Abweichend von den handelsrechtlichen Bilanzierungsgrundsätzen hat sich durch die Verknüpfung der Handelsbilanz mit der Steuerbilanz, das so genannte *Maßgeblichkeitsprinzip*, eine starke Beeinflussung der handelsrechtlichen Rechnungslegung durch steuerliche Faktoren ergeben. Der Kaufmann weiß, dass Ansatz- und Bewertungsentscheidungen in der Handelsbilanz auch für die Besteuerung Relevanz haben, und stellt seinen handelsrechtlichen Jahresabschluss schon mit Blick auf die Steuerbilanz auf. Durch Zins- und Progressionseffekte bei der Steuerlast führt dies tendenziell, sofern möglich, zu einer Senkung und Glättung des handelsrechtlichen Gewinnausweises. Hinzu kommt, dass viele handelsrechtliche Wahlrechte und Ermessensspielräume in der Steuerbilanz nicht genutzt werden dürfen und daher – um Abweichungen zwischen den Bilanzen zu vermeiden – auch in der Handelsbilanz nicht in Anspruch genommen werden. Sind Abweichungen von dieser Tendenz in der Handelsbilanz zu erkennen, so sollte dies zu erhöhter Aufmerksamkeit bei der Analyse des betrachteten Unternehmens führen. Wird beispielsweise handelsbilanziell die lineare statt der zulässigen degressiven Abschreibung gewählt, was in der Steuerbilanz zur Verweigerung der degressiven Absetzung für Abnutzung und damit zu einer zunächst höheren Steuerbelastung führt, muss untersucht werden, aus welchen Gründen das Unternehmen um eines höheren Gewinnausweises willen auf eine niedrigere Steuerbelastung verzichtet.

In Form eines Umkehrungseffektes (»umgekehrte Maßgeblichkeit«) hat das Steuerrecht jedoch auch Einflüsse auf die Handelsbilanz, die mit einer realitätsgerechten Darstellung der Vermögens-, Finanz- und Ertragslage unter Umständen nicht im Einklang stehen: Da steuerliche Subventionen wie Sonderabschreibungen und erhöhte Absetzungen, aber auch die Bildung steuerfreier Rücklagen nur unter der Bedingung wahrgenommen werden können, dass die selbe Ansatz- bzw. Bewertungsentscheidung auch in der

Handelsbilanz erfolgt, finden sich in der handelsrechtlichen Rechnungslegung Bilanzpositionen, die die realitätsnahe Darstellung der Lage des Unternehmens verfälschen. Auch hier gilt für den Analysten, dass er die Effekte kennen und bei der Due Diligence berücksichtigen muss.

Von diesem Einfluss frei ist der handelsrechtliche Konzernabschluss. Da bei der Besteuerung in Deutschland das Individualprinzip verfolgt wird, also keine Konzernbesteuerung stattfindet, gibt es im Konzernabschluss keinen Grund für steuerbedingte Verfälschungen. Seit 2002 besteht sogar ein explizites Verbot, Rückwirkungseffekte der Steuerbilanz in die Konzernbilanz einfließen zu lassen (Transparenz- und Publizitätsgesetz – TransPuG). Dennoch spielt die Besteuerung bei der Bilanzierung latenter Steuern auch im Konzernabschluss eine Rolle.

(3) Internationale Einflüsse

Durch die zunehmende Internationalisierung der Wirtschaft und die Zuwendung zu globalen Kapitalmärkten haben auch international anerkannte Rechnungslegungssysteme Bedeutung für die externe Rechnungslegung in Deutschland gewonnen. Schon deutlich vor der heute gültigen EU-weiten Regelung wurde 1998 börsennotierten »deutschen« Mutterunternehmen die Möglichkeit eröffnet, sich durch Aufstellung eines Konzernabschlusses und -lageberichts nach international anerkannten Rechnungslegungsvorschriften von der Pflicht zur Konzernrechnungslegung nach deutschen Vorschriften befreien zu lassen (Kapitalaufnahmeerleichterungsgesetz – KapAEG).

Nach § 315a HGB müssen seit dem 1. Januar 2005 (bzw. ab dem ersten danach beginnenden Geschäftsjahr) alle kapitalmarktorientierten Mutterunternehmen in Deutschland ihren Konzernabschluss nach den von der EU übernommenen IFRS erstellen (siehe Kapitel 2.1.4). Mit dieser Vorschrift erfüllt Deutschland die Vorgaben der EU-IAS-Verordnung (Verordnung Nr. 1606/2002 des Europäischen Parlaments und des Rates vom 19. Juli 2002 betreffend die Anwendung internationaler Rechnungslegungsstandards, veröffentlicht im Amtsblatt der Europäischen Union L 243 vom 11. September 2002, S. 1 bis 4), die im Rahmen des Bilanzrechtsreformgesetzes (BilReG) in deutsches Recht übernommen wurden. Relevant sind jedoch nur diejenigen der Vorschriften des IASB, die auf EU-Ebene im so genannten Endorsement-Verfahren legitimiert und damit zu unmittelbar geltendem Recht wurden. Unternehmen, die sich nach dem KapAEG für die Anwendung der US-GAAP entschieden hatten und auch außerhalb der EU börsennotiert sind, haben für den Wechsel zur IFRS-Rechnungslegung eine Übergangsfrist bis zu dem Geschäftsjahr, das am oder nach dem 1. Januar 2007 beginnt.

Für die Financial Due Diligence ist dies relevant, wenn Konzernabschlüsse unterschiedlicher Jahre nur noch beschränkt vergleichbar sind. Abweichungen zwischen zwei Abschlüssen desselben Unternehmens aus unterschiedlichen Perioden müssen danach unterschieden werden, ob sie durch reale Sachverhalte oder nur durch veränderte Rechnungslegungsvorschriften hervorgerufen wurden. Dieses Problem der Umstellung nach IFRS wird für große Unternehmen in Zukunft immer weniger Bedeutung haben, da sie im Konzernabschluss bereits weitgehend nach IFRS bilanzieren. Im Bereich des deutschen Mittelstands werden jedoch noch zahlreiche Umstellungen auf IFRS erfolgen, wenn das momentan in Entwicklung befindliche IFRS-Projekt der Definition von speziellen Standards für kleine und mittlere Unternehmen (»IFRS for SMEs«) verwirklicht ist. Nimmt man die Tatsache hinzu, dass die IFRS selbst in ständiger Entwicklung sind (z.B. das »Projekt von IASB und FASB zur Konvergenz von IFRS und US-GAAP«), ergeben sich erhebliche fachliche und analytische Anforderungen an die Due Diligence.

2.1.4 Gültigkeit internationaler Rechnungslegungsvorschriften

Im Rahmen einer Financial Due Diligence findet ein Erwerber bei deutschen Unternehmen immer häufiger Abschlüsse vor, die nach internationalen Rechnungslegungsvorschriften erstellt wurden.

Der derzeitige Geltungsrahmen der internationalen Rechnungslegungsvorschriften für deutsche Unternehmen ist im HGB geregelt und beinhaltet zwei Bedingungen: Die Pflicht zur Erstellung eines IFRS-konformen Konzernabschlusses besteht für (a) Mutterunternehmen, wenn sie (b) kapitalmarktorientiert sind. Hierdurch werden sie von der Verpflichtung zur Aufstellung eines Konzernabschlusses nach HGB befreit (so genannter befreiender Konzernabschluss). Daneben besteht auch für nicht kapitalmarktorientierte Mutterunternehmen ein Wahlrecht zur Erstellung eines befreienden Konzernabschlusses nach internationalem Regelwerk (§ 315a Abs. 3 HGB). Gleichzeitig werden Unternehmen, die ihren Einzelabschluss freiwillig nach IFRS aufstellen und veröffentlichen, nicht von ihrer Pflicht entbunden, zusätzlich einen HGB-Einzelabschluss für Zwecke der Ausschüttungsbemessung und als Grundlage für die steuerliche Gewinnermittlung zu erstellen (eingeschränkt befreiender Einzelabschluss, Befreiungswirkung nur für die Offenlegung). Zulässig ist der eingeschränkt befreiende Einzelabschluss zudem nur für große Kapitalgesellschaften (§ 325 Abs. 2a HGB), nicht aber für Großunternehmen nach dem PublG (§ 15 PublG). Ins-

Mutterunternehmen		Einzelabschluss	Konzernabschluss
Nicht kapitalmarktorientiert	**Kleine und mittelgroße Kapitalgesellschaften sowie Großunternehmen nach PublG**	Wahlrecht zum IFRS-Abschluss Keine Befreiungswirkung	Wahlrecht zum IFRS-Abschluss IFRS-Abschluss wirkt befreiend
	Große Kapitalgesellschaften	Wahlrecht zum IFRS-Abschluss IFRS-Abschluss wirkt eingeschränkt befreiend	
Kapitalmarktorientiert	**Kleine und mittelgroße Kapitalgesellschaften sowie Großunternehmen nach PublG**	Wahlrecht zum IFRS-Abschluss Keine Befreiungswirkung	Pflicht zum IFRS-Abschluss IFRS-Abschluss wirkt befreiend
	Große Kapitalgesellschaften	Wahlrecht zum IFRS-Abschluss IFRS-Abschluss wirkt eingeschränkt befreiend	

Tab. 2.2: Pflichten und Wahlrechte zur Bilanzierung nach IFRS

gesamt ergeben sich die in Tabelle 2.2 »Pflichten und Wahlrechte zur Bilanzierung nach IFRS« dargestellten Konstellationen. Dabei werden Personenhandelsgesellschaften im Sinne des § 264a HGB analog zu den Kapitalgesellschaften behandelt.

Wenn sich ein Unternehmen zur Anwendung der IFRS entscheidet, muss es sich an die Regelungen im Ganzen halten. Eine Mischung aus HGB- und IFRS-Elementen im Jahresabschluss ist nicht zulässig. Zudem müssen bei freiwillig wie verpflichtend international bilanzierenden Unternehmen zusätzlich zu den von der EU übernommenen Standards bestimmte Regelungen des HGB befolgt werden (§ 315a HGB). Insbesondere sind ein Konzernanhang und ein Konzernlagebericht aufzustellen, die den handelsrechtlichen Vorgaben entsprechen (§ 315a Abs. 1 HGB).

Die beiden Entscheidungsmerkmale für die Pflicht zum IFRS-Abschluss, (a) die Einordnung als Mutterunternehmen und (b) die Kapitalmarktorientierung des Unternehmens, sind zwar durch EU-Recht beschrieben, allerdings werden sie im deutschen Recht deutlich umfassender definiert, wie im Folgenden dargestellt wird:

(a) Merkmal 1: Mutterunternehmen

Die Pflicht zur Aufstellung eines Konzernabschlusses einschließlich Konzernlageberichts ist in § 290 bis § 293 HGB geregelt. Damit sind von der Konzernrechnungslegung nach HGB nur die Unternehmensgruppen betroffen, an deren Spitze eine AG, KGaA, GmbH oder Kapitalgesellschaft & Co. steht (§ 264, § 264a Abs. 1 HGB).

Kreditinstitute und Versicherungsunternehmen sind kraft Branche, unabhängig von ihrer Größe und Rechtsform, zur Aufstellung eines Konzernabschlusses und -lageberichts verpflichtet (§ 340i Abs. 1, § 341i Abs. 1 HGB).

Konzerne, an deren Spitze eine Personengesellschaft steht, können durch das Überschreiten bestimmter Größenkriterien nach dem Publizitätsgesetz (PublG) verpflichtet werden, einen Konzernabschluss aufzustellen und zu veröffentlichen. Dies ist der Fall, wenn für drei aufeinander folgende Konzernabschlussstichtage jeweils mindestens zwei der folgenden Kriterien erfüllt sind (§ 11 Abs. 1 PublG):

(i) Die Bilanzsumme der Konzernbilanz übersteigt 65 Mio. Euro.
(ii) Die Umsatzerlöse der Konzern-GuV übersteigen 130 Mio. Euro.
(iii) Die Konzernunternehmen im Inland haben in den zwölf Monaten vor dem Konzernabschlussstichtag insgesamt durchschnittlich mehr als 5 000 Arbeitnehmer beschäftigt.

Die Größenkriterien für den Konzern entsprechen somit den allgemeinen Kriterien zur Rechnungslegungspflicht einzelner Großunternehmen nach § 1 Abs. 1 PublG. Die Muttergesellschaften, die zur Aufstellung eines Konzernabschlusses und damit zur Anwendung der IFRS verpflichtet sind, sind in Abbildung 2.2 zusammengefasst.

Gemäß § 11 Abs. 5 Satz 2 PublG sind Personenhandelsgesellschaften und Einzelkaufleute dann von der Pflicht zur Aufstellung eines Konzernabschlusses befreit, wenn sich ihr Gewerbebetrieb auf eine reine Vermögensverwaltung beschränkt und sie nicht die Aufgaben der Konzernleitung wahrnehmen. Weiterhin besteht für Kapitalgesellschaften & Co. keine Konzernabschlusspflicht, wenn neben der Kapitalgesellschaft mindestens ein persönlich haftender Gesellschafter eine natürliche Person ist. Personenmuttergesellschaften jeglicher Rechtsform, deren Konzerne die Größenkriterien des PublG nicht erreichen, sind ebenfalls nicht zur Erstellung eines Konzernabschlusses verpflichtet (siehe Abbildung 2.3). Damit liegen für viele »gesellschafterbezogene Konzerne« keine Konzernabschlussdaten und damit oft auch keine Rechnungslegungsinformationen auf IFRS-Basis vor.

Anders als bei der Muttergesellschaft sind die Rechtsformen der Tochterunternehmen für die Frage, ob ein Konzernabschluss erstellt werden muss oder nicht, in jedem Fall irrelevant.

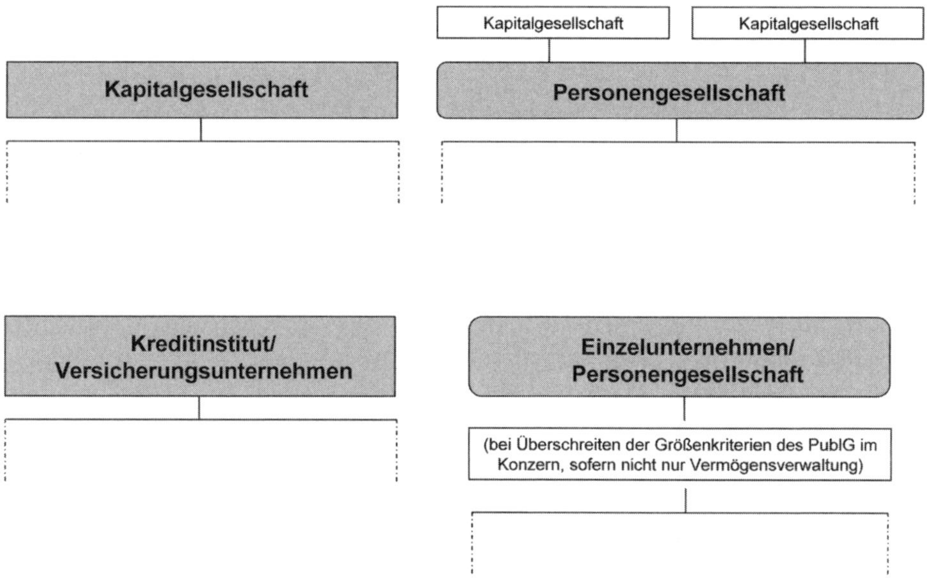

Abb. 2.2: Pflicht zur Aufstellung eines Konzernabschlusses

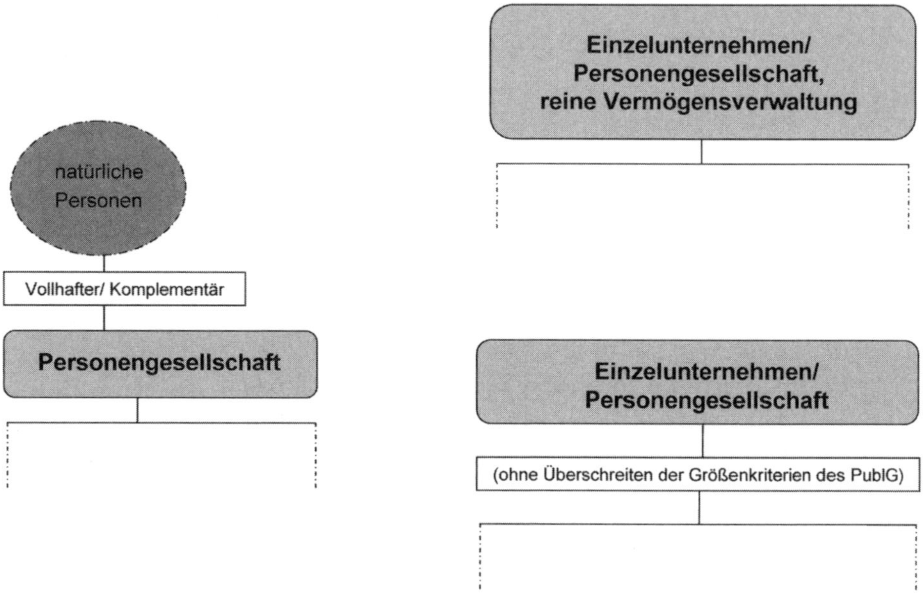

Abb. 2.3: Keine Pflicht zur Aufstellung eines Konzernabschlusses

(b) Merkmal 2: Kapitalmarktorientierung

Ein Unternehmen gilt als kapitalmarktorientiert, wenn es Wertpapiere ausgegeben hat, die am Abschlussstichtag zum Handel an einem organisierten Markt zugelassen sind, oder wenn es am Abschlussstichtag die Zulassung eines solchen Wertpapiers beantragt hat. Wertpapiere i.S.d. § 2 Abs. 1 Satz 1 WpHG sind – unabhängig von der Gestellung einer Urkunde – Aktien und Aktien vertretende Zertifikate, Anteilsscheine von Kapitalanlage- und Investmentgesellschaften, Schuldverschreibungen, Genuss- und Optionsscheine sowie vergleichbare Wertpapiere, wenn sie an einem Markt gehandelt werden können. Da Namensschuldverschreibungen u.Ä. nur durch Abtretung übertragen werden können, fallen sie nicht unter diese Definition. Organisierte Märkte in Deutschland sind gemäß Art. 47 der Richtlinie 2005/39/EG des Europäischen Parlaments und des Rates vom 21. April 2004 über Märkte für Finanzinstrumente, zur Änderung der Richtlinien 85/611/EWG und 93/6/EWG des Rates und der Richtlinie 2000/12/EG des Europäischen Parlaments und des Rates und zur Aufhebung der Richtlinie 93/22/EWG des Rates, erschienen im Amtsblatt der Europäischen Union L 145 vom 30. April 2004, S. 1 bis 44, der amtliche Handel und der geregelte Markt der jeweiligen Börsen sowie die Terminbörse Eurex Deutschland und der Start Up Market in Hamburg, nicht jedoch der Freiverkehr. Sofern nicht das Mutter-, sondern ein Tochterunternehmen derartige Wertpapiere emittiert hat, ist das für die Anwendung der IFRS auf Ebene der Muttergesellschaft irrelevant.

2.2 Allgemeine Rechnungslegungsvorschriften für alle Kaufleute

2.2.1 Buchführung und GoB

Das HGB sieht eine generelle Buchführungspflicht für alle Kaufleute mit der Zielsetzung vor, die Geschäftstätigkeit und die Vermögenslage des Kaufmanns ersichtlich zu machen (§ 238 Abs. 1 Satz 1 HGB). Die Erfüllung dieser Pflicht ist nicht nur im HGB selbst, sondern auch und vor allem in den so genannten »Grundsätzen ordnungsmäßiger Buchführung« (GoB) definiert.

Die GoB sind zwar im Gesetz erwähnt, so z.B. in § 243 Abs. 1 HGB, zum Teil dort auch kodifiziert, wie beispielsweise in § 243 Abs. 2 HGB, eine vollumfängliche Auflistung findet sich dort jedoch nicht. Ihre Ermittlung war in der Vergangenheit umstritten. Die heute meist verwendete hermeneutische

Methode bezieht alle Einflussfaktoren der Rechnungslegung in die Auslegung kodifizierter und die Findung nicht kodifizierter GoB ein. Solche Einflussfaktoren sind nicht nur Wortlaut und Wortsinn, Bedeutungszusammenhang und Entstehungsgeschichte des Gesetzes selbst. Vielmehr zählen hierzu auch die Zwecke der Rechnungslegung aus betriebswirtschaftlicher Sicht, die Ansichten und praktischen Handhabungen der Rechnung legenden Unternehmen, die höchstrichterliche Rechtsprechung, die Äußerungen von Standes- und Berufsorganisationen sowie die Ansichten nationaler und internationaler Standardsetter. Auf diesem Wege erlangen auch die Aussagen des International Accounting Standards Board (IASB) Bedeutung für die deutsche Rechnungslegung.

Zur Gliederung der GoB finden sich in der Literatur verschiedene Ansätze, die in ihren Inhalten trotzdem weitgehend übereinstimmen. Eine der möglichen Unterteilungen differenziert zwischen den Dokumentationsgrundsätzen, den Rahmengrundsätzen, den Systemgrundsätzen und den Grundsätzen zur vorsichtigen Gewinnermittlung.

(a) Dokumentationsgrundsätze

Die Dokumentationsgrundsätze definieren die grundlegenden Anforderungen an die dem Jahresabschluss zugrunde liegende Buchführung. Regelungen wie der Grundsatz des systematischen Aufbaus der Buchführung, der Grundsatz der Vollständigkeit der Konten, der Grundsatz der vollständigen und verständlichen Aufzeichnung, der Beleggrundsatz, der Aufbewahrungsgrundsatz und der Grundsatz der internen Kontrolle erscheinen auf den ersten Blick allgemein gebräuchlich und ihre Einhaltung selbstverständlich. Es kann aber den Fall geben, dass in der Financial Due Diligence die prinzipielle Einhaltung der Dokumentationsgrundsätze explizit geprüft werden sollte, soweit dies anhand des vorliegenden Materials möglich ist (siehe Abbildung 2.4).

Solche Fälle sind insbesondere Start-up-Unternehmen. Hier kann es durchaus vorkommen, dass in der »heißen Phase« der Gründung möglicherweise nicht alle Belege vollständig in die Buchhaltung gelangt sind oder einzelne Daten fehlen. Bei solchen schnell wachsenden Unternehmen ist daher ein besonderes Augenmerk der Financial Due Diligence auf die Erfüllung der GoB zu legen. Darüber hinaus kann der Financial Due Diligence-Prüfer, falls er Unstimmigkeiten und Probleme bei der Vorlage von Unterlagen durch das Zielunternehmen vorfindet, seine Überprüfung auf die Erfüllung des Dokumentationsgrundsatzes erweitern.

Als besonders sensibler Bereich ist das interne Kontrollsystem anzusehen. Der Grundsatz der internen Kontrolle, der nicht gesetzlich kodifiziert

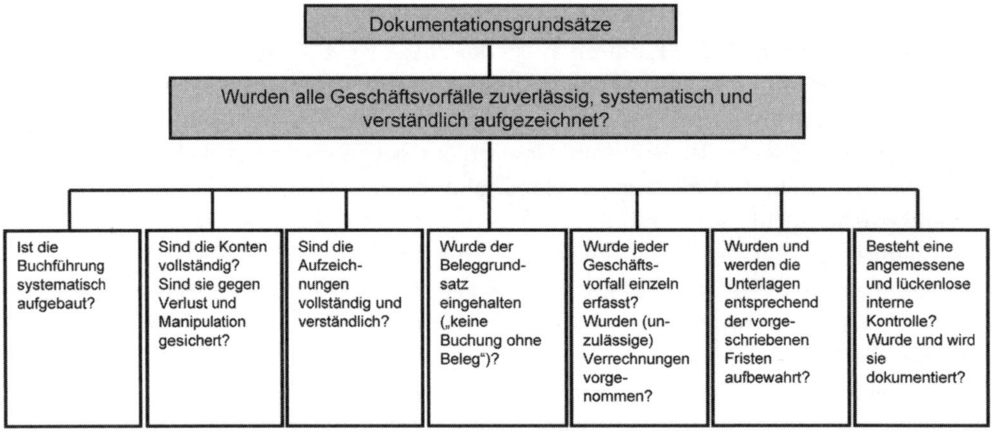

Abb. 2.4: Überprüfung der Dokumentationsgrundsätze

ist, beinhaltet für jedes Unternehmen die Verpflichtung, ein in Art und Größe dem Unternehmen angemessenes internes Kontrollsystem (IKS) einzurichten. Das IKS soll einerseits Regelungen zur Steuerung der Unternehmensaktivitäten (das so genannte interne Steuerungssystem) und andererseits Regelungen zur Überwachung der Einhaltung dieser Regelungen (das so genannte interne Überwachungssystem) umfassen. Im Idealfall wäre das IKS auch angemessen dokumentiert und von Außenstehenden geprüft, was jedoch in der Praxis sehr selten vorkommt.

Vor allem in gewachsenen mittelständischen Strukturen, die oft eine fokussierte Führung durch einen oder wenige Gesellschafter-Geschäftsführer haben, können diesbezüglich Mängel auftreten. Risiken entstehen, wenn beispielsweise das Unternehmen in den vergangenen Jahren stark gewachsen ist. Da der Geschäftsführer nicht überall zugleich sein kann, wird das Netz seiner Aufsicht zunehmend dünner. Da viele Aspekte an einer Person hängen und erst im Laufe der Zeit auf andere verantwortliche Führungskräfte übergeleitet werden, bleiben Bereiche möglicherweise ohne weitere Kontrolle sich selbst überlassen.

Ähnliche Probleme können sich ergeben, wenn in der Vergangenheit Positionen mit großer Entscheidungsmacht an kompetente und loyale Personen vergeben wurden. Dies können sowohl langjährige Mitarbeiter als auch – im Zuge der Unternehmensnachfolge – Familienmitglieder sein. Zentrale Positionen sind häufig im Vertrieb und in der Forschung und Entwicklung. Findet hier keine regelmäßige Überwachung statt, können eventuell Probleme auftreten: Vielleicht ist der Mitarbeiter oder das Familienmitglied zwar loyal, aber der neuen Aufgabe nicht gewachsen. Auch kann die bisherige Loyalität durch die geänderte Sichtweise auf das Unternehmen erschüttert werden, so dass eine persönliche »Umverteilung des Kuchens« vorgenommen wird. Werden wichtige, z.B. wettbewerbsrelevante Kontakte auf einzelne Personen konzentriert, kann dies zu einem kritischen Erfolgsfaktor werden. Solange das Vertrauen des Inhabers bzw. der obersten Geschäftsleitung nicht durch geeignete Kontrollmaßnahmen unterstützt und bestätigt wird, besteht ein unterschwelliges Risikopotenzial, das im Rahmen der Financial Due Diligence aufgedeckt werden muss. Die identifizierten Risiken, die im Rahmen der Financial Due Diligence in einem unzureichenden IKS identifiziert werden, sind möglicherweise für die Postmerger-Integration nach erfolgreicher Transaktion von Bedeutung (siehe Kapitel 5.3).

(b) Rahmengrundsätze

Die Einhaltung der Rahmengrundsätze stellt sicher, dass der Jahresabschluss eine aussagefähige Abbildung des wirtschaftlichen Geschehens im Unternehmen ist und damit die Informationen enthält, die zu beinhalten seine gesetzlich definierte Aufgabe ist. Die Rahmengrundsätze umfassen folglich die Klarheit und Übersichtlichkeit von Bilanz und Gewinn- und Verlustrechnung, ihre Richtigkeit im Sinne von intersubjektiver Nachvollziehbarkeit und Willkürfreiheit sowie ihre Vollständigkeit und Vergleichbarkeit in formeller wie inhaltlicher Sicht. Es wird den Unternehmen jedoch in engen Grenzen zugestanden, über die Relevanz von Jahresabschlussinformationen zu entscheiden und bei Unangemessenheit der Kosten die zu ermittelnden Informationen zu vereinfachen (Grundsatz der Wirtschaftlichkeit).

Auch diese Grundsätze erscheinen naheliegend, setzt man einen strukturierten und sinnvoll dokumentierten Geschäftsverlauf im Zielunternehmen voraus. Trotzdem sollte in der Financial Due Diligence untersucht werden, ob das dokumentierte Abbild des Unternehmens in sich schlüssig und nachvollziehbar ist (siehe Abbildung 2.5). Bleiben Fragen offen, ist zu klären, ob es sich lediglich um ein Dokumentationsproblem (s.o.) oder um gravierende und möglicherweise strukturell bedingte Ungenauigkeiten handelt.

Die Rahmengrundsätze sind jedoch nicht in allen Teilbereichen ideal auf das Informationsbedürfnis einer Due Diligence ausgerichtet. Wie schon erläutert, hat das Vorsichtsprinzip einen starken Einfluss auf die handelsrechtliche Rechnungslegung deutscher Unternehmen. Hierzu gehört zum ersten, dass Gewinne erst ausgewiesen werden dürfen, wenn sie realisiert sind, Verluste hingegen schon dann, wenn sie absehbar und wahrscheinlich

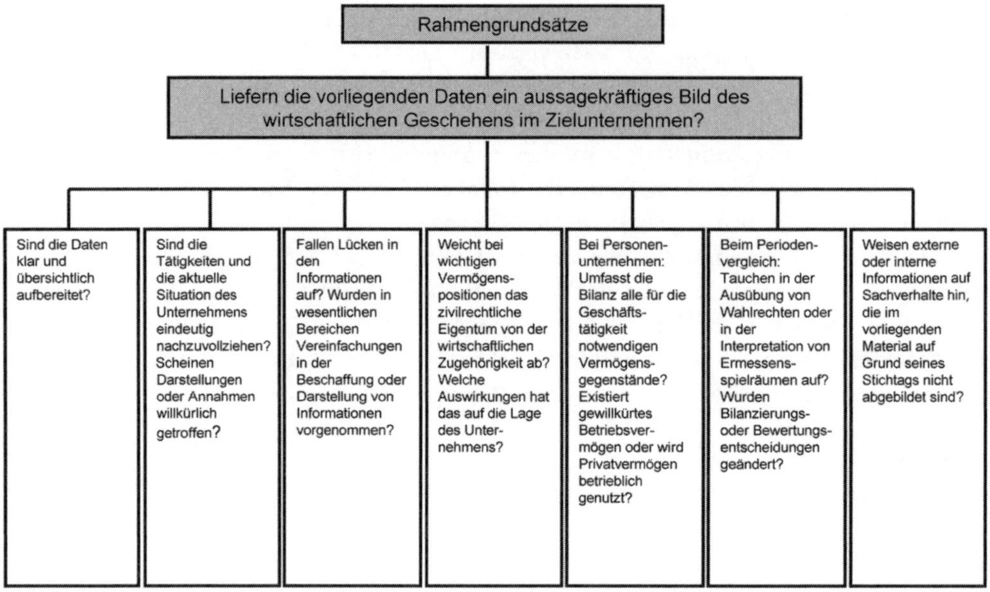

Abb. 2.5: Überprüfung der Rahmengrundsätze

sind. Das bedeutet, dass der bilanzielle Grundsatz der Vollständigkeit als eingehalten gilt, wenn alle Risiken dargelegt und erläutert wurden. Chancen müssen – zumindest nach den Rechnungslegungsvorschriften für alle Kaufleute – nicht ausgewiesen werden. Folglich geben handelsrechtliche Jahresabschlüsse in der Regel nicht ausreichend Hinweise auf das tatsächliche Potenzial der Zielgesellschaft. Vor diesem Hintergrund sind im Rahmen der Financial Due Diligence nicht nur die »on-balance« sondern auch die »off-balance« Chancen und Risiken separat zu prüfen (siehe Kapitel 5.1.3 und 5.1.5).

Zum zweiten verbieten die Rahmengrundsätze den Ausweis schwebender Geschäfte und wertbegründender Informationen. Daher sind zweiseitig verpflichtende Verträge in der Zeit zwischen Vertragsabschluss und ihrer Erfüllung durch mindestens einen der Vertragspartner nicht aus dem Jahresabschluss ersichtlich. Ereignisse, die ihre wirtschaftliche Ursache erst nach dem Bilanzstichtag haben, dürfen nicht in die Bilanz und die Gewinn- und Verlustrechnung der Abschlussperiode eingehen. Da für Personengesellschaften im Regelfall keine Pflicht zur Erstellung eines Anhangs oder Lageberichts besteht, bleiben solche Tatbestände im Jahresabschluss undokumentiert und können in der Unternehmensanalyse nur durch externe Daten oder interne Nachfrage im Zielunternehmen in Erfahrung gebracht werden.

Aus diesem Grund ist die Recherche von Informationen über das Zielunternehmen zur Ergänzung der vom Verkäufer bereitgestellten Informationen unerlässlich (siehe Kapitel 1.3). Wenn möglich, sollten eine Management- bzw. Mitarbeiterbefragung durchgeführt oder zumindest ein Gang durch das Unternehmen (»Walk through«) z.B. in Form einer Betriebsbesichtigung unternommen werden. Bei entsprechendem Zugang zum Management sollte von diesem eine Vollständigkeitserklärung zu den im Due Diligence-Bericht enthaltenen Angaben und Informationen eingeholt werden.

Ein weiterer Aspekt ist die Interpretation des Vollständigkeitsgebots im Jahresabschluss: Nach § 246 Abs. 1 HGB hat er »sämtliche« Vermögensgegenstände und Schulden, Rechnungsabgrenzungsposten (RAP), Aufwendungen und Erträge zu enthalten. Dabei wird nicht ausschließlich auf das zivilrechtliche Eigentum, sondern – falls abweichend – auf die wirtschaftliche Zugehörigkeit abgestellt. Demnach ist ein Vermögensgegenstand eines Unternehmens dann nicht in seiner Bilanz enthalten, wenn einem anderen auf Dauer das Verfügungsrecht über Substanz und Ertrag sowie das Verwertungsrecht, sofern es wirtschaftlich von Bedeutung ist, zustehen. Umgekehrt kann die Bilanz des Zielunternehmens Vermögensgegenstände enthalten, die zivilrechtlich nicht sein Eigentum sind. Einer besonderen Analyse (siehe Kapitel 5.1.3 bis Kapitel 5.1.5) bedürfen insbesondere Eigentumsvorbehalte, Sicherungsübereignungen, Verpfändungen, Treuhandverhältnisse, Factoring, Nießbrauch, Gebäude auf fremdem Grund und Boden, Kommissions- und Pensionsgeschäfte sowie Leasingverträge.

Neben der Unterscheidung von rechtlichem und wirtschaftlichem Eigentum ist speziell bei Personengesellschaften die Trennung von Privat- und Betriebsvermögen im Jahresabschluss zu untersuchen. Da Kapitalgesellschaften als juristische Personen vollumfängliche Rechtsfähigkeit besitzen, gibt es außer der eben erläuterten Frage der wirtschaftlichen Zugehörigkeit eine klare Trennung zwischen dem Betriebsvermögen der Gesellschaft und dem Privatvermögen des Gesellschafters. Personenunternehmen haben demgegenüber keinerlei Rechtsfähigkeit, so dass die Trennlinie zwischen dem Betriebsvermögen, d.h. den Vermögensgegenständen des Unternehmers, die für Zwecke des Unternehmens genutzt werden, und dem Privatvermögen, also den Vermögensgegenständen, die der Unternehmer für private Zwecke verwendet, primär eine Frage der Bilanzierung ist. Dies wird vor allem bei Vermögensgegenständen deutlich, bei denen es sich aus der Sache heraus nicht notwendigerweise um Betriebs- oder Privatvermögen handelt. Dieses so genannte neutrale Vermögen wird durch die Aufnahme in die Bilanz dem Unternehmen gewidmet; die Willkürlichkeit dieser Zuordnung ist auch am steuerrechtlichen Begriff »gewillkürtes Betriebsvermögen« zu erkennen. Für unter das PublG fallende Personenunternehmen ist dies in § 5 Abs. 4 PublG explizit definiert: Das Privatvermögen des Kaufmanns oder Gesellschafters darf nicht in die Bilanz und die darauf entfallenden Aufwendungen und Erträge dürfen nicht in die Gewinn- und Verlustrechnung aufgenommen werden. Vermögensgegenstände, die dem Unternehmen dienen können, aber nicht unbedingt müssen, können in die Bilanz aufgenommen werden. Entsprechendes gilt für die zugehörigen Aufwendungen und Erträge. So kann beispielsweise ein an das Firmengelände angrenzendes Grundstück des Unternehmers als »Erweiterungsfläche« in die Bilanz aufgenommen werden. Folglich mindern die darauf entfallende Grundsteuer und eventuelle Refinanzierungszinsen den Gewinn des Unternehmens; wird das Grundstück später verkauft, muss der Gewinn als gewerbliche Einkünfte versteuert werden. Entscheidet sich der Unternehmer gegen die Bilanzierung – was möglich ist, wenn die Fläche nicht notwendigerweise zum Unternehmen gehört – kann er die Aufwendungen nicht absetzen, braucht aber den Veräußerungsgewinn, sofern nach Ablauf der Spekulationsfrist von zehn Jahren erzielt, auch nicht zu versteuern.

Personengesellschaften nehmen eine Zwitterstellung zwischen Einzelunternehmen und Kapitalgesellschaft ein: Einerseits dürfen sie wie letztere selbst Vermögen erwerben, das als Gesamthandsvermögen zwangsläufig Betriebsvermögen darstellt. Andererseits stellen häufig Gesellschafter ihren Personengesellschaften Dinge zur Nutzung zur Verfügung, ohne dass diese ins Vermögen der Gesellschaft übergehen. Es handelt sich dabei um im rechtlichen Eigentum des Unternehmers befindliches Vermögen, das für Zwecke des Unternehmens genutzt wird. Typische Beispiele aus der Praxis sind Patente und Immobilien. Anders als bei Einzelunternehmen erfolgt hier keine Bilanzierung, sondern die handelsrechtliche Zuordnung folgt dem rechtlichen Eigentumsbegriff und definiert es als Privatvermögen.

Gerade im Mittelstand ist diese Handhabung weit verbreitet, so dass in der Due Diligence zu klären ist, was für die betriebliche Tätigkeit benötigt wird, in wessen Eigentum es sich befindet und was beim Verkauf damit geschehen soll. Unabhängig von der Handelsbilanz muss daher definiert werden, aus welchen materiellen und immateriellen Vermögensgegenständen das Zielobjekt tatsächlich besteht (betriebsbedingtes Vermögen). Entsprechend muss für die Passivseite geklärt werden, welche Schulden betrieblich bedingt sind und unter Umständen mit übernommen werden sollen. Hilfestellung dazu kann die steuerrechtliche Rechnungslegung der Personengesellschaft bieten: Neben der Steuerbilanz werden im so genannten Sonderbetriebsvermögen u.a. die Wirtschaftsgüter zusammengefasst, die im Eigentum des Gesellschafters stehen und für Zwecke des Unternehmens genutzt werden. Da hieran steuerliche Pflichten geknüpft werden, ist diese Beurteilung niemals willkürlich, muss aber unter dem Blickwinkel steuerlicher Zielsetzungen überprüft werden.

Zusätzlich zur Definition des betriebsbedingten Vermögens muss sein vollumfänglicher Übergang sichergestellt werden. Folglich ist hier eine enge Abstimmung zwischen den Ergebnissen der Financial Due Diligence und der Erstellung des Kaufvertrages durch die Juristen erforderlich (siehe auch Kapitel 6.3 und Kapitel 6.4)

(c) System- oder Konzeptionsgrundsätze

Die System- oder Konzeptionsgrundsätze umfassen die Basisannahmen, auf denen der Jahresabschluss als spezielles Rechnungslegungsinstrument beruht. Während die Dokumentations- und Rahmengrundsätze auch für andere Informationssysteme wie die Kosten- und Leistungsrechnung oder das Management-Informations-System (MIS) gelten, weichen Bilanz und Gewinn- und Verlustrechnung in ihrer gesetzlich definierten Konzeption von anderen Rechnungslegungssystemen ab: Während die Kosten- und Leistungsrechnung kalkulatorische Größen einbezieht und unter Umständen auf Basis der Wiederbeschaffungskosten rechnet, sind Bilanz und GuV an den Grundsatz der Pagatorik bzw. Zahlungsverrechnung gebunden. Finanzbedarfsrechnungen können z.B. Ein- und Auszahlungen aus bestimmten Projekten saldieren. In der Bilanz besteht demgegenüber der Grundsatz der strikten Einzelerfassung und -bewertung. Und während Liquidations- oder Zerschlagungsbilanzen mit aktuellen Verkaufswerten arbeiten, müssen Bilanz und GuV am Grundsatz der Unternehmensfortführung (Going-Concern-Principle) ausgerichtet sein, solange dies angestrebt und möglich ist. Die Systemgrundsätze definieren somit die Spezifika des Jahresabschlusses gegenüber anderen Rechnungslegungsinstrumenten.

Für die Financial Due Diligence bedeutet dies, dass Betriebsvermögen, das nach Planung des Käufers als nicht betriebsnotwendig anzusehen ist, nach Möglichkeit aus der Transaktion ausgeklammert oder danach ggf. separat veräußert wird. Falls es nicht ausgeschlossen werden kann, muss es für die Ermittlung des Kaufpreises – statt wie in der Bilanz zu Fortführungswerten – mit Liquidationswerten angesetzt werden. Diese Werte sind als Nettogrößen zu ermitteln und können durch zu erwartende Liquidationskosten bzw. durch eine Verschrottung und die damit verbundenen Entsorgungskosten auch negativ sein (vgl. Kapitel 6.2).

Weiterhin ist bei der Analyse von Erlös- und Kostenstrukturen zu berücksichtigen, dass der Jahresabschluss ausschließlich tatsächlich geflossene

Zahlungen beinhaltet. Aufgabe der Due Diligence ist es, kalkulatorische Größen ausfindig zu machen, die Einfluss auf den Wert des Zielunternehmens für den Erwerber haben können. Dies ist vor allem dann erforderlich, wenn (materielle oder immaterielle) Werte nicht mit dem Unternehmen transferiert werden sollen. Typische Fälle sind etwa:

Falls der Verkäufer das Unternehmen geleitet hat:

- Was wäre der korrekt anzusetzende Unternehmerlohn, der auch an einen externen, angestellten Geschäftsführer zu zahlen wäre?
- Gibt es weiche Faktoren wie Know-how, Lieferantenkontakte und Kundenbeziehungen, die nach einem Wechsel erst wieder aufgebaut werden müssten und zwischenzeitlich zu Erlöseinbußen führen können?

Falls Gegenstände oder Darlehen vom Verkäufer zur Verfügung gestellt wurden:

- Welche Miete bzw. welcher Zins wären in Zukunft einzuplanen?
- Besteht ein ausreichendes Angebot an den gesuchten Vermögensgegenständen, und wären sie auch dem Käufer zugänglich?

Falls notwendige Teile des Zielunternehmens nicht mit übergeben werden sollen:

- Wie haben sich die Preise entwickelt, wie hoch wären folglich die Wiederbeschaffungs- oder Wiederherstellungskosten?
- Sind die Güter für den Käufer zugänglich?
- Handelt es sich eventuell um nicht oder nur schwer austauschbare Vorteile, z.B. wie einen speziellen Standort oder ein Namensrecht?

Eine wesentliche Aufgabe der Due Diligence besteht darin, nach den nicht in der Bilanz bzw. der GuV abgebildeten Sachverhalten zu suchen. Dies wird erschwert durch die Tatsache, dass bei Personengesellschaften die Teile des betrieblich genutzten Vermögens, die im Eigentum des Gesellschafters stehen, weder in der Handelsbilanz noch mit ihren Aufwendungen und Erträgen in der Gewinn- und Verlustrechnung abgebildet werden. Auch hier ist also die genaue Definition des Zielobjekts als eine Herausforderung der Due Diligence zu sehen (siehe Abbildung 2.6).

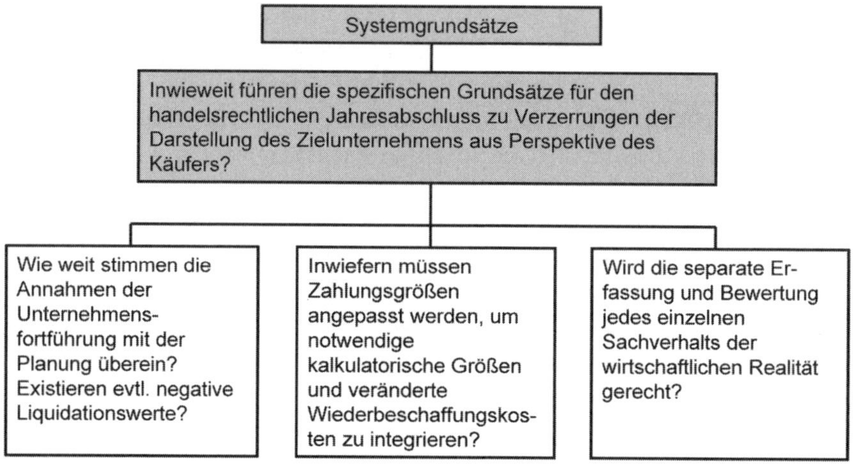

Abb. 2.6: Überprüfung der Systemgrundsätze

(d) Grundsatz der vorsichtigen Gewinnermittlung

Die unter dem Grundsatz der vorsichtigen Gewinnermittlung zusammengefassten Prinzipien dienen vor allem zwei Aufgaben der Handelsbilanz: Als erstes sollen Informationen über das Unternehmen bereitgestellt werden, die sich vor allem an seine Gläubiger richten. Wie schon erläutert, bewirkt diese historisch bedingte Ausrichtung auf den Gläubigerschutz, dass die Lage eines Unternehmens tendenziell schlechter dargestellt wird, als sie tatsächlich ist. Allerdings stehen bei der Bilanzierung verschiedene Wahlrechte und Ermessensspielräume offen, so dass in der Analyse des Unternehmens die bilanzpolitische Ausrichtung von sehr konservativer bis realistisch positiver Bilanzierung festgestellt werden sollte.

Als zweite Aufgabe neben der Information der Gläubiger dient die Handelsbilanz dazu, gewinnabhängige Zahlungen zu regulieren. Da das Grundkonzept von HGB, GmbHG und AktG von durch den Gewinn limitierten Entnahme- bzw. Ausschüttungsmöglichkeiten ausgeht, soll durch eine vorsichtige Ermittlung des Gewinns sichergestellt werden, dass keine notwendigen Mittel aus dem Unternehmen abfließen. Die Vorsicht reicht hierzu jedoch allein nicht aus, denn der Gewinn als Zahlungsbemessungsgrundlage muss nicht nur in seiner Gesamthöhe, sondern auch in seiner Periodenzugehörigkeit korrekt ermittelt werden – andernfalls besteht die Gefahr, dass ein Gewinnabfluss zwar grundsätzlich möglich ist, aber wegen falscher Zuordnung zu den Wirtschaftsjahren zu früh erfolgt und damit die Unternehmensexistenz gefährdet.

Hierzu dienen die so genannten Periodisierungsgrundsätze, die zusammen mit den Konventionen zur Beschränkung gewinnabhängiger Zahlungen das »Vorsichtsprinzip im weiteren Sinne« ergeben.

Die Auswirkungen der Zahlungsbemessungs- bzw. Gewinnermittlungsfunktion unterscheiden sich im Regelfall nach Rechtsform und Finanzierungsquellen des Unternehmens.

Das Management kapitalmarktorientierter Kapitalgesellschaften, das von den Investoren anhand der Unternehmensergebnisse beurteilt wird, neigt tendenziell zu einem höheren und vor allem über die Perioden geglätteten Gewinnausweis (»profit smoothing«). Da der Jahresabschluss das Hauptinformationsinstrument für die Anleger ist, werden diese Gesellschaften ihre Vermögens-, Finanz- und Ertragslage im Rahmen der Möglichkeiten entsprechend positiv darstellen. Die Geschäftsführung kleinerer Kapitalgesellschaften, die ihrem tendenziell begrenzten Inhaberkreis einen mehr oder weniger tiefen Einblick in die unternehmensinternen Daten gewähren, ist eher dazu geneigt, den Gewinn möglichst niedrig auszuweisen, um die daran anknüpfende Besteuerung zu minimieren (s.u. Personenunternehmen). Bei einer Financial Due Diligence sollte jedoch bedacht werden, dass auch solche Unternehmen, wenn sie vor der Veräußerung stehen und eine angemessene Vorbereitungszeit für diesen Prozess zur Verfügung stand, »optisch aufgewertet« werden (auch als »Window Dressing« oder »Schmück die Braut« bezeichnet). Wahlrechte und Ermessensspielräume werden so ausgeübt, dass eine positive Entwicklung aufgezeigt wird (dies auch im Hinblick auf die Prognose der Zukunft der Zielgesellschaft). Stille Reserven werden kurzfristig aufgelöst, um einen höheren Wert des Unternehmens darzustellen und um im Extremfall trotz eines negativen Ergebnisses der ordentlichen Geschäftstätigkeit noch einen Gesamtgewinn ausweisen zu können. Verlusttragende Bereiche können z.B. ohne Berücksichtigung strategischer Aspekte kurzfristig abgestoßen werden.

Personenunternehmen haben im Regelfall – abgesehen von sehr großen Kapitalgesellschaften & Co. sowie Publikumsgesellschaften – einen noch engeren Bezug zu den Gesellschaftern. Zudem gibt es hier den Vorgang der Ausschüttung nicht. Gewinne werden zwar zugewiesen und den einzelnen Kapitalkonten der Gesellschafter zugerechnet, die Zahlungsflüsse in das und aus dem Unternehmen bestimmen sich jedoch durch die individuellen Einlagen und Entnahmen der Gesellschafter. Dabei kann ein Gesellschafter grundsätzlich auch mehr aus seinem Kapitalkonto entnehmen, als im laufenden Gewinn des Jahres auf das Konto geflossen ist. Aus der Perspektive der Gesellschafter ist die Ermittlung des handelsrechtlichen Gewinns vor allem aus steuerlichen Gründen interessant: Das bereits angesprochene Maßgeblichkeitsprinzip verpflichtet den steuerpflichtigen Unternehmer bzw. das Unternehmen, parallel zur Handelsbilanz eine Steuerbilanz aufzustellen, die im Grundsatz nicht nur an die GoB, sondern an die konkreten Ansätze in der Handelsbilanz gebunden ist. Damit führt ein höherer Gewinn zu einer höheren Steuerlast.

Die ursprünglich enge Verbindung zwischen Handels- und Steuerbilanz ist jedoch seit Jahren in zunehmender Auflösung begriffen: Da der Gesetzgeber versucht, die steuerliche Bemessungsgrundlage möglichst zu verbreitern, werden mehr und mehr steuerliche Sondervorschriften erlassen, die das ursprüngliche Maßgeblichkeitsprinzip einschränken oder durchbrechen. Solange dies nur in der Steuerbilanz geschieht, ergeben sich keine negativen Auswirkungen auf die handelsrechtliche Darstellung der Lage der Gesellschaft. Allerdings gelangen über die »umgekehrte Maßgeblichkeit« steuerlich bedingte Ansätze auch in die Handelsbilanz. Folgende Fragen sind daher zu stellen:

1. Bestand ein handelsrechtliches Wahlrecht oder ein Ermessensspielraum und – falls ja – wie wurde es/er ausgeübt und welche handelsrechtliche Gewinnwirkung resultierte daraus?
2. Welche Folge für seine Steuerbilanz und seine Steuerlast erreicht der Unternehmer dadurch oder nimmt er damit in Kauf?
3. Bestanden steuerliche Regelungen, die einen von den GoB abweichenden Ansatz in der Handelsbilanz zur Folge hatten? Wurden z.B. die Pensionsrückstellungen in der Handelsbilanz auch nach den steuerlichen Vorschriften entsprechend § 6a EStG angesetzt? Was wäre der ordnungsmäßige Ansatz?

Möglicherweise – je nach Unternehmenssituation – sind jedoch auch die gesellschafterorientierten Unternehmen an einem hohen Gewinnausweis interessiert, beispielsweise wenn es um die Gewährung und Bepreisung von Bankkrediten geht. Durch die Anforderungen von Basel II sind die Kreditinstitute verpflichtet, ihre Kreditzusagen und Konditionen von bestimmten, genau definierten Kennzahlen der Unternehmen abhängig zu machen. Dieses so genannte Rating kann durch Ausschöpfen der Wahlrechte und Ermessensspielräume unter Umständen positiv beeinflusst werden. Wie in der Financial Due Diligence wird allerdings auch ein Ratinganalyst zur Herstellung von Vergleichbarkeit Effekte aus der Ausübung von Wahlrechten eliminieren. Abgesehen von Ratingsituationen kann auch bei gesellschafterorientierten Unternehmen zur Verkaufsvorbereitung das »Window Dressing« vorgenommen werden, wie es bereits für kleinere Kapitalgesellschaften dargestellt wurde.

Für die Due Diligence ist nur der letztendlich gewählte Handelsbilanzansatz bekannt, so dass aus der allgemeinen Unternehmenssituation und der Handhabung in der Vergangenheit abgeleitet werden muss, wie der einzelne Wertansatz entstanden ist. Mögliche Situationen sind in Abbildung 2.7 dargestellt: Da nur der Wertansatz in der Handelsbilanz bekannt ist, kann es sich erstens um einen originär handelsrechtlichen Wert handeln (ohne Wahlrecht). Zweitens kann ein handelsrechtliches Wahlrecht ausgeübt worden sein, entweder mit Blick auf die Handelsbilanz (um eine positives Bild des Unternehmens zu liefern) oder mit Blick auf die Steuerbilanz (um die Steuerlast zu reduzieren). Drittens kann es sich um einen rein steuerinduzierten Wert handeln, der ausschließlich gewählt wurde, um die Steuerbelastung zu senken und daher zwangsläufig die Lage des Unternehmens eher zu pessimistisch wiedergibt. Im Zuge der Financial Due Diligence kann man sich somit eine Vorstellung darüber machen, welche Bilanzpolitik dem Zahlenwert zugrunde liegt.

Neben der Notwendigkeit der eben aufgezeigten grundsätzlichen Analyse resultieren aus dem Vorsichtsprinzip im weiteren Sinne vier zusätzliche Punkte, auf die der Analyst in der Due Diligence eingehen sollte: Unter das Vorsichtsprinzip im weiteren Sinne fällt zum einen das Realisationsprinzip,

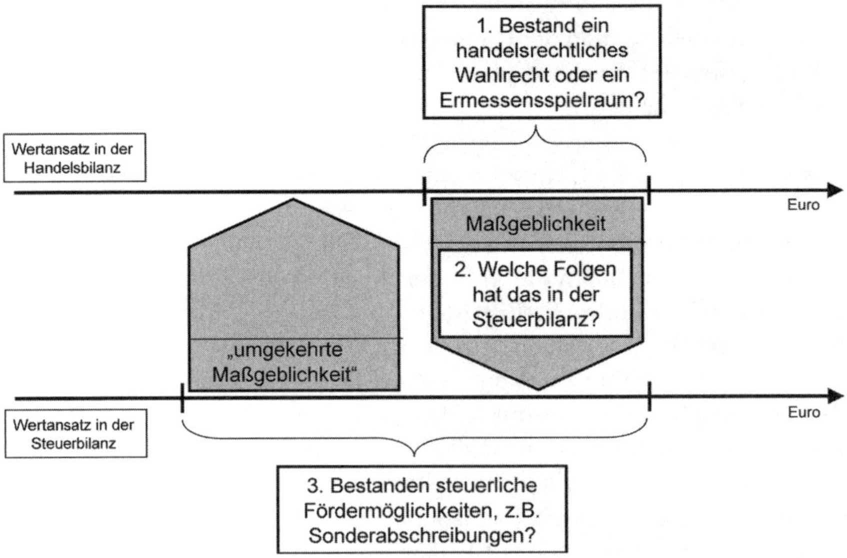

Abb. 2.7: Wertansätze in Handelsbilanz und Steuerbilanz

das mit dem Anschaffungswertprinzip verbunden ist. Nach § 252 Abs. 1 Nr. 4 2. Halbsatz HGB dürfen Gewinne nur berücksichtigt werden, wenn sie am Abschlussstichtag realisiert sind. Dazu gehört insbesondere, dass Vermögensgegenstände höchstens mit ihren historischen Anschaffungs- oder Herstellungskosten, vermindert um planmäßige Abschreibungen, angesetzt werden dürfen. Eine Bewertung mit tatsächlichen Marktwerten bzw. aktuellen Wiederbeschaffungskosten (auch als »Fair Value«-Bewertung bezeichnet) ist nicht zulässig.

Wie schon bei den Ausführungen zu den Systemgrundsätzen erläutert, muss in der Due Diligence auf die Abweichungen der Bilanzansätze zu den »echten« Marktwerten eingegangen werden. Hier können unter Umständen erhebliche stille Reserven verborgen sein.

Zum zweiten ergibt sich aus dem Vorsichtsprinzip im weiteren Sinne das Imparitätsprinzip, kodifiziert in § 252 Abs. 1 Nr. 4 1. Halbsatz HGB. Demnach müssen alle vorhersehbaren Risiken und Verluste, die bis zum Abschlussstichtag entstanden sind, berücksichtigt werden – der auch »Aufwandsantizipationsgebot« genannte Grundsatz steht damit dem »Ertragsantizipationsverbot« des Realisationsprinzips diametral gegenüber.

Für das Abbild des Unternehmens in der Bilanz bedeutet dies, dass seine Vermögensgegenstände tendenziell zu niedrig und seine Schulden tendenziell zu hoch angesetzt werden (Niederstwertprinzip auf der Aktivseite, Höchstwertprinzip auf der Passivseite). Zusätzlich sind auch Verluste, die am Abschlussstichtag nur wahrscheinlich, aber nicht sicher sind, in der Bilanz den Gewinn mindernd anzusetzen. Hierzu werden Drohverlustrückstellungen gebildet, die als zusätzliche Bilanzpositionen auf der Passivseite einen gewissen Signalcharakter haben. In der Due Diligence sollten die Ursachen analysiert und festgestellt werden, inwieweit sich daraus weitere Risiken für die Zukunft ableiten lassen.

Nicht nur die Rückstellungen für drohende Verluste, sondern auch die allgemeinen Regelungen zur periodengerechten Gewinnermittlung dienen dazu, Gewinne nicht höher und/oder früher auszuweisen, als sie wirtschaftlich zuverlässig entstanden sind. Als drittes ist daher die Gestaltung des deutschen Jahresabschlusssystems als Mischung aus statischer und dynamischer Bilanztheorie zu beachten: Zunächst ist die Bilanz als statische Momentaufnahme (»Screen Shot«) des Unternehmens zu sehen. Eine reine Abbildung von Vermögen und Schulden zum 31. Dezember, 23:59 Uhr würde aber wirtschaftlichen Sachverhalten, bei denen das Jahr der Nettovermögensänderung vom Jahr der Verursachung abweicht, nicht gerecht. Daher werden Ein- und Auszahlungen den Jahren zugeordnet, in denen sie aus wirtschaftlicher Sicht Ertrag oder Aufwand darstellen, beispielsweise eine zu spät erhaltene Mietzahlung dem Jahr, in dem die Mietsache genutzt wurde, oder eine vorab gezahlte Versicherungsprämie den Monaten, in denen der Versicherungsschutz besteht. Instrumente dieser Zurechnung sind die Rechnungsabgrenzungsposten, die aus der dynamischen Bilanztheorie stammen und sich in ähnlicher Form in fast allen Rechnungslegungssystemen finden lassen.

Darüber hinaus beinhalten die deutschen Bilanzierungsgrundsätze das Prinzip, Aufwendungen den Jahren zuzuordnen, in denen die Erträge erzielt werden, mit denen sie in Zusammenhang stehen (Abgrenzung von Aufwendungen der Sache nach). Das bedeutet beispielsweise, dass Anschaffungskosten für abnutzbares Anlagevermögen über die Jahre der Nutzung verteilt werden – Instrument sind die planmäßigen Abschreibungen. Zu erwartende Aufwendungen für Garantieverpflichtungen werden dem Jahr zugerechnet, in dem das Produkt verkauft und die Garantie ausgesprochen wurden – Instrument sind die Garantierückstellungen. Zusagen an Arbeitnehmer, die erst in der Zukunft zu Auszahlungen führen (z.B. Pensionszusagen), werden in den Jahren als Aufwand verrechnet, in denen die Arbeitnehmer ihre Leistungen für das Unternehmen erbringen – Instrument sind die Pensionsrückstellungen. Die Liste ließe sich erheblich verlängern, geht aber bis zu diesem Punkt mit den internationalen Vorschriften konform. Ein Kennzeichen des deutschen Jahresabschlusses ist hingegen die Passivierung von Aufwandsrückstellungen, d.h. die Bildung von Reserven für Innenverpflichtungen wie Reparaturen (Rückstellung für unterlassene Instandhaltung) oder allgemeine Aufwendungen wie Wartung, Neuanschaffungen, Updates, Weiterbildung usw. (allgemeine Aufwandsrückstellung). Da hiermit Verpflichtungen des Unternehmens gegen sich selbst abgebildet werden, also die Außenwirkung fehlt, sind Aufwandsrückstellungen in den meisten Rechnungslegungssystemen unüblich bzw. unzulässig (zu den Aufwandsrückstellungen siehe unten Kapitel 2.2.2).

Als vierter Effekt des Vorsichtsprinzips ist insbesondere bei unsicheren Sachverhalten generell eher von einem für das Unternehmen ungünstigen Verlauf auszugehen (Vorsichtsprinzip im engeren Sinne). Dem steht jedoch der Grundsatz der Willkürfreiheit entgegen, der eine bewusste (»willkürliche«) Bildung stiller Reserven unterbindet. In der Praxis ist daher von einem vorsichtig ermittelten Erwartungswert auszugehen; der »Worst Case«-Ansatz ist unzulässig.

Für die Financial Due Diligence hat das deutsche Vorsichtsprinzip in seiner (international ungewohnten) Intensität mehrere Auswirkungen:

- Zum ersten muss sich der Analyst über die ständige Tendenz der Überbewertung von Risiken und Unterbewertung von Chancen im Klaren sein. Das heißt allerdings nicht, dass jedes Unternehmen grundsätzlich besser ist als sein Abbild in der Handelsbilanz. Da das Vorsichtsprinzip stark subjektiv-beurteilend ausgeprägt ist, können Jahresabschlüsse auch ein realistisches Bild vermitteln. Es ist daher wichtig, zu analysieren, wie die tatsächliche Situation des Unternehmens ist und wie weit die Bilanzierungs- und Bewertungswahlrechte sowie -spielräume ausgenutzt wurden.
- Zum zweiten ist zu untersuchen, ob die eben aufgezeigte Handhabung der Wahlrechte und Ermessensspielräume im Zeitablauf konstant bleibt. Auffällige Wechsel von einer pessimistisch-konservativen Bewertung zu einem optimistisch-realistischen Ansatz deuten auf bilanzpolitische Strategien (»Window Dressing«) hin. Wie sähe der Jahresabschluss aus, wenn die bisherige Grundtendenz beibehalten worden wäre? Umgekehrt kann auch der Wechsel von einer realitätsnahen zu einer scheinbar pessimistischen Einstellung ein Warnsignal sein. Als Zusammenfassung für die genannten Fragen und Untersuchungsaspekte zum Vorsichtsprinzip dient die Abbildung 2.8.

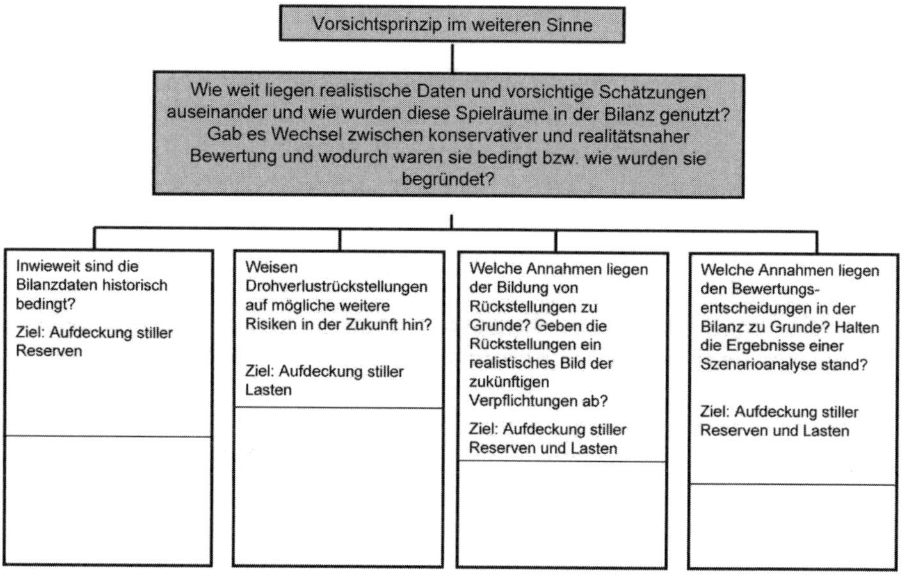

Abb. 2.8: Überprüfung der Auswirkungen des Vorsichtsprinzips

2.2.2 Bilanz

Im vorangegangenen Kapitel wurde untersucht, welche spezifischen Fragen in der Financial Due Diligence zu einem Jahresabschluss zu stellen sind, der nach den deutschen Grundsätzen ordnungsmäßiger Buchführung erstellt wurde. Im nächsten Schritt wird analysiert, welche der »Vorschriften für alle Kaufleute« im deutsche Handelsrecht im Einzelnen Gestaltungen in der Bilanz (siehe Kapitel 2.2.2) und in der Gewinn- und Verlustrechnung (siehe Kapitel 2.2.3) zulassen.

Die Möglichkeiten der Bilanzgestaltung (auch als »Bilanzpolitik« oder Jahresabschlusspolitik bezeichnet, wobei dies die Gestaltung der GuV einschließt) beim Zielunternehmen lassen sich in drei Gruppen einteilen, die im Folgenden näher untersucht werden:

1. Ansatzwahlrechte,
2. Bewertungswahlrechte und
3. Ermessensspielräume.

Daneben gibt es noch die Möglichkeiten der Sachverhaltsgestaltung, d.h. der Planung bzw. Terminierung von Sachverhalten (Rechnungsstellungs- oder Verkaufszeitpunkt, Wahl der Finanzierungsform u.Ä.), die zeitlichen Wahlrechte (z.B. die Festlegung des Wirtschaftsjahres, der Wechsel des Wirtschaftsjahres und die Bildung von Rumpfgeschäftsjahren) sowie die Gewinnverwendungsentscheidung:
Die Möglichkeiten der Sachverhaltsgestaltung gehören zum normalen Untersuchungsfeld der Financial Due Diligence, wobei vor allem dann eine nähere Analyse geraten scheint, wenn ungewöhnliche Gestaltungen auftreten. Werden dadurch Bilanz- oder Ergebniseffekte erzielt, ist zu beurteilen, ob diese in einer Normalisierung zu berücksichtigen sind (zur Normalisierung im Rahmen der Vergangenheitsanalyse siehe Kapitel 3).

Die zeitlichen Wahlrechte (abweichende Geschäftsjahre, Rumpfgeschäftsjahre, Wechsel des Wirtschaftsjahres) sind vergleichsweise auffällig und sollten auf jeden Fall zum Analysebereich der Due Diligence gehören. Hier sind folgende Fragen zu untersuchen:

- Aus welchen Gründen wurde ein vom Kalenderjahr abweichendes Geschäftsjahr gewählt?
- Ist dies branchenüblich?
- Wie würde sich die Lage des Unternehmens zum Geschäftsjahresende darstellen, wenn das Geschäfts- mit dem Kalenderjahr übereinstimmen würde?

Wenn ein Rumpfgeschäftsjahr, also ein Geschäftsjahr mit weniger als zwölf Monaten, gebildet wurde, stellt sich auch hier die Frage nach den Gründen und den Auswirkungen auf das Bilanzbild.

Gewinnverwendungsentscheidungen werden vor dem Hintergrund der Innenfinanzierungsbedürfnisse der Kapitalgesellschaft und der Renditeforderungen ihrer Anteilseigner getroffen. Oft sind sie auch durch steuerliche Gegebenheiten beeinflusst, z.B. bei der Hebung von Körperschaftsteuerguthaben und -anrechnungspotenzialen. Sind auffällige Veränderungen, z.B. erhebliche Gewinnausschüttungen im Vorfeld der Transaktion, zu beobachten, sollten die Gründe für diese Ausschüttungspolitik hinterfragt und ihre Auswirkungen auf die Finanz- und Liquiditätslage des Zielunternehmens untersucht werden.

(a) Ansatzwahlrechte

Die Regelung des Bilanzansatzes (Ansatz dem Grunde nach) in der Handelsbilanz beginnt mit einer Muss-Vorschrift: Die Bilanz hat sämtliche Vermögensgegenstände, Schulden und Rechnungsabgrenzungsposten des Kaufmanns zu enthalten (§ 246 Abs. 1 Satz 1 HGB). Das Vollständigkeitsgebot wird jedoch durch die Formulierung »soweit gesetzlich nichts anderes bestimmt ist« eingeschränkt. Gesetzliche Bestimmungen können Ansatzverbote sein, so z.B. das Verbot der Aktivierung von Aufwendungen für die Gründung des Unternehmens und für die Beschaffung des Eigenkapitals (§ 248 Abs. 1 HGB), das Verbot des Ansatzes von immateriellen Vermögensgegenständen des Anlagevermögens, die nicht entgeltlich erworben wurden (so genannte originäre immaterielle Vermögensgegenstände, § 248 Abs. 2 HGB) und das Verbot der Aktivierung von Aufwendungen für den Abschluss von Versicherungsverträgen (§ 248 Abs. 3 HGB).

Daneben existieren offen ausgewiesene Ansatzwahlrechte, die als »dürfen«-Vorschrift ausgestaltet sind.

(1) Aktive Rechnungsabgrenzungsposten

Auf der Aktivseite finden sich in den Vorschriften für alle Kaufleute nur drei Ansatzwahlrechte, das Wahlrecht zur Bildung zweier speziell steuerlich bedingter Rechnungsabgrenzungsposten und das Wahlrecht zur Aktivierung eines Disagios, bei dem es sich ebenfalls um einen Rechnungsabgrenzungsposten handelt.

Die beiden steuerlich motivierten Rechnungsabgrenzungsposten sind durch § 250 Abs. 1 Satz 2 HGB genau definiert. Es handelt sich zum einen um das Wahlrecht zur Aktivierung von Zöllen und Verbrauchsteuern, die im abgelaufenen Geschäftsjahr angefallen sind und als Aufwand verbucht wurden, d.h. nicht Teil der Anschaffungs- oder Herstellungskosten der angeschafften oder hergestellten Güter sind (§ 250 Abs. 1 Satz 2 Nr. 1 HGB). Da sich die Regelung nur auf Vermögensgegenstände des Vorratsvermögens bezieht, kommen als Verbrauchsteuern in Deutschland vor allem die Biersteuer und die Mineralölsteuer in Frage, da diese nicht als Teil der Anschaffungs- oder Herstellungskosten gelten. Um zu verhindern, dass sich diese Steuern bereits vor dem Verbrauch oder der Veräußerung der Vorräte gewinnmindernd auswirken, können sie durch die Bildung eines aktiven Rechnungsabgrenzungspostens (aRAP) neutralisiert werden. Der Posten ist aufzulösen, wenn die Vermögensgegenstände verbraucht oder veräußert werden. Werden beispielsweise 1 000 Liter Mineralöl erworben, dann werden diese zu ihren Anschaffungskosten ohne Mineralölsteuer aktiviert. Die gezahlte Steuer kann entweder sofort aufwandswirksam verrechnet werden, oder sie wird durch die Bildung eines aktiven Rechnungsabgrenzungspostens zunächst ausgeglichen. Wird das Mineralöl später verbraucht, ist der Rechnungsabgrenzungsposten entsprechend dem Verbrauch aufzulösen. Es handelt sich also um eine zeitliche Verschiebung der Aufwandswirkung.

Das zweite Wahlrecht zur Bildung steuerlich motivierter Rechnungsabgrenzungsposten bezieht sich auf die als Aufwand berücksichtigte Umsatzsteuer auf am Abschlussstichtag auszuweisende oder von den Vorräten offen abgesetzte Anzahlungen (§ 250 Abs. 1 Satz 2 Nr. 2 HGB). Bedingung ist hier erstens, dass der Kaufmann eine Anzahlung erhalten hat (wegen des Prinzips der Ist-Besteuerung fällt hierauf bereits Umsatzsteuer an, § 13 Abs. 1 Nr. 1 Buchst. a Satz 4 UStG) und zweitens, dass er diese mit ihrem Bruttowert (also einschließlich Umsatzsteuer) passiviert hat. Durch die Anzahlung entsteht für den Kaufmann eine Umsatzsteuerverbindlichkeit, die seinen Gewinn im Zeitpunkt des Erhalts der Anzahlung mindert; die Anzahlung wird erfolgswirksam. Diese Wirkung kann durch die Bildung eines aktiven Rechnungsabgrenzungspostens ausgeglichen werden, der im Zeitpunkt der Erfüllung der Leistung erfolgsneutral aufzulösen ist. Auch hier handelt es sich also um eine zeitliche Verschiebung der Aufwandswirkung, die jedoch statt durch die Aktivierung eines Rechnungsabgrenzungspostens auch durch die Passivierung der erhaltenen Anzahlung mit dem Nettobetrag erreicht werden kann.

Das dritte Wahlrecht auf der Aktivseite betrifft den speziellen Rechnungsabgrenzungsposten »Disagio« oder »Damnum«. Wenn der Rückzahlungsbetrag einer Verbindlichkeit höher ist als ihr Auszahlungsbetrag, dann entspricht dieser »Abschlag« bei der Auszahlung einem zusätzlichen Zinsaufwand, der jedoch im Voraus entrichtet wird. § 250 Abs. 3 HGB erlaubt dem Kaufmann, diesen Zinsaufwand schon im Auszahlungszeitpunkt gewinnmindernd anzusetzen oder ihn – wie den laufenden Zinsaufwand – auf einen längeren Zeitraum zu verteilen. Dazu wird ein aktiver Rechnungsabgrenzungsposten gebildet, der durch planmäßige jährliche Abschreibungen aufwandswirksam aufzulösen ist. Die Auflösung kann linear über die Laufzeit des Darlehens oder in Relation zu den laufenden Zinszahlungen, aber auch kürzer oder beschleunigt, d.h. in den ersten Jahren überproportional schnell, erfolgen. Das Ergebnis ist wiederum die Verschiebung einer Gewinnminderung in die Zukunft, wobei durch die Flexibilität in der Auflösung ein im Vergleich zu den beiden anderen Wahlrechten weiter und langer Gestaltungsspielraum besteht.

Wenn die Bilanz eines Unternehmens einen oder mehrere der genannten speziellen Rechnungsabgrenzungsposten aufweist, so bedeutet dies, dass der Gewinnausweis im Abschlusszeitpunkt erhöht wurde. Da es sich nur um eine Verschiebung von Aufwand handelt, resultiert daraus zwangsläufig eine spätere Gewinnminderung. Dies kann aus wirtschaftlicher Perspektive durchaus korrekt im Sinne eines »richtigen« Gewinnausweises sein und ist daher nicht per se zu beanstanden. Hinzu kommt, dass alle drei Abgrenzungsposten in der Steuerbilanz verpflichtend gebildet werden müssen (§ 5 Abs. 5 Satz 1, 2 EStG); somit erscheint die parallele Handhabung in der Handelsbilanz für Zwecke der Vereinfachung sinnvoll. Allerdings sind für die Auflösung des Disagios in der Steuerbilanz nur zwei der vier genannten Methoden zulässig: Nach aktueller Rechtsprechung des Bundesfinanzhofs stehen nur die lineare Auflösung und die Auflösung im Verhältnis zu den in den einzelnen Wirtschaftsjahren bezahlten Zinsen (die so genannte Zinsstaffelmethode) zur Wahl. Wird in der Handelsbilanz nun der Bildung des Disagios in der Steuerbilanz gefolgt, für die Auflösung hingegen eine andere Methode (die verkürzte oder die beschleunigte Methode) gewählt, deutet dies auf eine bewusste Gestaltung des Jahresergebnisses im Zeitablauf hin. In der Financial Due Diligence sollten Gestaltungen mit wesentlichem Umfang (also die Abweichung Steuerbilanz) aufgedeckt und die Gründe dafür untersucht werden.

Auch für die Passivseite der Bilanz sind nur drei Wahlrechte formuliert, die jedoch ein deutlich größeres Volumen betreffen können, als es zuvor für die Aktivseite dargestellt wurde.

(2) Sonderposten mit Rücklageanteil

Als erstes Wahlrecht erlaubt § 247 Abs. 3 HGB die Bildung von Passivposten, die für Zwecke der Ertragsbesteuerung zulässig sind. Diese »steuerfreien Rücklagen« erhalten in der Handelsbilanz die Bezeichnung »Sonderposten mit Rücklageanteil« und müssen nach den Vorschriften des Steuerrechts aufgelöst werden. Sie finden sich in der Bilanz meist vor den Rückstellungen – so ist es für Kapitalgesellschaften vorgeschrieben und wird auch von den übrigen Kaufleuten gehandhabt (§ 273 Satz 2 HGB). Ein echtes Wahlrecht für die Bildung der Sonderposten mit Rücklageanteil besteht jedoch für den Steuerpflichtigen nicht. Dies liegt an der Verknüpfung von Handels- und Steuerbilanz durch das Maßgeblichkeitsprinzip.

Steuerfreie Rücklagen beinhalten einen vorübergehenden Steuerverzicht des Staates in der Form, dass ihre Bildung zu Aufwendungen führt, die nicht mit Auszahlungen verbunden sind. Beispielsweise erlaubt § 6b Abs. 3 EStG die Einstellung von Veräußerungsgewinnen in eine steuerfreie Rücklage, sofern innerhalb von vier Jahren ein Ersatzwirtschaftsgut beschafft wird. Bei der Ersatzbeschaffung werden die im Veräußerungsgewinn manifestierten stillen Reserven des Altwirtschaftsgutes auf das neue übertragen, indem dessen bilanzieller Wertansatz zu Anschaffungs- oder Herstellungskosten um den zuvor nicht versteuerten Veräußerungsgewinn aus dem Altwirtschaftsgut gemindert werden; die steuerfreie Rücklage wird entsprechend aufgelöst. Aufgrund des niedrigeren Bilanzansatzes des neuen Wirtschaftsgutes wird der Vorteil der Nicht-Besteuerung des Veräußerungsgewinns durch den Nachteil niedrigerer Abschreibungen in der Zukunft erkauft. Steuerfreie Rücklagen führen somit zu einer Ertragsnachversteuerung.

In ähnlicher Weise ermöglicht § 7g Abs. 3 bis 8 EStG kleinen und mittleren Unternehmen die Ansammlung unversteuerter Gewinne, wenn sie beabsichtigen, in den nächsten zwei Jahren ein neues bewegliches Wirtschaftsgut des Anlagevermögens zu kaufen. Mit der so genannten »Ansparabschreibung«, die bis zu 40 Prozent der geplanten Investitionssumme betragen darf, werden die Abschreibungen des ersten Nutzungsjahres quasi vorweggenommen. Voraussetzung ist die Bildung einer steuerfreien Rücklage, die mit dem Betrag der ersten Abschreibung verrechnet wird. Wird die geplante Anschaffung nicht durchgeführt, muss die steuerfreie Rücklage gewinnerhöhend aufgelöst und zudem um einen Verzinsungszuschlag erhöht werden, was zu einer Nachversteuerung führt. Da sich bei planmäßiger Durchführung das Gesamtabschreibungsvolumen auch hier nicht ändert, handelt es sich bei dieser Variante von steuerfreien Rücklagen um eine Aufwandsvorverlagerung.

Die genannten wie auch alle anderen Vorschriften zur Bildung steuerfreier Rücklagen in der Steuerbilanz sind als Wahlrechte formuliert. Hierzu schreibt § 5 Abs. 1 Satz 2 EStG vor, dass steuerbilanzielle Wahlrechte in Übereinstimmung mit der Handelsbilanz auszuüben sind. Möchte der Unternehmer die Vergünstigung nutzen, muss er somit die so genannte »Öffnungsklausel« des § 247 Abs. 3 HGB (mit identischer Wirkung § 273 HGB für Kapitalgesellschaften) nutzen und die eigentlich handelsrechtlich unzulässige Position auch in der Handelsbilanz passivieren. Dort werden steuerfreie Rücklagen »Sonderposten mit Rücklageanteil« genannt, was dem Charakter dieser Bilanzposition entspricht: In dem Umfang, in dem bei außerplanmäßiger, d.h. ungenutzter Auflösung einer steuerfreien Rücklage Ertragsteuern anfallen, haben sie Fremdkapitalcharakter. Nur der nach Abzug des (latenten) Steueranteils verbleibende Betrag gehört zum Eigenkapital. Sobald der Sonderposten mit Rücklageanteil in der Handelsbilanz passiviert wurde, darf in der Steuerbilanz die entsprechende steuerfreie Rücklage gebildet werden – Maßgeblichkeit der Handelsbilanz für die Steuerbilanz und umgekehrte Maßgeblichkeit der Steuer- für die Handelsbilanz greifen ineinander.

Faktisch besteht daher für das Unternehmen kein Wahlrecht nach § 247 Abs. 3 HGB, wenn die steuerlichen Vergünstigungen in Anspruch genommen werden sollen. Aus einem Sonderposten mit Rücklageanteil kann folglich auf eine Steuergestaltung des Unternehmens geschlossen werden. Dies ist per se kein negatives Merkmal, solange es in die Beurteilung der laufenden Steuerbelastung und der zukünftigen Gewinn- und Steuerwirkungen einbezogen wird. Nimmt ein Unternehmen hingegen eine steuerliche Fördermaßnahme nicht in Anspruch, besteht Anlass zu der Frage, warum der Vorteil ungenutzt bleibt. Problematisch ist, dass die Nicht-Wahrnehmung eines steuerlichen Wahlrechts aus der Handelsbilanz nicht ersichtlich ist.

(3) Spezielle Aufwandsrückstellungen

Das zweite Wahlrecht auf der Passivseite ist in § 249 Abs. 1 Satz 3 HGB kodifiziert. Dort sind spezielle Fälle von Aufwandsrückstellungen geregelt: Wurden im abgelaufenen Wirtschaftsjahr notwendige Instandhaltungsmaßnahmen nicht durchgeführt, so muss der Kaufmann eine Rückstellung für die zu erwartenden Aufwendungen bilden, wenn er sie in den ersten drei Monaten des folgenden Geschäftsjahres nachholt (§ 249 Abs. 1 Satz 2 Nr. 1 1. Alternative HGB). Falls die Instandhaltungsmaßnahmen im vierten bis zum zwölften Monat des folgenden Geschäftsjahres nachgeholt werden, hat er ein Passivierungswahlrecht (§ 249 Abs. 1 Satz 3 HGB); in allen anderen Fällen ist die Bildung einer Rückstellung unzulässig (§ 249 Abs. 3 Satz 1 HGB).

Die Instandhaltungssituation des Zielunternehmens ist im Rahmen der Financial Due Diligence ein wichtiger Untersuchungsaspekt, um das zukünftig notwendige Investitionsvolumen in der Gesellschaft beurteilen zu können. Insofern kann die Analyse der Passivierung von Instandhaltungsrückstellungen die vorzunehmende Beurteilung dieses Aspektes nur ergänzen. Wird das Wahlrecht zur Passivierung nicht wahrgenommen, ist in der Zukunft mit einem Anstieg der Instandhaltungsaufwendungen um diesen Betrag über das in der Zukunft ohnehin notwendige Volumen hinaus zu rechnen.

(4) Allgemeine Aufwandsrückstellungen

Auch das dritte Wahlrecht auf der Passivseite besteht im Bereich der Rückstellungen, denn nach § 249 Abs. 2 HGB dürfen Rückstellungen »für ihrer Eigenart nach genau umschriebene, dem Geschäftsjahr oder einem früheren Geschäftsjahr zuzuordnende Aufwendungen gebildet werden, die am Abschlussstichtag wahrscheinlich oder sicher, aber hinsichtlich ihrer Höhe oder des Zeitpunktes ihres Eintritts unbestimmt sind«. Hiermit sind die Aufwandsrückstellungen gemeint, die bereits bei der Diskussion des Vorsichtsprinzips (siehe Kapitel 2.1) angesprochen wurden. Bei korrekter Anwendung sind sie für die Darstellung der Ertragslage nach dem »Matching Principle«, der Zuordnung von Aufwendungen zu den Perioden, in denen der entsprechende Ertrag erwirtschaftet wurde, sinnvoll. Umgekehrt muss aber auch darauf geachtet werden, ob notwendig erscheinende Maßnahmen eben durch Unterlassen der Rückstellungsbildung in der Bilanz nicht berücksichtigt wurden – unter Umständen können so erhebliche »stille Lasten« aufgedeckt werden. Aufwandsrückstellungen finden sich in der Praxis unter anderem in den Bereichen Restrukturierungskosten und Werbekostenzuschüsse, hier besteht also generell erhöhter Analysebedarf.

(b) Bewertungswahlrechte

Offen ausgewiesene Wahlrechte für die Handelsbilanz finden sich vor allem auf der *Aktivseite* der Bilanz. Im Folgenden werden sieben handelsrechtliche Tatbestände dargelegt; zwei weitere Wahlrechte sind steuerlich bedingt. Da hierbei erhebliche Abweichungen in der Handhabung bei Personenunternehmen einerseits und bei Kapitalgesellschaften andererseits auftreten können, werden entsprechende Hinweise schon hier gegeben. Für Details der Regelungen für Kapitalgesellschaften und Personengesellschaften i.S.d. § 264a HGB wird auf Kapitel 2.3 verwiesen.

(1) Außerplanmäßige Wertminderungen im Anlagevermögen

Erstens kann nach § 253 Abs. 2 Satz 3 HGB das Anlagevermögen bei einer voraussichtlich vorübergehenden Wertminderung auf den niedrigeren beizulegenden Wert abgeschrieben werden; eine Abschreibungspflicht besteht nur bei voraussichtlich dauernden Wertminderungen. Kapitalgesellschaften und Personengesellschaften i.S.d. § 264a HGB müssen Abschreibungen dieser Art gemäß § 277 Abs. 3 HGB gesondert ausweisen oder im Anhang angeben. Das Wahlrecht wird jedoch – das Ziel einer Einheitsbilanz für Handels- und Steuerrecht vorausgesetzt – durch den Steuerpflichtigen eher nicht ausgeübt, da bei voraussichtlich vorübergehenden Wertminderungen in der Steuerbilanz ein grundsätzliches Abwertungsverbot besteht (§ 6 Abs. 1 Nr. 1 Satz 2, Nr. 2 Satz 2 EStG). Bei Kapitalgesellschaften und Personengesellschaften i.S.d. § 264a HGB dürfen gemäß § 279 Abs. 1 HGB Abschreibungen wegen vorübergehender Wertminderung nur bei Finanzanlagen vorgenommen werden. Für die Unternehmensanalyse bedeutet dies, dass bei Ausübung des handelsrechtlichen Wahlrechts der Gewinn gemindert wird. Bei einer Nichtausübung des Wahlrechts wäre (sofern sie im Rahmen der Financial Due Diligence überhaupt aufgedeckt wird) entsprechend zu analysieren, wie nachhaltig die Wertminderung ist und ob der Einschätzung des Kaufmanns als voraussichtlich vorübergehende Erscheinung gefolgt werden kann.

(2) Abschreibungen auf den Zukunftsreservewert

Als nächstes eröffnet § 253 Abs. 3 Satz 3 HGB dem Kaufmann das Wahlrecht, Abschreibungen vorzunehmen, die nach vernünftiger kaufmännischer Beurteilung notwendig sind, um zu verhindern, dass in der nächsten Zukunft der Wertansatz dieser Vermögensgegenstände aufgrund von Wertschwankungen geändert werden muss (Abschreibung auf den so genannten Zukunfts- oder Schwankungsreservewert). Diese Vorwegnahme zukünftiger Wertänderungen verletzt das Stichtagsprinzip der Bilanzierung und ist in der Steuerbilanz – aus fiskalischen, aber auch aus Objektivierungsgründen – grundsätzlich unzulässig. Kapitalgesellschaften und Personengesellschaften i.S.d. § 264a HGB müssen Abschreibungen dieser Art gemäß § 277 Abs. 3 HGB gesondert ausweisen oder im Anhang angeben. Die Bestimmung möglicher Zukunftsschwankungen ist subjektiv und sollte daher gegebenenfalls hinterfragt werden.

(3) Zusätzliche Abschreibungen nach kaufmännischer Beurteilung

§ 253 Abs. 4 HGB enthält das Wahlrecht, zusätzliche Abschreibungen im Rahmen vernünftiger kaufmännischer Beurteilung vorzunehmen. Auch dieser Wert entzieht sich weitgehend der Objektivierung; folglich ist er gemäß § 279 Abs. 1 HGB für Kapitalgesellschaften und Personengesellschaften i.S.d. § 264a HGB in der Handelsbilanz sowie für alle Rechtsformen in der Steuerbilanz unzulässig. Abschreibungen auf den nach vernünftiger kaufmännischer Beurteilung zulässigen Wert – sofern sie im Einzelfall auftreten – sollten aus diesen Gründen besonders analysiert werden.

(4) Beibehalten außerplanmäßiger Abschreibungen

Neben den Abschreibungswahlrechten eröffnet § 253 Abs. 5 HGB die Möglichkeit, niedrigere Wertansätze nach außerplanmäßigen Abschreibungen beizubehalten oder – wenn die Gründe für die Abschreibung nicht mehr bestehen – auf den ursprünglichen Wert aufzuholen. Dabei gelten planmäßige Abschreibungsverläufe als im Hintergrund stattgefunden, so dass nicht auf den Wert vor der außerplanmäßigen Abschreibung zuzuschreiben ist, sondern auf den Betrag, der bei regulärem Abschreibungsverlauf anzusetzen wäre.

Diesem Zuschreibungswahlrecht für Personengesellschaften steht bei Kapitalgesellschaften und Personengesellschaften i.S.d. § 264a HGB (§ 280 Abs. 1 HGB) sowie in der Steuerbilanz (§ 6 Abs. 1 Nr. 1 Satz 4, Nr. 2 Satz 3 EStG) eine Zuschreibungspflicht gegenüber. Insgesamt ist die Bedeutung dieses Wahlrechts als eher niedrig einzustufen.

(5) Abgrenzung der Herstellungskosten

Eines der wichtigsten Wahlrechte ist das fünfte, das sich aus § 255 Abs. 2 Satz 2 bis 5, Abs. 3 Satz 2 HGB ergibt. Hier werden die Herstellungskosten definiert, also die Wertansätze aller vom Unternehmen selbst erstellten Vermögensgegenstände. Das Handelsgesetzbuch unterscheidet zwischen Aufwendungen, die in die Herstellungskosten einbezogen werden müssen, Aufwendungen, für die ein Einbeziehungswahlrecht besteht, und Aufwendungen, die nicht einbezogen werden dürfen.

Die handelsrechtliche Wertuntergrenze umfasst sämtliche Einzelkosten für Material und Fertigung. Für die Steuerbilanz müssen auch die Gemeinkosten für Material und Fertigung einschließlich der auf die genutzten Anlagen anfallenden anteiligen Abschreibungen einbezogen werden; in der Handelsbilanz besteht hier schon ein Wahlrecht. Für beide Bilanzen wird ein Wahlrecht angenommen für die Kosten der allgemeinen Verwaltung, Kosten für die sozialen Einrichtungen des Betriebs, für freiwillige soziale Leistungen und für die betriebliche Altersversorgung sowie für Fremdkapitalzinsen. Letztere dürfen jedoch nur dann einbezogen werden, wenn das Fremdkapital zur Finanzierung der Herstellung des zu bewertenden Vermögensgegenstandes verwendet wurde, und zudem nur, soweit sie auf den Zeitraum der Herstellung entfallen. Bei diesem Wahlrecht ist – wie bei allen für die Steuerbilanz geltenden Wahlmöglichkeiten – zu beachten, dass es nach dem Maßgeblichkeitsprinzip in beiden Bilanzen gleich auszuüben ist. Ein generelles Einbezugsverbot besteht für die restlichen Fremdkapitalzinsen, für alle Vertriebskosten, für nicht notwendige, unangemessene oder nicht auf die Herstellung entfallende Kosten sowie für sämtliche kalkulatorischen Kosten. Der Umfang des Wahlrechts in der Handelsbilanz ist somit erheblich, wenn es auch zum Teil mit Blick auf die Steuerbilanz ausgeübt werden muss.

Für die Due Diligence stellt dieses Wahlrecht ein wichtiges Gestaltungselement des Zielunternehmens dar. Die zum Einbezug möglichen Komponenten können die Herstellungskosten weit über das Mindestmaß hinauswachsen lassen; je nach Branche und Produkt umfassen sie ein Vielfaches des Pflichtansatzes. Hinzu kommt, dass die einzelnen Bestandteile wie Material- und Fertigungsgemeinkosten, durch die Fertigung veranlasster Wertverzehr des Anlagevermögens oder auf den Herstellungszeitraum entfallende Fremdkapitalzinsen interpretationsbedürftig sind. Diese so genannten Ermessensspielräume verstärken die Hebelwirkung der Wahlrechte noch, wie im folgenden Kapitel näher untersucht wird. Die Folge ist: Setzt das Unternehmen den zulässigen Höchstbetrag an, wird bei Produktion auf Lager ein höherer, in Jahren des Lagerabverkaufs ein niedrigerer Erfolg ausgewiesen. Wird nur der Pflichtteil aktiviert, sinkt der Erfolg in Jahren, in denen auf Lager produziert wird, und steigt entsprechend, wenn die abgesetzte Menge größer als die produzierte Stückzahl ist.

Wichtig ist auch, dass das Wahlrecht für die einzelnen Positionen nicht einheitlich ausgeübt werden muss: Beispielsweise ist es zulässig, die Kosten der allgemeinen Verwaltung in die Herstellungskosten einzubeziehen, die Sozialkosten jedoch unberücksichtigt zu lassen. Zwar gilt auch hier, dass für die Nutzung eines steuerlichen Wahlrechts die entsprechende handelsrechtliche Handhabung Voraussetzung ist. Für das bilanzierende Unternehmen eröffnet sich jedoch ein Bewertungsinstrument, mit dem der Gewinnausweis gestaltet werden kann. Der Umfang der hier betriebenen Jahresabschlusspolitik und ihre Relation zum Gesamtgewinn sollten näher untersucht werden. Da auch dieses Wahlrecht nur zu einer Gewinnverschiebung führt, bedeutet ein höherer Gewinnausweis heute, dass der zukünftige Erfolg zwangsläufig geringer ausfällt, entsprechend vice versa.

Ein weiterer Aspekt entsteht durch die Zusammenwirkung des Herstellungskosten-Wahlrechts mit dem Grundsatz der Einzelbewertung (§ 252 Abs. 1 Nr. 3 HGB): Bei strenger Auslegung bedeutet dies, dass für jeden produzierten Vermögensgegenstand, zumindest aber für jede Produktlinie das Bewertungswahlrecht neu ausgeübt werden darf. Folglich können die Wertansätze teils zu Vollkosten, teils zu Teilkosten und teils zu Zwischenwerten angesetzt werden, ohne dass nach den allgemeinen Vorschriften des HGB eine Erläuterung notwendig ist. Dem Jahresabschluss ist lediglich der letztendliche Wertansatz zu entnehmen.

Das bilanzierende Unternehmen ist in seiner Bilanzpolitik jedoch nicht völlig frei, denn der Grundsatz der Bewertungsstetigkeit (§ 252 Abs. 1 Nr. 6 HGB) verlangt eine prinzipielle Beibehaltung der einmal getroffenen Bewertungsentscheidung. Allerdings bezieht sich diese Vorschrift nur auf die Bewertungsmethode und ist zudem als »soll«-Formulierung gefasst. § 252 Abs. 2 HGB schreibt vor, dass von den zuvor genannten Bewertungsgrundsätzen (nur) in begründeten Ausnahmefällen abgewichen werden darf. In der Praxis werden jedoch zahlreiche Situationen bzw. Begründungen als Ausnahmefälle akzeptiert: Nach Stellungnahme 3/1997 des Hauptfachausschusses des Instituts der Wirtschaftsprüfer in Deutschland e.V. sind dies

- Änderungen der rechtlichen Gegebenheiten,
- die Vermittlung eines besseren Einblicks in die Unternehmenslage,
- die Inanspruchnahme von Bewertungsvereinfachungen,
- die Anpassung an konzerneinheitliche Bilanzierungsrichtlinien,
- die Anpassung an international anerkannte Grundsätze und
- die Verfolgung steuerlicher Ziele.

In der Literatur werden zahlreiche weitere Fälle genannt, in denen eine Durchbrechung der Stetigkeit begründet erscheint. Die Bedeutung von Änderungen in der Ausnutzung des Herstellungskosten-Wahlrechts hängt somit davon ab, welche Begründungen man akzeptiert und wie umfangreich man sie interpretiert. Grundsätzlich sind bei Kapitalgesellschaften und Personengesellschaften i.S.d. § 264a HGB wesentliche Einflüsse auf die Vermögens-, Finanz- und Ertragslage aufgrund einer Durchbrechung der Bewertungsstetigkeit gemäß § 284 Abs. 2 Nr. 3 HGB im Anhang zu erläutern.

(6) Goodwill (nach HGB)

Das nächste Wahlrecht findet sich direkt im Anschluss: § 255 Abs. 4 HGB erlaubt im Falle der Übernahme eines Unternehmens, den Unterschiedsbetrag zwischen dem Nettowert des Unternehmensvermögens und dem gezahlten Kaufpreis (oder dem Wert einer anderen Gegenleistung) als Geschäfts- oder Firmenwert (auch »Goodwill« genannt) zu aktivieren. Dieses Wahlrecht betrifft nur den aus einer Transaktion abgeleiteten, derivativen Geschäfts- oder Firmenwert; für den selbst geschaffenen, originären Geschäfts- oder Firmenwert besteht ein Aktivierungsverbot (§ 248 Abs. 2 HGB). Folglich kann diese Position im Einzelabschluss des Zielunternehmens nur auftauchen, wenn es zuvor schon einmal selbst eine Transaktion durchgeführt hat oder Gegenstand einer Transaktion war.

Der Geschäfts- oder Firmenwert ist in jedem der Transaktion nachfolgenden Geschäftsjahre um mindestens ein Viertel durch Abschreibungen zu tilgen; stattdessen kann er auch »planmäßig auf die Geschäftsjahre verteilt werden, in denen er voraussichtlich genutzt wird« (§ 255 Abs. 4 Satz 2, 3 HGB). Dieses Wahlrecht bietet dem bilanzierenden Unternehmen einen vergleichsweise weiten Spielraum zur Bilanzgestaltung. Diese Gestaltungsmöglichkeit ergibt sich nicht nur aus den genannten Wahlrechten, sondern auch aus einer Reihe von Ermessensspielräumen, die Gegenstand des folgenden Kapitels sind.

Aus steuerlicher Perspektive bringt die Existenz eines derivativen Geschäfts- oder Firmenwerts kein Wahlrecht mit sich: Nach § 5 Abs. 2 EStG muss er aktiviert werden und nach § 7 Abs. 1 Satz 3 EStG muss er über 15 Jahre abgeschrieben werden. Diese Verpflichtung besteht ohne Rücksicht auf die Handhabung in der Handelsbilanz; trotzdem führt sie – zumindest bei Unternehmen, die eine einheitliche Bilanzierung für handels- und steuerrechtliche Zwecke anstreben – zu einer Einengung der Firmenwertabschreibung in der Praxis.

Werden in der Due Diligence z.B. Geschäfts- oder Firmenwertabschreibungen auffällig, die von der handelsrechtlich empfohlenen Vier-Jahres-Abschreibung oder der steuerrechtlich vorgeschriebenen 15-Jahres-Abschreibung abweichen, so wurde Bilanzpolitik betrieben. Wurde hingegen in der Handelsbilanz auf die Aktivierung des Geschäfts- oder Firmenwerts ganz verzichtet, obwohl sie steuerrechtlich geboten ist, stellt sich die Frage, warum das Unternehmensergebnis durch die volle Aufwandswirkung des Geschäfts- oder Firmenwerts im Transaktionszeitpunkt geschmälert wurde. Auch hier besteht das Problem, dass die Nicht-Existenz eines Geschäfts- oder Firmenwerts an sich keinen Aussagegehalt hat; aussagekräftig ist nur die Tatsache, dass der Goodwill hätte aktiviert werden können, dass jedoch – in Abweichung zur Steuerbilanz – darauf verzichtet wurde. Sofern das Zielunternehmen in den vergangenen Jahren Erwerber oder Objekt einer Transaktion war, ist zu hinterfragen, ob ein Geschäfts- oder Firmenwert bezahlt wurde und zu welcher bilanziellen Abbildung er geführt hat.

(7) Bewertungsvereinfachungsverfahren

Schließlich bietet das Handelsrecht ein aktivisches Bewertungswahlrecht für alle Kaufleute in § 256 HGB. Hier sind die Verfahren zur Bewertungsvereinfachung geregelt, die in engem Zusammenhang mit den Verfahren zur Inventurvereinfachung stehen. Nach § 256 Satz 1 HGB ist es im Rahmen der Grundsätze ordnungsmäßiger Buchführung zulässig, für den Wertansatz gleichartiger Vermögensgegenstände des Vorratsvermögens anzunehmen, dass »die zuerst oder dass die zuletzt angeschafften oder hergestellten Vermögensgegenstände zuerst oder in einer sonstigen bestimmten Folge verbraucht oder veräußert worden sind«. Hier sind die so genannten Verbrauchs- bzw. Veräußerungsfolgeverfahren kodifiziert, die der Gruppe der Sammelbewertungsverfahren zuzuordnen sind. Sie folgen dem Grundsatz der Wesentlichkeit und erlauben es dem Bilanzierenden, statt der tatsächlichen Verwendung des Vorratsvermögens eine fiktive Reihenfolge anzunehmen.

In einer stabilen Preissituation ist dieses Wahlrecht ohne Bedeutung: Wenn die Anschaffungskosten konstant bleiben, ist es unerheblich, welche Vermögensgegenstände tatsächlich in den Produktionsprozess eingegangen sind.

Die folgenden fünf Verfahren stehen zur Auswahl:

- Beim Lifo-Verfahren wird nach dem Grundsatz »Last in, first out« davon ausgegangen, dass die zuletzt angeschafften Vorräte zuerst verwendet wurden. Folglich ist der Lagerbestand bei steigenden Preisen tendenziell zu niedrig bewertet; der Verbrauch wird mit aktuellen Preisen bewertet. In Inflationszeiten bedeutet dies, dass die Gewinne realistisch, der Vorratsbestand aber zu niedrig ausgewiesen werden.
- Beim Fifo-Verfahren wird entsprechend der Vorschrift »First in, first out« umgekehrt verfahren: Die verwendeten Vorräte werden mit den historischen Anschaffungs- oder Herstellungskosten bewertet, während der Lagerbestand zu aktuellen Marktwerten angesetzt ist. Bei Inflation bedeutet das, dass die Gewinne eher zu hoch ausgewiesen werden; sie setzen sich aus dem tatsächlichen Wertzuwachs und dem inflationsbedingten Scheingewinn zusammen. Das Vorratsvermögen wird hingegen mit aktuellen Werten und damit realistisch bewertet.
- Das Hifo-Verfahren ergibt sich aus dem Grundsatz »Highest in, first out«. Ohne faktische Rechtfertigung wird hier der Verbrauch mit den höchsten Kosten bewertet, während der Lagerbestand mit den verbleibenden niedrigeren Werten angesetzt wird. Damit wird unterstellt, dass der Kaufmann die wertvollsten Vorräte als erstes verwendet. Bei Inflation ist die Wirkung identisch zum Lifo-Verfahren.
- In umgekehrter Form unterstellt das Lofo-Verfahren, dass nach dem Prinzip »Lowest in, first out« die billigsten Vorräte als erstes verbraucht werden, während sich der Lagerbestand aus den teuersten Vermögensgegenständen zusammensetzt. In Inflationszeiten ist die Wirkung identisch mit dem Fifo-Verfahren.

- Als letztes ermöglicht das Durchschnittsverfahren, den Verbrauch mit dem aus dem Anfangsbestand und den Zugängen ermittelten Durchschnittswert anzusetzen. § 256 Satz 2 i.V.m. § 240 Abs. 4 HGB stellt dem Bilanzierenden zur Wahl, dass »gleichartige Vermögensgegenstände des Vorratsvermögens sowie andere gleichartige oder annähernd gleichwertige bewegliche Vermögensgegenstände und Schulden [..] jeweils zu einer Gruppe zusammengefasst und mit dem gewogenen Durchschnittswert angesetzt werden«. Entsprechend wird für den Endbestand angenommen, dass er sich aus einem Durchschnitt von Anfangsbestand und Zugängen zusammensetzt. In der Bewertungsfolge werden sowohl der Aufwand als auch die Bestände mit identischen Durchschnittswerten angesetzt, was bei kontinuierlicher Preissteigerung zu einem ausgeglichenen Verhältnis zwischen Aufwandsverbuchung und Vorratsansatz führt.

Die dargestellten Methoden sind handelsrechtlich generell zulässig. Hinzu kommen die Wirkungen der Inventurvereinfachungsverfahren:

- § 256 Satz 2 i.V.m. § 240 Abs. 3 HGB erlaubt dem Kaufmann, Vermögensgegenstände des Sachanlagevermögens sowie Roh-, Hilfs- und Betriebsstoffe, wenn sie regelmäßig ersetzt werden und ihr Gesamtwert für das Unternehmen von nachrangiger Bedeutung ist, mit einer gleichbleibenden Menge und einem gleichbleibenden Wert anzusetzen, »sofern ihr Bestand in seiner Größe, seinem Wert und seiner Zusammensetzung nur geringen Veränderungen unterliegt« (Festbewertung). Neben der Frage, wie die Begriffe »regelmäßig«, »nachrangig« und »nur gering« zu interpretieren sind, bietet sich hier die Möglichkeit, Gewinne so lange nicht auszuweisen, bis nach in der Regel drei Jahren die körperliche Bestandsaufnahme nach § 240 Abs. 3 Satz 2 HGB durchgeführt wird. Das Festbewertungsverfahren sollte folglich, wenn angewendet, näher auf seine Wirkungen im Vergleich zu einer zeitnahen Bewertung hin untersucht werden.
- § 240 Abs. 4 HGB erlaubt – wie oben bereits erläutert –, gleichartige Vermögensgegenstände des Vorratsvermögens sowie andere gleichartige oder annähernd gleichwertige bewegliche Vermögensgegenstände und Schulden in einer Gruppe zusammenzufassen und mit dem gewogenen Durchschnitt anzusetzen. Anders als die Verbrauchsfolgeverfahren ist diese Bewertungsvereinfachung folglich auch im Anlagevermögen zulässig. Auch hier bedeutet die Durchschnittsbildung in Verbindung mit

steigenden Preisen, dass Gewinn und Vermögen mit ausgeglichenen Werten ausgewiesen werden.

- § 241 HGB beinhaltet Inventurvereinfachungsverfahren, die auf mathematisch-statistischer Grundlage Stichproben aus der Grundgesamtheit erheben und daraus auf den Wert der Gesamtposition schließen. Hier handelt es sich um Vereinfachungen, die an der Menge und am Wert gleichzeitig ansetzen. Da diese Vorgehensweise nur zulässig ist, wenn »durch Anwendung eines den Grundsätzen ordnungsmäßiger Buchführung entsprechenden anderen Verfahrens gesichert ist, dass der Bestand der Vermögensgegenstände nach Art, Menge und Wert auch ohne die körperliche Bestandsaufnahme für diesen Zeitpunkt festgestellt werden kann« (§ 241 Abs. 2 HGB), bestehen hier – obwohl es sich um ein Wahlrecht handelt – eher geringe Bewertungsspielräume. Folglich wird darauf nicht weiter eingegangen.

Während die Inventurvereinfachungsverfahren generelle Gültigkeit für die Steuerbilanz haben, ist die Anwendung der Verbrauchsfolgeverfahren in der Steuerbilanz stark limitiert: § 6 Abs. 1 Nr. 2a EStG erlaubt bei gleichartigen Wirtschaftsgütern des Vorratsvermögens nur die Anwendung von Lifo-Verfahren und Durchschnittsbewertung. Da es sich um ein Bewertungswahlrecht handelt, muss die Anwendung der Verfahren in Übereinstimmung mit der Handelsbilanz erfolgen, so dass die steuerrechtlich nicht zulässigen Verfahren in der Praxis wenig Bedeutung haben. Umso mehr deutet die Anwendung von Fifo-, Hifo- oder Lofo-Verfahren auf bilanzpolitische Gestaltungen hin und sollte eine detaillierte Analyse in der Due Diligence nach sich ziehen. Grundsätzlich ist stets zu untersuchen, in welcher Relation der angewandte Wertansatz im Vergleich zu den aktuellen Preisen steht. Bei sehr werthaltigen Rohstoffen oder hohen Lagerbeständen können in Verbindung mit langfristig steigenden Marktpreisen durch das Lifo-Verfahren erhebliche stille Reserven aufgebaut werden, wie es beispielsweise bei Edelmetall verarbeitenden Unternehmen oder in der Holzindustrie im Altholzbereich der Fall ist.

Die Verwendung der Inventurvereinfachungs- und der Verbrauchsfolgeverfahren ist durch § 241 Abs. 1 Satz 2, Abs. 2 sowie § 256 HGB an die Einhaltung der Grundsätze ordnungsmäßiger Buchführung gebunden. Das Einsichtsprinzip, d.h. der Grundsatz, dass die Bilanz ein korrektes Bild der Unternehmenssituation abgeben müsse, darf nicht verletzt werden. In der Praxis wird davon ausgegangen, dass die Vereinfachung zulässig ist, sobald die unterstellte Verwendungsfolge in der Realität möglich wäre (nicht aber z.B. Last in, first out im Gemüsehandel). Daher stellen die GoB hier in der Regel keine Einschränkungen des Gestaltungsraums dar.

Neben den expliziten Wahlrechten zur Bewertungsvereinfachung bei Vorräten hat sich in der Praxis eine analoge Vorgehensweise für den Forderungsbestand entwickelt. Nach dem Vorsichtsprinzip im engeren Sinne sowie entsprechend der Einblicksforderung muss bei der Bewertung von Forderungen berücksichtigt werden, dass der Zahlungseingang aufgrund des allgemeinen Kreditrisikos sowie von zu erwartenden Erlösschmälerungen geringer als der Nominalwert ausfallen wird. Dies wird in der handels- wie auch der steuerrechtlichen Rechnungslegung durch einen prozentualen Abschlag auf den Gesamtbestand der Forderungen berücksichtigt (Pauschalwertberichtigung). Die konkrete Höhe der Abschreibung wird aus Durchschnittswerten der Vergangenheit abgeleitet. Bei Unternehmen mit hohen Forderungsbeständen kann die pauschale Abwertung zur Bildung von stillen Reserven genutzt werden, zumal Pauschalwertberichtigungen in der Steuerbilanz, sofern sie nicht mehr als ein Prozent des Nettoforderungsbestands betragen, von der Finanzverwaltung im Allgemeinen ohne weitere Prüfung akzeptiert werden.

Auch auf der Passivseite werden Bewertungsvereinfachungen auf Basis von Erfahrungswerten analog angewandt: Bei vielen Rückstellungen ist eine pauschale Dotierung zulässig, wenn der Kaufmann aufgrund seiner in der Vergangenheit gewonnenen Erfahrung mit großer Wahrscheinlichkeit eine durchschnittliche jährliche Inanspruchnahme angeben kann. Dies wird beispielsweise bei Garantierückstellungen regelmäßig herangezogen und ist auch steuerlich anerkannt (§ 6 Abs. 1 Nr. 3a Buchst. a EStG). Je nach Erfahrungsstand und »Vorsicht« der Schätzung können hier stille Reserven, aber auch stille Lasten entstehen.

(8) Sonderabschreibungen

Das nächste Bewertungswahlrecht auf der Aktivseite der Handelsbilanz betrifft rein steuerliche Abschreibungen, also Sonderabschreibungen, erhöhte Absetzungen und Bewertungsabschläge, die – vergleichbar mit den steuerfreien Rücklagen – als Investitionsanreiz dienen sollen. Durch zusätzliche Abschreibungen in den ersten Nutzungsjahren (Sonderabschreibungen, z.B. § 7g Abs. 1, 2 EStG in Verbindung mit einer Ansparabschreibung), eine Erhöhung der Abschreibungsquoten über das normale Maß hinaus (erhöhte Absetzungen, z.B. § 7h EStG für Gebäude in Sanierungsgebieten oder § 7i EStG für Baudenkmäler) oder durch die Übertragung stiller Reserven auf Reinvestitionsobjekte (Bewertungsabschläge, § 6b EStG für freiwillig bzw. R 6.6 EStR für zwangsweise aufgelöste stille Reserven) wird Aufwand vorverlagert. Dadurch wird zwar der Gesamtgewinn nicht reduziert, seine Besteuerung aber in die Zukunft verschoben. Wie bereits erläutert, sind sämtliche dieser steuerlichen Sondervorschriften zur Investitionsförderung als Wahlrechte ausgestaltet und müssen nach § 5 Abs. 1 Satz 2 EStG in Übereinstimmung mit der Handelsbilanz ausgeübt werden. In der Folge gelangen zu niedrige Wertansätze aus der Steuer- in die Handelsbilanz (umgekehrte Maßgeblichkeit); die handelsrechtliche Zulässigkeit ergibt sich aus der Öffnungsklausel in § 254 Satz 1 HGB (§ 279 Abs. 2 HGB für Kapitalgesellschaften). Diese Werte werden dann wiederum über das Maßgeblichkeitsprinzip verbindlich für die Steuerbilanz (§ 5 Abs. 1 Satz 1, 2 EStG).

Durch die Verknüpfung der Bilanzen besteht das Wahlrecht nach § 254 HGB nicht wirklich für Unternehmen, in denen steuerliche Vergünstigungen wahrgenommen werden sollen. Da das Ziel der Steuersenkung legitim ist, ist auch diese Wahlrechtsausübung nicht grundsätzlich negativ zu beurteilen. In der Due Diligence sollten die reduzierten Wertansätze mit realen Werten verglichen werden, um den Umfang der stillen Reserven des Zielobjektes abschätzen zu können. Gleichzeitig ist zu berücksichtigen, dass das Abschreibungspotenzial in der Zukunft geringer ist. Bleibt der steuerliche Vorteil hingegen ungenutzt, sollten die Gründe dafür untersucht werden. Problematisch ist hier, dass die Nicht-Wahrnehmung eines steuerlichen Wahlrechts aus der Handelsbilanz nicht abzulesen ist. Insgesamt ist die Bedeutung des Wahlrechts nach § 254 HGB sehr vom Einzelfall abhängig.

Für Personenunternehmen ist mit der steuerlich bedingten Abschreibung in der Handelsbilanz auch ein Beibehaltungswahlrecht verbunden (§ 254 Satz 2 HGB, nicht für Kapitalgesellschaften aufgrund § 280 Abs. 1 Satz 2 HGB). Es ist analog zum oben erläuterten Wahlrecht für Wertaufholungen zu beurteilen.

(9) GWG-Abschreibung

Das letzte Wahlrecht ergibt sich ebenfalls ausschließlich aus dem Steuerrecht: Dort werden bewegliche Wirtschaftsgüter des Anlagevermögens, die selbstständig nutzungsfähig sind, der Abnutzung unterliegen und deren Anschaffungs- oder Herstellungskosten 410 Euro nicht übersteigen, als geringwertige Wirtschaftsgüter (GWG) bezeichnet. An Stelle der üblichen planmäßigen Abschreibung über die betriebsgewöhnliche Nutzungsdauer erlaubt § 6 Abs. 2 EStG, die GWG im Wirtschaftsjahr des Zugangs sofort und in voller Höhe als Betriebsausgabe abzusetzen. Dieses Wahlrecht wird in der Praxis regelmäßig wahrgenommen. Unabhängig von einer Beurteilung als rein steuerlich zulässige Sonderabschreibung oder als eine mit den GoB vereinbare Vereinfachungsregel führt das Wahlrecht zur GWG-Abschreibung in der Praxis zu Gestaltungsspielräumen. Vor allem Unternehmen, die in einzelnen Perioden eine Vielzahl an GWG erwerben (z.B. Geschirr und Besteck eines Restaurants, Einrichtungsgegenstände eines Ladens, Werkzeuge in einem Handwerksbetrieb), die sie über eine lange Zeit wirtschaftlich nutzen, können u.U. erhebliche stille Reserven bilden. Wird dagegen über mehrere Jahre ein gleichbleibendes Volumen von GWG erworben, stellt sich ein Gleichgewicht von GWG-Abschreibungen und andernfalls notwendigen mehrjährigen Abschreibungen auf diese Vermögensgegenstände ein. In der Due Diligence sollte daher versucht werden, das Volumen der hier enthaltenen wesentlichen stillen Reserven abzuschätzen. Außerdem ist von Interesse, welcher Ersatzbedarf an GWG in der Zukunft zu erwarten ist.

Für die *Passivseite* ist nur ein Wahlrecht explizit formuliert: Gemäß § 253 Abs. 1 Satz 2 HGB dürfen Rückstellungen (nur) abgezinst werden, soweit die ihnen zugrunde liegenden Verbindlichkeiten einen Zinsanteil enthalten. Dies ist dann der Fall, wenn bei sofortiger Erfüllung ein geringerer Betrag als der auf die Zukunft gerichtete Bruttobetrag zu leisten wäre, d.h. wenn es sich bei einer Verpflichtung aus wirtschaftlicher Sicht um ein Kreditgeschäft handelt. Ein typisches Beispiel sind Pensionsrückstellungen: Der Arbeitnehmer erhält eine Zusage für eine betriebliche Altersversorgung in der Zukunft, die er sich durch seine Arbeitsleistung anteilig »erdient«. Da das Unternehmen in Höhe der Rückstellungsbildung Finanzmittel behält, bis die Altersversorgung tatsächlich ausbezahlt wird, liegt wirtschaftlich ein Kredit des Arbeitnehmers an den Arbeitgeber für diesen Zeitraum vor. Dies wird durch Abzinsung zum Ausdruck gebracht.

Das Handelsrecht schreibt jedoch weder die Abzinsung an sich noch den zu verwendenden Zinssatz vor. Als Argument für einen eher niedrigen Zinssatz wird angeführt, dass die Verzinsung nicht auf nominaler, sondern auf realer Basis zu erfolgen habe. Auf diese Weise wird ein Zusammenhang zwischen der Abzinsung und der Berücksichtigung zukünftiger Preissteigerungen (d.h. Kostensteigerungen) hergestellt. Dies entspricht einer wirtschaftlichen Sichtweise auf die Unternehmenssituation. Für die Umsetzung gibt es zwei verschiedene Möglichkeiten: Entweder wird entsprechend den internationalen Rechnungslegungsvorschriften vorgegangen, die Preissteigerungen berücksichtigen und somit zukünftige nominale Werte mit dem Kapitalmarktzins abzinsen, oder die erwarteten (heutigen) Kosten ohne Preissteigerungseffekt werden mit realen, also niedrigeren, Zinssätzen abgezinst.

Für die Due Diligence bedeutet die Abzinsung von Rückstellungen kein Warnsignal per se, allerdings sollten die der Abzinsung zugrunde liegenden

Annahmen untersucht und Alternativrechnungen mit evtl. realistischeren Voraussetzungen durchgeführt werden. Wird das Wahlrecht einer Zielgesellschaft dahingehend ausgeübt, dass auf die Abzinsung verzichtet wird, erhöht sich der Rückstellungsbetrag und der Gewinnausweis vermindert sich entsprechend. Sofern eine Abzinsung vorgenommen wurde, bedeutet dies eine bessere Darstellung des Unternehmens zum Bilanzstichtag, die jedoch in der Zukunft durch die aufwandswirksame Aufzinsung der entsprechenden Rückstellungen belastet wird. Da die Festlegung des Zinssatzes insbesondere bei den Pensionsrückstellungen einen erheblichen Einfluss auf den Gewinn hat, wird auf diese Bilanzposition bei der Darstellung der Ermessensspielräume im nachfolgenden Kapitel und im Rahmen der Vergangenheitsanalyse in Kapitel 3 näher eingegangen.

(c) Ermessensspielräume

Ermessensspielräume resultieren zum einen aus unbestimmten Rechtsbegriffen im Gesetz und zum anderen aus Meinungsverschiedenheiten über die Interpretation des Gesetzeswortlauts. Da sie in großer Zahl auftreten und zum Teil weitreichende Interpretationen zulassen, sind sie für die Bilanzpolitik im Einzelfall bedeutender als die gesetzlich kodifizierten Ansatz- und Bewertungswahlrechte. Entsprechend wichtig ist ihre Analyse in der Due Diligence.

Letztlich stellt jedes Gesetz eine vereinfachte Abbildung der Realität in Worten dar. Diese Worte bedürfen der Interpretation, um auf tatsächliche Sachverhalte angewendet werden zu können. Der sich hier öffnende Spielraum ist aber faktisch dadurch begrenzt, dass sich Gesetzgeber, Gesetzanwender und Gerichte hinsichtlich vieler Wörter auf eine einheitliche Auslegung geeinigt haben, so z.B. bei der Interpretation des Begriffs »Vermögensgegenstand« für die Handelsbilanz. Es wäre daher wenig zielführend, alle auslegungsbedürftigen Begriffe des HGB auf ihre bilanzpolitische Bedeutung zu untersuchen. Daher werden im Folgenden nur die wichtigsten Ermessensspielräume diskutiert.

(1) Zuordnung immaterieller Vermögensgegenstände zum Anlage- oder Umlaufvermögen

Als erster wichtiger Ermessensspielraum im HGB kann die Abgrenzung von Anlage- und Umlaufvermögen angesehen werden. Nach § 247 Abs. 2 HGB sind im Anlagevermögen nur die Vermögensgegenstände auszuweisen, die dazu bestimmt sind, dauernd dem Geschäftsbetrieb zu dienen; im Umkehrschluss bilden die verbleibenden Vermögensgegenstände das Umlaufvermögen. Diese Abgrenzung ist vor allem für die Aktivierung immaterieller Vermögensgegenstände relevant: Sofern sie nicht entgeltlich erworben wurden, ist ihr Ansatz nach § 248 Abs. 2 HGB untersagt, wenn sie dem Anlagevermögen zuzurechnen sind. Für originäre immaterielle Vermögensgegenstände des Umlaufvermögens gilt hingegen das Vollständigkeitsgebot des § 246 Abs. 1 Satz 1 HGB, also die Aktivierungspflicht.

Sofern originäre immaterielle Vermögensgegenstände vorliegen, deren Zuordnung zum Anlage- oder Umlaufvermögen nicht eindeutig ist, kann die Interpretation des unbestimmten Rechtsbegriffs »dazu bestimmt, dem Geschäftsbetrieb dauernd zu dienen« aus § 247 Abs. 2 HGB zur Bilanzgestaltung genutzt werden. Zum Zeitpunkt der Erstellung eines immateriellen Vermögensgegenstands muss der Bilanzierende dessen Bestimmung offenlegen; das Instrument hierfür ist der Akt der Zuordnung zum Anlagevermögen (mit der Folge, dass aufgrund des Aktivierungsverbots die Kosten sofort als Aufwand zu verrechnen sind) oder zum Umlaufvermögen (was zu einem erfolgsneutralen Aktivtausch führt). Sollen folglich die Gewinne im Herstellungszeitraum reduziert werden, so bietet sich die Einordnung als Anlagevermögen an; das Ergebnis ist eine Verschiebung des Gewinnausweises in die Zukunft. Wird der Vermögensgegenstand dem Umlaufvermögen zugeordnet, ist die Herstellung erfolgsneutral; der Aufwand wird erst beim späteren Verkauf wirksam.

Da es sich vor allem im Bereich aufwändiger technischer oder medizinischer Forschung um erhebliche Beträge handeln kann, sollte die Zuordnungsentscheidung sehr kritisch untersucht werden. Bei einer Zuordnung zum Umlaufvermögen sollte ein Marktwert oder eine vertragliche Preisvereinbarung (z.B. bei Auftragsforschung) vorliegen; andernfalls ist die Werthaltigkeit der aktivierten Positionen kaum zu verifizieren. Liegen solche Anhaltspunkte für den Wert nicht vor, muss in der Analyse der immateriellen Vermögensgegenstände besonders kritisch vorgegangen werden.

Dies ist vor allem auch dann der Fall, wenn das Unternehmen auf die Ansatzproblematik mit einer Auslagerung seiner Forschungs- und Entwicklungsabteilung in ein selbstständiges Tochterunternehmen reagiert hat. Hier liegen zwar regelmäßig Forschungsaufträge bzw. Abnahmeverpflichtungen vor; sie sind aber wegen der konzerninternen Verbindung von Mutter- und Tochtergesellschaft ähnlich kritisch zu analysieren wie die direkte Einbuchung ins Umlaufvermögen des Mutterunternehmens.

Auch wenn das Mutterunternehmen die immateriellen Vermögensgegenstände von der Tochtergesellschaft erworben hat, kann Vorsicht in der Due Diligence geboten sein: Es handelt sich nun um entgeltlich erworbene immaterielle Vermögensgegenstände, die nicht unter das Aktivierungsverbot des § 248 Abs. 2 HGB fallen. Die Werthaltigkeit der Position ist separat zu hinterfragen.

(2) Festlegung des Abschreibungsplans

Der zweite bedeutsame Ermessensspielraum ergibt sich aus der Unbestimmtheit der Abschreibungsregelungen für Vermögensgegenstände des Anlagevermögens in § 253 Abs. 1 Satz 2 HGB. Dort ist für die planmäßigen Abschreibungen lediglich kodifiziert, dass »der Plan [..] die Anschaffungs- oder Herstellungskosten auf die Geschäftsjahre verteilen [muss], in denen der Vermögensgegenstand voraussichtlich genutzt werden kann«. Weder die Art der Verteilung (linear, degressiv, progressiv, nach Nutzung bzw. Leistung usw.) ist vorgeschrieben, noch existiert eine Konkretisierung der voraussichtlichen Nutzungsdauer (die allgemein üblich, branchenüblich oder abweichend unternehmensspezifisch sein kann). Durch den Zukunftsbezug ist zudem eine Schätzung notwendig, die ebenfalls im Ermessen des Bilanzierenden liegt.

Auch das Abschreibungsvolumen ist nicht rechtlich fixiert: Zwar sollen nach dem Gesetzeswortlaut die Anschaffungs- oder Herstellungskosten auf die Nutzungsjahre verteilt werden; allerdings gilt dies nur bis zu einem eventuell verbleibenden Restwert. Grundsätzlich wird nach dem Vorsichtsprinzip davon ausgegangen, dass sich Restwert und Entsorgungskosten (durch Verkauf, Stilllegung oder Demontage) im Durchschnitt ausgleichen, so dass der Restwert bei der Erstellung des Abschreibungsplans unberücksichtigt bleibt. Trotzdem können in bestimmten Fällen erhebliche Restwerte (z.B. der Schrottwert eines Schiffes), aber auch erhebliche Entsorgungskosten (z.B. bei Kontaminierung mit Chemikalien oder Kernstrahlung) anfallen. Sie können vom Zeitpunkt der Erstellung des Abschreibungsplans aus nur geschätzt werden.

Im Ergebnis liegt hier ein erhebliches Gestaltungsvolumen vor, dessen (Aus-)Nutzung in der Due Diligence genau zu untersuchen ist:

- Sind die Schätzungen nachvollziehbar?
- Lassen sie sich belegen, beispielsweise durch Vergangenheits- oder Branchendaten?
- Sofern die Abschreibungspläne unüblich sind: Werden die Abweichungen begründet?
- Sind die Begründungen nachvollziehbar?
- Inwieweit geht der planmäßige Abschreibungsverlauf mit der tatsächlichen Wertentwicklung der Vermögensgegenstände konform? Hier ist zu beachten, dass die planmäßige Abschreibung nicht nur der korrekten

Darstellung der Unternehmenssituation, sondern auch der Zuteilung der Aufwendungen zu den Perioden der Ertragserzielung dient. Folglich ist zu untersuchen, ob die eingetretenen Erträge tatsächlich zum Abschreibungsverlauf passen oder ob gegebenenfalls Fehlplanungen zu beobachten sind.

Eine gewisse Einschränkung erfährt die handelsrechtliche Abschreibungsfreiheit durch das Steuerrecht: Zum ersten sind dort nur die lineare, die Leistungsabschreibung, die Absetzung für Substanzverringerung und, bei Vorliegen gewisser Bedingungen, auch die geometrisch-degressive Abschreibung zulässig. Da die Anwendung der degressiven Methode als Wahlrecht formuliert ist, wird der Steuerpflichtige auch in der Handelsbilanz daran gebunden. Gleiches gilt für einen Methodenwechsel.

Zum zweiten ist die Abschreibungsdauer zwar nicht gesetzlich geregelt, aber durch die Definition von AfA-Tabellen durch die Finanzverwaltung faktisch bis auf begründete Ausnahmefälle vorgegeben. Lediglich die Abschreibungsdauer für Gebäude ist im EStG kodifiziert. Im Ergebnis besteht für die Dauer der AfA in der Steuerbilanz nur bei entgeltlich erworbenen immateriellen Wirtschaftsgütern ein erkennbarer Gestaltungsspielraum.

(3) Außerplanmäßige Wertminderungen

Als drittes liegt auch die Vornahme außerplanmäßiger Abschreibungen im Ermessen des Bilanzierenden. Interpretationsbedürftig sind in § 253 Abs. 2 bis 4 HGB sowohl die Ermittlung der Wertansätze »beizulegender Wert«, »aus dem Börsen- oder Marktpreis sich ergebender Wert«, »Schwankungsreservewert« und »nach vernünftiger kaufmännischer Beurteilung zulässiger Wert« als auch die Entscheidung, wann eine Wertminderung als voraussichtlich dauerhaft anzusehen ist. Die Vielzahl der hierzu existierenden Literaturmeinungen, Urteile und Verwaltungsauffassungen zeigt, dass es sich um einen wesentlichen Gestaltungsspielraum handelt. Da es zudem nur für die beiden erstgenannten Werte eine Entsprechung im Steuerrecht gibt, die Interpretation des dort verwendeten »Teilwerts« aber ebenfalls umstritten und nicht unbedingt identisch mit den handelsrechtlichen Werten ist, kann jede Bewertungsentscheidung zu einem – beabsichtigten oder in Kauf genommenen – Auseinanderfallen von Handelsbilanz und Steuerbilanz führen. In jedem Fall bedarf es einer Analyse dieses Aspekts in der Due Diligence:

- Sind die Wertansätze haltbar bzw. die Begründungen verständlich?
- Welche Interessenlage verbirgt sich hinter der Bewertungsentscheidung?

- Ist der Bewertung zuzustimmen?
- Welches andere Bild des Unternehmens ergäbe sich bei einer besseren/schlechteren/neutralen Einschätzung des Wertes und seiner zukünftigen Entwicklung?

(4) Wertaufholungen

Die eben gestellten Fragen können auch auf den vierten Ermessensspielraum übertragen werden: § 253 Abs. 5 HGB regelt die Wertaufholung, wenn die Gründe für einen niedrigeren Wertansatz nicht mehr bestehen. Das Ermessen liegt in der Beantwortung der Frage, ob die Gründe nicht mehr bestehen, und kann zwischen Bilanzierendem und Bilanzleser variieren. Daher sollte auch hier überprüft werden, ob der Beurteilung in der Handelsbilanz gefolgt werden kann, welches Bild sich bei einer abweichenden Entscheidung ergäbe und welche Motive zum gewählten Bilanzansatz geführt haben könnten.

(5) Abgrenzung zwischen Herstellung- und Erhaltungsaufwand

Der nächste Ermessensspielraum geht ebenfalls mit einem Wahlrecht einher und wurde schon zuvor als subjektiver und wertbestimmender Bereich der Handelsbilanz dargestellt. Dies ist die Definition der Herstellungskosten in § 255 Abs. 2, 3 HGB, die nicht nur eine Reihe von Wahlrechten, sondern auch viele Beurteilungsspielräume beinhaltet. Deutlich wird dies vor allem an der allgemeinen Definition, nach der »Herstellungskosten [...] die Aufwendungen [sind], die durch den Verbrauch von Gütern und die Inanspruchnahme von Diensten für die Herstellung eines Vermögensgegenstands, seine Erweiterung oder für eine über seinen ursprünglichen Zustand hinausgehende wesentliche Verbesserung bestehen« (§ 255 Abs. 2 Satz 1 HGB). Durch den Kausalzusammenhang »für die Herstellung« müssen alle Kostenbestandteile auf ihre Notwendigkeit, ihre Angemessenheit, ihre Veranlassung und ihren zeitlichen Zusammenhang zum Herstellungsprozess untersucht werden. Auch stellt sich die Frage, wann es sich bei einer Maßnahme um eine Erweiterung oder wesentliche Verbesserung des Vermögensgegenstands handelt; bei Verneinung dürfen die Kosten sofort aufwandswirksam angesetzt werden. Insbesondere bei Baumaßnahmen an bestehenden Gebäuden existiert seitens des Bilanzierenden steuerlich ein erhebliches Interesse, Erhaltungsaufwand statt Herstellungsaufwand auszuweisen, weil Herstellungsaufwand zu aktivieren wäre und dann nur über die Restnutzungsdauer des Gebäudes verteilt aufwandswirksam verrechnet werden kann.

Besonders bei der Beurteilung der Angemessenheit bzw. Notwendigkeit von Gemeinkosten kann diskutiert werden, ob auf der Basis von Ist-, Plan-, Soll- oder Normalgrößen zu rechnen ist. Die Veranlassung des Wertverzehrs des Anlagevermögens durch einen Herstellungsprozess kann sich nur auf die planmäßigen Abschreibungen beziehen, wodurch die dazu bereits erläuterten Ermessensspielräume auf den Herstellungskostenansatz durchschlagen. Fraglich ist zumindest bei Großprojekten auch, wann der Herstellungsprozess begonnen hat und wann er endet. Die Antworten wirken sich auf die Zuordnung des Wertverzehrs des Anlagevermögens und auf die Aktivierung von Fremdkapitalzinsen aus.

In allen genannten Bereichen kann in der Financial Due Diligence die Ausübung der Ermessensspielräume – soweit ersichtlich – untersucht werden. Für ein aussagekräftiges Bild des Zielunternehmens wäre nachzuvollziehen, wie sich abweichende Einschätzungen auswirken würden und welchen Einfluss dies auf die Darstellung der Ertrags- und Vermögenssituation des Unternehmens hätte. Zwar ist in der Regel nicht per se von einer bewussten Manipulation des Abbildes in der Bilanz auszugehen; wenn jedoch alle Entscheidung in eine bestimmte Richtung bzw. auf ein bestimmtes Ergebnis hin getroffen werden, sollte dies Anlass zur Untersuchung der Beweggründe des Bilanzierenden geben.

(6) Festlegen der Goodwill-Abschreibung

Als weiterer bedeutsamer Ermessensspielraum können die Ermittlung und Abschreibung des Geschäfts- oder Firmenwerts nach § 255 Abs. 4 HGB angesehen werden. Diese Regelung ist an sich schon als Wahlrecht ausgestaltet; im Rahmen dessen muss zusätzlich beurteilt werden, wie hoch der (Zeit-)Wert der einzelnen Vermögensgegenstände des Unternehmens abzüglich der Schulden im Zeitpunkt der Übernahme ist und um wie viel der Wert der Gegenleistung diesen Betrag übersteigt. Ist der Geschäfts- oder Firmenwert so ermittelt, kann er durch Abschreibungen »planmäßig auf die Geschäftsjahre verteilt werden, in denen er voraussichtlich genutzt wird« (§ 255 Abs. 4 Satz 3 HGB).

Auch wenn diese Bilanzposition nur dann auftritt, wenn durch oder hinsichtlich des Zielunternehmens ein Vorerwerb stattgefunden hat, kann sie im Einzelfall ein erhebliches Volumen aufweisen. Entsprechend bedeutend kann sich die Auslegung der aufgezeigten Ermessensspielräume auf das Abbild des Unternehmens in seiner Bilanz auswirken. Wie in den anderen Bereichen sollte in der Due Diligence vor allem auf die Motive für die getroffenen Entscheidungen abgestellt werden; zudem ist zu untersuchen, welche anderen Ansätze möglich bzw. sinnvoll wären und wie sich das Unternehmensbild dadurch verändern würde.

(7) Rückstellungsbildung und -bewertung

Der siebte und letzte Ermessensspielraum mit erheblichem Umfang findet sich auf der Passivseite der Bilanz; er ergibt sich aus den Regelungen zur Rückstellungsbildung und -bewertung in § 249, § 253 Abs. 1 Satz 2 HGB. Schon die Vorschriften zur Passivierung enthalten zahlreiche unbestimmte Rechtsbegriffe:

- Wann ist eine Verbindlichkeit als ungewiss einzuordnen? Hierzu gibt es inzwischen genaue Definitionen.
- Wann sollten Instandhaltungsmaßnahmen oder Abraumbeseitigung durchgeführt werden? Diese Frage hat sich evtl. schon in der Zeitspanne zwischen Bilanzstichtag und Bilanzerstellung geklärt.
- Wann sind Aufwendungen »ihrer Eigenart nach genau umschrieben«?
- Wie wird bestimmt, ob sie der Vergangenheit zugeordnet werden können?
- Unter welchen Bedingungen können sie als »am Abschlussstichtag wahrscheinlich oder sicher, aber hinsichtlich ihrer Höhe oder des Zeitpunktes ihres Eintritts unbestimmt« bezeichnet werden?

Für die Due Diligence sind wie zuvor drei Fragen zu beantworten:

a) Welche Annahmen liegen dem gewählten Ansatz zugrunde?
b) Welche Motive verbergen sich dahinter?
c) Wie ist die Situation zu beurteilen?

Gleiches gilt für die Wertermittlung von Rückstellungen, definiert nach § 253 Abs. 1 Satz 2 HGB: Hier wird als Wertansatz der Betrag bestimmt, der »nach vernünftiger kaufmännischer Beurteilung notwendig ist«. Es ist je nach Lage des Einzelfalls zu entscheiden, ob die »richtige« Abbildung der Verpflichtungssituation eher über Einzelrückstellungen, über Sammelrückstellungen oder durch eine Kombination von beiden erreicht werden kann. Auf diesen Entscheidungsspielraum wurde schon bei den Bewertungsvereinfachungsverfahren auf der Passivseite eingegangen.

Ein weiterer Aspekt der Rückstellungsbewertung ergibt sich ebenfalls aus § 253 Abs. 1 Satz 2 HGB: Demnach sind Rentenverpflichtungen, für die eine Gegenleistung nicht mehr zu erwarten ist, zu ihrem Barwert anzusetzen. Diese Vorschrift betrifft die Bewertung von Pensionsrückstellungen, die durch das in Deutschland übliche Verfahren der Direktzusage notwendig werden. Der Ermessensspielraum besteht in Handels- und Steuerbilanz gleichermaßen, ist jedoch durch strengere Objektivierungsvorschriften in der Steuerbilanz limitiert (§ 6a EStG). Seine Auslegung kann nach den beiden Phasen der betrieblichen Altersversorgung unterteilt werden:

In der Anwartschaftszeit des Arbeitnehmers sind Pensionsrückstellungen ratierlich anzusammeln, so dass ihr Wert bei Erreichen der vereinbarten Altersgrenze dem Barwert der zu erwartenden Rentenleistungen entspricht. Nach allgemeiner Auffassung stehen hierfür zwei grundsätzliche Verfahren zur Verfügung: Die Gegenwartswertmethode unterstellt eine gleichmäßige Verteilung der Aufwendungen für die Pensionsleistung vom Zusagezeitpunkt bis zum Eintritt des Versorgungsfalls. Die Teilwertmethode nimmt eine Verteilung vom Zeitpunkt des Diensteintritts des Pensionsberechtigten bis zum Versorgungsfall vor. Das Teilwertverfahren gilt als realitätsnaher, während die Vereinbarkeit der Gegenwartswertmethode mit den GoB strittig ist. In der Praxis werden beide Verfahren verwendet.

Ab Eintritt des Versorgungsfalls ist der Barwertansatz der zukünftigen Versorgungsleistungen am Bewertungsstichtag verbindlich. Die Rückstellung muss in jedem Wirtschaftsjahr um den Unterschied der versicherungsmathematischen Barwerte am Ende des Geschäftsjahres zu denen am Schluss des vorangegangenen Geschäftsjahres gemindert werden. Folglich sind Zinsen, Zinseszinsen und Sterbewahrscheinlichkeiten zu berücksichtigen. Die laufenden Pensionszahlungen sind dabei als Aufwand abzusetzen.

Der Umfang der Erläuterungen zur Bewertung von Pensionsrückstellungen in Literatur und Rechtsprechung kann als Indiz für die hier bestehenden Gestaltungsspielräume gesehen werden. Zu beachten ist zudem, dass bei den in Deutschland üblichen Methoden generell Tatsachen wie künftige Gehalts- und Rentensteigerungen, die Fluktuation von Beschäftigten und die laufzeitadäquate Kapitalmarktrendite unberücksichtigt bleiben. Diese Punkte werden in der Rückstellungsbildung bei internationalen Rechnungslegungsstandards (IFRS und US-GAAP) berücksichtigt. Eine Möglichkeit zur Ermittlung der wahrscheinlichen zukünftigen wirtschaftlichen Belastung eines Unternehmens aus solchen Verpflichtungen ist daher die Beschaffung von versicherungsmathematischen Gutachten über die entsprechenden Verpflichtungsbeträge nach IFRS bzw. US-GAAP. In jedem Fall muss eine umfangreiche Analyse der realistischen Verpflichtungen des Unternehmens aus der betrieblichen Altersversorgung erfolgen.

Ein weiterer bedeutender Punkt betrifft die Hinterlegung der Rückstellungen mit Werten im Unternehmen. Während die Rückstellung per se nur eine bilanzielle Abbildung ist, ist zur Erfüllung der Altersversorgungspflichten freie Substanz im Unternehmen und zum Zahlungszeitpunkt reale Liquidität notwendig, was sich schon für eine Reihe von Transaktionen als Ausschlussgrund (»Deal Breaker«) erwiesen hat. Daher ist – wenn Verpflichtungen aus betrieblicher Altersversorgung bestehen – in der Due Diligence regelmäßig eine detaillierte Analyse notwendig. Hierauf wird im Kapitel 5.2 näher eingegangen.

Insgesamt ist festzuhalten, dass die Ermessensspielräume, die sich aus den Vorschriften für alle Kaufleute im HGB ergeben, einen erheblichen Umfang haben und im Einzelfall weit über die Bedeutung der expliziten Aktivierungs- und Bewertungswahlrechte hinausgehen können.

2.2.3 Gewinn- und Verlustrechnung

(a) Gesamtkosten- versus Umsatzkostenverfahren

Zweiter Bestandteil des Jahresabschlusses nach den Vorschriften für alle Kaufleute ist gemäß § 242 Abs. 2, 3 HGB die GuV.

Ebenso wenig wie für die Bilanz enthält der erste Abschnitt spezielle Vorschriften über die Gliederung der GuV, er gibt allerdings einen gewissen Rahmen vor: Die GuV muss

- Aufwendungen und Erträge gegenüberstellen (§ 242 Abs. 2 HGB),
- den GoB entsprechen (§ 243 Abs. 1 HGB),
- klar und übersichtlich sein (§ 243 Abs. 2 HGB),
- alle Aufwendungen und alle Erträge enthalten (§ 246 Abs. 1 HGB) und
- Aufwendungen und Erträge unsaldiert ausweisen (§ 246 Abs. 2 HGB).

Als Mindestgliederung wird die Trennung vom Ergebnis der gewöhnlichen Geschäftstätigkeit einerseits und außerordentlichem Ergebnis andererseits verlangt.

Bei Personengesellschaften kann – je nach Vereinbarung zwischen Gesellschaft und Gesellschafter – die Vergütung für die Geschäftsführung zu Personalaufwendungen führen oder bei der Gewinnverteilung zu berücksichtigen sein. Entsprechendes gilt für die Verzinsung von Konten der Gesellschafter, sofern sie nach § 121 Abs. 1 HGB oder Gesellschaftsvertrag vorgenommen wird.

Im Regelfall orientiert sich die Gliederung auch bei Personengesellschaften, die nicht unter § 264a HGB oder das PublG fallen, an den in § 275 HGB vorgegebenen Schemata für Kapitalgesellschaften. Dort werden das Gesamtkostenverfahren (Abs. 2) und das Umsatzkostenverfahren (Abs. 3) erläutert und zur Wahl gestellt (Abs. 1). Nach dem Stetigkeitsgrundsatz ist die einmal getroffene Entscheidung beizubehalten und kann nur in begründeten Ausnahmefällen revidiert werden.

Beim Gesamtkostenverfahren werden den im Geschäftsjahr erzielten Erträgen alle Aufwendungen gegenübergestellt, die im Geschäftsjahr angefallen sind. Die Aufwendungen werden primär nach Aufwandsarten gegliedert, also in Material- und Personalaufwand, Abschreibungen und sonstige betriebliche Aufwendungen unterteilt. Um die Umsatzerlöse »passend« zu machen, werden auf der Ertragsseite die Mehrungen des Bestands an fertigen und unfertigen Erzeugnissen und Eigenleistungen mit ihren Herstellungskosten hinzugerechnet bzw. die Minderungen mit ihren Herstellungskosten von den Umsatzerlösen abgezogen.

Beim Umsatzkostenverfahren wird hingegen vom tatsächlichen Umsatz ausgegangen, dem diejenigen Aufwendungen gegenübergestellt werden, die für die verkauften Produkte angefallen sind (die so genannten Umsatzaufwendungen). Die Herstellungskosten des Umsatzes beinhalten dabei neben dem Materialaufwand auch die der Herstellung zuzuordnenden Personalaufwendungen und Abschreibungen. Die weitere Abgrenzung erfolgt entsprechend den Funktionsbereichen des Unternehmens, d.h. die Herstellungskosten des Umsatzes werden sachlich (bezogen auf den Umsatz) abgegrenzt, die Kosten für Forschung und Entwicklung, für den Vertrieb, für die Verwaltung und die sonstigen betrieblichen Aufwendungen werden zeitlich (pro Jahr) aufgeschlüsselt und enthalten ebenfalls die dem jeweiligen Bereich zugeordneten Personalaufwendungen und Abschreibungen.

Während der ausgewiesene Jahresüberschuss bei beiden Verfahren unter der Voraussetzung einer einheitlichen Bewertung der Lagerbestände übereinstimmt, ist die Aufschlüsselung des Betriebsergebnisses nach dem Umsatzkostenverfahren aussagekräftiger: Einerseits zeigt es das Bruttoergebnis in Form der Differenz aus Umsatz und Herstellungskosten des Umsatzes, was vor allem für eine kurzfristige (z.B. monatliche) Erfolgsrechnung hilfreich ist. Andererseits schlüsselt es die Kosten der übrigen Funktionen Forschung und Entwicklung, Vertrieb sowie Verwaltung auf. Sofern in den einzelnen Funktionen die Aufwendungen nach Produktarten aufgeschlüsselt sind, können daraus leicht die Betriebsergebnisse der einzelnen Produktarten abgeleitet werden. Dies ermöglicht Aussagen über die Rentierlichkeit der einzelnen Unternehmenssparten im Stil einer Deckungsbeitragsrechnung.Von Nachteil ist bei der Verwendung des Umsatzkostenverfahrens, dass die Struktur der ursprünglichen Aufwandsarten (Material-, Personal- und Abschreibungsaufwand) nicht mehr zu erkennen sind. Stattdessen bekommt der Leser der GuV nur Einblick in die Aufwendungen nach ihrer Zuordnung zu den einzelnen Funktionsbereichen. Da eine verursachungsgerechte Zuordnung nicht immer eindeutig möglich ist und oft nur über Zuschlüsselungen gelingt, haben die Informationen der GuV bereits der Ausübung eines unter Umständen erheblichen Ermessensspielraums unterlegen. Insofern sind die Kostenarten nur im Gesamtkostenverfahren eindeutig zu erkennen. Zumindest bei mittelgroßen und großen Kapitalgesellschaften sind sie bei Anwendung des Umsatzkostenverfahrens aber aufgrund der verpflichtenden Anhangsangaben nach § 285 Nr. 8 a und b HGB ebenso bekannt.

(b) Wichtige Positionen der GuV

Abgesehen von den Unterschieden zwischen Gesamt- und Umsatzkostenverfahren ist auch die Interpretation der einzelnen GuV-Positionen in beiden Verfahren diskussionsbedürftig. Beispielhaft werden hier vier wichtige Positionen herausgegriffen und erläutert.

(1) Umsatzerlöse

Gesamt- und Umsatzkostenverfahren beginnen mit der Position »Umsatzerlöse« (GKV Nr. 1., UKV Nr. 1.). Ihr Inhalt ist in § 277 Abs. 1 HGB definiert als Erlöse aus Verkauf, Vermietung oder Verpachtung von für die gewöhnliche Geschäftstätigkeit des Unternehmens typischen Erzeugnissen und Waren sowie aus für die gewöhnliche Geschäftstätigkeit typischen Dienstleistungen. Auszuweisen sind Nettogrößen nach Abzug von Erlösschmälerungen und der Umsatzsteuer.

Wichtig für die Due Diligence ist hier vor allem, zu überprüfen, ob es sich bei den umsatzrelevanten Lieferungen und Leistungen tatsächlich um die gewöhnliche Geschäftstätigkeit des Unternehmens handelt. Nicht ausgewiesen werden dürfen hier Erlöse aus nicht betriebstypischen Nebentätigkeiten (z.B. aus der Kantine) sowie Subventionen. Abgebildet werden müssen die Rechnungsbeträge insgesamt (einschließlich Verpackung und Versand) sowie netto (ohne Umsatzsteuer); zulässig ist auch der Brutto-Ansatz unter offener Absetzung der Umsatzsteuer. Erlösschmälerungen wie Rabatte oder Skonti sind abzuziehen, nicht aber Ausgangsfrachten, Vertreterprovisionen, Listing-fees o.Ä., die den sonstigen betrieblichen Aufwendungen bzw. den Vertriebskosten zuzuordnen sind.

Der Zeitpunkt der Umsatzrealisation ist durch das Realisationsprinzip des § 252 Abs. 1 Nr. 4 2. Halbsatz HGB bestimmt: Es handelt sich in der Regel um den Zeitpunkt, zu dem die Leistung erbracht und der Anspruch auf Gegenleistung entstanden ist. Vorab erhaltene Anzahlungen müssen daher erfolgsneutral verbucht werden. Bei besonderen Vertragsgestaltungen wie Teilleistungen, Kommissionsgeschäften oder Ware auf dem Transport ist der Realisationszeitpunkt schwieriger zu bestimmen. Im Normalfall wird auf den Zeitpunkt des Gefahrenübergangs abgestellt; sofern der Käufer jedoch Rückgaberechte hat, ist der Ablauf der Rückgabefrist abzuwarten.

Bei langfristiger Auftragsfertigung, d.h. wenn die Herstellung mehr als ein Geschäftsjahr umfasst, ist in Deutschland für die Handels- wie für die Steuerbilanz nur die Completed contract-Methode zulässig. Dabei gilt als Realisationszeitpunkt die Übergabe des Gesamtwerks einschließlich Abnahme durch den Auftraggeber, verbunden mit der Endabrechnung. Dies kann in den Herstellungsjahren zum Ausweis erheblicher Zwischenverluste führen, auch wenn aus dem Gesamtauftrag Gewinne zu erwarten sind. Daher wird in der internationalen Rechnungslegung eine Umsatzrealisation entsprechend dem Leistungsfortschritt zugrunde gelegt (Percentage of completion-Methode). In der HGB-Praxis hat sich das Teilabnahmeprinzip (Milestones-Abrechnung) durchgesetzt, bei dem der Gesamtauftrag in Teilleistungen untergliedert wird. Dadurch soll eine schrittweise Abrechnung mit entsprechender Teilgewinnrealisierung ermöglicht werden. Problematisch ist jedoch, dass Teilabrechnungen nur für technisch in sich geschlossene und wirtschaftlich abgrenzbare Auftragsteile möglich sind, bei denen die Teilleistung durch den Kunden abgenommen und zur Abrechnung zugelassen wird. Dies lässt sich jedoch nur eingeschränkt umsetzen und hängt zudem von der Akzeptanz des Auftraggebers ab. Bleibt beispielsweise ein Gesamtfunktionsrisiko bestehen, das sich auch auf bereits abgenommene Auftragsteile erstreckt, wird die Teilgewinnrealisierung nicht anerkannt, und der Teilumsatzerlös darf nicht ausgewiesen werden.

Diese Vorgaben erscheinen, wenn auch nicht immer im Sinne des Bilanzierenden, doch eindeutig und leicht umzusetzen; trotzdem haben die Bilanzskandale der Vergangenheit gezeigt, dass im Bereich der Umsatzerlöse erhebliche Manipulationen möglich sind. Für den Analysten bedeutet dies, das Datenmaterial vor allem auf Plausibilität zu überprüfen; besonders Verwerfungen zwischen den Geschäftsjahren sollten eingehend untersucht werden. Auch eine zeitlich konzentrierte Realisierung von Umsätzen in der Zeit kurz vor dem Bilanzstichtag kann ein Indiz für ein Risikopotenzial im Bereich der Umsatzrealisierung darstellen.

(2) Bestandsveränderungen

Zweiter wichtiger Bestandteil der Ergebnisrechnung nach dem Gesamtkostenverfahren ist die Erhöhung oder Verminderung des Bestands an fertigen und unfertigen Erzeugnissen (GKV Nr. 2, Bestandsveränderungen). Eine Definition findet sich in § 277 Abs. 2 HGB, nach dem sowohl Mengen- als auch Wertänderungen zu berücksichtigen sind, ohne dass diese separat ausgewiesen werden müssen. Der Einbezug von Abschreibungen ist nur im für das Unternehmen üblichen Umfang zulässig, wobei dieser Umfang nicht näher erläutert wird. Der Betrag der Bestandsveränderung ergibt sich aus der Differenz zwischen den Bilanzansätzen der zu Herstellungskosten bewerteten fertigen und unfertigen Erzeugnisse am Jahresende im Vergleich zum Jahresanfang. Folglich bestehen zwei Einflussgrößen:

- Das Mengengerüst ist im Regelfall leicht zu ermitteln, sofern die Stückzahlen für Fertigerzeugnisse und Halbfertigfabrikate eindeutig bestimmt werden können.
- Das Wertgerüst hängt hingegen von der Ermittlung der Herstellungskosten ab. Diese wiederum können Schwankungen unterliegen, beispielsweise ergeben sich für Bestandsänderungen unterschiedliche Werte in Abhängigkeit vom Voll- oder Teilkostenansatz für die Herstellungskosten.

Für die Due Diligence ist von großem Interesse, ob sich die Bestandsänderungen aus Mengenänderungen (d.h. Zu- oder Abgängen) oder Wertänderungen ergeben. Wertänderungen können durch externe Effekte (z.B. Schwankungen der Preise des verwendeten Materials) und interne Sachverhalte (z.B. Änderung der Schlüsselung bei der Gemeinkostenverrechnung) verursacht sein. Selbst außerplanmäßige und steuerlich bedingte Abschreibungen dürfen berücksichtigt werden, wenn sie häufiger vorkommen und daher als »üblich« anzusehen sind (andernfalls fallen sie unter die GKV Nr. 7b). In der Analyse ist vor allem auf ungewöhnliche Schwankungen zwischen den Jahren sowie auf die Plausibilität von Absatzvolumen, Produktionsmengen und Bestandsveränderungen zu achten.

(3) Sonstige betriebliche Aufwendungen

Bei der Position »sonstige betriebliche Aufwendungen« (GKV Nr. 8, UKV Nr. 7) handelt es sich um einen Sammelposten, der alle Aufwendungen umfasst, die nicht in einen der anderen vorgesehenen Aufwandsposten eingestellt werden müssen. Er wird dann ein wichtiger Analysegegenstand, wenn er einen für die Unternehmenssituation wesentlichen Umfang erreicht. Dies kann vor allem beim Gesamtkostenverfahren der Fall sein; beim Umsatzkostenverfahren sind die meisten Aufwandspositionen durch die funktionelle Zuordnung zu Produktion, Vertrieb und Verwaltung bereits eindeutig zuzuordnen. Beim Gesamtkostenverfahren fallen hierunter jedoch eine

Vielzahl von Kleinbeträgen (die in der Summe bedeutend sein können) sowie zahlreiche Sonderpositionen, z.B. übliche Abschreibungen auf Forderungen sowie sonstige Vermögensgegenstände.

Die Vielzahl möglicher Beträge, die hier aufsummiert werden, bedeuten für die Financial Due Diligence einen erheblichen Analyseaufwand. Daher sollten zunächst die Höhe der Position in Relation zu den Hauptaufwandsarten sowie ihre Entwicklung im Zeitablauf untersucht werden, um die Notwendigkeit einer Detailanalyse abzuklären, bevor auf Einzelbestandteile eingegangen wird. In Jahresabschlüssen bzw. in Prüfungsberichten werden betriebsfremde und außerordentliche Aufwendungen und Erträge, die unregelmäßig und außerhalb der gewöhnlichen Geschäftstätigkeit anfallen und aperiodische Aufwendungen und Erträge sowie außerplanmäßige Abschreibungen häufig als »neutrales Ergebnis« zusammengefasst. Wird ein solches neutrales Ergebnis ausgewiesen, kann sich der Aufwand in der Financial Due Diligence unter Umständen ganz maßgeblich reduzieren.

(4) Umsatzkosten

Als letzte der markanten Position der Gewinn- und Verlustrechnung werden hier die »Herstellungskosten der zur Erzielung der Umsatzerlöse erbrachten Leistungen« (UKV Nr. 2, »Umsatzkosten«) untersucht. Entsprechend dem Charakter und der Zielsetzung des Umsatzkostenverfahrens sollen hier die Herstellungskosten der verkauften Produkte und in Rechnung gestellten Leistungen eingestellt werden. Dabei ist der Zeitpunkt des Anfalls der Aufwendungen unerheblich.

Für die Definition der Herstellungskosten ist grundsätzlich auf § 255 Abs. 2 HGB zurückzugreifen. Danach können Kosten der allgemeinen Verwaltung in die Herstellungskosten einbezogen werden; unter der GuV-Position »allgemeine Verwaltungskosten« (UKV Nr. 5) werden nur diejenigen Kosten ausgewiesen, die nicht zum Herstellungsbereich gehören (sofern eine Aufteilung möglich ist). Vertriebskosten gehören generell nicht zu den Herstellungskosten.

Wichtig ist, dass die in der UKV-Position Nr. 2 abzubildenden Umsatzkosten auf Vollkosten abstellen. Unabhängig von dem gewählten bzw. nach Ermessen ermittelten Ansatz in der Bilanz müssen in der Gewinn- und Verlustrechnung alle Kosten für verkaufte Produkte ausgewiesen werden, die im weiteren Sinne dem Herstellungsbereich zuzuordnen sind, also auch die Kosten der Forschung und Produktentwicklung, Gewährleistungs- und Produkthaftpflichtkosten u.Ä. Selbst nicht notwendige oder nicht angemessene Gemeinkosten, die in der Bilanz dem Aktivierungsverbot unterliegen, sowie Abschreibungen auf nicht voll genutzte Anlagen (also Ist-Abschreibungen) sind mit einzubeziehen. Das Ergebnis ist der Ansatz zu »Herstellungskosten im erweiterten Sinne«, der für die korrekte Ermittlung des Bruttoergebnisses vom Umsatz benötigt wird. Letztendlich müssen die Selbstkosten des Unternehmens, also alle Aufwendungen, auf Herstellung, Vertrieb oder Verwaltung verteilt werden, es sei denn, es handelt sich um Aufwendungen aus dem Finanzbereich (UKV Nr. 11 und 12), um außerordentliche Aufwendungen (UKV Nr. 15) oder um Steuern (UKV Nr. 17 und 18).

Je nach Produktionsmenge und Lagerauf- oder -abbau setzen sich die Umsatzkosten im Sinne des UKV-Postens Nr. 2 aus drei Bestandteilen zusammen:

- Die zum Jahresbeginn vorhandenen und im Geschäftsjahr verkauften Fertigerzeugnisse werden mit den Bilanzwerten des letzten Jahresabschlusses bewertet.
- Die zum Jahresbeginn vorhandenen und im Geschäftsjahr fertiggestellten und verkauften unfertigen Erzeugnisse gehen mit den Bilanzwerten des letzten Jahresabschlusses zuzüglich der im laufenden Jahr angefallenen Herstellungskosten im weiteren Sinne in die Position ein.
- Im Geschäftsjahr produzierte und verkaufte Erzeugnisse sind mit den Herstellungskosten im weiteren Sinne anzusetzen.

Der Bilanzansatz der Jahresendbestände auf Lager erfolgt nach dem bereits im Vorjahresabschluss gewählten Voll- oder Teilkostenansatz.

Für die Analyse der Auswirkungen auf den Jahresabschluss sind nun zwei Fälle zu unterscheiden: Wenn das Unternehmen für den Bilanzansatz die Vollkosten gewählt hat, umfasst die Gewinn- und Verlustrechnung die vollen Herstellungskosten aller verkauften Produkte bzw. Leistungen. In der Bilanz zum Jahresende sind die entsprechenden Vollkosten für noch nicht verkaufte Erzeugnisse aktiviert. Wurde hingegen der Handelsbilanzansatz zu Teilkosten (d.h. mit der Wertuntergrenze oder einem Zwischenwert) gewählt, stellt sich die Frage, wo die nicht aktivierten Herstellungskosten von Bestandserhöhungen des Geschäftsjahres auszuweisen sind.

Geht man – wie die überwiegende Literaturmeinung – davon aus, dass die Herstellungskostenbegriffe für Bilanz bzw. Gewinn- und Verlustrechnung unabhängig voneinander sind, dann werden die nicht in der Schlussbilanz aktivierten Herstellungskosten von Bestandserhöhungen des Geschäftsjahres den Umsatzkosten nach UKV-Position Nr. 2 zugerechnet. Entsprechend reduzieren sie das Bruttoergebnis vom Umsatz (UKV Nr. 3).

Selbst wenn die Erzeugnisse in der Bilanz zu vollen Herstellungskosten nach § 255 Abs. 2 HGB aktiviert werden, bleibt ein Teil der Herstellungskosten im weiteren Sinne nicht aktivierbar. Dies sind beispielsweise die Kosten der Forschung und Produktentwicklung, der Gewährleistung und Produkthaftpflicht, die nicht notwendigen oder nicht angemessenen Gemeinkosten sowie Abschreibungen auf nicht voll genutzte Anlagen. Dadurch ergeben sich auch beim höchstzulässigen Vollkostenansatz in der Bilanz Kostenbestandteile, die in der GuV den Umsatzkosten oder den einzelnen Aufwandspositionen zuzurechnen sind.

Für die Due Diligence ist die eben genannte Problematik vor allem deshalb von Relevanz, weil sie einen gewissen Einblick in die Kosten- und Erlösrechnung des Zielunternehmens gewährt. Gewinnverschiebungen durch Bewertungsentscheidungen und Lagerbestandsveränderungen werden deutlich, sofern es gelingt, die Wertbewegungen den zugrunde liegenden betrieblichen Sachverhalten zuzuordnen. Hierauf wird in Kapitel 5.1 »Chancen und Risiken der Zielgesellschaft« näher eingegangen.

2.3 Besondere Rechnungslegungsvorschriften für Kapitalgesellschaften und Personengesellschaften i.S.d. § 264a HGB

Kapitalgesellschaften (Aktiengesellschaften, Kommanditgesellschaften auf Aktien und Gesellschaften mit beschränkter Haftung) sowie Personengesellschaften im Sinne des § 264a HGB (»Kapitalgesellschaften & Co.«) müssen zusätzlich zu den zuvor erläuterten Vorschriften für alle Kaufleute die »Ergänzenden Vorschriften für Kapitalgesellschaften sowie bestimmte Personenhandelsgesellschaften« des Dritten Buches, Zweiter Abschnitt HGB beachten. Hier werden nicht nur die bereits gegebenen Vorschriften zum Teil konkretisiert oder eingeschränkt, sondern es werden auch zwei zusätzliche Bestandteile des Jahresabschlusses eingeführt, der Anhang und der Lagebericht. Im Folgenden werden zunächst die ergänzenden Vorschriften für die Bilanz (Kapitel 2.3.1) und die Gewinn- und Verlustrechnung (Kapitel 2.3.2) betrachtet. Im Anschluss erfolgt die Erläuterung des Anhangs (Kapitel 2.3.3) und des Lageberichts (Kapitel 2.3.4).

2.3.1 Ergänzende Vorschriften zur Bilanz

(a) Intention und Anwendungsbereich

Die Bilanz von *Kapitalgesellschaften* dient neben den bereits bekannten Zielen Dokumentation, Information und Zahlungsbemessung auch dem

Schutz von Minderheitsgesellschaftern. Je größer eine Kapitalgesellschaft ist, desto eher ist nach Auffassung des Gesetzgebers davon auszugehen, dass es Gesellschafter mit geringem Anteilsbesitz gibt. Da diese die Beteiligung in der Regel als Kapitalanlage sehen und einen unternehmerischen Einfluss nicht ausüben wollen (und dies mangels ausreichender Stimmrechte auch nicht können), finden sich in den Ergänzenden Vorschriften eine Reihe von Konkretisierungen und Einschränkungen, die bei Personengesellschaften nicht notwendig erschienen. Faktisch haben aber diese Vorschriften auch für Personenunternehmen Bedeutung erlangt, da für die Interpretation unklarer Vorschriften aus dem Ersten Abschnitt häufig Definitionen aus, aber auch Gesetzesbegründungen zum Zweiten Abschnitt herangezogen werden.

Die Ergänzenden Vorschriften beginnen mit einer Regelung zur Aufstellung des Jahresabschlusses (wenn gefordert einschließlich Lagebericht). § 264 Abs. 1 HGB setzt dafür den kleinen Kapitalgesellschaften eine Frist von sechs Monaten nach Ablauf des Geschäftsjahres, sofern dies »einem ordnungsgemäßen Geschäftsgang entspricht«. Die übrigen Kapitalgesellschaften müssen ihren Abschluss nach drei Monaten aufgestellt haben.

Die Erleichterung der Rechnungslegung für kleine, zum Teil auch für mittelgroße Kapitalgesellschaften zieht sich durch den gesamten Zweiten Abschnitt. Die Größenkriterien wurden bereits im Kapitel 2.1.1 »Deutsche Rechnungslegungsvorschriften« und die grundsätzlichen Vereinfachungen in Kapitel 2.1.2 »Elemente des Jahresabschlusses nach deutschem Recht« dargestellt.

Unter bestimmten Bedingungen können zudem eine Reihe von Unternehmen von den kapitalgesellschaftsspezifischen Vorschriften für Aufstellung, Prüfung und Offenlegung befreit sein. Dies ist der Fall,

- sofern eine Kapitalgesellschaft ein Tochterunternehmen eines nach § 290 HGB oder § 11 PublG zur Konzernrechnungslegung verpflichteten Mutterunternehmens ist und die weiteren Bedingungen des § 264 Abs. 3 HGB erfüllt sind (insbesondere Zustimmung durch alle Gesellschafter, Verlustübernahme durch das Mutterunternehmen, Einbezug in den Konzernabschluss, Einreichung des Konzernabschlusses auch zum Handelsregister des Sitzes des Tochterunternehmens (§ 264 Abs. 3, 4 HGB)), oder
- sofern eine Personenhandelsgesellschaft nach § 264a HGB in den Konzernabschluss eines Mutterunternehmens beliebiger Rechtsform mit Sitz innerhalb der EU oder des Europäischen Wirtschaftsraumes (EWR)

einbezogen ist und die aufgeführten Bedingungen erfüllt sind (ähnlich zum erstgenannten Fall (§ 264b HGB)).

Die Generalnorm der kapitalgesellschaftsspezifischen Vorschriften zum Jahresabschluss findet sich in § 264 Abs. 2 Satz 1 HGB: »Der Jahresabschluss der Kapitalgesellschaft hat unter Beachtung der Grundsätze ordnungsmäßiger Buchführung ein den tatsächlichen Verhältnissen entsprechendes Bild der Vermögens-, Finanz- und Ertragslage der Kapitalgesellschaft zu vermitteln.« Die Vermögenslage kann der Bilanz, die Ertragslage der Gewinn- und Verlustrechnung entnommen werden. Sofern dies nicht gelingt, müssen im Anhang zusätzliche Angaben gemacht werden (§ 264 Abs. 2 Satz 2 HGB).

Für die Darstellung der Finanzlage könnte eine Kapitalflussrechnung beigefügt werden; dies ist jedoch nur für Konzernabschlüsse obligatorisch. Trotzdem sollten zumindest die wichtigsten Aussagen zur Finanzierungssituation der Gesellschaft der Bilanz und dem Anhang entnommen werden können. Insofern geht die Generalnorm des § 264 Abs. 2 HGB nicht über die allgemeine Einblicksforderung nach § 238 Abs. 1, § 242 Abs. 1 HGB hinaus.

(b) Bilanzgliederung

Für Bilanz und GuV werden zunächst allgemeine Grundsätze definiert, die eher formaler Natur sind (§ 265 HGB). § 266 HGB schreibt die generelle Kontoform und eine konkrete Gliederung für die Bilanz vor, in der die bezeichneten Positionen gesondert und in der vorgeschriebenen Reihenfolge auszuweisen sind. Kleinen Kapitalgesellschaften wird die Aufstellung ihrer Bilanz in verkürzter Form erlaubt.

Zu den einzelnen Bilanzpositionen finden sich nähere Bestimmungen in § 268 bis § 274a HGB; in vielen Fällen handelt es sich dabei um zusätzlich notwendige Erläuterungen im Anhang des Jahresabschlusses. Dies macht den Anhang zu einem wichtigen Instrument für das Verstehen von Bilanz und Gewinn- und Verlustrechnung.

(c) Spezielle Bewertungsvorschriften

Hinsichtlich der Bewertung in der Handelsbilanz von Kapitalgesellschaften sind eine Reihe von Ausnahmen in § 279 bis § 283 HGB geregelt:

- Abschreibungen, die ausschließlich im Rahmen vernünftiger kaufmännischer Beurteilung erfolgen (§ 253 Abs. 4 HGB), sind nach § 279 Abs. 1 Satz 1 verboten. Damit entfällt ein Bewertungswahlrecht, das in der Praxis nur in Einzelfällen von Bedeutung ist; gleichzeitig erlischt der damit verbundene Ermessensspielraum.

- Sofern Abschreibungen im Anlagevermögen auf einer nur vorübergehenden Wertminderung beruhen (§ 253 Abs. 2 Satz 3 HGB), sind sie bei Kapitalgesellschaften nur für Vermögensgegenstände zulässig, die Finanzanlagen sind (§ 279 Abs. 1 Satz 2 HGB). Dieses Bewertungswahlrecht ist schon für Personenunternehmen von geringer Bedeutung, insofern bedeutet seine Einschränkung nur einen geringen Erkenntnisgewinn. Für Kapitalgesellschaften kann es jedoch dann, wenn Konzernstrukturen vorliegen, größere Bedeutung gewinnen. In dieser Hinsicht greift jedoch die Ausnahmeregelung für Finanzanlagen, so dass das Wahlrecht in den relevanten Einzelfällen zu beobachten bleibt. Zusätzlich sind die zugehörigen Ermessensspielräume zu beachten.
- Die Einschränkung des § 279 Abs. 2 HGB, nach der steuerrechtliche Abschreibungen im Sinne des § 254 HGB in der Handelsbilanz von Kapitalgesellschaften nur insoweit vorgenommen werden dürfen, als das Steuerrecht ihre Anerkennung bei der steuerrechtlichen Gewinnermittlung davon abhängig macht, dass sie sich aus der Bilanz ergeben, läuft aufgrund der umgekehrten Maßgeblichkeit ins Leere. Insofern ergibt sich hier keine Änderung der Beurteilung. Es handelt sich um ein Wahlrecht, das im Einzelfall durchaus von Bedeutung sein kann.

  Die in der Handelsbilanz allgemein vorgesehenen Beibehaltungswahlrechte bei Wertaufholungen im Nachgang zu Abschreibungen nach § 253 Abs. 2 Satz 3, Abs. 3, § 254 Satz 1 HGB werden durch § 280 Abs. 1 HGB beseitigt.

Neben den verbleibenden Wahlrechten und Ermessensspielräumen aus den Vorschriften für alle Kaufleute gelten für Kapitalgesellschaften folgende zusätzliche Bilanzierungsmöglichkeiten:

- Steuerrechtlich bedingte Abschreibungen dürfen auch indirekt über die Bildung eines Sonderpostens mit Rücklageanteil verbucht werden (§ 281 HGB). Dadurch werden das Bewertungswahlrecht nach § 254 HGB und das Ansatzwahlrecht nach § 247 Abs. 3 HGB für Kapitalgesellschaften miteinander verknüpft. Da der steuerliche Hintergrund in der Bilanz oder im Anhang darzulegen ist, sollte hieraus kein Nachteil für die Due Diligence entstehen.
- Ein Ermessensspielraum, der nur für Kapitalgesellschaften existiert, ergibt sich aus § 282 HGB: Der spezielle Aktivposten »Aufwendungen für die Ingangsetzung und Erweiterung des Geschäftsbetriebs« muss in je-

dem Geschäftsjahr zu mindestens einem Viertel durch Abschreibungen getilgt werden; ein schnellerer Abbau ist damit möglich. Zur Bedeutung dieser Vorschrift wird auf die Erläuterungen zum Bilanzierungswahlrecht verwiesen.

Insgesamt kann festgestellt werden, dass die Wahlrechte und Ermessensspielräume, die bei der Analyse im Rahmen der Financial Due Diligence von besonderer Bedeutung sind, auch bei Kapitalgesellschaften bestehen. Insbesondere die Definition und Ermittlung der Herstellungskosten, die Nutzung von Bewertungsvereinfachungsverfahren und die Bemessung von Rückstellungen bieten auch hier erhebliche Gestaltungsspielräume, deren Handhabung detailliert zu untersuchen ist.

2.3.2 Ergänzende Vorschriften zur Gewinn- und Verlustrechnung

Zur Gewinn- und Verlustrechnung der Kapitalgesellschaften und Personenhandelsgesellschaften nach § 264a HGB finden sich nur wenige Sondervorschriften im Handelsrecht. § 276 HGB beinhaltet Erleichterungen in der GuV-Gliederung und -Erläuterung für kleine und zum Teil auch mittelgroße Kapitalgesellschaften. Zusätzliche Informationen liefert § 278 HGB, nach dem für die Berechnung der Steuern vom Einkommen und Ertrag auf den Ergebnisverwendungsbeschluss der Haupt- bzw. Gesellschafterversammlung abzustellen ist. Liegt dieser noch nicht vor, so ist vom Verwendungsvorschlag auszugehen. Weicht der tatsächliche Beschluss später davon ab, ist eine Berichtigung des Jahresabschlusses nicht notwendig.

2.3.3 Anhang

Aussagen zum Anhang finden sich im Fünften Titel »Anhang« der Ergänzenden Vorschriften für Kapitalgesellschaften, zusätzlich aber auch in den meisten übrigen Vorschriften dieses Abschnitts. Daneben existieren noch rechtsformspezifische Anhangsvorschriften im AktG und GmbHG. Für kleine und mittelgroße Kapitalgesellschaften bestehen Erleichterungen in der Angabepflicht, wobei allerdings kapitalmarktorientierte Unternehmen unabhängig von ihrer Größe als große Kapitalgesellschaften anzusehen sind (§ 267 Abs. 3 Satz 2 HGB). Börsennotierte Gesellschaften haben zudem erweiterte Anhangangaben zu machen (§ 285 Satz 1 Nr. 9a bis 11 HGB, § 161 AktG).

Neben der Erfüllung der Vorschriften sind die Gesellschaften dazu verpflichtet, durch Bilanz, GuV und Anhang der Generalnorm des § 264 Abs. 2 Satz 1 HGB zu entsprechen. Sofern »ein den tatsächlichen wirtschaftlichen Verhältnissen entsprechendes Bild der Vermögens-, Finanz- und Ertragslage« durch die Pflichtangaben »wegen besonderer Umstände« nicht erreicht wird, müssen im Anhang so weitreichende Angaben hinzugefügt werden, dass die Generalnorm erfüllt wird (§ 264 Abs. 2 Satz 2 HGB). Darüber hinaus ist es im Rahmen der Klarheit und Übersichtlichkeit zulässig, weitere freiwillige Angaben zu machen, was jedoch eher selten der Fall ist. Bei mangelnder Erfüllung der Anhangvorschriften können Zwangsgelder bzw. Geldbußen verhängt werden. Unrichtige Angaben sind hingegen ein Straftatbestand.

Durch die Ausrichtung auf die Generalnorm bestimmt sich der Charakter des Anhangs: Er ist als gleichwertiger Teil des Jahresabschlusses nicht nur ein Mittel der Rechenschaftslegung der Geschäftsführungsorgane gegenüber den Gesellschaftern, sondern auch ein allgemeines Informationsinstrument für die Öffentlichkeit, insbesondere für die Gläubiger der Gesellschaft, für ihre tatsächlichen oder potenziellen Geschäftspartner und für den Aufsichtsrat. Angaben können daher nicht unterbleiben, wenn die Gesellschafter sie schon kennen oder darauf verzichten. Wird im Anhang zu einem angabepflichtigen Sachverhalt geschwiegen, kann davon ausgegangen werden, dass der Sachverhalt nicht vorliegt.

Eine Kapitalflussrechnung sowie ein Eigenkapitalspiegel sind (außer im Konzernabschluss) nicht zwingend vorgeschrieben. Da jedoch die Vermittlung eines den tatsächlichen Verhältnissen entsprechenden Bildes der Finanzlage als ausdrückliche Aufgabe im Gesetz genannt ist, muss zumindest eine entsprechende Berichterstattung erfolgen. Da jedoch keine Formvorschriften bestehen, kann diese auch in verbaler Form erfolgen. Hierzu gehört auch die Offenlegung von Haftungsverhältnissen nach § 251 HGB (dort heißt es »unter der Bilanz«), sofern sie nicht schon auf der Passivseite der Bilanz erfolgt ist.

Segmentberichterstattung und Eigenkapitalveränderungsrechnung müssen nicht in den Anhang aufgenommen werden. Das Gleiche gilt grundsätzlich auch für Prognoserechnungen, die Aussagen über die künftige Entwicklung der Gesellschaft enthalten. Hier ist jedoch zu unterscheiden: Beziehen sich die Prognosen auf die allgemeine Entwicklung der Gesellschaft, so bilden sie einen verpflichtenden Teil des Lageberichts nach § 289 Abs. 1 Satz 4 HGB und können bei Unternehmen, die nicht zur Erstellung eines Lageberichts verpflichtet sind, fakultativ in den Anhang aufgenommen werden. Haben sie dagegen die Entwicklung der Vermögens-, Finanz- oder Ertragslage zum Gegenstand, können sie generell dem Anhang zugerechnet werden. In jedem Falle gilt, dass das gezeichnete Bild der Zukunft der Gesellschaft willkürfrei, verständlich und vollständig sein muss. Eine reine Hervorhebung der Chancen unter Weglassung der Risiken (bzw. umgekehrt) ist unzulässig, zulässig sind hingegen Szenarioanalysen (»Worst Case« versus »Best Case«), sofern die Annahmen gleichermaßen realitätsnah sind.

2.3.4 Lagebericht

Der Lagebericht steht als zusätzliches Informationsinstrument neben dem Jahresabschluss mit seinen Bestandteilen Bilanz, GuV und Anhang. Die gesetzlichen Regelungen beschränken sich auf § 289 HGB, der die Aufgaben in Abs. 1 definiert. Demnach sind im Lagebericht

- Geschäftsverlauf, Ergebnis und Lage des Unternehmens darzustellen,
- daraus ein den tatsächlichen Verhältnissen entsprechendes Bild des Unternehmens zu vermitteln,
- der Geschäftsverlauf und die Lage der Gesellschaft ausgewogen, umfassend, dem Umfang und der Komplexität der Geschäftstätigkeit angemessen zu analysieren,
- die für die Geschäftstätigkeit bedeutsamsten finanziellen (für große Kapitalgesellschaften: auch die nicht finanziellen) Leistungsindikatoren unter Bezugnahme auf die im Jahresabschluss ausgewiesenen Beträge und Angaben zu erläutern und
- die voraussichtliche Entwicklung mit ihren wesentlichen Chancen und Risiken zu beurteilen und zu erläutern (Risiko- und Prognosebericht).

Dabei dürfen Annahmen gemacht werden, die offenzulegen sind. Im Gegensatz zum Jahresabschluss unterliegt der Lagebericht nicht den Grundsätzen ordnungsmäßiger Buchführung, kann also umfassender darstellen und prognostizieren. Dabei muss die Unternehmensleitung nicht nur gegenüber den Gesellschaftern Rechenschaft ablegen, sondern allen Jahresabschlussadressaten ergänzende, insbesondere zukunftsorientierte und auch die Unternehmensumwelt betreffende Informationen liefern.

Wie diese Aufgaben erfüllt werden, ist vom HGB nicht näher vorgeschrieben; allerdings muss der Lagebericht den allgemeinen Grundsätzen zur Berichterstattung (siehe Kapitel 2.2.1) entsprechen. Dabei muss vor allem darauf Wert gelegt werden, den Adressaten Informationen zukommen zu lassen, die für sie relevant, ihnen aber anderweitig nicht zugänglich sind. Tatsachen müssen der Realität und Beurteilungen der Überzeugung der Unternehmensleitung entsprechen; Prognosen müssen plausibel sein.

Zu den eben genannten Pflichtbestandteilen, die in ihrer Gesamtheit auch als »Wirtschaftsbericht« bezeichnet werden, sollen noch weitere Informationen hinzugefügt werden; dabei ist das »Sollen« so zu interpretieren, dass nur die Daten anzugeben sind, die für die Berichtsempfänger wichtig sind. Dies sind beispielsweise

- Angaben zu Vorgängen von besonderer Bedeutung nach Schluss des Geschäftsjahres (Nachtragsbericht),
- Angaben zu Risiken aus der Verwendung von Finanzinstrumenten (Risikomanagement-Bericht für Finanzinstrumente),
- Angaben zu dem Bereich Forschung und Entwicklung (Forschungs- und Entwicklungsbericht),
- Angaben zu bestehenden Zweigniederlassungen der Gesellschaft (Zweigniederlassungsbericht) sowie
- nur für börsennotierte Aktiengesellschaften: Angaben zum Vergütungssystem für die Mitglieder des Vorstands (Vergütungsbericht).

Wie für den Anhang gilt auch für den Lagebericht, dass seine Bedeutung stark von dem Umfang abhängt, in dem er vom Zielunternehmen als Kommunikationsinstrument verwendet wird. Grundsätzlich sollte sich der Adressat ein eigenes Bild von der Lage des Unternehmens und den Chancen und Risiken seiner zukünftigen Entwicklung machen. Dieses Bild kann mit den Aussagen und Prognosen des Lageberichts verglichen werden.

2.4 Rechnungslegung kapitalmarktorientierter Unternehmen – Wesentliche Unterschiede zwischen HGB und IFRS

2.4.1 Einzelabschluss

HGB und IFRS haben traditionell eine unterschiedliche Perspektive auf das Unternehmen, die sich in einer systematisch differierenden Rechnungslegung widerspiegelt. Auf die starke Ausrichtung des HGB auf Gläubigerschutz und Vorsichtsprinzip wurde schon eingegangen.

Im Gegensatz dazu dienen die internationalen Standards ausschließlich der Vermittlung nützlicher Informationen für Kapitalanlageentscheidungen. In der Folge sind sie zukunftsgerichtet. Bilanz und – vor allem – die Gewinn- und Verlustrechnung sollen ein möglichst präzises Bild der jährlichen Wertschöpfung geben und auf diesem Wege auch Informationen über künftig zu erwartende, nachhaltige Erfolge vermitteln. Ziel ist nicht, eine fertige Prognose abzuliefern, sondern dem Kapitalgeber zu ermöglichen, den voraussichtlichen Umfang und zeitlichen Anfall der ihm zustehenden Zahlungen sowie das mit dieser Einschätzung verbundene Risiko abzuschätzen. In diesem Rahmen muss das Management des Unternehmens Rechenschaft über die Verwaltung des ihm anvertrauten Vermögens gegenüber den Eigentümern abgeben. Adressaten sind somit primär die Kapitalgeber.

Aus diesem Grunde steht als Hauptprinzip die Entscheidungsnützlichkeit (Decision Usefulness) der Informationen des Jahresabschlusses im Vordergrund, die sich aus den beiden Merkmalen Entscheidungserheblichkeit (Relevance) und Verlässlichkeit (Reliability) zusammensetzt. Im Bereich der für die Verlässlichkeit notwendigen Bedingungen wie Nachprüfbarkeit (Verifiability) und Manipulationsfreiheit (Neutrality) gehen die IFRS weitgehend mit den Rahmengrundsätzen der deutschen GoB (Wahrheit, Klarheit, Willkürfreiheit usw.) konform. Erhebliche Unterschiede bestehen jedoch im Bereich der Entscheidungserheblichkeit, da es hier nicht nur auf zeitnahe, sondern auch auf zukunftsorientierte Informationen ankommt. Das Vorsichtsprinzip tritt in den Hintergrund, statt dessen sind Wertminderungen (impairment) auf der Basis beizulegender Zeitwerte (Fair Value) zu beurteilen.

Im Zuge der Internationalisierung der Wirtschaft und der Harmonisierung der Rechnungslegung in der EU gelangen zunehmend Elemente der IFRS-Bilanzierung auch in deutsche Jahresabschlüsse. Auf die bereits zahlreichen inhaltlichen oder synoptischen Gegenüberstellungen mit dem HGB sei hingewiesen (Kapitel 2.7). Eine Übersicht ist in Tabelle 2.3 »Übersicht Abweichungen HGB und IFRS« dargestellt. In jedem Fall muss die aktuelle Entwicklung bei der Financial Due Diligence beachtet werden, um im Einzelfall IFRS-Einflüsse auf die Rechnungslegung des Zielunternehmens erkennen und beurteilen zu können.

2.4.2 Konzernabschluss

Größere Bedeutung als noch für den Einzelabschluss deutscher Unternehmen haben die IFRS für Konzernabschlüsse. Die Wahlrechte und Pflichten zur Erstellung sowie die Befreiungswirkungen von IFRS-Konzernabschlüssen in Deutschland wurden bereits erläutert (vgl. Kapitel 2.1.4).

	HGB	IFRS
Immaterielles AV		
Forschungs- und Entwicklungskosten	Forschung: Verbot Entwicklung: Verbot	Forschung: Verbot Entwicklung: Pflicht (Bei Erfüllung von Ansatzkriterien)
Firmenwert	Originär: Verbot Derivativ: Wahlrecht	Originär: Verbot Derivativ: Pflicht
Sachanlagen		
Neubewertung	verboten	zulässig; erfolgsneutral gegen Rücklagen
Kriterien für Zurechnung zum Leasingnehmer	günstige Kaufoption günstige Mietverlängerungsoption Laufzeit über 90% der Nutzungsdauer Sonderregeln Immobilien Spezialleasing	günstige Kaupfoption Barwert Mindestanzahlungen gleich oder größer Zeitwert Leasinggut Laufzeit = überwiegender Teil der Nutzungsdauer Sonderregeln Immobilien Spezialleasing Übergang rechtlichen Eigentums
Grundstücke als Finanzinvestition	keine speziellen Regelungen	Bewertungswahlrecht: Anschaffungskostenprinzip oder Stichtagszeitwert
Vorräte		
Langfristfertigung	Gewinnausweis nach Fertigstellung	Gewinnausweis nach Fertigstellungsgrad
Herstellungskosten	Einzel- oder Vollkosten	produktionsbezogene Vollkosten
Finanzvermögen		
Finanzvermögen	Anschaffungskostenprinzip (unter Berücksichtigung Niederstwert)	wahlweise Anschaffungskostenprinzip oder Stichtagszeitwert
Bewertung Eigenkaptial		
Eigene Anteile	Aktivierung	Keine Aktivierung, sondern Minderung des Eigenkapitals
EK-Veränderungsrechnung	nicht vorgesehen	zwingender Abschlussbestandteil
Rückstellungen		
Aufwandsrückstellungen	Passivierungspflicht bzw. -wahlrecht	Passivierungsverbot
Wahrscheinlichkeitsbegriffe	unbestimmt	es spricht mehr dafür als dagegen
Diskontierung	nur soweit die zugrundeliegende Verbindlichkeit einen Zinsanteil enthält	nur soweit die Diskontierung eine wesentliche Auswirkung auf den Wertansatz hat
Restrukturierungsrückstellung	keine speziellen Vorschriften	Vorschriften gem. IAS 37.72
Pensionsrückstellungen	Gehalt, i.d.R. 6% Abzinsung	Gehalts- und Karrieretrends; Marktzins
Verbindlichkeiten		
Zugangswert langfristige Verbindlichkeiten	Rückzahlungsbetrag (Nennwert)	vereinnahmter Betrag, d.h. z.B. Kürzung um Disagio
Folgebewertung langfristige Verbindlichkeit	Anschaffungskostenprinzip (unter Berücksichtigung Höchstwert)	fortgeführte Anschaffungskosten (Effektivzinsmethode)
Fremdwährungsverbindlichkeiten	Höchstwertprinzip	Stichtagsprinzip
Latente Steuern		
Konzept	Timing-Konzept: Berücksichtigung zeitlicher Erfolgsdifferenzen zwischen HGB-Bilanz und Steuerbilanz	Temporary-Konzept: Berücksichtigung zeitlicher und quasi-permanenter Differenzen zwischen IFRS-Bilanz und Steuerbilanz
Aktive latente Steuern	Aktivierungswahlrecht	Aktivierungsgebot
Latente Steuern auf Verlustvortrag	Aktivierungsverbot	aktivieriungspflichtig, sofern Verrechnung mit zukünftigem positiven Einkommen wahrscheinlich

Tab. 2.3: Übersicht Abweichungen HGB und IFRS

Ein ganz wesentliches Merkmal der Konzernrechnungslegung nach IFRS ist gerade im Zusammenhang mit Transaktionen zu sehen. Bei Unternehmenszusammenschlüssen (Business Combinations) werden nach IFRS die Anschaffungskosten auf die erworbenen Vermögenswerte, Schulden und Eventualverbindlichkeiten (Rückstellungen) verteilt (so genannte Kaufpreisallokation, Purchase Price Allocation). Dabei sind alle Positionen zum Fair Value anzusetzen; es erfolgt keine Deckelung der Neubewertung durch die Anschaffungskosten. Ein eventuell verbleibender Unterschiedsbetrag der Summe der Fair Values zu den Anschaffungskosten wird als Goodwill aktiviert oder als Badwill sofort erfolgswirksam in der GuV ausgewiesen.

Im Ergebnis erhöht der bei einem günstigen Kauf (Lucky Buy) auftretende Badwill den Gewinn des Erwerbsjahres. Wird der im Vergleich zur Summe der Zeitwerte niedrigere Kaufpreis jedoch durch die Erwartung zukünftiger Verluste, Restrukturierungs- oder Integrationskosten bedingt, repräsentiert der Badwill mögliche zukünftige Entwicklungen.

Weitere eher kritisch zu beurteilende Bereiche der Konzernrechnungslegung nach IFRS sind der Ausweis des gesamten Goodwill auch bei Vorliegen eines nicht entgeltlich erworbenen Minderheitenanteils, das erweiterte Konzept ansatzpflichtiger immaterieller Vermögenswerte sowie die schon erwähnte jährliche Wertprüfung des Goodwills durch den Impairmenttest (impairment only-approach).

2.5 Konzernabschluss nach HGB und PublG

2.5.1 Zugrunde liegende Rechtsvorschriften

Sofern das Zielunternehmen in einen Konzern eingebunden ist, tritt neben die Pflicht zur Einzelberichterstattung (auf Ebene jeder Konzerngesellschaft) die Pflicht zur Erstellung eines Konzernabschlusses (auf Ebene des Mutterunternehmens). In Abhängigkeit von der Position des Zielunternehmens im Konzern können hieraus unter Umständen weitere wichtige Informationen für die Due Diligence entnommen werden. Daher ist zunächst zu klären, welche Konzernbeziehungen vorliegen und welche Rechtsvorschriften greifen.

Sofern ein Mutterunternehmen weder verpflichtend noch freiwillig einen Konzernabschluss nach IFRS aufgestellt hat, greifen die Regelungen aus § 294 bis § 315 HGB bzw. § 11 bis § 13 PublG, so dass als Rückfallposition immer zumindest ein HGB-Konzernabschluss zu erstellen ist. Zusätzlich sollen die auf der Grundlage des § 342 HGB verabschiedeten Deutschen Rechnungslegungsstandards (DRS) eingehalten werden, die jedoch nur als Vermutung gelten und widerlegt werden können. Da der Adressat des handelsrechtlichen Abschlusses im Regelfall von der Einhaltung der DRS ausgehen kann, muss die Anwendung bzw. Nichtanwendung im Konzernanhang erläutert werden (§ 313 Abs. 1 Nr. 1 HGB). Bei Abweichungen des Konzernabschlusses von den DRS muss der Wirtschaftsprüfer laut IDW PS 450 Tz. 112a in seinem Prüfungsbericht darauf hinweisen, so dass bei korrekter Handhabung sowohl der Anhang als auch der Prüfungsbericht Informationen hierzu liefern können.

Der Konzernlagebericht ist bei allen Konzernen, unbeachtlich der Existenz eines IFRS- oder HGB-Konzernabschlusses, nach § 315 HGB aufzustellen, da es sich hierbei um ein typisch deutsches Informationsinstrument handelt, für das keine international gültigen Regelungen greifen (§ 315a HGB).

2.5.2 Vorliegen eines Konzerns

§ 290 HGB beinhaltet zwei Konzepte für die Verpflichtung zur Erstellung eines Konzernabschlusses und -lageberichts, die unterschiedliche historische Wurzeln haben und in ihren Definitionen voneinander abweichen. § 290 Abs. 1 HGB begründet das Konzept der einheitlichen Leitung, das seinen Ursprung im deutschen Aktiengesetz von 1965 hat und auf das Vorhandensein einer Mutter-Tochter-Beziehung abstellt. Entscheidendes Tatbestandsmerkmal für die Pflicht zur Aufstellung eines Konzernabschlusses ist hier die von der Mutter-Kapitalgesellschaft ausgehende einheitliche Leitung. Zusätzlich sind bei einheitlicher Leitung im Konzern auch Muttergesellschaften in anderer Rechtsform zur Aufstellung eines Konzernabschlusses und –lageberichts verpflichtet, wenn die oben genannten konzernabhängigen Größenkriterien erfüllt werden (§ 11 Abs. 1 PublG).

Davon abweichend greift § 290 Abs. 2 HGB auf das im angelsächsischen Raum vorherrschende Control-Konzept zurück. Sofern ein Mutterunternehmen eine der in § 290 Abs. 2 Nr. 1 bis 3 HGB beschriebenen Rechtspositionen (Stimmrechtsmehrheit, Recht zur Besetzung der Mehrheit der Leitungsorgane, beherrschender Einfluss aufgrund Beherrschungsvertrag oder Satzungsbestimmung) gegenüber einem anderen Unternehmen innehat, wird dieses Unternehmen zur Tochtergesellschaft; folglich ist das Mutterunternehmen zur Aufstellung von Konzernabschluss und -lagebericht verpflichtet. Dabei werden Rechte, die einem Tochterunternehmen zustehen, der Muttergesellschaft zugerechnet (§ 290 Abs. 3 HGB.)

Trotz der unterschiedlichen Definitionen in § 290 Abs. 1 und 2 HGB stimmen die Auswirkungen beider Konzepte in der Praxis weitgehend überein; Abweichungen finden sich im Regelfall – wenn überhaupt – nur in Randbereichen. Allerdings können Gleichordnungskonzerne nur durch das Konzept der einheitlichen Leitung nach § 290 Abs. 1 HGB konzernrechnungslegungspflichtig werden, da das Control-Konzept immer ein Unterordnungsverhältnis voraussetzt. In einem Gleichordnungskonzern beruht die einheitliche Leitung dagegen auf einem vertraglichen Gemeinschaftsorgan, auf der Zusammenführung der Anteile der Unternehmen in der Hand eines Eigentümers, der kein Unternehmen ist, auf dem Zusammenschluss zu einer Interessengemeinschaft, auf einer persönlichen Verflechtung der Geschäftsführungen oder auf dem Pooling der Stimmrechte zweier Unternehmen an einem dritten Unternehmen mit der Verpflichtung zu gemeinsamer Geschäftspolitik. Sofern neben der einheitlichen Leitung auch eine Beteiligung vorliegt, führt dies zur Konzernabschlusspflicht.

Durch die in § 291 HGB enthaltenen Befreiungsvorschriften brauchen Tochtergesellschaften, die selbst Mutterunternehmen nach § 290 Abs. 1 oder 2 HGB bzw. nach § 11 Abs. 1 PublG sind, keinen eigenen (Teil-)Konzernabschluss zu erstellen (befreiender Konzernabschluss). Hier hat der Konzernanschluss einer »höheren« Muttergesellschaft befreiende Wirkung für die in der Konzernhierarchie darunter stehende Gesellschaft, sofern er bestimmte Bedingungen erfüllt, die in § 291 Abs. 2 HGB definiert sind. Die Befreiungswirkung entfällt nach § 291 Abs. 3 HGB für Mutterunternehmen, die in der EU oder der Europäischen Wirtschaftsgemeinschaft (EWG) Wertpapiere zum Handel ausgegeben haben, sowie in Fällen, in denen qualifizierte Gesellschafter die Aufstellung von Konzernabschluss und -lagebericht beantragt bzw. der Nicht-Aufstellung widersprochen haben. Haben Mutterunternehmen ihren Sitz außerhalb des EWR, können sie eine ähnliche Befreiungswirkung nach § 292 HGB i.V.m. der Konzernabschlussbefreiungsverordnung (KonBefrV, Verordnung über befreiende Konzernabschlüsse und Konzernlageberichte von Mutterunternehmen mit Sitz in einem Drittstaat vom 15. November 1991, BGBl. I, Nr. 63, vom 19. November 1991, S. 2122 ff.) erzielen.

Zusätzlich enthält § 293 HGB größenabhängige Befreiungen: Demnach brauchen Mutterunternehmen keinen Konzernabschluss und -lagebericht aufzustellen, wenn zum fraglichen und zum vorangegangenen Abschlussstichtag bestimmte Grenzen für Bilanzsummen, Umsatzerlöse bzw. Arbeitnehmerzahlen auf Ebene des Mutterunternehmens oder des Konzerns nicht überschritten wurden. Auch hier greift die Befreiung nicht, wenn das Mutterunternehmen oder eine Tochtergesellschaft Wertpapiere an einem organisierten Markt begeben oder die Zulassung beantragt hat (§ 293 Abs. 5 HGB). Kreditinstitute und Versicherungsunternehmen sind hingegen grundsätzlich von der Befreiung nach § 293 HGB ausgenommen (§ 340i Abs. 2 Satz 2, § 341j Abs. 1 Satz 2 HGB).

2.5.3 Konsolidierungskreis

(a) Vollkonsolidierung von Konzernunternehmen

Der dem Konzernabschluss zugrunde liegende Konsolidierungskreis, also die Gesamtheit der in den Konzernabschluss einzubeziehenden Unternehmen, gibt im Rahmen der Financial Due Diligence Informationen über die Beherrschungsverhältnisse in der betrachteten Unternehmensgruppe. Er ist in § 294 HGB geregelt und umfasst alle nach § 290 HGB bzw. § 11 PublG als solche erkannten Tochterunternehmen unabhängig von deren Sitz und Rechtsform. Im Umkehrschluss dürfen Unternehmen, die weder nach dem Konzept der einheitlichen Leitung noch nach dem Control-Konzept als Tochterunternehmen anzusehen sind, nicht in den Konsolidierungskreis einbezogen werden (Nicht-Konzernunternehmen).

Die Qualifizierung eines Unternehmens als Tochterunternehmen nach § 290 HGB ohne Ausübung eines Wahlrechts nach § 296 HGB (s.u.) führt zur Vollkonsolidierung, das heißt zur vollständigen Einbeziehung des Tochterunternehmens in den Konzernabschluss. Dies bedeutet, dass seine sämtlichen Aktiva und Passiva in die Konzernbilanz sowie alle Aufwendungen und Erträge in die Konzern-Gewinn- und -Verlustrechnung (Konzern-GuV) eingehen. Um den Konzern als Unternehmenseinheit darzustellen, werden dabei jedoch alle innerkonzernlichen Tatbestände und Beziehungen korrigiert.

Ändert sich der Konsolidierungskreis unterjährig, so muss der folgende Konzernabschluss um so umfangreiche Informationen ergänzt werden, dass ein sinnvoller Vergleich aufeinanderfolgender Konzernabschlüsse möglich ist. Alternativ kann auch der vorhergehende Konzernabschluss entsprechend angepasst werden (§ 294 Abs. 2 HGB). Es wird empfohlen, beim Ausscheiden eines Tochterunternehmens die Beträge des Vorjahres-Konzernabschlusses anzupassen, bei der Neuaufnahme eines Tochterunternehmens in den Konsolidierungskreis hingegen entsprechende Angaben im Anhang zu machen.

Für die Auswertung von Konzernabschluss und -lagebericht sind gerade diese Situationen in der Konzerngeschichte von Bedeutung, um Erkenntnisse über die Wertstruktur von Unternehmen im Konzernverbund zu erlangen. Ebenso aufschlussreich kann jedoch auch die Analyse der Ausübung von Konsolidierungswahlrechten sein, die nachfolgend betrachtet werden.

(b) Einbeziehungswahlrechte

Nach § 296 HGB hat ein Mutterunternehmen ein Einbeziehungswahlrecht für Tochterunternehmen in den Konzernabschluss, wenn

(1) erhebliche und andauernde Beschränkungen die Ausübung der Rechte des Mutterunternehmens hinsichtlich des Vermögens oder der Geschäftsführung der Tochtergesellschaft beeinträchtigen,
(2) die Beschaffung der für die Einbeziehung notwendigen Informationen nur unter unverhältnismäßig hohen Kosten oder Verzögerungen möglich wäre oder wenn
(3) die Anteile an der Tochtergesellschaft ausschließlich zur Weiterveräußerung gehalten werden (§ 296 Abs. 1 HGB).

Zusätzlich zu den bisher genannten Wahlrechten braucht eine Tochtergesellschaft auch dann nicht in den Konzernabschluss einbezogen zu werden, wenn dies für die Darstellung eines den tatsächlichen Verhältnissen entsprechenden Bildes der Vermögens-, Finanz- und Ertragslage des Unternehmens von untergeordneter Bedeutung ist (§ 296 Abs. 2 HGB). Sollten mehrere Tochterunternehmen eines Konzerns unter dieses Wahlrecht fallen, so ist die untergeordnete Bedeutung für die Summe der in Frage kommenden Unternehmen zu beurteilen.

Unabhängig von der Ursache für das Vorliegen eines Wahlrechts sind die Muttergesellschaften dazu verpflichtet, die Anwendung von § 296 Abs. 1 und 2 HGB im Konzernanhang zu begründen (§ 296 Abs. 3 HGB).

(c) Bedeutung der Einbeziehungswahlrechte für die Financial Due Diligence

Im Rahmen der Due Diligence haben die aufgezeigten Konsolidierungswahlrechte eine Bedeutung für die Aufdeckung eventueller strategischer Risiken. Gesetzt den Fall, das Zielunternehmen sei in einen Konzernverbund eingegliedert und werde trotz Vorliegen der Bedingungen des § 290 HGB nicht in den Konzernabschluss einbezogen, so sollten die Gründe für diese Ausnutzung des § 296 HGB untersucht werden:

- Bestehen nach § 296 Abs. 1 Nr. 1 HGB Beschränkungen in der Ausübung der Rechte des derzeitigen Mutterunternehmens? Welcher Art sind diese Beschränkungen, und würden sie auch den Erwerber als Muttergesellschaft betreffen? Berühren die Beschränkungen die Werthaltigkeit des Zielunternehmens für den Erwerber, oder machen sie den Kauf vielleicht sogar unattraktiv? Welche Kosten würde die Beseitigung der Beschränkungen verursachen, und in welcher Relation stehen diese Kosten zu den Vorteilen des Zielunternehmens und zu den Alternativen des Käufers zum Zielunternehmen?

- Eine nähere Untersuchung ist auch dann angeraten, wenn der Verkäufer des Zielunternehmens schon im Erwerbszeitpunkt durch Ausübung des § 296 Abs. 1 Nr. 3 HGB dokumentiert hat, dass die Anteile zur raschen Weiterveräußerung bestimmt sind, das Zielunternehmen entgegen der ursprünglichen Planung dann aber für längere Zeit im Konzernverbund verblieben ist. Durch die Suche nach den Gründen können eventuell bisher unerkannte Schwachstellen des betrachteten Tochterunternehmens aufgedeckt werden: Konnten oder sollten die Anteile nicht rascher weiterveräußert werden? Warum konnte das Zielunternehmen nicht schneller abgestoßen werden? Sind diese Gründe auch für den Käufer relevant, und beeinträchtigen sie eventuell den Wert des Zielunternehmens?
- Auch im umgekehrten Fall, dass ein Unternehmen, das mit langfristigen Zielsetzungen erworben wurde, nun kurzfristig verkauft werden soll, sollte in der Due Diligence der Hintergrund für dieses Verhalten des Verkäufers geklärt werden: Was bedingt die rasche Veräußerung des Zielunternehmens durch den Veräußerer? Sind die Gründe auch für den Käufer von Relevanz? Wenn ja, wird dadurch die Entscheidung für das Zielunternehmen oder seine Werthaltigkeit für den Käufer beeinflusst?
- Sofern die Nicht-Einbeziehung des Zielunternehmens auf dem Wahlrecht des § 296 Abs. 2 HGB beruht, sollte nachvollziehbar sein können, warum das Tochterunternehmen für den derzeitigen Konzernverbund von untergeordneter Bedeutung ist. Wurde das Wahlrecht ausgeübt (und bei der Prüfung des Konzernabschlusses nicht beanstandet), obwohl nach seiner Auffassung wesentliche Gesichtspunkte für die Einbeziehung sprechen, ist eine detaillierte Analyse angebracht. Als wesentliche Argumente gegen die untergeordnete Bedeutung können die Übertragung unternehmenstypischer Funktionen auf die Tochtergesellschaft, die strukturelle Belastung des Konzernergebnisses mit Verlusten oder das Vorliegen von Zwischenergebnissen in nennenswertem Umfang angesehen werden.

(d) Alternativen zur Vollkonsolidierung: Fallunterscheidungen

Sofern das Zielunternehmen mangels Qualifikation als Tochterunternehmen nach § 290 HGB oder durch Ausübung des Wahlrechts nach § 296 HGB nicht im Rahmen der Vollkonsolidierung in den Konzernabschluss des Veräußerers einbezogen wurde, ist seine anderweitige Abbildung im Konzernabschluss zu untersuchen. Hier sind – in der Reihenfolge abnehmender Intensität der Beziehung zwischen Tochter- und Muttergesellschaft – der Ausweis als »Gemeinschaftsunternehmen« nach § 310 HGB oder als »assoziiertes Unternehmen« nach § 311 HGB möglich. Sind weder die Bedingungen des § 310 HGB noch des § 311 HGB erfüllt, bleibt nur der Ausweis im Anlagevermögen oder im Umlaufvermögen (§ 266 Abs. 2 HGB).

(i) Gemeinschaftsunternehmen

Wenn das Zielunternehmen nicht den Status eines Tochterunternehmens hat, kann es sich stattdessen zum ersten um ein Gemeinschaftsunternehmen handeln, d.h. dass das Zielunternehmen von einem in den Konzernabschluss einbezogenen Unternehmen gemeinsam mit einem oder mehreren nicht in den Konzernabschluss einbezogenen Unternehmen geführt wird (§ 310 Abs. 1 HGB).

In der Due Diligence sind die sich daraus ergebenden Fragen zu klären:

- Wer sind die anderen am Zielunternehmen beteiligten Unternehmen? In welcher finanziellen und wirtschaftlichen Beziehung stehen sie zum Zielunternehmen und zueinander?
- Welche Vertragsverhältnisse bestehen zwischen dem Zielunternehmen, dem Verkäufer und den übrigen an der gemeinschaftlichen Leitung beteiligten Unternehmen? Liegen steuerliche Organschaften vor? Welche Bedeutung haben diese Beziehungen für den Wert des Zielunternehmens aus Sicht des Käufers?
- Wie können die Beziehungen eventuell gelöst werden, und inwieweit besteht bei den anderen Parteien Bereitschaft dazu? Welche Kosten sind damit verbunden, und in welcher Relation stehen sie zu dem Wert des Zielunternehmens für den Käufer? Wie können die notwendigen Schritte im Kaufvertrag abgebildet werden, und welchen Einfluss auf die Preisfindung haben sie?

(ii) Assoziierte Unternehmen

Sofern kein Gemeinschaftsunternehmen vorliegt, kann das Zielunternehmen zum zweiten die Stellung eines assoziierten Unternehmens haben.

Nach § 311 Abs. 1 HGB ist das Zielunternehmen ein dem Konzern »assoziiertes« Unternehmen, wenn

- ein Unternehmen des Konzernverbundes am Zielunternehmen nach § 271 Abs. 1 HGB, d.h. mit der Absicht zur Herstellung einer dauerhaften Verbindung zur Förderung des eigenen Geschäftsbetriebs, beteiligt ist,
- das Zielunternehmen nicht im Wege der Voll- oder der Quotenkonsolidierung (siehe unten) in den Konzernabschluss einbezogen wird und
- ein Unternehmen des Konzernverbundes tatsächlich einen maßgeblichen Einfluss auf die Geschäfts- oder Firmenpolitik des Zielunternehmens ausübt. Bei einer Beteiligung von mindestens 20 Prozent der Stimmrechte wird ein maßgeblicher Einfluss grundsätzlich vermutet.

Für den »maßgeblichen Einfluss« gibt es keine exakte Definition. DRS 8.3 versteht darunter die Mitwirkung ohne Beherrschung. Als Indizien werden dort wie in der Literatur die mehrheitslose Stimmrechtsausübung in der Haupt- oder Gesellschafterversammlung, die nicht kontrollierende Vertretung in Aufsichts- bzw. Leitungsorganen sowie erhebliche Verflechtungen in finanzieller oder technologischer Hinsicht oder bei den Lieferungen bzw. Leistungen genannt. Gemäß dieser Interpretation übt eine Muttergesellschaft auf ein Tochterunternehmen i.S.v. § 290 Abs. 1 und Abs. 2 Nr. 3 HGB, also bei einheitlicher Leitung oder bei Vorliegen eines Beherrschungsvertrages, grundsätzlich (mindestens) einen maßgeblichen Einfluss nach § 311 Abs. 1 HGB aus. Liegen diese Fälle vor, und wurde aufgrund der Wahlrechte des § 296 HGB auf die Einbeziehung als Tochterunternehmen verzichtet, so erfolgt zwangsläufig die Qualifikation als assoziiertes Unternehmen und die entsprechende Abbildung im Konzernabschluss.

Für alle übrigen Tochterunternehmen bzw. Unternehmen, an denen Beteiligungen bestehen, sind (unabhängig von der Beurteilung nach § 290 HGB) die genannten Indizien für den »maßgeblichen Einfluss« zu prüfen. Wichtig ist hierzu die tatsächliche Ausübung der Einflussnahme, nicht nur die Möglichkeit dazu; insofern stellt § 311 HGB einen qualitativ anderen Anspruch an die Beziehung zwischen den Unternehmen als § 290 Abs. 2 HGB, der nur von dem »Zustehen von Rechten« bei der Muttergesellschaft ausgeht. Folglich kann auch die Assoziierungsvermutung des § 311 Abs. 1 Satz 2 HGB (Vermutung eines maßgeblichen Einflusses bei mindestens 20 Prozent Stimmrechtsanteil) widerlegt werden, beispielsweise wenn trotz des genannten Stimmrechtsanteils die faktischen Kompetenzregelungen und die übrigen wirtschaftlichen und technologischen Abhängigkeiten der Möglichkeit zur Einflussnahme entgegenstehen, die Rechte aus anderen Gründen nicht geltend gemacht werden können oder wenn die Muttergesellschaft nicht in der Lage ist, die zum Einbezug nach § 311 bis § 312 HGB notwendigen Informationen zu erhalten, und dies auch beweisen kann. Umgekehrt kann auch ein maßgeblicher Einfluss vorliegen, ohne dass ein Stimmrechtsanteil von 20 Prozent erreicht wird; auch für diesen Fall liegt die Beweispflicht beim Mutterunternehmen.

Für die Financial Due Diligence ergeben sich in dem Fall, dass das Zielunternehmen im Konzernabschluss des Verkäufers als assoziiertes Unternehmen ausgewiesen ist, die folgenden spezifischen Fragestellungen:

- Wenn ein Stimmrechtsanteil von mindestens 20 Prozent gegeben ist: Übt der Verkäufer tatsächlich einen maßgeblichen Einfluss auf das Zielunternehmen aus? Besteht möglicherweise kein maßgeblicher Einfluss, ohne dass dies vom Verkäufer bewiesen werden konnte oder bewiesen wurde? Welche Auswirkungen ergeben sich daraus auf die Beurteilung des Zielunternehmens aus Sicht des Käufers?
- Wenn ein Stimmrechtsanteil von weniger als 20 Prozent gegeben ist: Sind die Beweise des Verkäufers für die tatsächliche Ausübung eines maßgeblichen Einflusses auf das Zielunternehmen nachvollziehbar? Wäre diese Einflussnahme auch für den Käufer als evtl. neuen Stimmrechtsausübenden gegeben, welche Risiken sind möglicherweise mit dieser Einschätzung verbunden? Welche Bedeutung hat der tatsächliche maßgebliche Einfluss des Zielunternehmens auf dessen Beurteilung aus Sicht des Käufers?

Wenn hingegen ein maßgeblicher Einfluss des Verkäufers auf das Zielunternehmen vermutet wird, aber kein Ausweis als assoziiertes Unternehmen im Konzernabschluss erfolgt, können die folgenden Fälle vorliegen:

- Das Zielunternehmen ist ein Gemeinschaftsunternehmen und wird als solches im Konzernabschluss ausgewiesen:
  Hier sind bereits die unter »Gemeinschaftsunternehmen« aufgeführten Fragestellungen zu untersuchen.
- Das Zielunternehmen ist im Rahmen des Konzernabschlusses von untergeordneter Bedeutung für die Vermittlung eines den tatsächlichen Verhältnissen entsprechenden Bildes der Vermögens-, Finanz- und Ertragslage:
  Bei Ausübung dieses Wahlrechts nach § 311 Abs. 2 HGB durch den Verkäufer sollte – wie schon für das Wahlrecht nach § 296 Abs. 2 HGB er-

läutert – nachvollziehbar sein, warum das Tochterunternehmen für den derzeitigen Konzernverbund von untergeordneter Bedeutung ist. Wurde das Wahlrecht ausgeübt, obwohl wesentliche Gesichtspunkte für die Einbeziehung sprechen, sollten auch hier die Gründe hinterfragt werden, zumal im Fall des § 311 Abs. 2 HGB vom Gesetz keine Begründung im Konzernanhang verlangt wird.

- Es liegen ein maßgeblicher Einfluss und keine Wahlrechtsausübung vor und auch ein Gemeinschaftsunternehmen ist nicht gegeben:
  Dann kann nach DRS 8.6 trotzdem auf eine Abbildung als assoziiertes Unternehmen im Konzernabschluss verzichtet werden, wenn der maßgebliche Einfluss nur vorübergehend ausgeübt wird. Das Gesetz verlangt zwar keine Mindestdauer der Einflussnahme. Die Einordnung als assoziiertes Unternehmen ist jedoch durch eine mittel- bis langfristige Geschäftspolitik bedingt, was im Regelfall eine mehrjährige Einflussnahme nach sich ziehen sollte. Anteile, die ausschließlich zum Zweck der Weiterveräußerung in der nahen Zukunft erworben wurden, gehören nicht zum Anlagevermögen und fallen damit nicht unter § 311, § 312 HGB.
  In der Due Diligence sollten die Gründe für die (geplante) Kurzfristigkeit und eventuelle Einflüsse auf den Wert des Zielunternehmens für den Käufer genauer untersucht werden. Besonderes Augenmerk ist geboten, wenn eine nur kurzfristige Beteiligung geplant wurde, aber der Verkauf erst nach längerer Frist erfolgen konnte. Die Überlegungen hierzu entsprechen denen zu § 296 Abs. 1 Nr. 3 HGB bei der Erläuterung der Bedeutung für die Financial Due Diligence (s.u.).

(iii) Beteiligungen und Wertpapiere des Anlagevermögens

Zum dritten können die Anteile am Zielunternehmen im Konzernabschluss des Verkäufers als Anlagevermögen ausgewiesen werden. Hier kommen die beiden Positionen »Beteiligung« und »Wertpapiere des Anlagevermögens« in Betracht, § 266 Abs. 2 A. III. 3. und 5. HGB. Beteiligungen können im Konzernabschluss nur angesetzt werden, wenn die Definition des § 271 Abs. 1 HGB erfüllt ist, wenn also das betrachtete Zielunternehmen weder eine Tochtergesellschaft noch ein Gemeinschafts- oder ein assoziiertes Unternehmen des Verkäufers ist und die Anteile, die der Verkäufer am Zielunternehmen hält, dazu bestimmt sind, dem Geschäftsbetrieb des Verkäufers durch Herstellung einer dauernden Verbindung zum Zielunternehmen zu dienen.

Die alternative Aktivierung unter den »Wertpapieren des Anlagevermögens« setzt hingegen voraus, dass die Wertpapiere, ohne Beteiligung o.Ä. zu sein, dazu bestimmt sind, dem Geschäftsbetrieb des Verkäufers dauernd oder langfristig als Kapitalanlage zu dienen (§ 247 Abs. 2 HGB). Die beiden Bilanzpositionen entsprechen somit unterschiedlichen Zwecken, die der Verkäufer mit der Bilanzierungsentscheidung für das Zielunternehmen dokumentiert hat. Diese Entscheidung sollte nachvollziehbar sein und mit den aktuellen Verkaufsabsichten des Verkäufers in Einklang stehen.

(iv) Sonstige Wertpapiere

Als letzte Bilanzposition, unter der die Anteile am Zielunternehmen gefasst werden können, bleiben die »sonstigen Wertpapiere« im Umlaufvermögen des Verkäufers (§ 266 Abs. 2 B. III. 3. HGB). In Analogie zu § 247 Abs. 2 HGB ist Umlaufvermögen dadurch gekennzeichnet, dass es nicht dazu bestimmt ist, dem Geschäftsbetrieb dauernd zu dienen. Die sonstigen Wertpapiere stellen im Einzel- wie im Konzernabschluss eine Auffangposition dar, in der alle Wertpapiere auszuweisen sind, die nicht zu einem anderen Posten gehören und die jederzeit veräußerbar sind.

(5) Alternativen zur Vollkonsolidierung: Methoden

Während die Qualifizierung eines Unternehmens als Tochterunternehmen nach § 290 HGB – vorausgesetzt, es wird kein Wahlrecht nach § 296 HGB ausgeübt – zur Vollkonsolidierung im Konzernabschluss führt, ist für die dargestellten alternativen Qualifizierungen als Gemeinschafts- oder assoziiertes Unternehmen, als Beteiligung oder als Wertpapiere im Anlage- oder Umlaufvermögen ein eingeschränkter Einbezug vorgesehen.

Je geringer die Intensität der Beziehungen zwischen Mutter- und Tochterunternehmen, desto weiter wird vom Grundgedanken des vollkonsolidierten Einheitsunternehmens abgewichen: Während bei Gemeinschaftsunternehmen grundsätzlich eine Teilkonsolidierung entsprechend der Beteiligungsquote der Mutter- an der Tochtergesellschaft vorzunehmen ist (»Quotenkonsolidierung«), wird für assoziierte Unternehmen die Equity-Methode vorgeschrieben. Dabei werden nicht die Abschlusspositionen des assoziierten Unternehmens in die Konzernbilanz übernommen, sondern nur der Beteiligungswert angepasst. Die Anpassung geht von den Anschaffungskosten der Beteiligung aus und erfolgt entsprechend der anteiligen Entwicklung des Eigenkapitals (»Equity«) des assoziierten Unternehmens (§ 312 HGB).

Auf Wunsch kann die Equity-Methode auch für die Abbildung von Gemeinschaftsunternehmen im Konzernabschluss verwendet werden. Die Aktivierung im Anlage- oder Umlaufvermögen erfolgt hingegen immer nach dem Anschaffungswertprinzip, also auf der Basis der historischen Erwerbskosten abzüglich eventueller Wertminderungen. Eine Konsolidierung findet hier nicht statt. Abbildung 2.9 fasst die aufgezeigten Abstufungen zusammen.

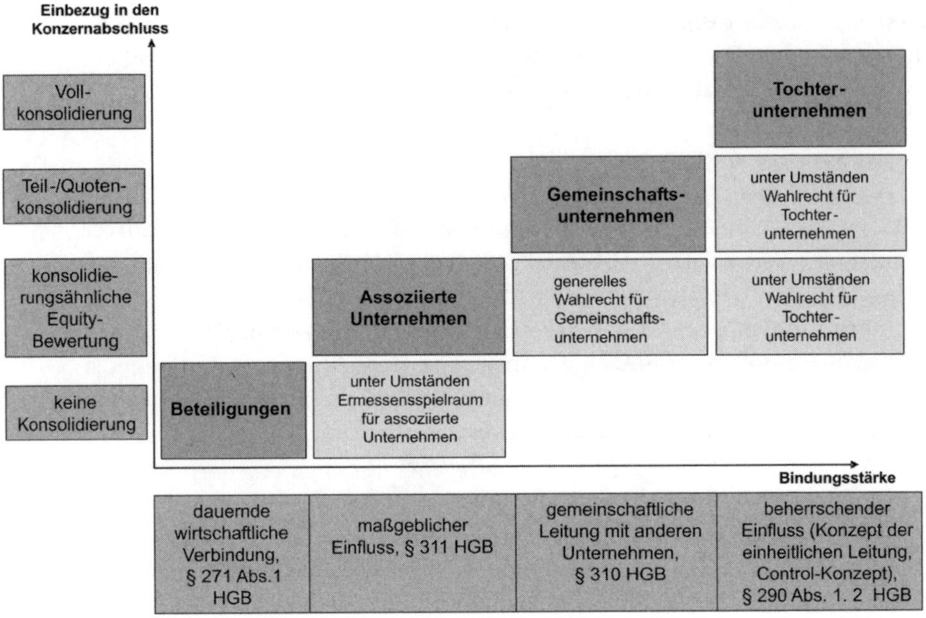

Abb. 2.9: Bindungsstärke und Einbezug in den Konzernabschluss

(e) Bedeutung der Alternativen zur Vollkonsolidierung für die Financial Due Diligence

Aus der Art des Einbezugs des Zielunternehmens in den Konzernabschluss des Verkäufers kann also wie folgt auf die Beziehung zwischen den Unternehmen geschlossen werden:

- Wenn das Zielunternehmen voll konsolidiert wurde, muss es sich um ein Tochterunternehmen handeln, das entweder unter der einheitlichen Leitung der Muttergesellschaft steht oder nach dem Control-Konzept beherrscht wird. Ein Konsolidierungs-Wahlrecht nach § 296 HGB besteht nicht oder wurde nicht ausgeübt.
- Wenn eine Teilkonsolidierung (Quotenkonsolidierung) vorliegt, muss es sich um ein Gemeinschaftsunternehmen handeln. Das Wahlrecht zur Equity-Methode besteht grundsätzlich, wurde aber nicht ausgeübt. Die Quotenkonsolidierung ist auch anzuwenden auf Gesellschaften, die so-

wohl als Tochter- als auch als Gemeinschaftsunternehmen einzuordnen sind, die aber durch Wahlrechtsausübung nach § 296 HGB nicht voll konsolidiert wurden.

- Wenn der Einbezug nach der Equity-Methode erfolgte, sind fünf Situationen denkbar:
  Erstens kann es sich um ein Unternehmen handeln, an dem der Verkäufer eine Beteiligung von mindestens 20 Prozent der Stimmrechte hat und bei dem er nicht den Nachweis führt oder führen kann, dass kein maßgeblicher Einfluss ausgeübt wird.
  Dies können zweitens auch Unternehmen sein, die den Status eines Tochterunternehmens nach § 290 HGB haben, aber durch die Ausübung eines Wahlrechts nach § 296 HGB nicht vollkonsolidiert werden.
  Drittens kann eine Beteiligung von weniger als 20 Prozent der Stimmrechte in Verbindung mit dem Beweis des Verkäufers, einen maßgeblichen Einfluss auf das Zielunternehmen auszuüben, zur Anwendung der Equity-Methode führen.
  In besonderen Fällen ist dies viertens auch für Tochterunternehmen denkbar.
  Fünftens kann das Zielunternehmen ein Gemeinschaftsunternehmen sein, bei dem der Verkäufer das Wahlrecht zu Anwendung der Equity-Methode ausgeübt hat.
- Wenn das Zielunternehmen nur als Beteiligung oder Wertpapier ausgewiesen ist, kann es sich weder um eine Tochtergesellschaft noch um ein Gemeinschaftsunternehmen des Verkäufers handeln. Grundsätzlich steht bei derart im Konzernabschluss abgebildeten Unternehmen die Anlage mit mehr oder weniger langfristigen Zielen im Vordergrund. Zusätzlich können aber auch Beteiligungen aus der Gruppe der – eigentlich – als assoziiert einzustufenden Unternehmen ohne Konsolidierung in den Konzernabschluss eingehen:
  Dies ist zum ersten der Fall, wenn der Verkäufer eine Beteiligung von mindestens 20 Prozent der Stimmrechte besitzt, aber den Nachweis führt, dass er keinen maßgeblichen Einfluss ausübt. Zum zweiten erfolgt keine Konsolidierung, wenn die Beteiligung weniger als 20 Prozent der Stimmrechte umfasst und kein Nachweis geführt wird, dass maßgeblich Einfluss genommen wird. Es ist jedoch zu beachten, dass es sich bei diesen Bilanzierungsentscheidungen nicht um ein rechtlich ausgewiesenes Wahlrecht handelt, sondern um einen Ermessensspielraum des Mutterunternehmens, ob es den Nachweis führen kann und will oder nicht.

Für die Analyse der Konsolidierungsentscheidungen im Rahmen der Due Diligence sind folglich vor allem der Einbezug von Unternehmen in den Konzernabschluss nach der Equity-Methode sowie der Ausweis als Beteiligung oder als Wertpapiere interessant. Hier können Wahlrechte ausgeübt und Ermessensspielräume genutzt werden, die möglicherweise Rückschlüsse auf die Ziele und die Entscheidungssituation des Verkäufers erlauben. Insbesondere bei Wechseln in der Konsolidierungsmethode sind die Gründe hierfür zu hinterfragen. Weitere Ansatzpunkte bieten Bilanzierungsentscheidungen, die mit der Verkaufsabsicht der Muttergesellschaft nicht in offensichtlichem Einklang stehen, wie bereits im Rahmen der Festlegung des Konsolidierungskreises dargestellt wurde.

2.6 Prüfungs- und Offenlegungspflichten deutscher Unternehmen

2.6.1 Prüfung

Die Prüfungspflicht deutscher Unternehmen ist in § 316 bis § 324a HGB geregelt. Demnach müssen der Einzelabschluss und der Lagebericht mittelgroßer und großer Kapitalgesellschaften durch einen Abschlussprüfer geprüft werden (§ 316 Abs. 1 HGB). Dazu gehört auch die Prüfung der Buchführung (§ 317 Abs. 1 Satz 1 HGB). Lediglich kleine Kapitalgesellschaften sind von der Prüfungspflicht befreit. Nach § 264a HGB gilt die Prüfungspflicht gleichermaßen für Personenhandelsgesellschaften im Sinne des § 264a HGB (Kapitalgesellschaften & Co.), die den Kapitalgesellschaften gleichgestellt sind. Auch Unternehmen, die unter das PublG fallen, müssen ihren Jahresabschluss und ihren Lagebericht, sofern sie diesen aufzustellen haben, prüfen lassen.

Im Bereich der Konzernrechnungslegung besteht grundsätzliche Prüfungspflicht für alle Konzernabschlüsse und -lageberichte unabhängig von Größenkriterien (§ 316 Abs. 2 HGB). Ein prüfungspflichtiges Tochterunternehmen kann, wenn die Bedingungen des § 264 Abs. 3, 4 HGB erfüllt sind, von seiner Prüfungspflicht befreit werden. Dabei ist jedoch zu berücksichtigen, dass zu einer vollständigen Konzernabschlussprüfung auch die Prüfung aller eingehenden ungeprüften Einzelabschlüsse (nicht aber der einzelnen Lageberichte) gehört (§ 317 Abs. 3 HGB). Insoweit läuft die Befreiung nach § 264 Abs. 3, 4 HGB ins Leere.

Der Prüfer erstellt über die Art, den Umfang und das Ergebnis seiner Prüfung einen Prüfungsbericht. Darin hat er zur Beurteilung der Lage und der zukünftigen Entwicklung durch die Unternehmensleitung Stellung zu nehmen; er gibt keine eigene Einschätzung der Lage und Entwicklungsmöglichkeiten ab. Sofern Fehler, Verstöße gegen Gesetze oder den Gesellschaftsvertrag sowie Gefährdungstatbestände für das Unternehmen aufgedeckt wurden, ist darüber zu berichten. Weiterhin ist auf wesentliche Bewertungsgrundlagen einzugehen sowie darauf, welchen Einfluss Bewertungsänderungen, Wahlrechtsausübungen, die Interpretation von Ermessensspielräumen und eventuelle Sachverhaltsgestaltungen auf die Lage haben. Sofern verlangte Aufklärungen oder Nachweise nicht erbracht wurden, ist dies anzugeben (§ 321 HGB).

Das Prüfungsergebnis wird in einem Bestätigungsvermerk zusammengefasst, der nach § 322 HGB uneingeschränkt oder eingeschränkt erteilt oder versagt werden kann (Versagungsvermerk). Für diese Vermerke bestehen Textvorlagen, die bei Einschränkung oder Versagung um die entsprechenden Einschränkungen bzw. Begründungen zu ergänzen sind. Insbesondere bei einem uneingeschränkten Bestätigungsvermerk wird in der Regel einheitliche Formulierung verwendet. Daher kann dem reinen Bestätigungsvermerk meist nur entnommen werden, ob der Abschluss gesetzeskonform ist oder nicht.

Für die Due Diligence bedeutet dies, dass der Abschlussprüfer meist einen möglicherweise viel tieferen und umfassenderen Einblick in das Zielunternehmen erhalten hat, als es mit den im Rahmen der Transaktion zur Verfügung gestellten Informationen möglich ist. Folglich sind der Prüfungsbericht und wenn möglich der Abschlussprüfer selbst eine wichtige Informationsquelle der Financial Due Diligence.

Weiterhin muss berücksichtigt werden, dass die Abschlussprüfung nur die Untersuchung umfasst, ob die rechtlichen Voraussetzungen für das Unternehmen im Rahmen des Handelsbrauches eingehalten wurden. Dazu gehört auch die Beantwortung der Frage, ob Abschluss und eventueller Lagebericht die Generalnorm erfüllen und ein den tatsächlichen Verhältnissen entsprechendes Bild der Vermögens-, Finanz- und Ertragslage des Unternehmens ergeben. Dies bedeutet, es wird nur untersucht, ob das Bild von der Lage korrekt ist – nicht, ob die Lage gut oder schlecht ist. Lediglich den Fortbestand des Unternehmens gefährdende Risiken müssen unter Umständen hervorgehoben werden.

2.6.2 Offenlegung

Offenlegungspflicht besteht für alle Kapitalgesellschaften, alle Personenhandelsgesellschaften nach § 264a HGB sowie besonders große sonstige Personengesellschaften, Kaufleute und sonstige Gebilde nach § 1 Abs. 1, § 9 Abs. 1 PublG (Großunternehmen). Von der Offenlegungspflicht kann auf Antrag befreit werden, wer die Bedingungen des § 264 Abs. 3, 4, § 264b HGB bzw. § 5 Abs. 6 PublG erfüllt. Dies sind Tochterunternehmen, deren Mutterunternehmen offenlegungspflichtig sind, so dass unter den jeweiligen Voraussetzungen der Konzernabschluss der Mutter- die Pflicht der Tochtergesellschaft mit abdeckt. Die Befreiung muss im elektronischen Bundesanzeiger mitgeteilt werden.

Grundsätzlich umfasst die Offenlegungspflicht nach § 325 HGB den Jahresabschluss einschließlich Bestätigungs- oder Versagungsvermerk und – wenn für die Gesellschaft zu erstellen – den Lagebericht, den Aufsichtsratsbericht, den Gewinnverwendungsvorschlag und die Erklärung zum Corporate Governance Kodex nach § 161 AktG. Bei Konzernen kann, muss aber nicht die Aufstellung des Anteilsbesitzes beigefügt werden. Kleine Kapitalgesellschaften brauchen nur ihre Bilanz und den zugehörigen Teil des Anhangs offenzulegen (§ 326 HGB). Mittelgroße Kapitalgesellschaften dürfen den Umfang der Detailangaben in Bilanz und Anhang reduzieren (§ 327 HGB).

Die Offenlegung deutscher Unternehmen wurde durch das »Gesetz über elektronische Handelsregister und Genossenschaftsregister sowie das Unternehmensregister« (EHUG) zum 1. Januar 2007 grundlegend neu geregelt. Neben der Umsetzung der EG-Richtlinien zur Publizität und zur Transparenz hatte das EHUG zum Ziel, die bis dato sehr schlechte Offenlegungsdisziplin deutscher Unternehmen zu verbessern. Dazu wurden drei wesentliche Neuerungen eingeführt:

- Handels-, Genossenschafts- und Partnerschaftsregister wurden auf elektronischen Betrieb umgestellt.
- Die Veröffentlichung von Rechnungslegungsinformationen erfolgt in Zukunft nicht mehr im Handelsregister, sondern im elektronischen Bundesanzeiger.
- Es wird ein Unternehmensregister geschaffen.

Die Offenlegung der Finanzdaten läuft damit wie folgt: Die offenlegungspflichtigen Informationen dürfen nur noch elektronisch eingereicht werden. Um der Öffentlichkeit die Einsichtnahme zu ermöglichen, leitet der Betreiber des elektronischen Bundesanzeigers die Daten an das – neu eingerichtete – Unternehmensregister weiter. Über »www.unternehmensregister.de« sind die grundlegenden Informationen, insbesondere die Unterlagen der Rechnungslegung nach § 325 HGB, im Internet der Öffentlichkeit zugänglich. Bestimmte detaillierte Angaben aus Handelsregistern oder anderen Registern sind gebührenpflichtig.

Neben diesen Änderungen ist für die offenlegungspflichtigen Unternehmen vor allem von Bedeutung, dass die Durchsetzung der Offenlegung und die Sanktionierung von Verstößen erheblich verschärft wurden. Daher wird erwartet, dass die Befreiungsmöglichkeiten des HGB von der Offenlegungspflicht in der Praxis erheblich an Bedeutung gewinnen werden.

Bei Verstößen gegen die Offenlegungspflicht wurde bisher nur auf Antrag ein Zwangs- oder Ordnungsgeld verhängt, es bedurfte also eines Anstoßes von außen. Nach neuer Regelung verhängt das Bundesamt für Justiz von Amts wegen ein Ordnungsgeld, sobald durch Abgleich der vorliegenden Jahresüberschüsse mit den Daten der Handelsregister eine fehlende oder unvollständige Offenlegung deutlich wird. Das Ordnungsgeld kann bis zu 25 000 Euro betragen und gegen die Geschäftsführer bzw. Vorstandsmitglieder, aber auch gegen die Kapitalgesellschaft selbst verhängt werden. Damit liegt eine deutliche Verschärfung gegenüber der Vergangenheit vor, die jedoch längst nicht den Umfang der Sanktionen in anderen Staaten erreicht (z.B. Zwangsauflösung und Fall des Unternehmensvermögens an die Krone in Großbritannien).

In der Vergangenheit waren die deutschen Unternehmen sehr »publizitätsscheu«. So gehen Studien davon aus, dass bisher maximal ein Viertel aller offenlegungspflichtigen Unternehmen ihre Jahresabschlüsse tatsächlich einreichen. Aufgrund der nun stärkeren Sanktionierung von Verstößen ist zu erwarten, dass sich diese Quote erhöhen wird; allerdings betrifft die neue Veröffentlichungsverpflichtung erst die Rechnungslegungsunterlagen für Geschäftsjahre, die nach dem 31. Dezember 2005 beginnen. Insofern sind die Abschlüsse des Geschäftsjahres 2006 die ersten, bei denen eine vermehrte Einreichung zu erwarten ist. Sinnvolle Zeitvergleiche sind daher erst nach Einreichung der Abschlüsse für 2007 möglich, mit denen dann zumindest die Bilanz- und Gewinn- und Verlust-Daten für drei Jahre (2005 aus der Vorspalte, 2006 und 2007 regulär) vorliegen.

2.6.3 Fallunterscheidungen

Fasst man die möglichen Kombinationen von Offenlegungs- und Prüfungspflicht zusammen, können sich die folgenden Fallkonstellationen ergeben, wenn keine freiwilligen Zusatzangaben vorliegen:

- Das Zielunternehmen ist ein unselbstständiger Unternehmensteil, ein Einzelunternehmen oder eine kleine Personengesellschaft, die nicht unter § 264 HGB fällt. Zudem ist es nicht die Muttergesellschaft eines Konzerns.

  Folge: Es liegen keine öffentlich zugänglichen Informationen vor. Eine Due Diligence kann nur auf Basis des vom Verkäufer freigegebenen Materials erfolgen. Da diese Informationen nicht prüfungspflichtig sind, sollten sie mit besonderer Vorsicht analysiert werden.
- Das Zielunternehmen ist eine kleine Kapitalgesellschaft oder eine kleine Personengesellschaft im Sinne des § 264a HGB und ist nicht von der Offenlegung befreit. Zudem ist es nicht die Muttergesellschaft eines Konzerns.

  Folge: Es liegen eine ungeprüfte Bilanz in verkürzter Form sowie ein entsprechend reduzierter ungeprüfter Anhang vor. Da diese Unterlagen für die Due Diligence unzureichend sind, sollte darüber hinaus zumindest die GuV samt zugehöriger Anhangsangaben, möglichst aber noch weiteres Material zugänglich sein. Auch diese Informationen sind nicht geprüft.
- Das Zielunternehmen ist eine mittelgroße Kapitalgesellschaft oder eine mittelgroße Personengesellschaft im Sinne des § 264a HGB und ist nicht von der Offenlegung befreit. Zudem ist es nicht die Muttergesellschaft eines Konzerns.

  Folge: Es liegt ein geprüfter Jahresabschluss zuzüglich geprüftem Lagebericht vor, die allerdings einen gegenüber großen Kapitalgesellschaften reduzierten Umfang haben.
- Das Zielunternehmen ist eine große Kapitalgesellschaft, eine kapitalmarktorientierte Kapitalgesellschaft oder eine große Personengesellschaft im Sinne des § 264a HGB und ist nicht von der Offenlegung befreit. Zudem ist es nicht die Muttergesellschaft eines Konzerns.

  Folge: Es liegen ein geprüfter Jahresabschluss zuzüglich geprüftem Lagebericht in ungekürzter Form vor.
- Das Zielunternehmen ist ein Personenunternehmen, das nicht unter § 264a HGB, wohl aber unter das PublG fällt und nicht von der Offenle-

gung befreit ist. Zudem ist es nicht die Muttergesellschaft eines Konzerns.

Folge: Es liegen eine geprüfte Bilanz und eine geprüfte GuV vor, nicht jedoch ein Anhang oder Lagebericht. Hier ist durch die Prüfungspflicht die Datenbasis zwar verlässlich, aber für die Due Diligence nicht ausreichend. Wird weiteres Material zur Verfügung gestellt, ist zu berücksichtigen, dass es ungeprüft ist.

- Das Zielunternehmen ist weder ein Personenunternehmen noch eine Kapitalgesellschaft, fällt unter das PublG und ist nicht von der Offenlegung befreit. Zudem ist es nicht die Muttergesellschaft eines Konzerns.

  Folge: Es liegen ein geprüfter Jahresabschluss mit einem verkürzten Anhang und ein geprüfter Lagebericht vor. Auch dieser Informationsstand ist als grundsätzlich gut einzustufen.
- Das Zielunternehmen ist von der Offenlegungspflicht befreit.

  Folge: Es liegen keine Informationen über das Zielunternehmen vor, sondern nur die von der Muttergesellschaft offenzulegenden Informationen (Konzernanhang und Konzernlagebericht, eventuell weitere Berichte). Die Konzerndaten sind geprüft und in diesem Rahmen auch der Jahresabschluss des Zielunternehmens. Das Problem für die Due Diligence besteht darin, dass die geprüften Informationen zum Einzelabschluss des Zielunternehmens nicht zugänglich sind. Der Analyst ist auf das vom Verkäufer freigegebene Material angewiesen, bei dem es sich aber unter Umständen nicht um die geprüfte Fassung handelt.
- Das Zielunternehmen ist eine kleine oder mittelgroße Kapitalgesellschaft oder ein Personenunternehmen, das unter das PublG fällt; zugleich ist es die Muttergesellschaft eines nicht kapitalmarktorientierten Konzerns.

  Folge: Es liegt ein Einzelabschluss auf HGB-Basis vor (zum Umfang und zur Prüfung siehe oben den entsprechenden Fall ohne Konzernzusammenhang). Der geprüfte Konzernabschluss ist nach HGB (bzw. PublG) oder nach IFRS erstellt. Zusätzlich liegt ein geprüfter Konzernlagebericht nach HGB vor.
- Das Zielunternehmen ist eine kleine oder mittelgroße Kapitalgesellschaft oder ein Personenunternehmen, das unter das PublG fällt; zugleich ist es die Muttergesellschaft eines kapitalmarktorientierten Konzerns.

  Folge: Es liegt ein Einzelabschluss auf HGB-Basis vor (zum Umfang und zur Prüfung siehe oben den entsprechenden Fall ohne Konzernzusammenhang). Der geprüfte Konzernabschluss ist nach IFRS erstellt. Zusätzlich liegt ein geprüfter Konzernlagebericht nach HGB vor.

- Das Zielunternehmen ist eine große Kapitalgesellschaft; zugleich ist es die Muttergesellschaft eines nicht kapitalmarktorientierten Konzerns.
  Folge: Es existiert ein geprüfter Einzelabschluss auf HGB-Basis einschließlich geprüftem Lagebericht; veröffentlicht sein kann allerdings auch ein geprüfter Einzelabschluss auf IFRS-Basis zuzüglich des geprüften HGB-Lageberichts. Der geprüfte Konzernabschluss ist nach HGB (bzw. PublG) oder nach IFRS erstellt. Zusätzlich liegt ein geprüfter Konzernlagebericht nach HGB vor.
- Das Zielunternehmen ist eine große Kapitalgesellschaft; zugleich ist es die Muttergesellschaft eines kapitalmarktorientierten Konzerns.
  Folge: Es existiert ein geprüfter Einzelabschluss auf HGB-Basis einschließlich geprüftem Lagebericht; veröffentlicht sein kann allerdings auch ein geprüfter Einzelabschluss auf IFRS-Basis zuzüglich des geprüften HGB-Lageberichts. Der geprüfte Konzernabschluss ist nach IFRS erstellt. Zusätzlich liegt ein geprüfter Konzernlagebericht nach HGB vor.

Auf der Basis dieser Vergangenheitsdaten und eventueller freiwilliger Angaben hat nun die Vergangenheitsanalyse des Targets zu erfolgen.

3
Analyse der Vergangenheitsdaten

Die Unternehmensanalyse als »Herzstück« der Financial Due Diligence besteht aus zwei Schritten: Bevor die Plausibilität des Geschäftsmodells und der darauf aufbauenden Geschäftsplanung geprüft werden kann (Kapitel 4), muss zunächst eine systematische und umfassende Analyse der Unternehmensvergangenheit erfolgen. Gerade weil das zukünftige finanzielle Ergebnis des Zielunternehmens im Mittelpunkt der Kaufpreisfindung und damit der Due Diligence steht, bietet die Vermögens-, Finanz- und Ertragslage der Vergangenheit einen wichtigen Anhaltspunkt für die innere Stärke des Unternehmens sowie für die Stabilität seines Geschäftsmodells. Dieser Zusammenhang wird in Kapitel 3.1 näher erläutert.

In den nachfolgenden Kapiteln werden die erforderlichen Schritte zur Analyse der Vermögens-, Finanz- und Ertragslage des Zielunternehmens für die jeweiligen Teilbereiche des Jahresabschlusses dargestellt. Zunächst wird die Untersuchung der Bilanz einschließlich der erforderlichen Normalisierung und der üblichen Kennzahlenanalyse erläutert (Kapitel 3.2). Anschließend wird nach dem gleichen Schema die Analyse der Gewinn- und Verlustrechnung dargestellt (Kapitel 3.3). In beiden Kapiteln wird von einem auf Basis des HGBs erstellten Jahresabschlusses ausgegangen und jeweils auf Besonderheiten hingewiesen, die zu beachten sind, falls die Zielgesellschaft nach internationalen Rechnungslegungsvorschriften bilanziert. Im Anschluss wird die Cashflow-Analyse einschließlich der Untersuchung des Investitionsstatus der Zielgesellschaft ausführlich dargestellt (Kapitel 3.4).

3.1 Bedeutung und Systematik der Vergangenheitsanalyse

3.1.1 Vergangenheitsanalyse und zukünftige Entwicklung

Da sich der Wert des Zielunternehmens für den Investor aus den zukünftig damit erzielbaren Erträgen ableitet, liegt der Schwerpunkt der Unternehmensanalyse auf der Plausibilisierung der vom Management des Zielunter-

Handbuch Financial Due Diligence. Luise Hölscher, Anke Nestler und Ralf Otto

ISBN 978-3-527-50295-0

nehmens prognostizierten Entwicklung der Gesellschaft in der Zukunft. Dies kann nur auf der Basis einer detaillierten Untersuchung der Vergangenheit sowie des Status quo des Zielunternehmens erfolgen, weil

- zum einen zukünftige Veränderungen der Vermögens-, Finanz- und Ertragslage ihre »Wurzeln« in der aktuellen Situation der Gesellschaft haben können und
- zum anderen die Analyse der Vergangenheit und des Status quo spezielle Indikationen für die Plausibilisierung der prognostizierten Entwicklungen darstellt.

Auswirkungen der gegenwärtigen Situation auf die Zukunft ergeben sich oft aus schwebenden Geschäften bzw. Vereinbarungen: Beispielsweise können Mietverträge eine Staffelmietvereinbarung enthalten, so dass sich der Mietaufwand im Laufe der Jahre erhöht. Mitarbeiter können in der Vergangenheit auf Gehälter verzichtet haben, die nach einer erfolgreichen Sanierung der Gesellschaft nachgezahlt werden sollen. Die Zielgesellschaft kann zur Absicherung von Währungsrisiken Finanzinstrumente abgeschlossen haben, deren Ertrag bzw. Aufwand sich je nach Entwicklung der Wechselkurse erst in Zukunft realisiert.

Die Geschäftsplanung des Zielunternehmens, die im Rahmen der Financial Due Diligence auf Plausibilität zu prüfen ist, setzt i.d.R. an den Ist-Zahlen des Unternehmens an. Die Vermögenslage ist dabei Ausgangspunkt z.B. für die Planung der Investitionen und Abschreibungen sowie der Forderungen, Vorräte und Verbindlichkeiten (Working Capital). Die heutige Ertragslage bildet die Basis für die weitere Entwicklung von Umsatzerlösen, Kostenstrukturen und Ergebnissen. Die Finanzlage bildet die Höhe der verfügbaren Liquidität zum Stichtag sowie insbesondere den Bestand und die Fristigkeit des Fremdkapitals ab.

Aus diesen Gründen ist der Vergangenheitsanalyse einschließlich der Untersuchung der aktuellen Vermögens-, Finanz- und Ertragslage des Zielunternehmens im Rahmen der Financial Due Diligence besonderes Gewicht beizumessen. Ziel der Financial Due Diligence ist hierbei, die aktuelle wirtschaftliche Situation der Gesellschaft zu erfassen und Hinweise auf wesentliche Veränderungen in der Zukunft und damit Einflüsse auf den Unternehmenswert herauszuarbeiten. Diese Zusammenhänge sind in Abbildung 3.1 zusammengefasst.

In der Regel umfasst die Vergangenheitsanalyse einen Zeitraum von drei Jahren. In Abhängigkeit vom Geschäftsmodell und von der Branche muss dieser Zeitraum jedoch möglicherweise angepasst werden: Bei stark zykli-

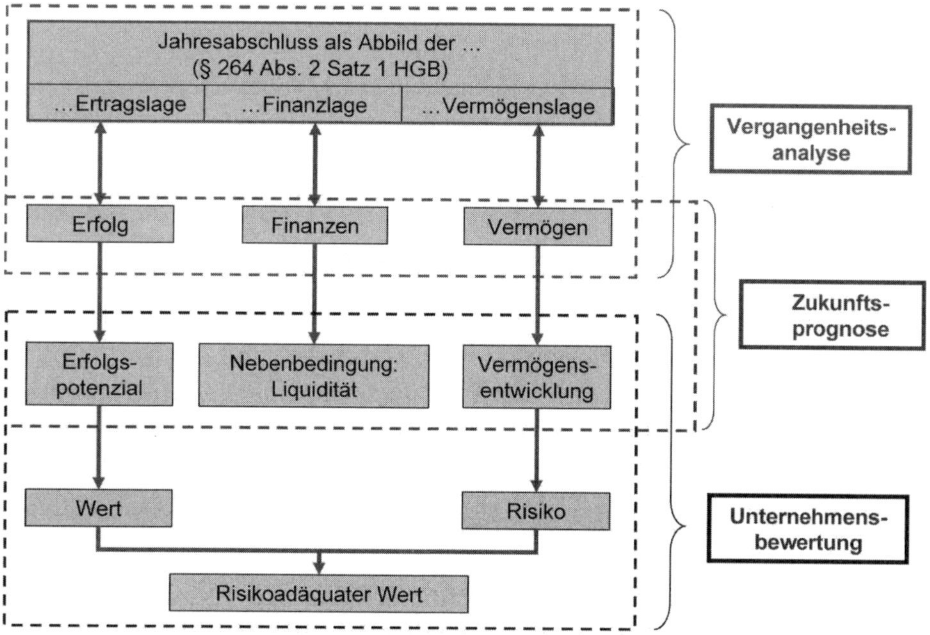

Abb. 3.1: Vergangenheitsanalyse, Zukunftsprognose und Unternehmensbewertung

schen Branchen mit z.B. langfristiger Fertigung, wie im Anlagenbau, kann ein längerer Zeitraum erforderlich sein. Umgekehrt kann die Zielgesellschaft in der Vergangenheit starken Veränderungen unterlegen haben, so dass die Situation der Gesellschaft vor drei Jahren mit der aktuellen Vermögens-, Finanz- und Ertragslage nicht mehr vergleichbar ist (z.B. bei Start-up-Unternehmen bzw. nach umfangreichen Restrukturierungen). In diesen Fällen muss sich die Vergangenheitsanalyse zwangsläufig auf einen kürzeren Zeitraum beschränken. Bei zuvor erfolgten größeren Akquisitionen ist zu prüfen, ob der Vergangenheitszeitraum »pro forma« so dargestellt werden kann, als sei die Akquisition bereits zu Beginn des Analysezeitraums erfolgt.

Bei der Analyse der Vergangenheitsdaten sind auch die Ergebnisse der anderen Due Diligence-Teilprüfungen zu berücksichtigen (vgl. Kapitel 1.4). Ergibt sich beispielsweise in der Legal Due Diligence, dass der Vertrag mit einem wesentlichen Kunden eine so genannte »Change-of-Control«-Klausel enthält, besteht das Risiko, dass der Kunde aufgrund des Eigentümerwechsels die Klausel in Anspruch nimmt und den Vertrag vorzeitig kündigt. Ergibt sich z.B. aus der Tax Due Diligence der Hinweis, dass konzerninterne

Verrechnungspreise in der Zielgesellschaft nicht ausreichend dokumentiert sind bzw. dem Grundsatz des Fremdvergleichs nicht standhalten, sind nicht nur die Ergebnisse der Vergangenheit zu korrigieren. Vielmehr muss sich dieser Sachverhalt auch in der Geschäftsplanung und den dort unterstellten Verrechnungspreisen niederschlagen.

3.1.2 Kennzahlenanalyse als Instrument der Vergangenheitsanalyse

Um ein transparentes Bild der Vergangenheit zu erhalten und um Vergangenheitszahlen sowie Geschäftsplanung besser vergleichen zu können, wird in der Regel auf die Kennzahlenanalyse zurückgegriffen. Sie ist somit ein wesentliches Instrument zur Auswertung der Jahresabschlüsse und der Geschäftsplanung.

Die Vorteile von Kennzahlen liegen in ihrer einfachen, schnellen und verfahrenstechnisch zuverlässigen Berechnungsmöglichkeit. Gerade die Gegenüberstellung mit vergleichbaren Unternehmen oder den Durchschnittszahlen der Branche kann zu wesentlichen Erkenntnissen führen. Um eine Fehlbeurteilung zu vermeiden, ist dabei auf eine einheitliche Definition der Kennzahlen zu achten.

Von Nachteil ist, dass Kennzahlen oftmals keine eindeutigen Ergebnisse liefern und interpretationsbedürftig sind. Oft sind Kennzahlengrößen eines Geschäftsjahres allein nicht aussagekräftig, sondern erst Änderungen ihres Niveaus über mehrere Geschäftsjahre hinweg. Sie geben daher nur den Anstoß zu weitergehenden Fragen an das Management und dienen im Nachgang der Auswertung der Aussagen. Wird die operative, laufende Entwicklung der Zielgesellschaft mit Hilfe der Kennzahlenanalyse untersucht, können zudem außerordentliche Effekte aufgedeckt und eliminiert werden (Normalisierung der Vergangenheitsdaten).

Die Kennzahlenanalyse ist eine »relative Analyse«, d.h. die in Bilanz und Gewinn- und Verlustrechnung gegebenen Informationen werden im Vergleich zu anderen Informationen beurteilt. Dabei können die Daten des Jahresabschlusses miteinander (Kennzahlenanalyse im engeren Sinne), mit Zahlen aus anderen Unternehmensbereichen als der Rechnungslegung (technische oder wirtschaftliche Analyse), im Zeitablauf (Zeitreihenanalyse) sowie mit denen anderer Unternehmen (Benchmarking) verglichen werden. Die vier Relationen bilden zusammen die Kennzahlenanalyse im weiteren Sinne, wie in Abbildung 3.2 zusammengefasst.

Kennzahlenanalyse im weiteren Sinne			
Kennzahlenanalyse im engeren Sinne	technische und wirtschaftliche Analyse	Zeitreihenanalyse	Benchmarking

Abb. 3.2: Untersuchungsbereiche der Kennzahlenanalyse

Für die *Praxis* der Financial Due Diligence sind alle vier Analyseschritte von Bedeutung:

- Kennzahlenanalyse i.e.S.:
  Der Vergleich der Relationen von Aufwandspositionen der Gewinn- und Verlustrechnung zueinander, zu Umsatzzahlen und zu der Gesamtleistung des Unternehmens.
- Technische und wirtschaftliche Analyse:
  Zusätzliche Berücksichtigung technischer oder wirtschaftlicher Zahlen, wie z.B. Personalbestand und Kapazitätsauslastung, oder branchenspezifischer Größen, wie z.B. Verkaufsfläche oder Datenvolumen.
- Zeitreihenanalyse:
  Die in der Vergangenheit realisierten auf Umsätze und Ergebnisse bezogenen Kennzahlen sind in ihrer Entwicklung im Zeitvergleich zu verstehen, um später, bei ihrer Gegenüberstellung mit den entsprechenden Kennzahlen der Unternehmensplanung, Widersprüche in der Planung erkennen zu können.
- Benchmarking:
  Punktueller Vergleich der Zielgesellschaft mit Wettbewerbern oder mit der Entwicklung des Gesamtmarktes, z.B. hinsichtlich der Umsatzentwicklung oder der realisierten Margen. Dieser Analyseschritt ist allerdings dadurch limitiert, dass die für eine Kennzahlenanalyse erforderlichen Informationen von Wettbewerbern und der relevanten Branche in der Regel nur begrenzt vorliegen. Insbesondere bei Branchendaten ist ein sinnvoller Vergleich nur dann möglich, wenn die Abgrenzung des jeweiligen Marktes mit dem Absatz- bzw. Beschaffungsmarkt des Zielunternehmens übereinstimmt, ausreichend detailliertes Zahlenmaterial vorliegt und die Berechnung der Kennzahlen auf vergleichbarer Basis erfolgt.

3.1.3 Analyse der Rechnungslegungssysteme zur Beurteilung der Qualität der Unternehmensdaten

Die Qualität der Vergangenheitsdaten, insbesondere der Jahresabschlüsse und der sonstigen im Rahmen einer Financial Due Diligence erforderlichen Informationen, wird wesentlich von dem Zustand des Rechnungswesens sowie der in der Zielgesellschaft praktizierten Controllinginstrumente beeinflusst. Ein funktionierendes und gut ausgebautes Rechnungslegungs- und Controllingsystem stellt zudem die Grundlage der effizienten Steuerung eines Unternehmens dar.

Im Rahmen der Financial Due Diligence ist es daher zweckmäßig, sich mit dem internen und externen Rechnungswesen des Zielunternehmens, insbesondere auch mit den Management-Informations-, den Risikomanagement- und den Unternehmenssteuerungs-Systemen, auseinanderzusetzen. Im Rahmen der Analyse der Vergangenheitsdaten lassen sich möglicherweise auch Rückschlüsse auf die Qualität und Zuverlässigkeit der internen Rechnungslegungssysteme ziehen. Darüber hinaus ist es für die Interpretation der Vergangenheitsdaten mitunter hilfreich, wenn eine Überleitungsrechnung von der internen Rechnungslegung auf die geprüften Jahresabschlussdaten der externen Rechnungslegung existiert. Sie erleichtert nicht nur das Verständnis für Unterschiede zwischen der internen und der externen Rechnungslegung, sondern gibt auch einen Hinweis auf die Reife des Finanz- und Controllingsystems der Zielgesellschaft.

Der Zustand dieser Systeme kann als Indikator für die Bedeutung angesehen werden, die dem Bereich Finanzen von Management und Gesellschaftern der Zielgesellschaft beigemessen wird, und erlaubt Rückschlüsse auf die Qualität des Rechnungswesens und der Unternehmensführung. Dabei sollten allerdings die Größe des Unternehmens, die Branche sowie die Präsenz des Managements im Unternehmen berücksichtigt werden. In eigentümergeführten, kleinen und mittleren Unternehmen werden einzelne Controllinginstrumente oder ein umfassendes MIS möglicherweise durch den direkten und intensiven Kontakt des Geschäftsführers zu seiner Belegschaft und zu seinen Kunden ersetzt. Fragen beispielsweise nach unterjähriger Vorratsbewertung, Deckungsbeiträgen je Produkt oder Rohertragsmargen pro Produktgruppe können dann nicht ohne Weiteres und nur durch umfangreiche zusätzliche Berechnungen und Analysen beantwortet werden. Daraus ist dann nicht automatisch der Rückschluss auf eine mangelhafte Unternehmensführung zu ziehen, wenn im bisherigen Unternehmensumfeld solche Analysen zur wirksamen Unternehmenssteuerung nicht erforderlich waren.

Aufgrund der häufig auftretenden Zeitenge im Rahmen von M&A-Transaktionen bzw. dem zeitlich beschränkten Zugriff auf Unternehmensinformationen kann eine umfassende und detaillierte Prüfung der Rechnungslegungs- und Controllingsysteme in der Regel nicht erfolgen. Statt dessen ergeben sich aus der Vergangenheitsanalyse punktuelle Hinweise auf den Zustand dieser Systeme bei der Zielgesellschaft, die im Due Diligence-Bericht dokumentiert werden sollten.

3.1.4 Datenbasis für die Vergangenheitsanalyse: Jahresabschluss, Prüfungsbericht und Bestätigungsvermerk

Die Informationen, die für die Vergangenheitsanalyse erforderlich sind, werden mit Hilfe der bereits erläuterten Due Diligence-Checklisten von der Zielgesellschaft angefordert (siehe auch Anhang). Die wichtigsten Informationsquellen für die Vergangenheitsanalyse sind die Jahresabschlüsse einschließlich eventuell vorhandener Prüfungsberichte der Zielgesellschaft. Zu beachten ist, dass es sich bei der Analyse der historischen Jahresabschlüsse für Zwecke der Due Diligence nicht um eine Prüfung der Richtigkeit der Rechnungslegung im Sinne einer Abschlussprüfung handelt. Von Interesse sind vielmehr die aus den Abschlüssen ableitbaren Informationen über die Lage des Zielunternehmens sowie ihre Bedeutung für die zukünftige Entwicklung. Die Financial Due Diligence ist damit eindeutig von einer Jahresabschlussprüfung abzugrenzen, in der

- die Ordnungsmäßigkeit von Buchführung, Jahresabschluss und Lagebericht untersucht,
- Mängel und Schwachpunkte im Rechnungswesen aufgedeckt und
- beurteilt werden soll, ob die im Abschluss dargestellte Vermögens-, Finanz- und Ertragslage mit den tatsächlichen Verhältnissen des Unternehmens übereinstimmt.

Im Rahmen des geschäftsrisikoorientierten Prüfungsansatzes umfasst die Jahresabschlussprüfung u.U. auch eine Prüfung des Risikofrüherkennungs-Systems, ohne dass deren Ergebnis generelle Auswirkungen auf die Erteilung des Bestätigungsvermerkes hätte.

Hieran zeigt sich die (im Vergleich zum Prüfungsbericht) eingeschränkte Aussagekraft des Bestätigungsvermerks für die Financial Due Diligence: Während der Prüfungsbericht eine ausführliche Berichterstattung über das Prüfungsergebnis enthält und im Einzelnen über die durch den Prüfer getroffenen Feststellungen hinsichtlich des Jahresabschlusses und des Lageberichts sowie über sein Urteil hinsichtlich der Übereinstimmung mit den relevanten Rechtsvorschriften berichtet, fasst der Bestätigungsvermerk lediglich das Ergebnis der Prüfung der Rechnungslegung nach HGB bzw. IFRS zusammen. Der Prüfungsbericht enthält i.d.R. auch vertrauliche Informationen und geht nur dem Aufsichtsrat, der Geschäftsführung bzw. dem Vorstand sowie den Gesellschaftern der GmbH (bei der KGaA nur den persönlich haftenden Gesellschaftern) zu. Er dient primär der unabhängigen und sachverständigen Unterrichtung der Aufsichtsorgane und unterstützt diese dadurch in ihren Überwachungsaufgaben. Insofern beginnt er – nach der Formulierung des Prüfungsauftrages – in beurteilender Form mit grundsätzlichen Feststellungen zur Lage des Unternehmens sowie zu eventuell aufgedeckten Unregelmäßigkeiten. Aus dem Prüfungsbericht ist zudem zu ersehen,

- ob die gesetzlichen Vorschriften über die Rechnungslegung eingehalten wurden,
- welche wesentlichen Informationen aus dem Jahresabschluss abzulesen sind,
- in welcher Weise die Ansatz- und Bewertungswahlrechte genutzt wurden und welche Auswirkungen sich hieraus ergeben,
- ob die Lagebeurteilung der gesetzlichen Vertreter, insbesondere ihre Einschätzungen über die Chancen und Risiken nachvollziehbar sind, sowie
- ob schwerwiegende Unregelmäßigkeiten oder bestandsgefährdende Entwicklungen eingetreten sind.

Zusätzlich müssen grundsätzliche Aussagen über die Entwicklung des Betriebsergebnisses und der dafür maßgebenden Einflussfaktoren sowie zur Liquiditäts- und Finanzierungssituation des Unternehmens enthalten sein. Letztlich dient der Prüfungsbericht damit dem Nachweis, dass oder inwieweit Vorstand bzw. Geschäftsführung ihre Pflicht erfüllt haben, ordnungsgemäß Bücher zu führen und Rechnung zu legen. Zudem dokumentiert er die Arbeit des Abschlussprüfers und erläutert die Begründung für sein Prüfungsergebnis.

Im Gegensatz zum Prüfungsbericht umfasst der Bestätigungsvermerk nur das Prüfungsergebnis selbst. Er richtet sich über den Kreis der Gesellschaftsorgane hinaus an alle Adressaten der externen Rechnungslegung, d.h. Aktionäre, potenzielle Aktienerwerber, Gläubiger, Lieferanten und Kunden, Arbeitnehmer sowie die weitere »interessierte Öffentlichkeit«. Diese haben grundsätzlich kein Recht zur unmittelbaren Einsichtnahme in den Prüfungsbericht. Als Prüfungsurteil kommen vier Testate in Betracht:

- der uneingeschränkte Bestätigungsvermerk,
- der eingeschränkte Bestätigungsvermerk,
- der Versagungsvermerk aufgrund von Einwendungen sowie
- der Versagungsvermerk aufgrund von Prüfungshemmnissen (»disclaimer of opinion«).

Der uneingeschränkte Bestätigungsvermerk stellt die Übereinstimmung der Rechnungslegung mit den für das Unternehmen geltenden Vorschriften fest. Damit wird nur konstatiert, dass die Lage des Zielunternehmens in Jahresabschluss und Lagebericht unter Beachtung der Wesentlichkeit realitätsgerecht dargestellt wird; es wird jedoch keine Wertung über die Lage an sich vorgenommen. Diese Diskrepanz zwischen den Interessen der Informationsempfänger (»Wie ist die Lage?«) und dem gesetzlich normierten Zweck und Umfang der Prüfung (»Ist die Lage korrekt abgebildet?«) wird auch als »Erwartungslücke« bezeichnet. Ist z.B. eine kritische Unternehmenssituation im Jahresabschluss und Lagebericht abgebildet, ergeben sich aus dieser Krise keine Einwendungen im Prüfungsurteil des Abschlussprüfers. Da in der Financial Due Diligence Informationen eruiert werden sollen, die der Beurteilung der zukünftigen Entwicklung des Zielunternehmens dienen, ist ein uneingeschränkter Bestätigungsvermerk nicht per se als Qualitätssiegel für das Zielunternehmen und insbesondere nicht für seine erfolgreiche künftige Entwicklung zu verstehen.

Gemäß § 322 Abs. 4 Satz 1 HGB hat der Abschlussprüfer seine Erklärung nach § 322 Abs. 3 Satz 1 HGB einzuschränken oder zu versagen, wenn Einwendungen zu erheben sind. Ein eingeschränkter Bestätigungsvermerk ist dann zu erteilen, wenn lediglich abgrenzbare Teile der zu prüfenden Rechnungslegung beanstandet werden oder nicht geprüft werden können, zu den wesentlichen Teilen jedoch ein positives Urteil gefällt wird. Es handelt sich insofern um eine eingeschränkt positive Gesamtaussage zu der Frage, ob die Lage des Unternehmens in Jahresabschluss, Lagebericht und Buchführung korrekt abgebildet ist.

Ein Versagungsvermerk ist hingegen zu erteilen, wenn die Gesamtaussage nicht mehr positiv getroffen werden kann, d.h. wenn Rechnungslegung und Buchführung des Unternehmens kein korrektes Bild der Unternehmenslage ergeben.

Einwendungen, die zur Einschränkung oder Versagung des Bestätigungsvermerks führen, können entweder durch bedeutsame Beanstandun-

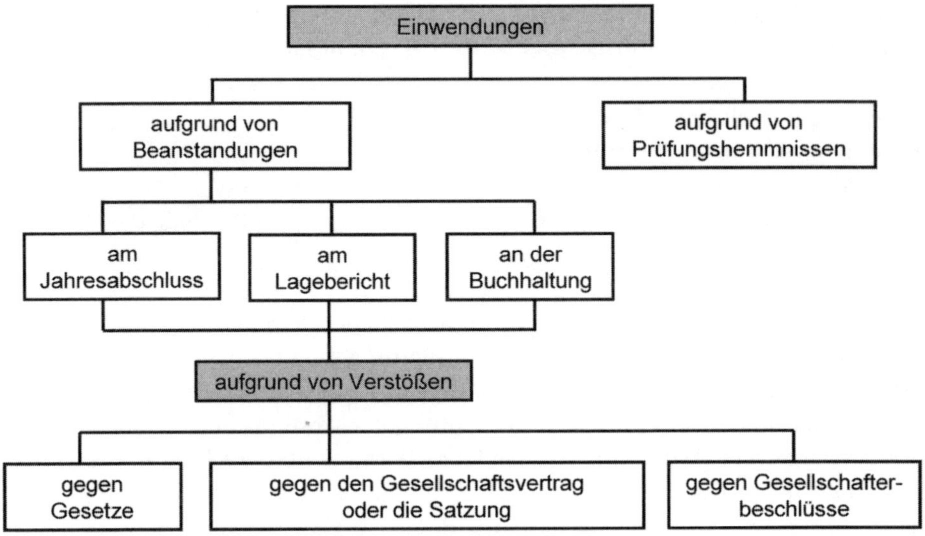

Abb. 3.3: Gründe für die Einschränkung oder Versagung des Bestätigungsvermerks

gen oder durch Prüfungshemmnisse begründet sein, wie in Abbildung 3.3 aufgeschlüsselt ist.

Abgesehen von dieser Untergliederung sind typische Beispiele von Beanstandungen:

- Mängel bezüglich der Ordnungsmäßigkeit der Buchführung im EDV-System,
- Verstöße gegen Ansatz-, Bewertungs- und Ausweisvorschriften,
- Nichtbeachtung von Regelungen des Gesellschaftsvertrags oder der Satzung zur Ausschüttungshöhe,
- Nichtbeachtung von Angabepflichten des Anhangs durch unvollständige oder unzutreffende Berichterstattung,
- Mängel im Lagebericht bezüglich der Bedingungen zur Fortführung der Unternehmenstätigkeit,
- Verletzung der Generalnorm des § 264 Abs. 2 HGB, d.h. der Jahresabschluss vermittelt kein den tatsächlichen Verhältnissen entsprechendes Bild der Vermögens-, Finanz- und Ertragslage, sowie
- Verstöße gegen gesetzliche Bestimmungen.

Einwendungen aufgrund von Prüfungshemmnissen können sich ergeben, wenn vom zu prüfenden Unternehmen

- eine direkte Kontaktaufnahme mit dem Anwalt untersagt wird,
- Saldenbestätigungen nicht eingeholt werden können,
- Geschäftsvorfälle mit nahestehenden Personen nicht ausreichend belegt werden,
- die Ergebnisse anderer Prüfer zurückgehalten werden,
- Arbeitsergebnisse anderer Sachverständiger nicht zugänglich gemacht werden können oder
- allgemein Nachweis- und Auskunftspflichten des § 320 HGB verweigert werden.

Ein Prüfungshemmnis liegt allerdings nur dann vor, wenn der Abschlussprüfer den Nachweis nicht durch eine andere Prüfungshandlung erbringen kann.

Die Wesentlichkeit der Einwendungsgründe ist danach zu beurteilen, ob der festgestellte Mangel oder die nicht ausreichend sichere Beurteilbarkeit generell oder nur für einen abgrenzbaren Bereich der Rechnungslegung gelten (quantitative Komponente) und ob sie zu einer unzutreffenden Beurteilung der Rechnungslegung führen können (qualitative Komponente). Sobald eine wesentliche Beanstandung vorliegt, muss der Bestätigungsvermerk eingeschränkt werden. Da Prüfungsbericht und Bestätigungsvermerk unterschiedliche Adressaten haben, reicht ein Hinweis auf die Beanstandung im Prüfungsbericht nicht aus.

Führt eine gesetzliche Jahresabschlussprüfung zu wesentlichen Einwendungen, ist das Prüfungsurteil im Bestätigungsvermerk erkennbar einzuschränken. Weiterhin ist im Bestätigungsvermerk der Einschränkungsgrund zu nennen.

Eine Versagung des Bestätigungsvermerks wird ein Abschlussprüfer insbesondere dann vornehmen, wenn wesentliche Beanstandungen gegen den Jahresabschluss insgesamt vorliegen und eine lediglich Einschränkung des Bestätigungsvermerks nicht mehr angemessen ist. Die Versagung ist somit eine Eskalationsstufe stärker, um Mängel im Jahresabschluss einer Zielgesellschaft zu dokumentieren. Wie bei dem eingeschränkten Bestätigungsvermerk ist die Versagung zu begründen.

Für den Financial Due Diligence-Prüfer stellt sich die Frage, welche Schlussfolgerungen er ziehen muss, wenn er bei den Jahresabschlüssen einen eingeschränkten Bestätigungsvermerk bzw. einen Versagungsvermerk vorfindet.

Ein eingeschränkter oder versagter Bestätigungsvermerk ist für die Financial Due Diligence immer ein zentraler Hinweis auf potentielle finanzielle Risiken, die in der Zielgesellschaft liegen. Ein so genannter »Deal

Breaker« ist ein eingeschränkter oder versagter Bestätigungsvermerk allerdings nicht zwangsläufig. Vielmehr ist festzustellen, aus welchen Gründen der Bestätigungsvermerk eingeschränkt oder versagt wurde und welche Effekte sich daraus für die zukünftige Entwicklung der Gesellschaft ergeben können. Dabei ist mit einer Einschränkung oder Versagung des Bestätigungsvermerks nicht automatisch die Nichtigkeit eines Jahresabschlusses verbunden. Der Grund für eine Einschränkung bzw. Versagung ist nicht die Nichtigkeit, sondern der Mangel in der Rechnungslegung. Einschränkung bzw. Versagung einerseits und Nichtigkeit andererseits sind somit unterschiedliche Konsequenzen, die sich aus dem gleichen Tatbestand ergeben können.

Für Aktiengesellschaften werden die Tatbestände, die zu einer Nichtigkeit des Jahresabschlusses führen, in § 256 AktG, § 173 Abs. 3 AktG (Prüfungspflicht der Änderungen des Jahresabschlusses durch die Hauptversammlung), § 234 Abs. 3 AktG (Eintragungspflicht der Kapitalherabsetzung) und § 235 Abs. 2 AktG (Eintragungspflicht der an eine Kapitalherabsetzung anschließenden Kapitalerhöhung) geregelt. Für Gesellschaften mit beschränkter Haftung existiert keine explizite gesetzliche Regelung der Nichtigkeit des Jahresabschlusses, nach h.M. haben die Regelungen im Aktiengesetz jedoch Ausstrahlungswirkung auf die GmbH. Für Personengesellschaften kommt eine Nichtigkeit des Jahresabschlusses nur bei Sittenwidrigkeit in Betracht und ist daher wohl nur bei schwerwiegenden Verstößen gegen Bewertungsvorschriften denkbar. Bei Personengesellschaften, die den Kapitalgesellschaften gleichgestellt werden (§ 264a HGB), ist eine analoge Anwendung der Vorschriften des Aktiengesetzes zu erwarten.

Aufgrund der Generalnorm § 256 Abs.1 Nr. 1 AktG ist der Jahresabschluss nichtig, wenn dieser durch seinen Inhalt Vorschriften verletzt, die ausschließlich oder überwiegend zum Schutze der Gläubiger der Gesellschaft bestehen. Daneben führen folgende Verfahrensfehler bei der Feststellung des Jahresabschlusses zu seiner Nichtigkeit:

- Keine Prüfung nach § 316 HGB trotz gesetzlicher Prüfungspflicht,
- Prüfung durch Personen, die nicht Abschlussprüfer sind,
- Verletzung der Bestimmungen des Gesetzes oder der Satzung über die Einstellung und Entnahme von Beträgen in die und aus den Kapital- oder Gewinnrücklagen,
- keine ordnungsgemäße Mitwirkung des Vorstands oder Aufsichtsrats bei der Feststellung,
- Feststellung in einer Hauptversammlung, die unter Verstoß gegen § 121 Abs. 2 bis 4 AktG einberufen wurde oder nicht nach § 130 Abs. 1, 2 und

4 AktG beurkundet wurde oder die Feststellung, die durch ein rechtskräftiges Urteil nach einer Anfechtungsklage für nichtig erklärt wurde.

§ 256 Abs. 4 AktG stellt hinsichtlich § 256 Abs.1 Nr. 1 AktG klar, dass bei einem Verstoß gegen die Vorschriften über die Gliederung des Jahresabschlusses ein Jahresabschluss nur nichtig ist, wenn seine Klarheit und Übersichtlichkeit dadurch wesentlich beeinträchtigt sind.

§ 256 Abs. 5 AktG schränkt § 256 Abs. 1 Nr. 1 AktG bezüglich der Bewertungsvorschriften hinsichtlich der Fälle der Überbewertung und Unterbewertung von Posten unterschiedlich ein. Die Überbewertung entsteht durch höhere Bewertung von Aktivposten oder niedrigere Bewertung von Passivposten als jeweils handelsrechtlich zulässig und führt ohne weitere Einschränkung zur Nichtigkeit des Jahresabschlusses. Die Unterbewertung entsteht durch niedrigere Bewertung von Aktivposten oder höhere Bewertung von Passivposten als jeweils handelsrechtlich zulässig und führt nur dann zur Nichtigkeit des Jahresabschlusses, wenn dadurch vorsätzlich die Vermögens- und Ertragslage der Gesellschaft unrichtig wiedergegeben oder verschleiert wird.

Die Nichtigkeit des Jahresabschlusses nach § 256 AktG führt zur Nichtigkeit des entsprechenden Feststellungsbeschlusses. Diese führt gemäß § 253 Abs. 1 AktG zur Nichtigkeit des Gewinnverwendungsbeschlusses bei der Aktiengesellschaft und in analoger Anwendung auch bei der GmbH. Die auf Grundlage dieser nichtigen Gewinnverwendungsbeschlüsse gezahlten Ausschüttungen an Gesellschafter wurden somit ohne Rechtsgrund getätigt. Eine grundsätzlich mögliche Rückforderung der Zahlungen der Gesellschaft von ihren Gesellschaftern scheitert jedoch meist am Gutglaubensschutz der Gesellschafter bezüglich der erhaltenen Beträge (§ 62 Abs. 1 Satz 2 AktG und § 32 GmbHG).

Aus der Zahlung an die Gesellschafter ohne Rechtsgrund wegen der Nichtigkeit des Gewinnverwendungsbeschlusses kann sich die zivilrechtliche Konsequenz eines Ersatzanspruches der Gesellschaft gegen den Vorstand einer AG aufgrund einer Pflichtverletzung aus § 93 Abs. 3 AktG und gegen die Geschäftsführung einer GmbH aufgrund einer Pflichtverletzung aus § 43 Abs. 2 GmbHG ergeben. Darüber hinaus machen sich der Vorstand einer AG und die Geschäftsführung einer GmbH gegebenenfalls strafbar nach § 331 Nr. 1 HGB, wenn sie die Verhältnisse der Gesellschaft im Jahresabschluss vorsätzlich unrichtig wiedergeben oder verschleiern.

Möglichen Hinweisen auf eine Nichtigkeit der Jahresabschlüsse durch einen der oben aufgeführten Tatbestände ist im Rahmen der Financial Due Diligence insbesondere wegen der daraus resultierenden Unsicherheit des Bestands der Eigenkapitalposition der Gesellschaft nachzugehen.

Wie anhand der Varianten des Bestätigungs- bzw. Versagungsvermerks sowie der Überlegungen zur Nichtigkeit aufgezeigt, ist die Intensität der Vergangenheitsanalyse von der Qualität der Ausgangsdaten abhängig:

- Soweit es sich um von einem Wirtschaftsprüfer testierte Abschlüsse handelt, kann der Inhalt der Prüfungsberichte i.d.R. ohne eigene Prüfungshandlungen übernommen werden. Ein Financial Due Diligence-Prüfer weist in seinem Bericht regelmäßig darauf hin, dass er keine diesbezüglichen Prüfungshandlungen vorgenommen hat. Jedoch ist der Interpretation von Einschränkungs- und Versagungsvermerken besondere Aufmerksamkeit beizumessen.
- Liegen dagegen nur von der Gesellschaft selbst oder von einem Steuerberater aufgestellte Ergebniszahlen vor, sollte grundsätzlich zumindest die Plausibilität des Zahlenwerkes geprüft werden.
- Bei vorläufigen Zahlen sind zusätzliche Analyseschritte erforderlich, z.B. ist zu hinterfragen, ob beispielsweise alle Periodenabgrenzungen, Wertberichtigungen auf Forderungen, Rückstellungsbildungen und die Bestandsfortschreibungen der Vorräte sachgerecht und korrekt vorgenommen wurden. Dies gilt ebenso für unterjährige, monatliche Berichterstattungen oder Zwischenabschlüsse.
- Bei nichtigen Jahresabschlüssen ist insbesondere die Korrektur der Eigenkapitalposition zum letzten Stichtag vor dem Closing sicherzustellen und zu prüfen, welche Schritte seitens der Gesellschaft notwendig sind, um in der Zukunft wirksam Jahresabschlüsse feststellen zu können.

Weitere Informationsquellen und Ansprechpartner neben dem Jahresabschluss und dem Lagebericht sind das Management des Zielunternehmens selbst und insbesondere – soweit von seiner Geheimhaltungspflicht entbunden – der Abschlussprüfer der Zielgesellschaft (siehe hierzu im Einzelnen Kapitel 1.3). Die Aussagen dieser Experten werden im Rahmen der Jahresabschlussanalyse zur Klärung der Ursachen und Hintergründe der Entwicklung der Gesellschaft herangezogen.

3.2 Bilanzanalyse

3.2.1 Strukturbilanz

Der erste Schritt zur Aufbereitung des Jahresabschlusses besteht in der Zusammenfassung und Saldierung von Posten zu aussagefähigen Größen, die in die Kennzahlenanalyse einfließen können. Das Ergebnis ist die so genannte Strukturbilanz, für die es jedoch keine theoretisch »richtige« Vorgehensweise gibt, sondern nur Abläufe, die sich in der Praxis der Bilanzanalyse (weitgehend) durchgesetzt haben. Im Einzelfall können andere Handhabungen sinnvoll sein, wie auch beim Vergleich mit einer Bilanzanalyse unter IFRS deutlich wird.

Ausgangspunkt für die Erstellung der Strukturbilanz ist der Einzelabschluss. Hier werden im ersten Schritt die indirekten Wertberichtigungen mit den korrespondierenden Aktivposten saldiert. In der Rechnungslegung nach HGB handelt es sich dabei ausschließlich um Wertberichtigungen in Form von Sonderposten mit Rücklageanteil.

Im zweiten Schritt werden die Aktivposten der Bilanz in das betriebsnotwendige Anlagevermögen sowie das Umlaufvermögen aufgeteilt. Aktive Rechnungsabgrenzungsposten werden dabei dem Umlaufvermögen zugerechnet. Im Umlaufvermögen sollten für die weitere Analyse Vorräte und Forderungen separat als »davon«-Größe ausgewiesen werden. Eine Unterkategorie zu den Vorräten bilden wiederum die Fertigerzeugnisse und Waren. Nicht betriebsnotwendiges Anlagevermögen ist zu separieren und fließt getrennt in die Wertermittlung des Käufers ein.

Als drittes sind auf der Passivseite Eigen- und Fremdkapital zu trennen. Hier sollte auf das bilanzielle Eigenkapital zurückgegriffen werden, in das bereits der Eigenkapitalanteil der Sonderposten mit Rücklageanteil eingerechnet ist (siehe hierzu die Berechnung von bilanziellem und effektivem Eigenkapital im folgenden Kapitel).

Bei der Konzernanalyse ist zusätzlich über den Ausweis von Minderheitenbeteiligungen nachzudenken. Will man untersuchen, welche Mittel dem Unternehmen ohne Rückzahlungsverpflichtung auf Dauer zur Verfügung stehen, sind Minderheitsbeteiligungen dem Eigenkapital zuzurechnen. Ergänzend müssen dann auch die zugehörigen Gewinnanteile bzw. Ausschüttungsbeträge vom Eigenkapital abgezogen werden. Soll hingegen die Eigenkapitalrendite aus Sicht des potenziellen Käufers untersucht werden, müssen die Minderheitenanteile selbst sowie ihre Gewinnwirkungen aus dem Eigenkapital eliminiert werden.

Abschließend für die Bereinigung des Eigenkapitals müssen die Verzerrungen untersucht und eliminiert werden. Dies sind vor allem die rein steuerlich bedingten Effekte von Sonderabschreibungen, erhöhten Absetzungen und Bewertungsabschlägen. Sofern in der Voruntersuchung erhebliche Ausnutzungen von Bilanzierungs- und Bewertungswahlrechten sowie Ermessensspielräumen auffällig geworden sind (siehe Kapitel 2), sollten auch diese – zumindest im Rahmen einer Alternativberechnung – korrigiert werden. Analog sind dann natürlich die entsprechenden übrigen Bilanzpositionen, auf die sich die Wahlrechte beziehen, mit zu bereinigen.

Für die Aufbereitung des Fremdkapitals sind die Summe der Gesamtschulden bzw. des Fremdkapitals einerseits und die Unterteilung nach Fristigkeiten andererseits von Interesse. Die Berechnung erfolgt analog:

Als kurzfristige Schulden gelten Verbindlichkeiten mit einer Restlaufzeit von nicht mehr als einem Jahr. Rechnet man die Rückstellungen (ohne Pensions- und Aufwandsrückstellungen), Dividendenzahlungen, passive Rechnungsabgrenzungsposten und den Fremdkapitalanteil der o.g. Wertberichtigungen hinzu, ergibt sich das kurzfristige Fremdkapital.

Kurzfristige Schulden zuzüglich der Verbindlichkeiten mit einer Restlaufzeit zwischen einem und nicht mehr als fünf Jahren plus dem Fremdkapitalanteil der Sonderposten mit Rücklageanteil ergeben den Betrag der kurz- und mittelfristigen Schulden. Addiert man zum kurzfristigen Fremdkapital diese beiden Positionen und die erhaltenen Anzahlungen hinzu, ergibt sich das kurz- und mittelfristige Fremdkapital.

Fügt man den kurz- und mittelfristigen Schulden die Verbindlichkeiten mit einer Restlaufzeit von mehr als fünf Jahren hinzu, erhält man die Gesamtschulden. Analog führt die weitere Addition der Pensionsrückstellungen zur Gesamtsumme des Fremdkapitals. Die Zusammenhänge sind in Abbildung 3.4 dargestellt.

Das Gesamtkapital errechnet sich abschließend aus der Summe von bilanziellem Eigenkapital und gesamtem Fremdkapital. Es stimmt nicht mit der Bilanzsumme überein, da zum ersten mit dem bilanziellen Eigenkapital statt mit dem rechnerischen gearbeitet wurde. Zum zweiten sind die steuerlichen Korrekturposten nur mit ihrem Fremdkapitalanteil enthalten. Zum dritten – und diese Position kann erheblichen Umfang haben – wurden die Aufwandsrückstellungen gar nicht in die Berechnungen einbezogen. Der Grund liegt darin, dass sie Verpflichtungen des Unternehmens gegenüber sich selbst abbilden und damit grundsätzlich weder Verpflichtungscharakter nach außen noch Eigenkapitalwirkung nach innen haben. Daher dürfen sie nach allgemeiner Auffassung nicht in verschuldungsabhängige Bilanzziffern eingehen. Problematisch ist jedoch, dass sie nach der Mindestgliede-

Verbindlichkeiten mit einer Restlaufzeit ≤ 1 Jahr	
= kurzfristige Schulden	**+ Steuerrückstellungen**
	+ sonstige Rückstellungen ohne Aufwandsrückstellungen
	+ Dividendenzahlungen
	+ passive Rechnungsabgrenzungsposten
	+ FK-Anteil der steuerlichen Korrekturposten
	= kurzfristiges Fremdkapital
+ Verbindlichkeiten mit einer Restlaufzeit > 1 Jahr, ≤ 5 Jahre	
+ FK-Anteil der Sonderposten mit Rücklageanteil (pauschal 50%)	
= kurz- und mittelfristige Schulden	
	+ erhaltene Anzahlungen
	= kurz- und mittelfristiges Fremdkapital
+ Verbindlichkeiten mit einer Restlaufzeit > 5 Jahre	
= Gesamtschulden	
	+ Pensionsrückstellungen
	= gesamtes Fremdkapital

Abb. 3.4: Fristigkeiten bei Schulden und Fremdkapital

rung des § 266 HGB nicht separat aufgeschlüsselt werden müssen. Stattdessen werden sie in der Position »sonstige Rückstellungen« mit allen anderen Rückstellungen (außer Pensions- und Steuerrückstellungen) zusammengefasst. Sofern das Zielunternehmen nicht über § 285 Nr. 12 HGB verpflichtet ist, die Bestandteile der sonstigen Rückstellungen in seinem Anhang zu erläutern, können die Aufwandsrückstellungen nicht ohne separate Informationen aus dem Gesamtkapital herausgerechnet werden.

Auch die Aufteilung der Verbindlichkeiten nach Restlaufzeit ist nicht immer in gewünschtem Maße dem Jahresabschluss zu entnehmen. § 268 Abs. 5 HGB schreibt zwar den separaten Ausweis der Verbindlichkeiten mit einer Restlaufzeit von bis zu einem Jahr in der Bilanz vor, muss allerdings von Einzelunternehmen und kleinen Personengesellschaften (bis auf die Ausnahme des § 264a HGB) nicht befolgt werden. Nach § 285 Nr. 1 Buchst. a HGB muss im Anhang der Gesamtbetrag der Verbindlichkeiten dargestellt werden, die eine Restlaufzeit von mehr als fünf Jahren haben. Diese Regelung muss jedoch ebenfalls nicht von Einzelunternehmen und Personengesellschaften (größenunabhängig, Ausnahme für Personenhandelsgesellschaften nach § 264a HGB) befolgt werden. Damit ist die Aufgliederung der Verbindlichkeiten nach Fristigkeit für einen wesentlichen Teil der deutschen Unternehmen zumindest auf Basis des Jahresabschlusses nicht darstellbar.

3.2.2 Analyse der Vermögenslage

Für die Analyse der Vermögenslage wird von der Bilanz des Zielunternehmens ausgegangen. Die Financial Due Diligence konzentriert sich dabei in der Regel auf einzelne Bilanzpositionen bzw. -relationen. Dies sind – in der Reihenfolge ihres Auftretens in der Bilanz – die Aufwendungen für Ingangsetzung und Erweiterung des Geschäftsbetriebs, das Anlage- und das Umlaufvermögen, die Finanzierung mit Eigen- und Fremdkapital sowie Mischformen, die Rückstellungen (dabei insbesondere die Pensionsrückstellungen) sowie die Steuerabgrenzung auf der Aktiv- und der Passivseite. Die Prüfung unwesentlicher Bilanzpositionen sowie der liquiden Mittel hat dagegen meist einen geringen Umfang.

(a) Analyse der Aufwendungen für Ingangsetzung und Erweiterung des Geschäftsbetriebs

Eine spezielle Position in der Bilanz von Kapitalgesellschaften sind die »Aufwendungen für die Ingangsetzung und Erweiterung des Geschäftsbetriebs«, die in § 269 HGB (»Ingangsetzungsaufwendungen«) geregelt sind. In Form einer Bilanzierungshilfe dürfen nicht aktivierbare Aufwendungen erfolgsneutral angesetzt werden. Sie sind über maximal vier Jahre wieder aufzulösen. Diese Position dient dem dynamischen Bilanzierungsziel, einmalige, grundsätzlich nicht aktivierungsfähige, aber in der Zukunft erfolgswirksame Ausgaben den Jahren zuzurechnen, in denen sie zu den entsprechenden Erträgen führen.

Durch die Formulierung als Wahlrecht, aber auch durch die Unbestimmtheit des Begriffs der »Erweiterung des Geschäftsbetriebs« liegt hier ein erheblicher Gestaltungsspielraum vor. Zu prüfen ist, ob die aktivierten Aufwendungen – unter Berücksichtigung aller Risiken – zu zukünftigen Erträgen führen. Es darf sich zudem nicht um eine Umgehung des Aktivierungsverbots für immaterielle Wirtschaftsgüter des Anlagevermögens handeln (zum Ermessensspielraum bei der Abgrenzung siehe Kapitel 2.2.2). Unternehmensübliche Forschungs- und Entwicklungskosten dürfen hierunter explizit nicht subsumiert werden.

Unter die Aufwendungen für die Ingangsetzung oder Erweiterung des Geschäftsbetriebs fallen üblicherweise nur Aufwendungen für den Auf- bzw. Ausbau der Betriebs-, Verwaltungs- und Vertriebsorganisation, für die Beschaffung von Arbeitskräften (z.B. das Honorar für Personalberater), für Marktstudien oder für Einführungswerbung. Die Bilanzierungshilfe ist – anders als die vergleichbare Position Geschäfts- oder Firmenwert – in der Bilanz gesondert vor dem Anlagevermögen auszuweisen.

In der Steuerbilanz ist die Aktivierung der Ingangsetzungs- oder Erweiterungsaufwendungen nach Rechtsprechung des Bundesfinanzhofs unzulässig. Weichen Handels- und Steuerbilanz voneinander ab, wird eine Steuerabgrenzung notwendig, die noch zu untersuchen sein wird.

§ 269 HGB verbindet mit der Aktivierung der Bilanzierungshilfe eine Ausschüttungssperre, nach der im Fall der Aktivierung Gewinne nur ausgeschüttet werden dürfen, wenn die nach der Ausschüttung verbleibenden jederzeit auflösbaren Gewinnrücklagen zuzüglich eines eventuellen Gewinnvortrags bzw. abzüglich eines Verlustvortrags dem Aktivierungsbetrag mindestens entsprechen. Damit wird die Gewinnausschüttung auf das Maß beschränkt, das ohne Bildung der Bilanzierungshilfe möglich wäre. Der Aktivposten ist im Anhang zu erläutern, in den Anlagespiegel aufzunehmen und über höchstens vier Jahre abzuschreiben.

Für die Due Diligence ist diese Position vor allem deshalb interessant, weil sie einen Einblick in die Entwicklung eines wachsenden Unternehmens geben kann.

(b) Analyse des Anlagevermögens

Bei der Analyse des Anlagevermögens steht im Vordergrund, ob Art, Alter und Beschaffenheit der vorhandenen Vermögensgegenstände ausreichend sind, um den Betrieb in gleichem Umfang wie bisher fortführen zu können. Dabei ist das Investitionsverhalten des Unternehmens in der Vergangenheit einzubeziehen, um einen eventuellen Investitionsstau erkennen zu können.

Bei der Prüfung wesentlicher Gegenstände des Anlagevermögens ist die Financial Due Diligence gegebenenfalls um eine Technical Due Diligence zu ergänzen. In deren Rahmen sind die Beschaffenheit und der Zustand des Anlagevermögens unter technischen Gesichtspunkten zu überprüfen. Wartungszustand, Reparatur- und Ersatzbedarf, Übereinstimmung mit aktuellen Qualitätsstandards und Umweltschutzauflagen sowie die Verknüpfbarkeit zu einem reibungslosen Produktionsprozess (Systemkompatibilität, Schnittstellenmanagement usw.) müssen von Fachleuten aus technischer Sicht beurteilt werden.

Die Erkenntnisse über das Anlagevermögen haben wesentliche Auswirkungen auf die Plausibilitätsbeurteilung der Planung, insbesondere im Investitions- und Finanzierungsbereich. Der vorhandene Anlagebestand in Verbindung mit der geplanten Entwicklung des Unternehmens ist maßgeblich für den zukünftigen Finanzbedarf zur Vornahme von Investitionen und damit auch für die zu planenden Abschreibungen und Zinsen. Dies wiederum hat Auswirkungen auf die spätere Beurteilung der Finanz- und der Ertragslage insgesamt.

Zur Analyse des Anlagevermögens ist es zunächst notwendig, das Volumen der Nettoinvestitionen zu bestimmen. Hierbei handelt es sich um eine wesentliche Größe, die sich aus der Aufbereitung des Jahresabschlusses ergeben sollte. Sie bezeichnet den Betrag, um den die Zugänge (Investitionen zu aktuellen Preisen) die Abgänge (Verkäufe oder Verschrottung zu Restbuchwerten) übersteigen. Im angloamerikanischen Bereich werden die Nettoinvestitionen als »NetCapEx« (Net Capital Expenditures) bezeichnet. Für die Financial Due Diligence muss berücksichtigt werden, dass die notwendigen Daten aus dem deutschen Jahresabschluss oft nur schwer abzuleiten sind.

Eine für die Analyse wichtige Zusatzinformation findet sich in § 268 Abs. 2 HGB: Entweder in der Bilanz oder im Anhang ist in einem so genannten »Anlagespiegel« (auch »Anlagengitter«) die Entwicklung der einzelnen Posten des Anlagevermögens sowie – falls sie bilanziert werden – der »Aufwendungen für die Ingangsetzung und Erweiterung des Geschäftsbetriebs« darzustellen. Aus Gründen der Übersichtlichkeit findet sich der Anlagespiegel in der Regel im Anhang. Für jeden einzelnen Posten des Anlagevermögens sind

- die gesamten Anschaffungs- und Herstellungskosten,
- die Zugänge, Abgänge, Umbuchungen und Zuschreibungen des Geschäftsjahrs und
- die Abschreibungen ohne in ihrer gesamten Höhe gesondert aufzuführen.

In der Regel sind auch die Abschreibungen des Geschäftsjahres im Anlagespiegel aufgeführt, sie können aber auch bei den entsprechenden Posten in der Bilanz vermerkt werden.

Im häufig verwendeten Schema folgen die Restbuchwerte der Bilanzpositionen zum Jahresende und zum Vorjahresende; diese müssen mit den entsprechenden Bilanzangaben übereinstimmen. Abschließend werden die Abschreibungen des Geschäftsjahres angegeben. Kleine Kapitalgesellschaften sind jedoch von der Verpflichtung zur Aufstellung des Anlagespiegels befreit (§ 274a Nr. 1 HGB).

Für die Due Diligence ist der Anlagespiegel vor allem deshalb von Bedeutung, weil sich daraus die Altersstruktur des Anlagevermögens und das Investitionsverhalten des Zielunternehmens in den letzten Jahren ableiten lassen. Konstante Abschreibungen bei geringen oder stark sinkenden Zugängen deuten darauf hin, dass das Anlagevermögen veraltet sein kann. Umgekehrt können sprunghaft steigende Zugänge auf ein überprospektives

Investitionsverhalten oder auf einen Investitionsstau in der Vergangenheit des Zielunternehmens hinweisen. Hierzu sind die Finanzspielräume des Unternehmens im Auge zu behalten und auf entsprechend steigende Umsatzerlöse zu achten. Wenn Überkapazitäten aufgebaut wurden, wird auf das investierte Kapital möglicherweise keine ausreichende Rendite erzielt; dies kann bei Fremdfinanzierung zu Liquiditätsproblemen führen. Steigen die laufenden Abschreibungen sprunghaft an, deutet das auf Wertkorrekturen im Anlagevermögen hin. Untersuchungsbedarf besteht auch, sofern das Investitionsverhalten stark von dem der Vorjahre, der Branche und evtl. der »Stimmung am Markt« abweicht.

Um aus dem Anlagespiegel die Nettoinvestitionen zu ermitteln, ist eine Rückrechnung notwendig (es sei denn, es liegt ein Abschreibungsspiegel für das Zielunternehmen vor). Dafür werden die Endbestände des Geschäftsjahres zu Restbuchwerten mit den Anfangsbeständen zu Restbuchwerten verglichen. Addiert man zu der Differenz die Abschreibungen des Geschäftsjahres hinzu, erhält man (ohne Berücksichtigung von Umbuchungen, Wertzuschreibungen, Währungsumrechnungs- und Konsolidierungseffekten) die Nettoinvestitionen des Geschäftsjahres, wie in Abbildung 3.5 dargestellt.

Endbestand der Geschäftsjahresbilanz zu Restbuchwerten
./. Anfangsbestand der Geschäftsjahresbilanz zu Restbuchwerten
+ Abschreibungen des Geschäftsjahres

= Nettoinvestitionen des Geschäftsjahres

Abb. 3.5: Indirekte Ermittlung der Nettoinvestitionen

In der angelsächsischen Praxis werden zu den Nettoinvestitionen auch die Nettoausgaben für Forschung und Entwicklung und die (normalisierten) Ausgaben für Unternehmenszukäufe hinzugerechnet. Damit soll die Werthaltigkeit dieser Zahlungen abgebildet werden, auch wenn es sich nicht um Investitionen im reinen Wortsinn handelt.

Nach Berechnung der Nettoinvestitionen kann mit der Analyse des Anlagevermögens begonnen werden. Als wesentliche Kennzahlen hierzu sind der Anlageabnutzungsgrad, die Investitionsquote, die Wachstumsquote und die Abschreibungsquote zu nennen. Abbildung 3.6 stellt ihre Berechnung dar.

Der Anlagenabnutzungsgrad gibt eine erste Indikation für das Alter der vorhandenen Sachanlagen und den zukünftigen Nachholbedarf an Modernisierungsinvestitionen. Die Nettoinvestitionen als absolute Zahl sowie die

$$\text{Anlageabnutzungsgrad} = \frac{\text{kumulierte Abschreibungen auf das Sachanlagevermögen}}{\text{Sachanlagevermögen zu historischen Anschaffungskosten}}$$

$$\text{Investitionsquote} = \frac{\text{Nettoinvestitionen in Sachanlagen}}{\text{Sachanlagen zu historischen Anschaffungskosten}}$$

$$\text{Wachstumsquote} = \frac{\text{Nettoinvestitionen in Sachanlagen}}{\text{Abschreibungen des Geschäftsjahres auf Sachanlagen}}$$

$$\text{Abschreibungsquote} = \frac{\text{Abschreibungen des Geschäftsjahres auf Sachanlagen}}{\text{Sachanlagen zu historischen Anschaffungskosten}}$$

Abb. 3.6: Wichtige Kennzahlen zur Analyse des Anlagevermögens

Wachstumsquote sind Indizien für das absolute Wachstum des Unternehmens. Bei einer Wachstumsquote geringer als Eins findet im Anlagevermögen Substanzverzehr statt. Ist dies dauerhaft der Fall, ist zu vermuten, dass die Unternehmenspolitik auf Abschöpfung und nicht auf Wachstum gerichtet ist. Veränderungen im Zeitverlauf sind auf jeden Fall mit den Aussagen des Managements zum Investitionsverhalten abzustimmen.

(c) Analyse des Umlaufvermögens

Die Analyse des Umlaufvermögens bezieht sich vor allem auf die Vorräte einerseits sowie die Forderungen andererseits. Dabei stehen jeweils erstens die Werthaltigkeit und zweitens mögliche Hinweise auf Veränderungen der Geschäftstätigkeit im Vordergrund. Die Untersuchung des Vorratsvermögens wird bei einem produzierenden Unternehmen und bei Handelsunternehmen naturgemäß wesentlich umfangreicher ausfallen als bei einem Dienstleistungsunternehmen.

(i) Analyse der Vorräte

Eine marktnahe Bewertung des *Vorratsvermögens* ist unabdingbar, wenn der Zeitpunkt des letzten testierten Jahresabschlusses bereits einige Zeit zurückliegt. Bei Roh-, Hilfs- und Betriebsstoffen sowie bei unfertigen und fertigen Erzeugnissen ist zu prüfen, ob ausreichende Vorsorge für die Nichtgängigkeit von Gegenständen, ihre mögliche Veralterung oder für Überbestände getroffen wurde. Besondere Vorsicht ist bei verderblichen Waren oder modischen Artikeln geboten. Generell sollte bei unfertigen und fertigen Erzeugnissen darauf geachtet werden, ob die Vorgehensweise zur Bewertung ihrer Herstellungskosten in der Vergangenheit stetig durchgeführt wurde oder ob das Bewertungsverfahren verändert wurde.

Daneben kann die Analyse des Vorratsvermögens auch Aussagen über Veränderungen der Geschäftstätigkeit liefern. Der Umfang der Vorratshaltung oder die Umschlaghäufigkeit der Vorräte können Indizien dafür liefern, ob ein Unternehmen wächst oder schrumpft, ob Rationalisierungen in der Lagerhaltung oder dem Fertigungsablauf vorgenommen wurden bzw. erfolgreich waren. Grundsätzlich ist auch hier anzumerken, dass Kennzahlen und deren Veränderungen es kaum zulassen, absolute Aussagen zu machen. Vielmehr werfen sie oftmals Fragen auf, die vom Management schlüssig beantwortet werden müssen.

Die Kennzahlen zur Analyse des Umlaufvermögens werden – je nach Branche und Marktsituation – entweder auf die Herstellungskosten der abgesetzten Erzeugnisse oder auf die Umsatzerlöse bezogen. Durch die Verwendung der Herstellungskosten werden Verzerrungen durch schwankende oder untypische Gewinnzuschläge, aber auch außergewöhnlich hohe oder niedrige Rabatte, Skonti u.ä. vermieden. Die Rechnung mit Umsatzerlösen hat dem gegenüber den Vorteil, dass die Bewertungsentscheidung des Unternehmens (Teil- oder Vollkosten), Veränderungen in der Auslastung oder der Gemeinkostenschlüsselung und ähnliche Effekte keine Auswirkungen auf die zu ermittelnden Größen haben. Es ist daher im Einzelfall zu entscheiden, welche Bezugsgröße gewählt wird. Wesentliche Kennzahlen zur Analyse des Umlaufvermögens sind in Abbildung 3.7 zusammengefasst.

Bei der Verbindung von Bestandsgrößen mit Größen der Gewinn- und Verlustrechnung (z.B. Vorräte am Tag X zu Umsätze im Zeitraum Y) ist auf den Vergleichszeitraum zu achten, für den die Umsätze ermittelt wurden. Insbesondere bei saisongebundenen, zyklischen oder stark wachsenden Unternehmen können Stichtagsgrößen verzerrt sein (z.B. aufgrund des Weihnachtsgeschäfts oder bei Saisonartikeln).

Die Vorratsquote sollte grundsätzlich eher gering sein, da Vorräte Lagerkosten und als Bestandteil des Working Capital Kapitalbindungskosten verursachen. Andererseits muss gewährleistet sein, dass genug Vorräte am Lager sind, um die Produktion aufrechtzuerhalten und lieferbereit zu sein. Eine vergleichbare Aussage kann für die Bindungskennzahlen getroffen werden.

Anm.: AHK = Anschaffungs- oder Herstellungskosten

$$\text{Vorratsquote} = \frac{\text{Vorräte zu AHK}}{\text{Bilanzsumme}}$$

$$\text{Vorrätebindung} = \frac{\text{Vorräte zu AHK}}{\text{Absatzmenge zu AHK}} \quad \text{oder} \quad \frac{\text{Vorräte zu AHK}}{\text{Umsatzerlöse}}$$

$$\text{Fertigerzeugnissebindung} = \frac{\text{Fertigerzeugnisse und Waren zu AHK}}{\text{Absatzmenge zu AHK}} \quad \text{oder} \quad \frac{\text{Fertigerzeugnisse und Waren zu AHK}}{\text{Umsatzerlöse}}$$

$$\text{Umschlaghäufigkeit der Vorräte} = \frac{\text{Absatzmenge zu AHK}}{\text{Ø Vorratsbestand zu AHK}} \quad \text{oder} \quad \frac{\text{Umsatzerlöse}}{\text{Ø Vorratsbestand zu AHK}}$$

$$\text{Umschlagdauer der Vorräte} = \frac{\text{ø Vorratsbestand zu AHK} \times 365}{\text{Absatzmenge zu AHK}} \quad \text{oder} \quad \frac{\text{ø Vorratsbestand zu AHK} \times 365}{\text{Umsatzerlöse}}$$

Abb. 3.7: Wichtige Kennzahlen zur Analyse des Vorratsvermögens

Eine hohe Umschlaghäufigkeit der Vorräte ist grundsätzlich positiv zu beurteilen, da sie ein hohes Liquiditätspotenzial angibt und einen gewissen Schutz gegen hohen Abwertungsbedarf bei sich schnell änderndem Marktumfeld bietet. Eine sinkende Quote weist darauf hin, dass Lagerbestände stärker gestiegen sind als der Umsatz; Vorräte also »auf Halde« liegen. Der Anstieg kann allerdings auch auf eine vorsorgliche Beschaffung von Vorräten hinweisen, z.B. vor anstehenden Preissteigerungen oder um einen großen Produktionsauftrag erfüllen zu können. Es empfiehlt sich daher eine Detailanalyse der einzelnen Vorratsposten.

Ein niedrigerer Wert bei der Umschlagdauer der Vorräte weist auf geringe Mittelbindung und hohes Liquiditätspotenzial hin. Die Kennzahl gibt nicht notwendigerweise die Verweildauer der Vorräte an, da sie u.a. durch Preisänderungen für Rohstoffe sowie Bewertungswahlrechte beeinflusst wird.

(ii) Analyse der Forderungen

Eine zeitnahe Bewertung wie bei den Vorräten ist auch bei den *Forderungen* notwendig. Insbesondere die ausreichende Bildung von Einzel- und Pauschalwertberichtigungen ist zu überprüfen. Daten über Fälligkeit und Laufzeit von Forderungen liefern Informationen für die Liquiditätslage und die Wahrscheinlichkeit der Einbringlichkeit der Forderungen. Eine Analyse der Entwicklung der durchschnittlichen Forderungslaufzeiten kann darüber hinaus Aufschluss über die Zahlungsmoral und Bonität der Kunden sowie auch über die Qualität bzw. über Verbesserungspotenziale des unternehmenseigenen Forderungsmanagements geben. Abbildung 3.8 stellt »Wichtige Kennzahlen zur Analyse des Forderungsbestands« zusammen. Auch hier können als Bezugsgröße die Anschaffungs- oder Herstellungskosten der Absatzmenge oder die Umsatzerlöse dienen.

Eine niedrige Forderungsbindung weist – ähnlich wie die Vorräte- und die Fertigerzeugnisse-Bindung – auf einen geringen Ausstand von Mitteln bei den Kunden hin. Hohe Forderungsbindungen können auf lange Zahlungsziele oder eine schlechte Zahlungsmoral der Kunden hinweisen. Hier können Verbesserungen durch Änderung der Rechnungskonditionen (kürzere Zahlungsziele, hohe Skonti bei sofortigem Rechnungsausgleich) oder eine Auslagerung des Forderungsmanagements (Factoring, Forfaitierung) erzielt werden.

Eine Erhöhung der Kennzahl Kundenziel kann auf wirtschaftliche Schwierigkeiten bei Kunden bzw. deren Bonitätsverschlechterung hinweisen. Generell empfiehlt sich die Durchführung einer Altersstrukturanalyse für den Forderungsbestand, in der die Forderungen nach Fälligkeiten bzw. Überfälligkeiten angeordnet werden. Sie eignet sich gut, um die gebildeten Einzelwertberichtigungen der Gesellschaft anhand großer und überfälliger Einzelpositionen zu analysieren. Oft lassen sich auch Kunden oder Kundengruppen identifizieren, bei denen besondere Schwierigkeiten in der Geschäftsbeziehung bestehen. Allerdings können auch eigene Qualitätsprobleme in Verbindung mit einer verzögerten Abnahme und Rechnungsbegleichung durch den Kunden zu einem verlängerten Kundenziel führen.

$$\text{Forderungsbindung} = \frac{\text{Forderungen aus Lieferungen und Leistungen}}{\text{Absatzmenge zu AHK}} \quad \text{oder} \quad \frac{\text{Forderungen aus Lieferungen und Leistungen}}{\text{Umsatzerlöse}}$$

$$\text{Kundenziel} = \frac{\text{Forderungen aus Lieferungen und Leistungen} \times 365}{\text{Absatzmenge zu AHK}} \quad \text{oder} \quad \frac{\text{Forderungen aus Lieferungen und Leistungen} \times 365}{\text{Umsatzerlöse}}$$

AHK = Anschaffungs- oder Herstellungskosten

Abb. 3.8: Wichtige Kennzahlen zur Analyse des Forderungsbestands

Ein weiterer Untersuchungsgegenstand sollte die Kundenstruktur sein: Eine ABC-Kundenanalyse gibt darüber Aufschluss, wie hoch die Umsätze mit den größten Kunden sind und wie abhängig das Unternehmen von einzelnen Kunden ist. Sofern der Großteil der Forderungen auf einige wenige Kunden entfällt, ist deren Bonität zu hinterfragen und zu prüfen, ob eine Forderungsausfallversicherung besteht bzw. für diese Kunden abgeschlossen wurde. Großunternehmen und Kunden aus bestimmten Regionen verlangen oftmals Zahlungskonditionen mit langer Fälligkeit, was bei der Analyse des Kundenziels und der Liquiditätsanalyse zu berücksichtigen ist.

(d) Analyse des Eigenkapitals

Ein notwendiger Analyseschritt für die Beurteilung der Vermögenslage ist die Trennung von Eigen- und Fremdkapital, um feststellen zu können, zu welchem Anteil die zuvor genannten Anlage- und Umlaufgüter durch Eigenmittel finanziert sind und in welchem Umfang ihnen Schulden gegenüberstehen (siehe auch Kapitel 3.2.1 mit den Erläuterungen zur Strukturbilanz).

Das Eigenkapital ist für Kapitalgesellschaften in § 272 HGB detailliert geregelt. Dort ist die Aufgliederung des Eigenkapitals in das Gezeichnete Kapital (Nominalkapital, d.h. Grundkapital der AG bzw. Stammkapital der GmbH), die Kapitalrücklage, die Gewinnrücklagen und – als spezielle Gewinnrücklage – die Rücklage für eigene Anteile definiert. Ergänzend werden dort der Gewinn- oder Verlustvortrag und der Jahresüberschuss bzw. -fehlbetrag aufgeführt. Wird die Bilanz unter der Berücksichtigung einer teilweisen Verwendung des Jahresergebnisses aufgestellt, so werden die beiden letztgenannten Positionen durch den Posten »Bilanzgewinn/Bilanzverlust« ersetzt.

Fasst man alle genannten Eigenkapitalbestandteile zusammen, ergibt sich das so genannte rechnerische Eigenkapital. Für den Analysten sind jedoch zwei andere Eigenkapitalbegriffe von Interesse: Dies ist erstens das bilanzielle Eigenkapital, bei dem vom rechnerischen Eigenkapital die ausstehenden Einlagen auf das Gezeichnete Kapital sowie bei Aktiengesellschaften zusätzlich der Bestand an eigenen Aktien abgezogen werden, sofern die eigenen Aktien für eine zukünftige Kapitalherabsetzung gehalten werden. Ergänzt man zweitens das rechnerische Eigenkapital, also das offen ausgewiesene Eigenkapital, um das nicht offen ausgewiesene, erhält man das effektive Eigenkapital. Das nicht offen ausgewiesene Eigenkapital umfasst die stillen Reserven, die – wie der Name schon ausdrückt – nicht aus der Bilanz ersichtlich sind. Um eine doppelte Berücksichtigung stiller Reserven zu verhindern, ist ihre Berücksichtigung im bereits bilanzierten Goodwill zu überprüfen. Sie werden in Kapitel 5.1 näher untersucht.

Eine weitere Bilanzposition, die zumindest zum Teil dem Eigenkapital hinzuzurechnen ist, stellt der Sonderposten mit Rücklageanteil dar. Dies sind zum einen Rücklagen, die aufgrund steuerlicher Vorschriften den steuerpflichtigen Gewinn mindern und erst bei ihrer Auflösung zu versteuern sind (§ 273 HGB). Zum zweiten können nach § 281 HGB hier auch Wertberichtigungen für steuerrechtliche Sonderabschreibungen und erhöhte Absetzungen eingestellt werden, die über die rein handelsrechtlich zulässigen Abschreibungen hinausgehen. Folglich stellen die Sonderposten mit Rücklageanteil eine Mischposition dar: Soweit ihre Auflösung zu Steuerverpflichtungen führt, haben sie Fremdkapitalcharakter; der verbleibende Betrag stellt Eigenkapital des Unternehmens dar. Folgerichtig wird die Position zwischen Eigen- und Fremdkapital ausgewiesen. In der Praxis der Eigenkapitalanalyse wird sie aus Vereinfachungsgründen zu je 50 Prozent hinzugerechnet. Die Zusammenhänge zwischen den Eigenkapitalbegriffen sind in Abbildung 3.9 zusammengefasst.

Analysebedarf für die Due Diligence ergibt sich hinsichtlich des bilanziellen Eigenkapitals vor allem bei den ausstehenden Einlagen und dem Bestand an eigenen Aktien. Ausstehende Einlagen ergeben sich aus der Tatsache, dass das Gezeichnete Kapital – wie der Name schon sagt – nicht notwendigerweise eingezahlt sein muss. Den noch nicht eingezahlten Teil bezeichnet man als ausstehende Einlagen.

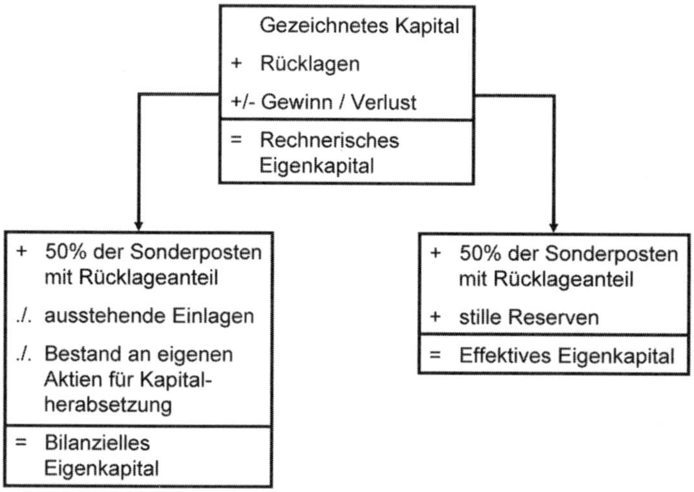

Abb. 3.9: Bilanzielles, rechnerisches und effektives Eigenkapital

Sofern hinsichtlich eines Aktionärs mit eingeforderten ausstehenden Einlagen aufgrund mangelnder Bonität ein Zahlungsausfall zu befürchten ist, muss eine entsprechende Abschreibung vorgenommen werden. Sie betrifft den eingeforderten Teil der ausstehenden Einlagen auf das Gezeichnete Kapital oder die Forderung »Eingefordertes, noch nicht eingezahltes Kapital«. Da beide Positionen den Charakter von Umlaufvermögen haben, gilt hier das strenge Niederstwertprinzip, so dass schon bei nur vorübergehenden Wertminderungen Abschreibungspflicht besteht. Pauschalwertberichtigungen sind an dieser Stelle unzulässig.

Der Kauf eigener Aktien ist für Aktiengesellschaften nur unter bestimmten Voraussetzungen möglich (§ 71 Abs. 1 AktG). In Ausnahmefällen ist ein auf zehn Prozent des Grundkapitals eingeschränkter Erwerb möglich, beispielsweise zur Vorbereitung der Ausgabe von Belegschaftsaktien oder zur Abfindung von Minderheitsaktionären (§ 71 Abs. 1 Nr. 1 bis 4, 7, 8 AktG). Gleichzeitig muss das Unternehmen eine Rücklage für eigene Anteile (s.o.) bilden, die den Gewinnrücklagen zugerechnet wird. Ein uneingeschränkter Erwerb eigener Anteile ist nur in zwei Fällen zulässig, beim Erwerb durch Gesamtrechtsnachfolge oder zur Vorbereitung einer Kapitalherabsetzung (§ 71 Abs. 1 Nr. 5, 6 AktG). Auch eine Rücklagenbildung ist dann nicht notwendig.

Für die Financial Due Diligence ist die Abbildung ausstehender Einlagen und eigener Aktien insofern von Relevanz, als sich hieraus die Werthaltigkeit des Eigenkapitals ableiten lässt. Grundsätzlich ist es als das Reinvermögen der Gesellschaft, d.h. als Saldogröße aus Vermögen und Fremdkapital, definiert. Es handelt sich um die dem Unternehmen von seinen Eigentümern ohne zeitliche Begrenzung zur Verfügung gestellten Mittel, die durch Zuführung von außen (Kapitaleinzahlung) oder durch Thesaurierung von Gewinnen entstanden sind. Wenn diese Kapitaleinzahlung aufgrund ausstehender Einlagen nicht vollständig ist oder durch den Rückkauf eigener Aktien quasi rückgängig gemacht wurde, gehören diese Beträge nicht (mehr) zum Reinvermögen der Gesellschaft. Dies führt zu einer Verschlechterung aller auf das Eigenkapital oder die Bilanzsumme bezogenen Kennzahlen. Aus diesem Grunde sollte in der Bilanzanalyse grundsätzlich mit dem bilanziellen Eigenkapital bzw. mit einer entsprechend gekürzten Bilanzsumme gearbeitet werden.

(e) Analyse von mezzaninem Kapital und Fremdkapital

Gegenposition zum eben betrachteten Eigenkapital sind die Schulden, die wiederum in sichere Verbindlichkeiten einerseits und unsichere Verbindlichkeiten, die durch Rückstellungen abgebildet werden, zu unterscheiden

Kategorie		Bezeichnung/ Finanzinstrument	Merkmale des Finanzinstruments	Einordnung nach HGB
Klassisches Eigenkapital		(Stamm-)Aktie, GmbH-Anteil	- Mitgliedschaftsstellung - keine vorab geplante Rückzahlung - Vergütung abhängig vom Gesellschaftserfolg	- Eigenkapital
Hybride Finanzinstrumente („Mezzanine Capital")	**Hybrides Eigenkapital**	Vorzugsaktie	- Mitgliedschaftsstellung - jedoch meist ohne Stimmrecht - keine Rückzahlung - Vergütung vorrangig vor Stammkapital	- Eigenkapital
		Redeemable preferred share	- Emittent verpflichtet sich, Aktien (auf Verlangen des Inhabers) zurückzukaufen	
		Atypisch stille Gesellschaft	- wie typisch stille Gesellschaft - zusätzlich Beteiligung an stillen Reserven	- Fremdkapital
		Genussrechte	- Gläubigerrechte - basieren auf schuldrechtlichem Vertrag - Aktionäre haben auf Genussrechte Bezugsrecht	- nur dann Eigenkapital, wenn keine Rückzahlung vorgesehen
	Zusammengesetzte Instrumente	Wandelanleihe	- wie Darlehen - zusätzlich das Recht, die Anleihe in Anteile umzutauschen	- enthaltene Fremd- und Eigenkapitalkomponenten sind – wenn möglich – zu trennen und separat zu bilanzieren und zu bewerten; andernfalls Ausweis nach Charakter
		Optionsanleihe	- wie Darlehen - zusätzlich das Recht, Anteile an der Gesellschaft zu einem festen Preis zu erwerben	
	Hybrides Fremdkapital	Besserungsvereinbarung	- Tilgung erlassener Schulden aus zukünftigen Gewinnen	- Fremdkapital (wenn Besserung eingetreten, sonst off balance)
		Rangrücktrittsdarlehen	- Rückzahlung im Insolvenzfall nach anderen Gläubigern	- Fremdkapital
		Typische stille Gesellschaft	- Rückzahlung nach Laufzeit - Entgelt ist gewinnabhängig - Verlustbeteiligung möglich	- Fremdkapital
		Partiarisches Darlehen	- wie typisch stille Gesellschaft - kein Gesellschaftsverhältnis - gewinnabhängige Verzinsungskomponente - ohne Verlustbeteiligung	- Fremdkapital
		unbesichertes Darlehen	- Darlehen zwar vorrangig - jedoch ohne weitere Besicherung	- Fremdkapital
		Genussrechte	- s.o.	- Fremdkapital, wenn Rückzahlung vorgesehen
Klassisches Fremdkapital		vorrangig besichertes Darlehen	- Rückzahlung nach Laufzeit - Zins unabhängig vom Gesellschaftserfolg - keine Verlustbeteiligung	- Fremdkapital

Tab. 3.1: Einordnung der Kapitalkategorien nach HGB

sind. Durch den zunehmenden Gebrauch innovativer Finanzinstrumente bzw. so genanntem Mezzaninekapital wird die Abgrenzung zwischen Eigenkapital und Fremdkapital des Zielunternehmens und damit auch die Berechnung der zugehörigen Bilanzrelationen erschwert. Tabelle 3.1 »Einordnung der Kapitalkategorien nach HGB« stellt die Finanzinstrumente, ihre Merkmale sowie die Zuordnung vor.

Besonderer Analysebedarf im Rahmen der Financial Due Diligence ergibt sich hinsichtlich der hybriden Positionen:

- Hybrides Eigenkapital ist nach HGB zivilrechtlich als Eigenkapital zu qualifizieren, hat aber bei wirtschaftlicher Betrachtungsweise Fremdkapitaleigenschaften.
- Hybrides Fremdkapital ist nach HGB zivilrechtlich als Fremdkapital zu qualifizieren; bei wirtschaftlicher Betrachtung kann es sich dabei jedoch um Instrumente mit Eigenkapitalcharakter handeln.
- Zusammengesetzte Instrumente enthalten sowohl Eigen- als auch Fremdkapitalbestandteile. Sofern die Bestandteile separierbar sind, sind sie einzeln zu bilanzieren und zu bewerten. Andernfalls ist der allgemeinen Regel zur Trennung von Eigen- und Fremdkapital zu folgen.

Nach den Regelungen des HGB müssen hybride Finanzinstrumente eindeutig entweder dem Eigen- oder dem Fremdkapital zugeordnet werden. Als Abgrenzungskriterien für das Eigenkapital gelten die Nachrangigkeit des überlassenen Kapitals, die Erfolgsabhängigkeit der Vergütung einschließlich der Teilnahme am Verlust sowie die Nachhaltigkeit der Kapitalüberlassung.

(f) Analyse der Steuerabgrenzung

Eine besondere Regelung zur Steuerabgrenzung bei Kapitalgesellschaften findet sich in § 274 HGB. So genannte »latente Steuern« treten dann auf, wenn der Gewinnausweis in der Handelsbilanz von dem in der Steuerbilanz abweicht und davon auszugehen ist, dass sich der Unterschied in der Zukunft aufheben wird. Zu diesem Zweck wird der fiktive Steuerbetrag auf das handelsrechtliche Ergebnis ermittelt und mit der tatsächlichen Steuerschuld verglichen. Die Differenz kann positiv oder negativ sein und bildet gleichsam eine Überleitungsgröße zwischen der aus dem steuerlichen Ergebnis resultierenden Ertragsteuerverbindlichkeit und dem veröffentlichten handelsrechtlichen Ergebnis.

Ist beispielsweise infolge zeitlich begrenzter Differenzen der Steuerbilanzgewinn zunächst niedriger und später entsprechend höher als der Handelsbilanzgewinn, so führt dies zu einem – im Vergleich zum Handelsbilanzgewinn – erst zu niedrigem und später zu hohem Steueraufwand. Für diese »schwebende Verbindlichkeit« muss eine Steuerrückstellung nach § 274 Abs. 1 HGB gebildet werden.

Sofern in umgekehrter Richtung der Steuerbilanzgewinn zunächst höher und später niedriger als der handelsrechtliche ist, wird der zu hohe Steueraufwand durch eine Bilanzierungshilfe in Höhe der »voraussichtlichen Steuerentlastung« zunächst ausgeglichen. Gleicht sich später das handelsrechtliche Ergebnis aus oder ist mit einer Angleichung nicht mehr zu rechnen, muss die Bilanzierungshilfe entsprechend aufgelöst werden (§ 274 Abs. 2 HGB).

Während die Steuerrückstellung aufgrund des Vorsichtsprinzips gebildet werden muss, besteht für die Aktivierung der Bilanzierungshilfe ein Wahlrecht. Da sie dem periodengerechten Gewinnausweis dient, handelt es sich um einen Rechnungsabgrenzungsposten, der separat auszuweisen ist. In Höhe der aktivischen latenten Steuern tritt eine Ausschüttungssperre ein. Beide Steuerabgrenzungsposten müssen im Anhang erläutert werden.

Für die Financial Due Diligence ist die Steuerabgrenzung insofern interessant, als sie der Analyse der Ausnutzung von Wahlrechten und Ermessensspielräumen in der Handelsbilanz dienen kann, welche in der Steuerbilanz unzulässig sind. Hier ist vor allem auf die Erläuterung im Anhang zu achten. Bei gebildeten aktiven latenten Steuern ist deren Werthaltigkeit gesondert zu untersuchen. Im Konzernabschluss ist hierbei oft die Frage der zukünftigen Nutzbarkeit steuerlicher Verlustvorträge bei Tochterunternehmen von Bedeutung. Tatsächliche steuerliche Risiken oder Steuervorteile sind jedoch im Rahmen der Tax Due Diligence näher zu untersuchen.

(g) Analyse der Pensionsrückstellungen

In der Gruppe der Rückstellungen stellen im Regelfall die Pensionsrückstellungen die für die Unternehmensanalyse bedeutendste Position dar. Der Grund hierfür liegt in der historischen Entwicklung: Lange Zeit war es überwiegend üblich, Pensionen den Arbeitnehmern – außer im Fall des Abschlusses einer Lebensversicherung – direkt zuzusagen. Das Unternehmen sammelt hierfür während der Anwartschaftsphase (der Beschäftigungsdauer des Arbeitnehmers nach Zusage der Pension) Mittel an und zahlt hieraus in der Versorgungsphase (nach Renteneintritt) die zugesagte Rente. Der durch die Arbeitsleistung des Arbeitnehmers in der Anwartschaft hervorgerufene Anspruch wird durch eine entsprechend wachsende Pensionsrückstellung bilanziell abgebildet, der die respektive Ansammlung von Werten auf der Aktivseite gegenüberstehen sollte. Hieraus ist in der Versorgungsphase die Rente zu zahlen; dabei wird die Rückstellung kongruent aufgelöst.

Der Vorteil dieser Vorgehensweise für die Unternehmen besteht darin, dass während der Anwartschaftszeit erfolgswirksamer Personalaufwand anfällt, dem kein Liquiditätsabfluss gegenübersteht. Hieraus entstehen vorübergehende Steuerersparnisse, aus denen – bei konstantem Unternehmenswachstum, gleichbleibender Lebenserwartung und weiteren Annahmen – die laufenden Zahlungen an die Rentner (zumindest zum Teil) finanziert werden können. Dabei garantiert das Unternehmen für die Betriebsrenten und sichert sich eventuell – freiwillig – über eine Rückdeckungsversicherung o.Ä. ab.

Da andere Durchführungsformen der betrieblichen Altersvorsorge, z.B. die mittelbare Zusage über eine Unterstützungskasse, geringere Liquiditätsvorteile mit sich bringen, wurde die Direktzusage mit Bildung von Pensionsrückstellungen gern genutzt. Als problematisch hat sich jedoch erwiesen, dass die Liquiditätsvorteile nur so lange bestehen, wie das Unternehmen mehr Anwartschaften aufbaut als Renten bezahlt. In Zusammenhang mit Arbeitsplatzabbau, steigender Lebenserwartung und der langen Laufzeit seit Beginn der ersten Zusagen in Deutschland, wechselte der ursprüngliche Finanzierungsvorteil in eine steigende Liquiditätsbelastung. Bei mangelnder Rückversicherung können Unternehmenskrisen die Zahlungsfähigkeit des Unternehmens bedrohen und auch die Rentenzahlungen zum Stocken bringen. Hohe Pensionsverpflichtungen haben sich schon oft als Grund für das Scheitern von Transaktionen (Deal Breaker) erwiesen, da Käufer diese Verpflichtungen kaufpreismindernd berücksichtigen (siehe auch Kapitel 6.3). In der Due Diligence muss daher ein besonderes Augenmerk auf die Höhe der tatsächlich bestehenden Pensionsverpflichtungen und ihr Verhältnis zum bilanziellen Ansatz in den Rückstellungen gelegt werden.

Hinsichtlich der Bilanzierung und Bewertung von Rückstellungen für Pensionsverpflichtungen ist erstens zwischen Alt- und Neuzusagen, zweitens zwischen unmittelbaren und mittelbaren Zusagen und drittens zwischen den handels- und den steuerrechtlichen Regelungen zu unterscheiden.

Als *Altzusagen* werden Pensionsverpflichtungen einschließlich Anwartschaften bezeichnet, die auf einer unmittelbaren, vor dem 1. Januar 1987 erteilten Zusage beruhen. Für sie besteht in der Handelsbilanz ein Passivierungswahlrecht nach Art. 28 Abs. 1 EGHGB. Gleiches gilt für nachträgliche Erhöhungen der Altzusagen sowie für alle mittelbaren Pensionsverpflichtungen unabhängig vom Zusagezeitpunkt. Kapitalgesellschaften sind bei Ausnutzung des Wahlrechts verpflichtet, die nicht passivierten Rückstellungen im Anhang bzw. Konzernanhang anzugeben (Art. 28 Abs. 2 EGHGB).

Neuzusagen, also Pensionsverpflichtungen und Anwartschaften, die auf einer unmittelbaren, nach dem 31. Dezember 1986 erteilten Zusage beruhen, fallen in der *Handelsbilanz* unter die Passivierungspflicht des § 249 Abs. 1 Satz 1 HGB.

In der *Steuerbilanz* besteht für alle Verpflichtungen aus Pensionszusagen ein Passivierungswahlrecht. Durch die Verknüpfung mit der Handelsbilanz durch das Maßgeblichkeitsprinzip ergibt sich hieraus für *Neuzusagen* die

Pflicht zur Passivierung in der Steuerbilanz, sofern die Bedingungen des § 6a Abs. 1, 2 EStG erfüllt sind:

- Der Arbeitnehmer hat einen Rechtsanspruch.
- Die Zusage ist nicht unter einem (steuerschädlichen) Vorbehalt erfolgt.
- Es müssen eindeutige Angaben zu Art, Form, Voraussetzungen und Höhe der in Aussicht gestellten zukünftigen Leistungen enthalten sein.
- Der Arbeitnehmer hat das 28. Lebensjahr vollendet, die Versorgungsansprüche sind nach dem Betriebsrentengesetz unverfallbar geworden oder der Versorgungsfall ist eingetreten.
- Die Verpflichtungen sind nicht davon abhängig, dass künftig Einnahmen oder Gewinne anfallen.

Sind diese Bedingungen nicht erfüllt, so folgt daraus ein Passivierungsverbot in der Steuerbilanz. Bei Altzusagen muss das Passivierungswahlrecht in Handels- und Steuerbilanz übereinstimmend ausgeübt werden. Für mittelbare Verpflichtungen ist die Passivierung steuerrechtlich untersagt.

Die Bewertung der Rückstellungen für bereits laufende Renten erfolgt in der Handelsbilanz nach § 253 Abs. 1 Satz 2 HGB zum Barwert. Dieser ist nach versicherungsmathematischen Grundsätzen auf der Basis aktueller Sterbetafeln zu ermitteln.

Während der Anwartschaftszeit erfolgt die Bewertung nach einem der handelsrechtlich zulässigen Verfahren (z.B. Teilwertverfahren, Gegenwartswertverfahren, u.U. Anwartschaftsbarwertverfahren nach IAS 19 oder SFAS 87). Kapitalgesellschaften sind nach § 284 Abs. 2 Nr. 1 HGB zu einer ausführlichen Erläuterung der Bewertungsmethode im Anhang verpflichtet. Für die Handelsbilanz sollte der zugrunde liegende Zinssatz im Allgemeinen drei Prozent nicht unterschreiten. Als Wertuntergrenze für die Rückstellung gilt allgemein der eingeschränkte Teilwert nach § 6a EStG, der mit einem Zinssatz von sechs Prozent zu berechnen ist.

Der für die Steuerbilanz relevante Teilwert einer Pensionsrückstellung ergibt sich aus dem Überschuss der zukünftigen Versorgungsleistungen über die noch zu verrechnenden Jahresbeträge (§ 6a Abs. 3 EStG). Dies ist in der Anwartschaftszeit die Differenz zwischen dem Barwert der zukünftigen Versorgungsleistungen am Bilanzstichtag und dem Barwert der zukünftigen gleichbleibenden Jahresbeträge, die so festgesetzt werden, dass ihr Barwert zu Beginn des Dienstverhältnisses dem Barwert der zukünftigen Versorgungsleistungen entspricht. In der Rentenphase erfolgt die Bewertung mit dem Barwert der zukünftigen Versorgungsleistungen. Die Regelungen zu

			Pensionsverpflichtungen		
			unmittelbare		mittelbare
			Altzusagen	Neuzusagen	
Handelsbilanz	Bilanzierung		Wahlrecht	Pflicht	Wahlrecht
	Bewertung	Anwartschaft	diverse Verfahren	diverse Verfahren	diverse Verfahren
		Rente	Barwert	Barwert	Barwert
Steuerbilanz	Bilanzierung		wie Handelsbilanz	Pflicht im Rahmen zusätzlicher Bedingungen, sonst: Verbot	wie Handelsbilanz
	Bewertung	Anwartschaft	Teilwert	Teilwert	Teilwert
		Rente	Barwert	Barwert	Barwert

Tab. 3.2: Bilanzierung und Bewertung von Pensionsverpflichtungen

Bilanzierung und Bewertung von Pensionsrückstellungen sind in Tabelle 3.2 zusammengefasst.

Die Bewertung auf Grundlage von versicherungsmathematischen Grundsätzen (i.d.R. durch aktuarische Gutachten) gibt allein grundsätzlich keine Sicherheit hinsichtlich der angemessenen Höhe der Rückstellung.

Problematisch ist, dass Pensionsrückstellungen in der Handelsbilanz in aller Regel zu gering bemessen sind. Die in Deutschland üblichen Vorgaben und Prämissen für die Berechnung entsprechen in einigen Bereichen nicht den tatsächlichen Umständen. Dies führt dazu, dass Pensionsrückstellungen in Abschlüssen nach HGB in der Regel zu gering dotiert werden.

Hinzu kommt, dass – neben den aufgezeigten Passivierungswahlrechten – die Bewertungsvorgaben für die Steuerbilanz zu einer deutlichen und zwangsweisen Unterdotierung führen. Kritisiert wird vor allem, dass die Abzinsung auf den Bilanzstichtag mit einem Zinssatz von sechs Prozent die aktuelle laufzeitkongruente Kapitalmarktrendite deutlich übersteigt. Hinzu kommt, dass auch bei dynamisierten, d.h. an zukünftige Gehalts- und Rentensteigerungen angepassten Versorgungsleistungen die Berücksichtigung des Anstiegs untersagt ist. Damit ist die unterstellte Versorgungshöhe deutlich zu niedrig. Auch die Fluktuation von Beschäftigten und andere versicherungsmathematische Faktoren werden nicht realistisch in die Bewertung einbezogen.

In der Folge sind die jährlichen Zuweisungen zu den steuerlichen Pensionsrückstellungen deutlich zu niedrig – wodurch ein zu geringer Aufwand verrechnet und damit letztlich die Substanz besteuert wird, aus der die Versorgungsleistungen gezahlt werden sollen. Häufig wird das falsche Bild auch in die Handelsbilanz übernommen. In der Due Diligence sind daher nicht nur die Abweichungen zu realitätsgerechten Rückstellungsdotierungen, sondern auch die steuerlichen Effekte zu untersuchen.

Die nach IFRS erforderlichen versicherungsmathematischen Annahmen z.B. bezüglich Diskontierungszinssatz, zukünftiger Gehaltssteigerungen und Fluktuation der Mitarbeiter entsprechen eher der Realität und führen in vielen Fällen zu höheren Werten. In der Due Diligence ist daher eine zusätzliche versicherungsmathematische Berechnung auf Grundlage von IFRS zu empfehlen.

Die vollumfängliche Finanzierung von Pensionsverpflichtungen durch Rückstellungen ist eine deutsche Besonderheit. In vielen Ländern werden Pensionsverpflichtungen in eigenständige Pensionsfonds ausgegliedert. Aufgrund der dargestellten Probleme mit der Direktzusage gehen auch deutsche Unternehmen zunehmend auf diese Durchführungsform über. In Abhängigkeit von der Gestaltung kann jedoch das Unternehmen auch dann noch selbst gegenüber den Pensionsberechtigten verpflichtet bleiben. Reicht das ausgelagerte Fondsvermögen nicht zur Deckung der Ansprüche aus, muss das Unternehmen entsprechend die Differenz übernehmen. Aus diesem Grund kann bei betrieblicher Altersversorgung über Pensionsfonds eine Analyse des Fondsvermögens angebracht sein. Insbesondere ist zu untersuchen, in welchen Vermögenswerten die verwalteten Gelder angelegt sind und ob die erwartete Rendite realistisch ist.

Müssen die Pensionsverpflichtungen durch das Zielunternehmen selbst getragen werden, so ist zu untersuchen, ob es dazu in der Zukunft in der Lage sein wird. Dabei ist die Abdeckung der Verpflichtungshöhe durch Vermögenswerte nicht ausreichend, vielmehr muss auf ausreichende Liquidität bzw. Finanzierungsmöglichkeiten des Zielunternehmens abgestellt werden. Da die Pensionsleistungen durch die parallele Auflösung der Rückstellungen erfolgsneutral sind, müssen sie aus versteuerten Gewinnen getragen werden. Ist hierzu die Auflösung stiller Reserven notwendig, sind auch die hierauf anfallende Unternehmensteuerlast sowie deren Finanzierung in die Berechnungen einzubeziehen.

(h) Analyse der sonstigen Rückstellungen

Die Pensionsrückstellungen gehören zur Gruppe der personalbezogenen Rückstellungspositionen. Aus dem Personalbestand des Zielunternehmens, aber auch aus seinem Produktionsbetrieb können weitere Rückstellungen resultieren, die im Folgenden untersucht werden:

(i) Sonstige personalbezogene Rückstellungen

Wurden vor dem Bilanzstichtag Urlaubstage nicht wahrgenommen oder Überstunden angesammelt, so ist die Bildung von Urlaubsrückstellungen bzw. Überstundenrückstellungen notwendig. Dies gilt allerdings nur, wenn später eine Abfindung in Geld oder ein Freizeitausgleich erfolgt. Im Rahmen der Financial Due Diligence sollte der tatsächliche Umfang ausstehender Ausgleichszahlungen oder -tage hinterfragt werden, um die finanziellen Folgen und die Rückstellungshöhe abschätzen zu können. Dies ist vor allem dann zu beachten, wenn Mitarbeiter in der Vergangenheit Mehrarbeit geleistet haben, um eine Krisensituation des Zielunternehmens überwinden zu helfen, und ihnen ein Anspruch auf späteren Ausgleich eingeräumt wurde (siehe hierzu auch die Analyse der Off balance-Risiken in Kapitel 5.1.5). Die entsprechenden Informationen sind meist nur aus der Personalanalyse der Legal Due Diligence zu entnehmen.

Sozialplanrückstellungen sind zu bilden, wenn das Zielunternehmen aufgrund einer Betriebsänderung (z.B. Einschränkung oder Stilllegung des Betriebs) durch das Betriebsverfassungsgesetz zur Aufstellung eines Sozialplans verpflichtet ist. Auch hier besteht insbesondere bei Krisenunternehmen Untersuchungsbedarf, ob die Rückstellung in angemessenem Umfang gebildet wurde. Ist der Ansatz einer Rückstellung wegen fehlender Konkretisierung von Maßnahmen teilweise noch nicht erfolgt, ist die zukünftige wirtschaftliche Belastung zusätzlich zu berücksichtigen.

Bei einem hohen Altersdurchschnitt der Belegschaft sind neben eventuellen Jubiläumsrückstellungen für Berufs- oder Betriebsjubiläen der Arbeitnehmer auch Rückstellungen für Altersteilzeit zu bilden. Nach dem Altersteilzeitgesetz gewährt die Bundesagentur für Arbeit dem Arbeitgeber einen Zuschuss zum Arbeitslohn, wenn der Arbeitnehmer nach Abschluss des 55. Lebensjahrs seinen Arbeitsplatz zum Teil (so genannte kontinuierliche Altersteilzeit) oder vorzeitig (so genanntes Blockmodell) für die Einstellung eines jungen Mitarbeiters frei macht. Rückstellungen sind in Höhe des Barwerts der erwarteten Verpflichtungen (einschließlich des Arbeitgeberanteils zur Sozialversicherung) zu bilden. Sofern Aufstockungsbeträge vereinbart wurden, die nicht von der Bundesagentur für Arbeit getragen werden, ist bereits bei Abschluss der zugrunde liegenden Vereinbarungen hierfür eine Rückstellung zu bilden. Dieser Zeitpunkt kann durch eine individuelle oder betriebliche Vereinbarung, aber auch durch den Abschluss eines entsprechenden Tarifvertrags bestimmt sein. Beim Blockmodell ist zusätzlich zu beachten: Der Arbeitnehmer erhält sein reduziertes (z.B. halbiertes) Arbeitsentgelt für die volle Zeitdauer bis zum eigentlichen Renteneintrittsalter. Tatsächlich arbeitet er jedoch nur einen Teil dieser Zeit (z.B. die Hälfte) tatsächlich und scheidet entsprechend früher aus dem Berufsleben aus. Damit geht er während des Arbeitsblocks in Vorleistung gegenüber seinem Arbeitgeber. Dieser muss in Höhe seines stetig wachsenden Erfüllungsrückstands an Arbeitslohn und evtl. Aufstockungsbetrag ratierlich eine Rückstellung ansammeln. Während der Freistellungsphase wird sie sukzessive aufgelöst. Bei in der Zukunft geplantem Personalabbau durch Altersteilzeitregelungen ist die Planung auf die richtige Abbildung der damit verbundenen Kosten zu prüfen.

Im Rahmen der Due Diligence ist außerdem zu prüfen, ob eventuelle Verpflichtungen bestehen oder in Zukunft aufleben könnten. Ist dies der Fall, so muss ihr wirtschaftlicher Gehalt mit dem Abbild in der Bilanz verglichen werden. Die Wahrscheinlichkeit, tatsächlich in Anspruch genommen zu werden, und die Folgen für die Liquiditäts- und Finanzplanung sowie für die Ertragslage sollten abgeschätzt und in den Prozess der Beurteilung des Zielunternehmens einbezogen werden.

Weitere Rückstellungen können sich aus dem Personalbereich ergeben z.B.

- für Arbeitslosengeld nach § 147a SGB III,
- für Berufsgenossenschaftsbeiträge einschließlich der Umlage für das Insolvenzgeld nach §§ 358 ff. SGB III,
- für in einem Anpassungsfonds einbehaltene Mittel aufgrund eines Entgeltrahmentarifvertrags der Metall- und Elektroindustrie,
- für künftige Beiträge an den Pensions-Sicherungs-Verein, soweit sie auf Pensionsanwartschaften aus am Stichtag bereits eingetretenen Insolvenzfällen entfallen,
- für gewinnabhängige Vergütungen (Tantiemen, Gratifikationen u.Ä.), die sich nach dem Ergebnis des letzten Geschäftsjahres bemessen; sofern ein Rechtsanspruch auf Weihnachtsgratifikationen besteht, ist bei abweichendem Geschäftsjahr der bereits erdiente Teil zurückzustellen, und schließlich
- für Verpflichtungen aus der Subsidiärhaftung gegenüber Unterstützungskassen.

(ii) Produktbezogene Rückstellungen

Aus der Produktion bzw. der laufenden Geschäftstätigkeit können weitere ungewisse Verpflichtungen resultieren, die zu einer Rückstellungsbildung in der Bilanz führen. Ihre Bedeutung ist stark vom Einzelfall abhängig; einige Positionen treten jedoch häufiger bzw. in besonderem Umfang auf: Nach dem Kreislaufwirtschafts- und Abfallgesetz sind die Hersteller, Be- und Verarbeiter sowie Vertreiber u.a. für die Rücknahme der Produkte nach dem Gebrauch sowie für die Verwertung und Beseitigung der Abfälle verantwortlich. Vor allem bei Produkten, die umweltschädliche Stoffe enthalten oder in großer Anzahl hergestellt werden, können die Verpflichtungen einen erheblichen Umfang annehmen, z.B. Rücknahmeverpflichtungen für Elektroschrott oder auch Altfahrzeuge. In der Due Diligence sind diese öffentlich-rechtlichen Verpflichtungen oft in einer separaten Environmental Due Diligence zu untersuchen und dann im Rahmen der Financial Due Diligence mit den Rückstellungen für Abfallbeseitigung und Recycling zu vergleichen, die in dem Augenblick gebildet werden müssen, in dem die Produkte in den Verkehr gebracht werden. Ähnliche Rückstellungen können sich aufgrund von zukünftigen Dekontaminierungskosten oder aus der Verpflichtung zur Beseitigung von Bergschäden ergeben.

Eine typische Position bei Herstellung und Vertrieb von Produkten sind Garantierückstellungen. Mit ihnen wird das Risiko abgebildet, in der Zukunft kostenlose Nacharbeiten, Ersatzlieferungen oder Schadensersatzzahlungen leisten zu müssen. Dabei ist es grundsätzlich unerheblich, ob diese Leistungen durch gesetzliche, vertragliche oder wirtschaftliche Gegebenheiten bedingt sind. Sie können als Einzel- oder als Pauschalrückstellungen gebildet werden und sind in der Due Diligence daraufhin zu prüfen, ob sie die zukünftigen Verpflichtungen angemessen abbilden. Hierbei kann z.B. auf Vergangenheitswerte oder Branchendurchschnitte zurückgegriffen werden, um in Abhängigkeit von der Anzahl der verkauften Produkte und eventuellen qualitätssichernden Maßnahmen des Zielunternehmens Höhe und Wahrscheinlichkeit der Inanspruchnahme abzuleiten. Bei Unternehmen mit hoher Geschwindigkeit der Produktinnovationen ist zu untersuchen, ob gerade in der Einführung befindliche Produkte besonderen Risiken unterliegen. Qualitätsmängel bei zentralen Produktneuheiten können über die Kosten von Rückrufaktionen und verbundenen Imageschäden existenzgefährdend für Unternehmen mit kleinem Produktspektrum sein.

Unternehmen aus der Liefer- und Logistikbranche können u.U. Verpflichtungen aus der Leihe von Leer- oder Pfandgut, Paletten und Säcken o.Ä. haben. Sofern ihre genaue Höhe nicht von einem Pfandkonto abgelesen werden kann, sind die Pfandverpflichtungen in einer Rückstellung abzubilden.

Im Rahmen der Due Diligence kann es sinnvoll sein, einerseits die Menge und den Zustand der geliehenen Güter zu überprüfen und andererseits festzustellen, ob die Pfandrückstellung mit den zukünftigen Pfandverbindlichkeiten übereinstimmt.

Die Bildung einer Rückstellung ist handelsrechtlich auch dann notwendig, wenn die Gefahr besteht, dass ein fremdes Recht (z.B. ein Patent, ein Markenzeichen oder ein Urheberrecht) verletzt wurde. Steuerrechtlich dürfen *Rückstellungen für Patent- oder Markenzeichenverletzungen* erst dann gebildet werden, wenn der Rechtsinhaber bereits Ansprüche geltend gemacht hat oder ernsthaft mit einer Inanspruchnahme zu rechnen ist (§ 5 Abs. 3 EStG). Da derartige Rechtsverletzungen mit einer Abschöpfung der daraus erzielten Gewinne, beispielsweise im Wege der Lizenzanalogie, zu Gunsten des Rechtsinhabers geahndet werden können, haben sie u.U. erhebliche Erfolgswirkungen zur Folge. Da diese nicht nur die Vergangenheit, sondern auch die Planung zukünftiger Erträge betreffen können, sollten eventuelle Rechtsverletzungen und ihre Abbildung in der Bilanz kritisch im Rahmen der Due Diligence untersucht werden.

Bei der bilanziellen Abbildung von Provisionen (z.B. für die Vermittlung von Geschäften) ist danach zu unterscheiden, ob es sich um empfangene Entgelte für Leistungen des Zielunternehmens oder um Verpflichtungen des Zielunternehmens als Leistungsempfänger gegenüber dem Erbringenden handelt. Empfangene Entgelte führen dann zur Bildung einer Rückstellung, wenn sie nicht nur für die Vermittlungsleistung, sondern auch für später zu erbringende Betreuungs- oder Wartungsleistungen gezahlt wurden. Der Empfänger löst die Rückstellung entsprechend der zeitanteiligen Erbringung seiner Leistungen auf. Für zu zahlende Provisionen gilt ab dem Zeitpunkt der Ausführung des vermittelten Geschäfts die Pflicht zur Bildung einer Rückstellung. Im Rahmen der Due Diligence sollte der Umfang der Provisionsrückstellungen analysiert und mit der Unternehmensplanung abgeglichen werden. Bei wesentlichen Einzelpositionen sind möglicherweise der wirtschaftliche Hintergrund und die vertragliche Grundlage der Provisionsverpflichtung zu hinterfragen, um Abhängigkeiten des Unternehmens von einzelnen Vermittlern zu erkennen.

Auch Werbekostenzuschüsse können zu Rückstellungen beim Empfänger wie beim Gewährenden führen, falls sie an Bedingungen geknüpft sind: Sofern z.B. ein bereits erhaltener Zuschuss bedingt zurückzuzahlen ist, wenn beispielsweise bestimmte Auflagen nicht erfüllt oder Ziele nicht erreicht werden, besteht für den Empfänger dann die Pflicht zur Bildung einer Rückstellung, wenn mit dem Eintritt der an die Rückzahlungsverpflichtung geknüpften Bedingungen gerechnet werden muss. Entsprechend muss der einen Zuschuss in Aussicht Stellende eine Rückstellung für die Zahlungsverpflichtung bilden, wenn mit dem Eintritt der Bedingungen, an die die Zuschusspflicht geknüpft ist, ernsthaft zu rechnen ist. In beiden Fällen sollten die vom Zielunternehmen eingegangenen Verpflichtungen daraufhin untersucht werden, welche Erfolgsrückwirkungen oder -effekte sich für die Zukunft daraus ergeben. Außerdem sind in diesem Bereich oft die richtige Abgrenzung und die tatsächliche Ermittlung der Verpflichtungen zum Stichtag besonders schwierig bzw. fehleranfällig, da notwendige Informationen erst lange nach dem Stichtag zur Verfügung stehen.

3.2.3 Unterschiede zwischen HGB und IFRS

Für die bisher dargestellten Analyseschritte ergeben sich einige Besonderheiten, wenn sie auf Basis einer IFRS-Rechnungslegung vorgenommen werden:

(a) Besonderheiten auf der Aktivseite

Anlage- und Umlaufvermögen sind in einer IFRS-Bilanz als Current Assets bzw. Non-current Assets ausgewiesen. Dies ist eine Gliederung nach Fristigkeit, wobei Non-current Assets dann angenommen werden, wenn zu erwarten ist, dass der Vermögenswert innerhalb eines Jahres nach dem Bilanzstichtag realisiert wird. Die in Deutschland maßgebliche Zweckbestimmung ist nur ein weiteres Kriterium.

(b) Besonderheiten beim Eigenkapital

Bei der Bewertung im Rahmen internationaler Jahresabschlüsse soll nach der IFRS-Zielsetzung eine Glättung des Erfolgsausweises (»Income Smoothing«) durch das bilanzierende Unternehmen möglichst unterbunden werden. Hierzu wird die Bewertung insbesondere von Sachanlagen, Finanzinstrumenten, immateriellen Vermögenswerten (»Intangible Assets«) und nicht betriebsnotwendigem Vermögen (»Investment Property«) grundsätzlich auf den beizulegenden Zeitwert (»Fair Value«) ausgerichtet. Durch dessen strenge Orientierung an Markt wird das Abbild des Zielunternehmens in der IFRS-Bilanz eher seiner tatsächlichen Lage gerecht. Zudem sind der Bildung und Auflösung stiller Reserven enge Grenzen gesetzt. Als Wahlrecht bleibt meist die Bilanzierung zu fortgeführten Anschaffungskosten bestehen. In einem ersten Schritt ist also zu ermitteln, bezüglich welcher Vermögenswerte eine Bilanzierung zum Fair Value erfolgt.

Diese an Marktwerten orientierte Bewertung auf der Aktivseite hat auch Auswirkungen auf den Ausweis des Eigenkapitals auf der Passivseite: Bei der Ermittlung des Eigenkapitals nach IFRS wird grundsätzlich analog zum HGB vorgegangen, d.h. dass sich das Eigenkapital (»Equity«) als Residualgröße aus der Summe der Vermögensgegenstände (»Assets«) abzüglich aller Verbindlichkeiten (»Liabilities«) ergibt. Zusätzlich schreiben die IFRS eine gesonderte Darstellung der Entwicklung des gesamten Eigenkapitals (die so genannte Eigenkapitalveränderungsrechnung) als Bestandteil des Jahresabschlusses vor. Diese ist nach deutschem Recht nur im Konzernabschluss Pflicht (§ 297 Abs. 1 HGB).

Im Vergleich zum HGB lassen die IFRS nur die direkte Absetzung erworbener eigener Anteile vom Eigenkapital zu. Spätere Wertänderungen und Verkäufe der eigenen Anteile sind stets erfolgsneutral zu behandeln.

In der HGB-Rechnungslegung wirken sich grundsätzlich alle Veränderungen des Eigenkapitals auch auf den Erfolgsausweis in der Gewinn- und Verlustrechnung aus, es sei denn, es handelt sich um Transaktionen mit der Gesellschaftersphäre des Unternehmens (z.B. Einlagen oder Ausschüttungen). In der Rechnungslegung nach IFRS setzt sich der Gesamterfolg hingegen aus dem Periodenergebnis gemäß GuV (»Profit« oder Loss«) einerseits und aus dem zwar gesamterfolgswirksamen, aber GuV-neutralen »Net Income recognized directly in Equity« (NIE) andererseits zusammen. Das NIE, in der Rechnungslegung nach US-GAAP als »Other Comprehensive Income« (OCI) bezeichnet, umfasst Aufwendungen und Erträge, die unter Umgehung der GuV direkt ins Eigenkapital gebucht werden. Wie aus Abbildung 3.10 ersichtlich, handelt es sich hierbei vor allem um die Wirkungen der oben genannten Wertkorrekturen im Rahmen der Fair Value-Bewertung.

Folglich ist bei der Analyse zu berücksichtigen, dass aus der Nutzung von Bewertungswahlrechten auf der Aktivseite einer IFRS-Bilanz wesentliche Veränderungen im Eigenkapital auf der Passivseite resultieren können. Sie sind zwar erfolgswirksam, aber nicht Bestandteil des Periodenergebnisses. Auf einige wichtige Beispiele wird im Folgenden kurz eingegangen:

(i) Ansatz von Marktwerten im Sachanlagevermögen

Die Regelungen der IFRS zum Sachanlagevermögen (»Property, Plant and Equipment«) finden sich in IAS 16. Dieser stellt in IAS 16.29 für die Bewertung in den Jahren nach dem Erwerb, d.h. für die Folgebewertung, das Anschaffungskostenmodell (»Cost Model«) sowie das Neubewertungsmodell (»Revaluation Model«) zur Wahl. Während das Cost Model im Wesentlichen dem deutschen Prinzip der fortgeführten Anschaffungs- oder Herstellungskosten entspricht, wird beim Revaluation Model eine regelmäßige

Buchwert des Eigenkapitals am 1.1.	Erfolgs-	GuV-
+/- Auswirkungen von Methodenänderungen und Fehlerkorrekturen	- neutral	- neutral
= Buchwert des Eigenkapitals am 1.1. (korrigiert)		
+/- Auswirkungen der Neubewertung von Sachanlagen +/- Auswirkungen der Bewertungsergebnisse aus zum Verkauf vorgesehenen Wertpapieren +/- Versicherungsmathematische Gewinne/Verluste +/- Währungsumrechnungsdifferenzen +/- (Latente) Steuern auf GuV-neutrale Sachverhalte } NIE/OCI	- wirksam	- neutral
+/- Periodenergebnis gemäß GuV (Profit/Loss)	- wirksam	- wirksam
= Gesamtergebnis		
- Dividenden + Ausgabe von Aktien	- neutral	- neutral
= Buchwert des Eigenkapitals am 31.12.		

Abb. 3.10: Eigenkapitalveränderung nach IFRS

Neubewertung vorgenommen. Der Wertansatz in der Bilanz erfolgt dann zum Fair Value, der in den folgenden Perioden bis zur nächsten Neubewertung um planmäßige sowie eventuelle außerplanmäßige Abschreibungen reduziert wird (IAS 16.39).

Wenn die Neubewertung zu einer Erhöhung des Buchwertes führt, so wird diese Wertsteigerung direkt in das Eigenkapital unter die Position Neubewertungsrücklage (»Revaluation Surplus«) eingestellt und ist damit GuV-neutral. Auf die Gewinn- und Verlustrechnung wirkt sich die Aufwertung nur dann aus, wenn dadurch eine zuvor GuV-wirksam erfasste Abwertung rückgängig gemacht wird (IAS 16.39).

Führt die Neubewertung hingegen zu einer Abwertung, so ist diese grundsätzlich GuV-wirksam zu erfassen. Eine Ausnahme gilt in dem Umfang, in dem für diesen Vermögensgegenstand noch eine Neubewertungsrücklage besteht. In diesem Fall ist die Abwertung GuV-neutral mit dieser Rücklage zu verrechnen (IAS 16.40). Abbildung 3.11 stellt die Vorgehensweise an einem Beispiel dar. Dabei wurde zur Vereinfachung von einem nicht planmäßig abzuschreibenden Vermögensgegenstand ausgegangen.

Wie der Abbildung 3.11 zu entnehmen ist, führt die Neubewertung 1, d.h. die Abwertung um 20, zu einem GuV-Verlust von 20. Neubewertung 2 ist eine Aufwertung um 70, davon sind 20 die Wertaufholung zur vorangegangenen Abwertung und folglich GuV-Gewinn. Die restlichen 50 werden in die

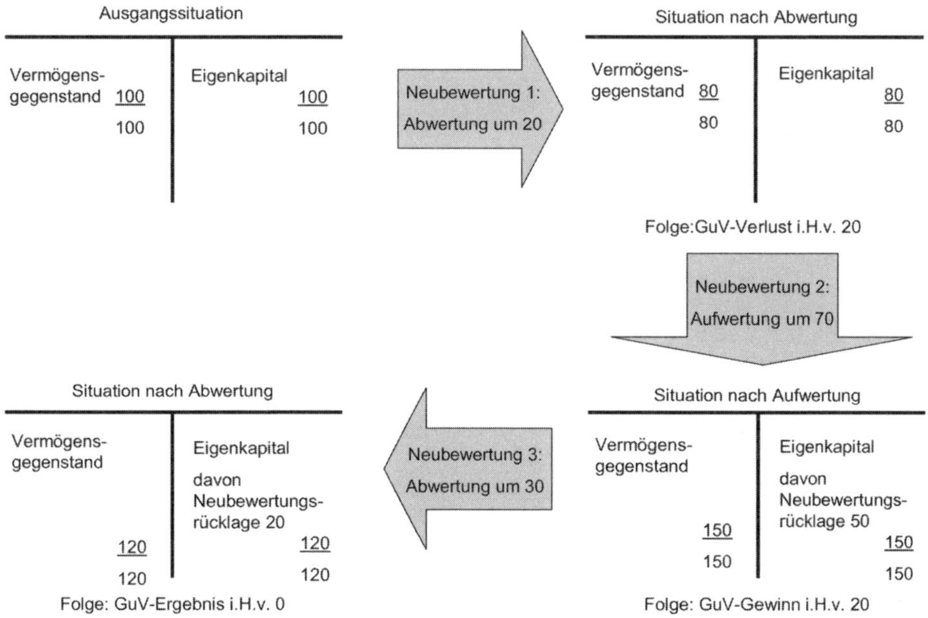

Abb. 3.11: Verrechnung von Auf- oder Abwertungen des Anlagevermögens mit der Neubewertungsrücklage

Neubewertungsrücklage eingestellt. Wenn nun Neubewertung 3 eine Abwertung um 30 ergibt, mindert diese die Neubewertungsrücklage und ist damit GuV-neutral. Die Neubewertungsrücklage kann nicht negativ werden, ihre Veränderungen sind bei der Analyse des Eigenkapitals zu beachten.

(ii) Ansatz von Marktwerten bei Finanzinstrumenten

Ein Finanzinstrument ist in IAS 32.11 definiert als »ein Vertrag, der gleichzeitig bei dem einen Unternehmen zu einem finanziellen Vermögenswert und bei dem anderen Unternehmen zu einer finanziellen Verbindlichkeit oder einem Eigenkapitalinstrument führt.« Darunter fallen sowohl originäre als auch derivative Finanzinstrumente. Zudem können Finanzinstrumente als Eigen- oder als Fremdkapital eingeordnet werden. Ihre Bewertung ist in IAS 39 geregelt.

Finanzielle Vermögenswerte (»Financial Assets«) müssen bei der erstmaligen Erfassung grundsätzlich mit dem Fair Value bewertet werden. Sofern es sich um Positionen handelt, die zu Handelszwecken gehalten werden (»held for trading«) oder die nicht-derivativ und zur Veräußerung verfügbar sind (»available-for-sale«), muss auch die Folgebewertung zum Fair Value vorgenommen werden. Gleiches gilt für Instrumente, für die die Fair Value-Option des IAS 39 genutzt wurde (nur möglich für Vermögenswerte der Kategorie »at fair value through profit or loss«). Durch die entsprechenden Neubewertungen kann es zu nicht GuV-wirksamen Eigenkapitalveränderungen kommen.

Finanzielle Verbindlichkeiten (»Financial Liabilities«) werden ebenfalls im Transaktionszeitpunkt zum Fair Value eingebucht. Sofern sie der Bewertungskategorie »at fair value through profit or loss« angehören (hierzu gehört auch die Untergruppe der »held for trading«-Verbindlichkeiten), basiert auch jede spätere Bewertung auf dem Fair Value und kann sich auf das NIE auswirken.

Eigenkapitalinstrumente (»Equity Instruments«) werden nur einmalig im Emissionszeitpunkt mit dem Fair Value bewertet. Spätere Wirkungen auf das NIE treten daher nicht auf.

(iii) Steuerabgrenzung

Eine umfassende Regelung der Bilanzierung von Ertragsteuern nach IFRS findet sich in IAS 12. Demnach setzt sich der gesamte Steueraufwand einer Periode aus den tatsächlich anfallenden Steuern (»Current Taxes«) und den latenten Steuern (»Deferred Taxes«) zusammen. Latente Steuern resultieren aus temporären Unterschieden zwischen dem IFRS-Wert einer Bilanzposition und ihrem Steuerwert. Liegen stattdessen permanente Unterschiede vor, d.h. gleichen sich die Unterschiede nicht in der Zukunft steuerwirksam aus, erfolgt keine Steuerabgrenzung.

Latente Steuern sind grundsätzlich nach IAS 12 nicht abzuzinsen. Dieser Punkt ist insbesondere bei aktiven latenten Steuern bei Unterschieden, die erst langfristig wirksam werden, zu berücksichtigen.

Während – wie eben gezeigt – der IFRS-Abschluss in vielen Punkten eine Bewertung mit dem Fair Value enthalten kann, sind Steuerbilanzwerte in Deutschland grundsätzlich (fortgeführte) Anschaffungs- oder Herstellungskosten oder niedrigere Teilwerte. Hieraus resultieren im Regelfall temporäre latente Steuern, mit dem Ergebnis, dass zu den bereits erläuterten Abweichungen im NIE zusätzliche Abweichungen aus der Steuerabgrenzung kommen. Auch diese sind bei der Analyse des Eigenkapitals im Rahmen der Financial Due Diligence zu berücksichtigen.

(c) Besonderheiten beim Fremdkapital

Die Aufteilung der Verbindlichkeiten nach IFRS entspricht der fristenbezogenen Vorgehensweise auf der Aktivseite und unterscheidet zwischen Current Liabilities und Non-current Liabilities. Dabei wird schon in der Bilanz nicht auf die Gesamt-, sondern auf die Restlaufzeit abgestellt. Latente Steuerverbindlichkeiten gehören immer zu den langfristigen Verbindlichkeiten. Eine Trennung zwischen mittel- und langfristigen Verbindlichkeiten kann mangels der benötigten Informationen meist nicht vorgenommen werden.

Eine Besonderheit besteht bei der IFRS-Rechnungslegung hinsichtlich der Einordnung von Finanzinstrumenten zum Eigen- oder Fremdkapital je nach vertraglich individueller Ausgestaltung. Insbesondere die bilanzielle Behandlung von hybriden Finanzinstrumenten richtet sich nach verbindlichen Begriffsdefinitionen, die mit dem Eigen- oder Fremdkapital verbunden sind. Geschäftsvorfälle sind – anders als nach HGB – entsprechend ihrem tatsächlichen wirtschaftlichen Gehalt und nicht allein nach ihrer rechtlichen Gestaltung zu bilanzieren. Im Einzelnen bedeutet dies:
Während das klassische Eigenkapital nach HGB in der Regel auch unter IFRS als Eigenkapital angesehen wird, werden Vorzugsaktien abweichend dann als IFRS-Fremdkapital betrachtet, wenn der Emittent eine vertragliche Verpflichtung zur Rücknahme oder dem Inhaber ein Rückgaberecht eingeräumt hat. Da auch stille Gesellschaften meist eine Rückzahlungsverpflichtung beinhalten, gelten sie unter IFRS ebenfalls als Fremdkapital, unabhängig von ihrer Ausgestaltung als typische oder atypische stille Gesellschaft. Genussrechte werden nur dann als Eigenkapital eingestuft, wenn ihre Laufzeit unbegrenzt ist und dem Genussrechtsinhaber kein Kündigungsrecht zusteht; andernfalls gehören sie zum Fremdkapital. Bei zusammengesetzten Instrumenten wie Wandel- oder Optionsanleihen sind die darin enthaltenen Fremd- und Eigenkapitalkomponenten zu trennen und nach den Abgrenzungsgrundsätzen von IAS 32 gesondert zu bilanzieren und zu bewerten (so genanntes Split Accounting nach IAS 32.28). Hybrides sowie klassisches Fremdkapital gelten – analog zum HGB – als Fremdkapital, abgesehen von stillen Gesellschaften und Genussrechten, sofern sie keine Rückzahlungsverpflichtung bzw. kein Kündigungsrecht beinhalten. Tabelle 3.3 fasst diese Zuordnung zusammen.

3.2.4 Normalisierung der Vergangenheit

Als Ergebnis der Analyse können die Unternehmensdaten der Vergangenheit um Sondereffekte bereinigt bzw. »normalisiert« werden. Die Zielsetzung der Normalisierung der Vermögenslage besteht darin, die historische Vermögenslage des Zielunternehmens bilanziell so abzubilden, als hätte die momentane Unternehmenssituation, wie sie auch für die zukünftige

Kategorie		Bezeichnung/ Finanz-instrument	Merkmale des Finanzinstruments	Einordnung nach IFRS
Klassisches Eigenkapital		(Stamm-)Aktie, GmbH-Anteil	- Mitgliedschaftsstellung - keine vorab geplante Rückzahlung - Vergütung abhängig vom Gesellschaftserfolg	- meist reines EK
Hybride Finanz-instrumente („Mezzanine Capital")	**Hybrides Eigenkapital**	Vorzugsaktie	- Mitgliedschaftsstellung - jedoch meist ohne Stimmrecht - keine Rückzahlung - Vergütung vorrangig vor Stammkapital	- FK, wenn vertragliche Rücknahmeverpflichtung des Emmittenten oder Rückgabemöglichkeit des Inhabers
		Redeemable preferred share	- Emittent verpflichtet sich, Aktien (auf Verlangen des Inhabers) zurückzukaufen	
		Atypisch stille Gesellschaft	- wie typisch stille Gesellschaft - zusätzlich Beteiligung an stillen Reserven	- kein Unterschied zur stillen Gesellschaft, daher als Fremdkapital zu qualifizieren
		Genussrechte	- Gläubigerrechte - basieren auf schuldrechtlichem Vertrag - Aktionäre haben auf Genussrechte Bezugsrecht	- nur dann Eigenkapital, wenn unbegrenzte Laufzeit, ohne Kündigungs-recht des Genussrechts-inhabers
	Zusammen-gesetzte Instrumente	Wandelanleihe	- wie Darlehen - zusätzlich das Recht, die Anleihe in Anteile umzutauschen	- enthaltene Fremd- und Eigenkapitalkomponenten sind zu trennen, nach den Abgrenzungsgrundsätzen von IAS 32 gesondert zu bewerten und zu bilanzieren (sog. split accounting IAS 32.28)
		Optionsanleihe	- wie Darlehen - zusätzlich das Recht, Anteile an der Gesellschaft zu einem festen Preis zu erwerben	
	Hybrides Fremdkapital	Besserungs-vereinbarung	- Tilgung erlassener Schulden aus zukünftigen Gewinnen	- Fremdkapital
		Rangrücktritts-darlehen	- Rückzahlung im Insolvenzfall nach anderen Gläubigern	- Fremdkapital
		Typische stille Gesellschaft	- Rückzahlung nach Laufzeit - Entgelt ist gewinnabhängig - Verlustbeteiligung möglich	- Fremdkapital, da sie meist eine Rückzahlungsver-pflichting enthalten
		Partiarisches Darlehen	- wie typisch stille Gesellschaft - kein Gesellschaftsverhältnis - gewinnabhängige Verzinsungskomponente - ohne Verlustbeteiligung	- Fremdkapital
		unbesichertes Darlehen	- Darlehen zwar vorrangig - jedoch ohne weitere Besicherung	- Fremdkapital
		Genussrechte	- s.o.	- Fremdkapital, wenn Rückzahlungsverpflichtung oder Kündigungsrechte enthalten
Klassisches Fremdkapital		vorrangig besichertes Darlehen	- Rückzahlung nach Laufzeit - Zins unabhängig vom Gesellschaftserfolg - keine Verlustbeteiligung	- Fremdkapital

Tab. 3.3: Einordnung der Kapitalkategorien nach IFRS

Planung unterstellt wird, bereits über den gesamten Zeitraum der Vergangenheitsanalyse bestanden.

Ein Schwerpunkt wird dabei auf die Normalisierung des Working Capitals gelegt, da dessen Entwicklung in der Planungsperiode entscheidenden Einfluss auf den zukünftigen Finanzbedarf des Unternehmens hat.

In IFRS-Abschlüssen können viele für die Analyse nützliche Zusatzinformationen aus den im Vergleich zu HGB deutlich umfangreicheren Anhangsangaben, z.B. zu Unternehmenskäufen und -verkäufen der Vergangenheit, gewonnen werden.

Bezogen auf die Bilanz können Sondereffekte im Betrachtungszeitraum der Vergangenheitsanalyse unternehmensinterner oder -externer Natur sein.

Unter internen Effekten sind beispielhaft zu verstehen:

- Eine Umstellung der Rechnungslegung von HGB auf IFRS,
- wesentliche Neuentscheidungen bei der Ausübung von Bilanzierungswahlrechten,
- eine vorausgegangene Akquisition, die das Zielunternehmen durchgeführt hat,
- ein Verkauf eines Geschäftsbereichs,
- grundsätzliche Umstrukturierungen in Organisation und Geschäftsprozessen,
- der Eintritt in neue Märkte und
- die Einführung neuer Produkte.

Als externe Effekte können auftreten:

- Volkswirtschaftliche Gesamtänderungen (z.B. durch die EU-Erweiterung),
- Katastrophen u.Ä. (z.B. der so genannte 11. September-Effekt),
- relevante Änderungen des Absatzmarktes sowie
- wesentliche Änderungen auf der Einkaufsseite (z.B. das Versiegen alter oder die Entdeckung neuer Rohstoffquellen, Kartellbildung der Lieferanten, Lieferprobleme).

Einmaleffekte in der Vergangenheit, die nicht nachhaltig auf die Vermögenslage des Unternehmens Einfluss nehmen (z.B. ein Nachfragerückgang für wenige Monate aufgrund einer Katastrophe oder kurzfristige Preissprünge bei Rohstoffkosten) sind zu bereinigen.

Nachhaltige Änderungen, die im Planungszeitraum fortbestehen werden (z.B. ein Unternehmenskauf oder ein Geschäftsbereichsverkauf), sind in der Periode der Vergangenheit, in der sie noch nicht vollzogen waren, im Rahmen einer »Pro-Forma-Bilanz« zurückzurechnen.

3.3 Gewinn- und Verlustrechnungs-Analyse

3.3.1 Aufbereitung der Gewinn- und Verlustrechnung

Während die Bilanz vor allem für die Analyse der Vermögenslage des Zielunternehmens herangezogen wird, können aus der Gewinn- und Verlustrechnung vor allem Aussagen über die Ertragslage abgeleitet werden. Globaler Erfolgsmaßstab der GuV ist der Jahresüberschuss bzw. Jahresfehlbetrag (GKV Nr. 20, UKV Nr. 19), in dem das Ergebnis der gesamten Unternehmenstätigkeit einer Periode zusammengefasst ist. Dabei sind alle Aufwendungen zum Abzug gekommen.

Für die Unternehmensanalyse ist es hingegen sinnvoll, auf das Ergebnis vor Abzug bestimmter Aufwandspositionen abzustellen, beispielsweise weil sie nicht Ausdruck einer Verminderung der Ertragskraft, sondern einmalig, außerbetrieblich oder nicht zahlungswirksam sind. Die bereinigten Größen werden auch als Pro-Forma-Ergebnisse bezeichnet, weil sie auf eine einheitliche Form gebracht und damit vergleichbar gemacht wurden (s.o. zur Pro-Forma-Bilanz).

Eine in der Praxis übliche Berechnung dieser Ergebnisgrößen auf Grundlage des HGB führt vom Jahresüberschuss bzw. -fehlbetrag über das Ergebnis der gewöhnlichen Geschäftstätigkeit zum EBIT, den »Earnings Before Interest and Taxes«. Diese in der Analyse häufig verwendete Größe spiegelt das auf das Gesamtkapital erzielte Ergebnis und damit die operative Ertragskraft des Unternehmens wider. Der Vorteil des EBIT besteht vor allem darin, dass veränderbare Gegebenheiten wie die Finanzierungsstruktur und die Steuerbelastung ausgeblendet werden. Der ausgewiesene Betrag stellt somit keinen freien Zahlungsüberschuss, sondern eine für den Vergleich zwischen Unternehmen besonders geeignete Größe dar.

Über die Korrektur um die Abschreibungen auf Sachanlagevermögen und Geschäfts- oder Firmenwert gelangt man zum EBITDA. Die wesentlichen nicht zahlungswirksamen Aufwandsgrößen wurden eliminiert und damit eine gewisse Annäherung an den Cashflow erreicht. Der gesamte Berechnungsweg ist in Abbildung 3.12 zusammengefasst.

Wie zu erkennen ist, sind nicht alle für die Berechnung benötigten Größen direkt der GuV zu entnehmen.

Bei der Berechnung des EBIT werden oft auch sonstige Steuern hinzugerechnet. Ebenso wird in vielen Fällen nicht nur der Zinsaufwand, sondern das gesamte Finanzergebnis korrigiert. Die hier dargestellte Berechnung entspricht dem angelsächsischen Vorgehen und wird im Weiteren beibehalten. Bei der Kommunikation der Ergebnisse im Due Diligence-Bericht muss

	GKV Nr.	UKV Nr.
Jahresüberschuss/Jahresfehlbetrag ./. Außerordentliche Erträge + Außerordentliche Aufwendungen + Steuern vom Einkommen und Ertrag	20 15 16 18	19 14 15 17
= EBT (Earnings Before Tax, Ergebnis der gewöhnlichen Geschäftstätigkeit) + Zinsen und ähnliche Aufwendungen	- 13	- 12
= EBIT (Earnings Before Interest and Tax) + Abschreibungen auf den Geschäfts- oder Firmenwert	- siehe Text	- siehe Text
= EBITA (Earnings Before Interest, Tax and Amortization) + Abschreibungen auf Anlagevermögen	- siehe Text	- siehe Text
= EBITDA (Earnings Before Interest, Tax, Amortization and Depreciation)	-	-

Abb. 3.12: Vom Jahresüberschuss bis zum EBITDA

beachtet werden, dass die Definition der Ergebnisgrößen EBIT, EBITA und EBITDA in der Literatur uneinheitlich ist. Die Zusammensetzung dieser Werte ist daher vor der Verwendung als Vergleichsmaßstab in jedem Einzelfall zu definieren und entsprechend zu kommunizieren.

Problematisch ist vor allem der Schritt vom EBIT zum EBITDA. Beim Gesamtkostenverfahren sind die beiden Summanden »Abschreibungen auf den Geschäfts- oder Firmenwert« und »Abschreibungen auf Anlagevermögen« mit den übrigen Abschreibungen auf immaterielle Vermögensgegenstände und den Abschreibungen auf die Bilanzierungshilfe »Aufwendungen für die Ingangsetzung und Erweiterung des Geschäftsbetriebs« in der Position Nr. 7a zusammengefasst. Eine Aufschlüsselung kann dem Jahresabschluss nur dann entnommen werden, wenn ein Anlagespiegel erstellt und (in der Regel im Anhang) beigefügt wurde (§ 268 Abs. 2 HGB). Hier ist jedoch zu beachten, dass im Anlagespiegel unter den Abschreibungen des Geschäftsjahres planmäßige und außerplanmäßige Wertminderungen zusammengefasst werden. Um sie voneinander zu trennen, muss die Angabe zu § 277 Abs. 3 HGB untersucht werden, nach dem außerplanmäßige Abschreibungen des Anlagevermögens im Anhang anzugeben oder in der GuV separat auszuweisen sind.

Liegen diese Informationen mangels Anhang nicht vor, muss – so weit möglich – untersucht werden, ob die Abschreibungen auf immaterielle Vermögensgegenstände und auf Bilanzierungshilfen im betrachteten Geschäftsjahr in nennenswertem Maße vorgenommen wurden. Wenn es zur

Vereinfachung vertretbar ist, wird dem EBIT der Gesamtbetrag der GKV Nr. 7a hinzuaddiert, um zum EBITDA zu gelangen.

Beim Umsatzkostenverfahren können die »Abschreibungen auf den Geschäfts- oder Firmenwert« sowie die »Abschreibungen auf Anlagevermögen« der GuV gar nicht entnommen werden, da sie bei Vollkostenrechnung in die »Herstellungskosten der zur Erzielung der Umsatzerlöse erbrachten Leistungen« (UKV Nr. 2), bei Teilkostenrechnung eventuell auch in die »sonstigen betrieblichen Aufwendungen« (UKV Nr. 7) eingehen (vgl. hierzu Kapitel 2.2.3). Auch hier muss auf den Anlagespiegel zurückgegriffen werden, der um eine Trennung von planmäßigen und außerplanmäßigen Abschreibungen ergänzt werden muss.

Weitere für die Jahresabschlussanalyse wichtige Größen, die aus der Gewinn- und Verlustrechnung abgeleitet werden können, sind Umsatz, Personal- und Materialaufwand. Während der Umsatz aus der GuV unabhängig von deren Form abgelesen werden kann, sind Personal- und Materialaufwand nur beim Gesamtkostenverfahren direkt ersichtlich (GKV Nr. 5 bzw. 6). Üblicherweise werden die Beträge der Untergliederungen (jeweils Buchstaben a und b) zum gesamten Personal- bzw. Materialaufwand zusammengefasst.

Beim Umsatzkostenverfahren erfolgt in der GuV keine Aufschlüsselung nach primären Kostenarten. Sofern ein Anhang vorliegt, können der Personalaufwand der Angabe nach § 285 Nr. 8 Buchst. b HGB und der Materialaufwand der Erläuterung nach § 285 Nr. 8 Buchst. a HGB entnommen werden. Diese Angaben liegen jedoch nur bei mittelgroßen und großen Kapitalgesellschaften (einschließlich der Personengesellschaften nach § 264a HGB) sowie bei Nicht-Personenunternehmen, die unter das PublG fallen, vor. Bei allen anderen Rechtsformen und der Verwendung des Umsatzkostenverfahrens können Material- und Personalaufwand nicht ohne weitere Informationen ermittelt werden.

Ein weiterer Schritt in der Aufbereitung der Gewinn- und Verlustrechnung ist die Erfolgsspaltung, in der der Unternehmensgesamterfolg aufgeteilt wird in

- das Betriebsergebnis, das sich aus dem eigentlichen Leistungserstellungsprozess des Unternehmens ergibt, und
- das Finanzergebnis, das Positionen aus Nebengeschäften im Finanzierungs- und Kapitalanlagebereich beinhaltet.

Eine einfache Aufspaltung von Betriebs- und Finanzergebnis anhand der Gewinn- und Verlustrechnung ist zwar möglich, jedoch nicht unproblema-

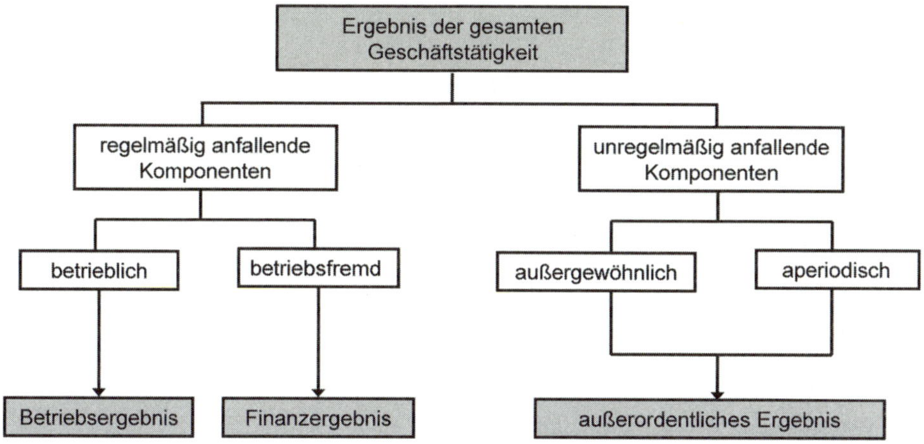

Abb. 3.13: Erfolgsspaltung

tisch, da Sammelpositionen wie die »sonstigen betrieblichen Erträge« nicht unbedingt dem zentralen Leistungserstellungs- und -verwertungsprozess zuzuordnen sind. Auch müssen unter Umständen Teile der Personalkosten nach dem Gesamtkostenverfahren dem Finanzergebnis zugerechnet werden.

Im außerordentlichen Ergebnis werden die verbleibenden unternehmensfremden Aufwendungen und Erträge zusammengefasst. Unternehmensfremd sind dabei nach § 277 Abs. 4 HGB Erfolgsbestandteile, die außerhalb der gewöhnlichen Geschäftstätigkeit oder außerhalb des normalen zeitlichen Verlaufs (aperiodisch) anfallen. Sie sind jedoch nur bei Kapitalgesellschaften im Detail auszuweisen und zu erläutern und bei Personengesellschaften entsprechend schwer zu analysieren. Abbildung 3.13 fasst die genannte Aufgliederung zusammen. Sofern eine Segmentberichterstattung vorliegt, kann die Erfolgsspaltung um eine Aufschlüsselung nach Segmenten ergänzt werden.

Wesentlich für die erfolgswirtschaftliche Analyse des Zielunternehmens ist folglich die Isolierung der eher unregelmäßig anfallenden Erfolgskomponenten. Diese sind unter den sonstigen betrieblichen Erträgen (jeweils nur, sofern nicht unter den Umsatzerlösen ausgewiesen) beispielsweise

- Erträge aus Zuschreibungen und Wertaufholungen,
- Buchgewinne aus dem Verkauf oder Tausch von Gegenständen des Anlagevermögens,
- Buchgewinne aus dem Verkauf von Wertpapieren des Umlaufvermögens,

- Erträge aus Schadensersatzleistungen und Versicherungen,
- Erträge aus Subventionen oder Zuschüssen,
- Zahlungseingänge aus bereits ausgebuchten Forderungen sowie
- u.U. Erträge aus der Auflösung nicht mehr benötigter Rückstellungen.

Entsprechend sind unter den sonstigen betrieblichen Aufwendungen beispielsweise zu separieren:

- Abschreibungen auf Forderungen und sonstige Vermögensgegenstände,
- Buchverluste aus dem Abgang von Anlage- oder Umlaufvermögen,
- Gründungskosten,
- Abwertungsverluste bei Währungsverbindlichkeiten,
- Verluste aus Schadensfällen und
- u.U. Zuführungen zu Aufwandsrückstellungen.

Sofern die nach § 277 Abs. 4 HGB verlangte Aufgliederung und Erläuterung nicht vorliegen und die Vermutung besteht, dass erhebliche Teile der sonstigen betrieblichen Erträge und Aufwendungen auf ungewöhnlichen und aperiodischen Sachverhalten beruhen, sollten sie in der Ergebnisanalyse dem außerordentlichen Ergebnis zugerechnet werden. Diese Erträge und Aufwendungen sind im Rahmen der Normalisierung der Gewinn- und Verlustrechnung zu berücksichtigen (siehe auch Kapitel 3.3.4).

3.3.2 Analyse der Ertragslage

Die Analyse der Ertragslage des Zielunternehmens kann absolut (Analyse des Ergebnisses) oder in Relation zum eingesetzten Kapital (Analyse der Rentabilität) erfolgen. Hierüber hinausgehende formale Wertschöpfungs- oder Break even-Analysen sind für die Due Diligence von geringer Bedeutung und werden daher nicht weiter betrachtet. Die Ergebnisanalyse lässt sich in Betragsanalyse und Strukturanalyse aufteilen. Bei der Rentabilitätsanalyse ist zu unterscheiden, ob die Ertragskraft aus Sicht des Gesamtunternehmens oder aus Sicht des Eigenkapitalgebers beurteilt werden soll. Ferner kann sie auf Basis des Jahresabschlusses oder auf Basis von Marktdaten erfolgen. Zur Übersicht vgl. Abbildung 3.14.

(a) Ergebnisanalyse

Auf die Schwierigkeiten der Betragsanalyse einzelner Positionen der Gewinn- und Verlustrechnung, insbesondere in Abhängigkeit vom verwende-

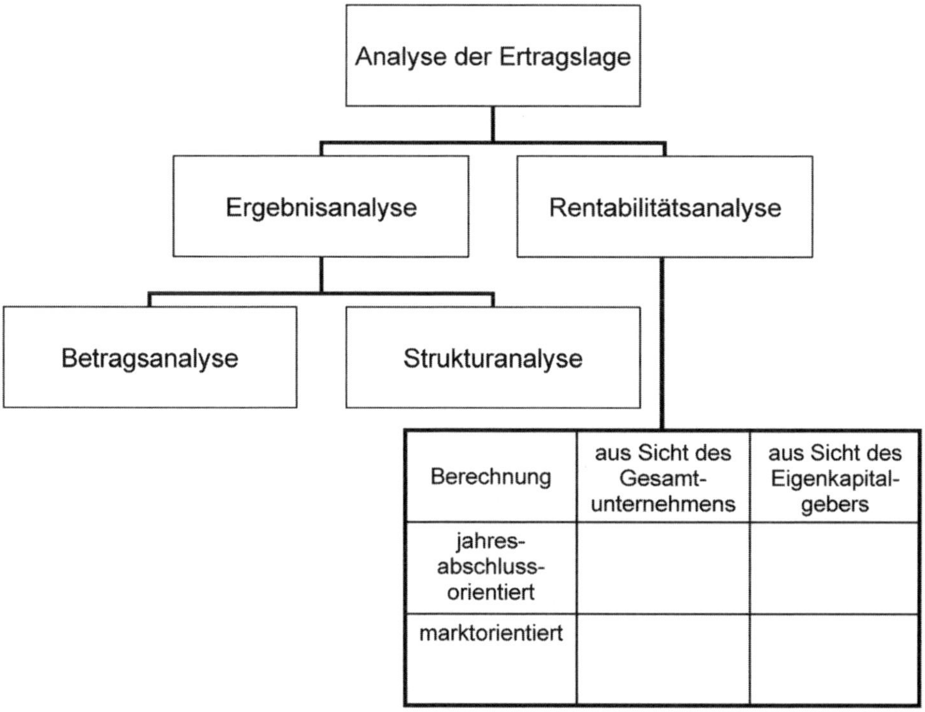

Abb. 3.14: Analyse der Ertragslage

ten Verfahren (Umsatz- oder Gesamtkostenverfahren) wurde bereits in Kapitel 2.2.3 hingewiesen. Im Rahmen der Financial Due Diligence wird hierzu eine detaillierte Auswertung von Anhang und Lagebericht vorgenommen. Die Qualität dieser Untersuchungen und Zuordnungen ist mitbestimmend für die Aussagekraft der weiteren Analysen.

Die Analyse der Ertragsstruktur beginnt mit einer Untersuchung der bei der Aufbereitung der GuV aufgespaltenen Erfolge. Dabei steht die Frage im Vordergrund, ob das Zielunternehmen seine Erfolge eher im eigentlichen Kernbereich seiner laufenden Tätigkeit (d.h. im Betriebsbereich) erwirtschaftet, ob es sich eher um Ergebnisse des Finanzbereichs handelt, oder ob vor allem außerordentliche Ergebnisse vorliegen. Als Warnsignal sollte es verstanden werden, wenn die Erfolgsaufspaltung für das Zielunternehmen im Rahmen eines konstanten Gesamtergebnisses vor Steuern (EBT) deutliche Verschiebungen zwischen den Ergebnisbestandteilen erkennen lässt. Hier ist es möglich, dass Schwächen des laufenden operativen Geschäfts durch zusätzliche Einnahmen im finanziellen oder außerordentlichen Bereich (z.B. durch Sonderausschüttungen von Tochterunternehmen oder Sale and lease back-Geschäfte) »geglättet« wurden. Dies kann auf ein »Window Dressing« hindeuten.

Ein zweiter Analysebereich betrifft die Frage, woraus das Zielunternehmen seine betrieblichen Erfolge erwirtschaftet (Analyse der Ergebnisquellen). Für die Analyse des Betriebsergebnisses können aus einer Aufschlüsselung der Umsatzerlöse und Deckungsbeiträge nach Produkten bzw. Produktgruppen und durch den Vergleich im Zeitablauf Informationen über die Werttreiber im Unternehmen gewonnen werden.

Weiterhin wird zur Analyse der Ergebnisquellen untersucht, in welcher Relation die Volumina der einzelnen Kostenarten zum Umsatzerlös (einschließlich Gewinnspanne) bzw. zu den Herstellungskosten (ohne Gewinnaufschlag) der abgesetzten Erzeugnisse stehen.

Durch eine Analyse der Herstellungskosten oder des Materialaufwands kann untersucht werden, welche Kostenbestandteile wesentlich für das Unternehmen sind und bei zukünftigen Schwankungen daher hohe Wirkungen auf die geplanten Ergebnisse haben. Bei einem hohen Anteil an Energiekosten in der Fertigung sind beispielsweise die Annahmen zu Energiepreisen in der Planung besonders zu analysieren.

Zu den gängigsten Kennzahlen zur Analyse der Personalkosten gehören die Personalaufwandquote sowie der Umsatz je Mitarbeiter. Dabei werden zum einen der Personalaufwand mit den Herstellungskosten der Absatzmenge (bzw. den Umsatzerlösen) und zum anderen die Herstellungskosten der abgesetzten Erzeugnisse (bzw. die Umsatzerlöse) zu der Anzahl der Mitarbeiter ins Verhältnis gesetzt. Aus diesen Relationen kann z.B. abgeleitet werden, ob Kapazitätserweiterungen mit dem bestehenden Personalbestand realisierbar sind oder ob sie eine entsprechende Erhöhung der Mitarbeiterzahl erfordern. Außerdem ist zu erkennen, wie personalintensiv die eigene Fertigung erfolgt und damit auch wie stark die betrieblichen Ergebnisse von der Gehaltsentwicklung beeinflusst werden. In der Praxis gibt es dabei regelmäßig Abstimmungsprobleme bei den Mitarbeiterzahlen (v.a. hinsichtlich Durchschnitts- bzw. Stichtagsgrößen).

Bei der Bildung dieser Kennzahlen ist darauf zu achten, dass die miteinander verglichenen Größen zueinander passen (Entsprechungsprinzip). Da beispielsweise der Personalaufwand bei der Erstellung aller produzierten Güter angefallen ist, darf er nicht mit dem Wert der abgesetzten Güter in Relation gesetzt werden. Andernfalls würde die Personalaufwandsquote in Perioden des Lageraufbaus zu hoch und in Perioden des Lagerabbaus zu niedrig ausgewiesen.

(b) Rentabilitätsanalyse

In der Rentabilitätsanalyse wird vor allem das vom Zielunternehmen erwirtschaftete Ergebnis zum eingesetzten Kapital bzw. Vermögen in Relation gesetzt. Während die bilanzielle Rentabilitätsanalyse auf Kennzahlen zurückgreift, die aus dem Jahresabschluss abgeleitet werden können, arbeitet die marktorientierte Analyse mit Marktwerten. Marktrelationen werden vor allem in der Unternehmensbewertung zur Plausibilisierung genutzt; für die Vergangenheitsanalyse wird eher auf Buchrelationen zurückgegriffen. Dadurch ist eine relative Erfolgsbeurteilung möglich, für die vor allem auf fünf Kennzahlen zurückgegriffen wird:
Zur Ermittlung der Eigenkapitalrentabilität wird der Jahresüberschuss einer Periode in das Verhältnis zum durchschnittlichen Eigenkapital dieser Periode gesetzt.

Die Gesamtkapitalrentabilität berechnet sich aus dem EBIT des Betrachtungszeitraums, der mit dem durchschnittlichen Gesamtkapitalvolumen verglichen wird. Im englischen Sprachgebrauch handelt es sich um den Return on Investment (ROI) oder auch Return on Assets (ROA). Für eine Beurteilung der Rentabilität des Kerngeschäfts wird entsprechend das ordentliche Betriebsergebnis durch das durchschnittliche betriebsnotwendige Vermögen geteilt.

Statt des betriebsnotwendigen Vermögens verwendet die Kennzahl Return on Net Assets (RONA) die Net Assets (auch als »gebundenes Vermögen« bezeichnet), zu denen der EBIT in Relation gesetzt wird. Die Net Assets setzen sich zusammen aus dem Anlagevermögen und dem Umlaufvermögen abzüglich des unverzinslichen Fremdkapitals (z.B. Lieferantenkredite oder Kundenanzahlungen). Grundsätzlich identisch ist die Kennzahl Return on Capital Employed (ROCE), bei der der EBIT durch das Capital Employed (»gebundenes Kapital«) geteilt wird. Da sich das Capital Employed aus dem Eigenkapital und dem verzinslichen Fremdkapital zusammensetzt, hat es dieselbe Höhe wie die Net Assets, nur wird es – statt von der Aktivseite der Bilanz – von der Passivseite her ermittelt.

Für Zwecke des Branchenvergleichs werden Rentabilitätskennzahlen auch auf Basis des EBITDA ermittelt, um Effekte aus der unterschiedlichen Nutzung von Anlagevermögen (z.B. Leasing oder Lizensierung) zu bereinigen.

3.3.3 Unterschiede zwischen HGB und IFRS

(a) Generelle Unterschiede

Die Ermittlung der bisher betrachteten Erfolgsgrößen auf der Grundlage eines Abschlusses nach IFRS wird – bedingt durch die z.T. andere Untergliederung – leicht abweichend vorgenommen. Sie ist in Abbildung 3.15 dargestellt.

Um die Inhalte einer nach deutschem Handelsrecht gegliederten Gewinn- und Verlustrechnung mit den Informationen eines IFRS-Abschlusses vergleichbar zu machen, ist ein genereller Bereinigungsschritt erforderlich: Erfolgskomponenten, die nach HGB dem außerordentlichen Ergebnis zuzurechnen sind, werden nach IFRS auf die entsprechenden Positionen im Betriebs- bzw. Finanzergebnis verteilt, da nach IAS 1.85 kein Ausweis von Erträgen oder Aufwendungen als außerordentliche Positionen gestattet ist. Statt dessen liegt der Schwerpunkt der Erfolgsspaltung unter IFRS auf der Trennung zwischen dem Ergebnis aus fortgeführter Geschäftstätigkeit (»profit or loss from continuing operations«) und dem aus aufgegebenen Geschäftsbereichen (»profit or loss from discontinued operations«). Während das Ergebnis aus fortgeführter Geschäftstätigkeit grundsätzlich alle betrieblichen und finanziellen Erträge und Aufwendungen der laufenden Tätigkeit einschließlich zugehöriger außerordentlicher Positionen umfasst, betrifft das Ergebnis aus aufgegebenen Geschäftsbereichen nur Teilbetriebe

	Net income
+/-	**Extraordinary items**
+/-	**Discontinued operations**
=	**Income from continuing operations**
+/-	**Minority interests in income of consolidated subsidiaries**
+/-	**Income taxes**
+	**Interest expense**
=	**EBIT**
+	**Amortization**
=	**EBITA**
+	**Depreciation**
=	**EBITDA**

Abb. 3.15: Vom Net Income zum EBITDA

oder ähnliche Sachgesamtheiten, deren Aufgabe oder Verkauf bereits vollzogen wurde oder hinreichend sicher geplant ist (zu Einzelheiten vgl. IFRS 5). Abgesehen von dieser prinzipiell anderen Herangehensweise gilt jedoch auch für die internationalen Rechnungslegungsnormen im Grundsatz, dass wesentliche Aufwendungen und Erträge mit unregelmäßigem Charakter separat auszuweisen sind. Auf Basis dieser Informationen sollte Vergleichbarkeit mit dem außerordentlichen Ergebnis nach HGB hergestellt werden können. Dazu bedarf es jedoch einer genaueren Analyse. Vergleicht man die Darstellung der IFRS-Erfolgsspaltung in Abbildung 3.16 mit der Abbildung 3.13 nach HGB, so wird das Ergebnis der fortgeführten Geschäftstätigkeit nach IFRS weitgehend im regelmäßigen Betriebs- und Finanzergebnis gemäß HGB aufgehen. Bestandteile des außerordentlichen HGB-Ergebnisses können jedoch entweder den fortgeführten oder den aufgegebenen Geschäftsbereichen zugerechnet werden.

Nach der heute gültigen Fassung des IAS 1 (überarbeitet 2003) sind in der GuV die den Minderheitenanteilen (Minority Interest) zuzurechnenden Aufwendungen und Erträge am Konzernergebnis ebenso wie die der Anteilseigner des Mutterunternehmens darzustellen (IAS 1.82 sowie IAS 1.96).

Abgesehen von den grundlegenden Korrekturen können sich auch aus einer Reihe von Einzelpositionen wesentliche Ausweis- und Ergebnisunterschiede zwischen HGB und IFRS ergeben. Sie werden im Folgenden erläutert.

(b) Zeitpunkt der Umsatzrealisierung

Nach IAS 18.14 sind Erlöse aus dem Verkauf von Gütern zu erfassen, sobald die maßgeblichen Risiken und Chancen auf den Käufer übertragen wurden, weder Verfügungsrecht noch -macht beim Verkäufer zurückbleiben, die Höhe der Erlöse sowie der damit zusammenhängenden Kosten ver-

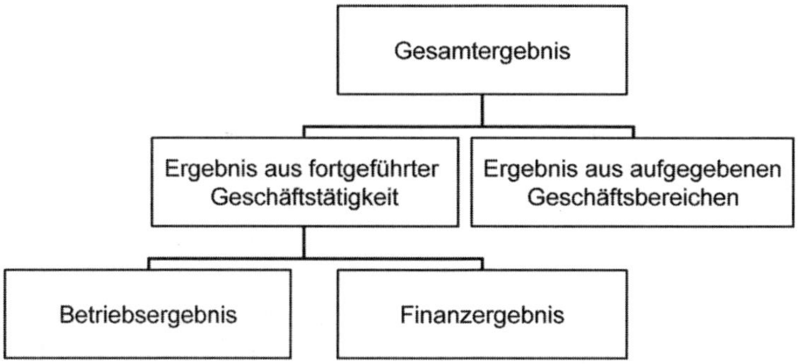

Abb. 3.16: Erfolgsspaltung nach IFRS

lässlich zu bestimmen sind und mit hinreichender Wahrscheinlichkeit festgestellt werden kann, dass der Nutzen dem Verkäufer zufließen wird. Im Vergleich zum handelsrechtlichen Imparitätsprinzip sind diese Voraussetzungen zum verbleibenden Risiko des Verkäufers weniger streng. Andererseits kann sich unter IFRS, insbesondere bei Verträgen mit mehreren Lieferinhalten (»Mehrkomponentenverträge«), eine im Vergleich zum HGB spätere Umsatzrealisation ergeben, da die Umsätze nach wirtschaftlicher Betrachtung auf die einzelnen zu liefernden Bestandteile aufgeteilt werden.

Weitergehende Abweichungen ergeben sich bei langfristigen Fertigungs- und Dienstleistungsaufträgen: IAS 11.22 sowie IAS 18.20 schreiben die Erfassung von Erlösen schon dann vor, wenn der Leistungsfortschritt bzw. der Fertigstellungsgrad sowie die zugehörigen und die noch zu erwartenden Kosten zuverlässig bestimmt oder geschätzt werden können. Die so genannte Percentage of completion-Methode führt zumindest bei gut abschätzbarem Auftragsverlauf im Vergleich zur handelsrechtlichen Completed contract-Handhabung zu einem (u.U. deutlich) früheren Umsatzausweis. Wenn das Ergebnis nicht zuverlässig geschätzt werden kann, sind Erträge zumindest in Höhe der getätigten und abrechenbaren Aufwendungen zu realisieren (IAS 11.32 bzw. IAS 18.26). Da dann kein Gewinnaufschlag erfasst werden darf, führt dies zunächst zu einer erfolgsneutralen Umsatzrealisation.

In der Summe können langfristige Fertigungs- oder Dienstleistungsverträge des Zielunternehmens zu erheblichen Unterschieden im Ausweis der Umsatzerlöse nach HGB oder nach IFRS führen. Sofern nicht durch Teilabnahmen eine konstante Umsatzrealisation auch nach deutschem Recht erreicht wurde, muss der Methodenunterschied bei der Analyse berücksichtigt werden.

(c) Bestandsveränderungen und andere aktivierte Eigenleistungen

Wird die Gewinn- und Verlustrechnung nach dem Gesamtkostenverfahren durchgeführt, müssen von den Umsatzerlösen die Erhöhung oder Verminderung des Bestands an fertigen und unfertigen Erzeugnissen (GKV Nr. 2) sowie die anderen aktivierten Eigenleistungen (GKV Nr. 3) abgezogen werden. Bei der Berechnung der Bestandsveränderungen nach IFRS (»Changes in Inventories of finished Goods and Work in Progress«) ergibt sich insofern ein Unterschied zur Vorgehensweise nach HGB, als die Herstellungskosten nach IFRS zwingend die produktionsbedingten Vollkosten umfassen. Zudem werden außerplanmäßige Abschreibungen auf die Erzeugnisse – selbst bei ungewöhnlicher Höhe – unter IFRS immer den Bestandsveränderungen zugerechnet.

Unter den anderen aktivierten Eigenleistungen (»Work performed by the Enterprise and Capitalized«) erfolgt nach IFRS ein Ausweis dann, wenn die Voraussetzungen eines Assets erfüllt sind und Wesentlichkeit gegeben ist. So können hierunter beispielsweise nach IAS 38.57 aktivierte Entwicklungskosten fallen, für die unter HGB sowie nach EStG ein generelles Aktivierungsverbot besteht. Sofern solche Positionen in der IFRS-Bilanz auftreten, erhöht sich der Periodengewinn im Vergleich zum steuerlichen Ergebnis. Da es sich nur um Differenzen hinsichtlich des Zeitpunkts der Aufwandsverrechnung handelt (so genannte »Timing Differences«), kommt es regelmäßig zur Bildung von Rückstellungen im Rahmen der Steuerabgrenzung (IAS 12.15). In der GuV erhöht sich hierdurch der Steueraufwand (IAS 1.81). Allerdings muss berücksichtigt werden, dass in den Folgeperioden nach IFRS ein entsprechend höherer Abschreibungsaufwand anfällt, der dann zur anteiligen Auflösung der zurückgestellten latenten Steuern führt.

(d) Aufwendungen für Altersvorsorge

Unter der GKV-Position Nr. 6 Personalaufwand, Buchst. b soziale Abgaben und Aufwendungen für Altersversorgung und für Unterstützung, sind laut HGB die Aufwendungen für Altersversorgung separat auszuweisen. Hierzu gehören Pensionszahlungen (soweit nicht erfolgsneutral zu Lasten der Pensionsrückstellungen), Zuführungen zu Pensionsrückstellungen (auch im Rahmen der Verzinsung) sowie Zuweisungen an Unterstützungs- und Pensionskassen. Diese Position der Gewinn- und Verlustrechnung kann unter IFRS grundlegend anders bewertet sein: IAS 19.61 schreibt für die ergebniswirksame Erfassung der Kosten von Defined Benefit Plans (d.h. die in Deutschland zulässige leistungsorientierte Versorgungszusage) den Einbezug der folgenden Positionen vor:

- Ausgangspunkt ist der laufende Dienstzeitaufwand (»Current Service Cost«), d.h. die im Geschäftsjahr erdienten Ansprüche der begünstigten Arbeitnehmer. Nach IAS 19.63 sind hierbei alle Einflussfaktoren zu berücksichtigen, somit auch die Gehaltsentwicklung bis zum Endgehalt, die Mitarbeiterfluktuation, Kostentrends im Bereich der medizinischen Versorgung sowie die Sterbewahrscheinlichkeit.
- Zum laufenden Dienstzeitaufwand wird der Zinsaufwand (»Interest Cost«) addiert, der sich aus der Aufzinsung der Vorjahresverpflichtung ergibt.
- Die Summe wird um erwartete Erträge aus einem eventuell bestehenden Planvermögen (»Expected Return on any Plan Assets«) korrigiert.

Positive Erträge werden abgezogen, weil sie die Nettoverpflichtung mindern, negative werden entsprechend hinzugerechnet.

- Im nächsten Schritt erfolgt eine Korrektur um Gewinne bzw. Verluste, die sich aus der Veränderung versicherungsmathematischer Annahmen ergeben (»Actuarial Gains or Losses«), sofern bei Anwendung der so genannten Korridormethode die in IAS 19.92 definierte Wesentlichkeitsgrenze von 10 Prozent des Barwerts der Verpflichtung oder des Zeitwerts des Planvermögens überschritten wird. Nach IAS 19.93 ist die Korrektur anteilig zur erwarteten durchschnittlichen Restlebensarbeitszeit der Pensionsberechtigten oder schneller vorzunehmen.
- Abschließend werden aperiodische Aufwendungen (»Past Service Cost«, z.B. bei Neueinrichtungen) sowie Plankürzungen (»Curtailments«) und Ablösungen von Pensionsverpflichtungen (»Settlements«) berücksichtigt.

Im Ergebnis kann die Bewertung von Pensionsverpflichtungen unter IFRS deutlich abweichend zu einer HGB-Berechnung ausfallen, wodurch sich auch die Höhe der Aufwendungen für Altersversorgung ändert. Folglich wird die Ergebnisanalyse auf IFRS-Basis zu differierenden Ergebnissen führen.

Als zentraler Punkt ist bei der Erfolgsspaltung diesbezüglich zu beachten, dass die Zinskomponenten der Aufwendungen zur Altersvorsorge auch unter dem Finanzergebnis ausgewiesen werden können. Dieser Ausweis ist in der Vergangenheitsanalyse und der Planung einheitlich durchzuführen und ggf. im Rahmen der Financial Due Diligence zu korrigieren. Wird die Pensionsverpflichtung als Finanzverbindlichkeit im Unternehmenswert berücksichtigt, ist die Zinskomponente zwingend im Finanzergebnis auszuweisen, um eine doppelte Berücksichtigung zu vermeiden (siehe auch Kapitel 6.2).

Aus der Bewertung nach IFRS resultiert im Regelfall ein im Vergleich zur steuerlichen Gewinnermittlung zu früher, u.U. auch ein insgesamt zu hoher Aufwandsausweis. Da es sich um zeitlich begrenzte Differenzen handelt, resultiert aus dem Aufwandsunterschied auch ein Unterschied in der Steuerabgrenzung. Es kommt – die wahrscheinliche Verrechenbarkeit mit späteren steuerlichen Gewinnen vorausgesetzt – zum Ansatz aktiver latenter Steuern (IAS 12.24, 12.58).

(e) Latente Steuern bei der Neubewertung von Anlagevermögen oder Finanzinstrumenten

Auch aus der Neubewertung von Vermögensgegenständen nach IAS 16 sowie der Aktivierung von Wertpapieren »available for sale« mit dem höheren Marktpreis gemäß IAS 39 entstehen regelmäßig Abweichungen zwischen IFRS- und Steuerbilanz. Allerdings erfolgen die Neubewertungen GuV-neutral und führen nicht zu der Umkehrung früherer steuerlicher Effekte.

Trotzdem es sich also um Temporary Differences handelt, erfolgt eine latente Steuerabgrenzung mit Blick auf die mit der künftigen Auflösung verbundenen steuerlichen Konsequenzen (IAS 12.20). Die entsprechende Steuerrückstellung wird – so wie die ihr zugrunde liegende Neubewertung – GuV-neutral vorgenommen (IAS 12.61). Die spätere planmäßige Auflösung erfolgt entsprechend GuV-wirksam, wenn auch die erfolgsneutral gebuchten neubewerteten Vermögenswerte GuV-wirksam realisiert werden.

Da GuV-neutrale Neubewertungen im Rahmen eines HGB-Jahresabschlusses nicht auftreten können, sind latente Steuern in diesem Zusammenhang nur in einem Jahresabschluss nach IFRS möglich.

(f) Verbot der Abgrenzung latenter Steuern

Von der Pflicht zur Abgrenzung latenter Steuern sind nach IAS 12.15 (für passive latente Steuern) sowie nach IAS 12.24 (für aktive latente Steuern) drei Fälle ausgenommen:

- Goodwill
  Wurde im Rahmen eines Unternehmenskaufs ein Goodwill bezahlt, so ist dieser in der Steuerbilanz zu aktivieren und über 15 Jahre abzuschreiben (§ 5 Abs. 2, § 7 Abs. 1 Satz 3 EStG). Auch unter IFRS besteht die Pflicht zur Aktivierung des derivativen Goodwills (IFRS 3.51). Der Ausweis unter IFRS ist dabei im Regelfall niedriger als in der Steuerbilanz, da zunächst die in der Akquisition erworbenen übrigen immateriellen Vermögenswerte separiert und getrennt ausgewiesen werden (z.B. Entwicklungskosten, Markenname und Kundenstamm). Aus der Differenz zum Erstansatz des Goodwills in der Steuerbilanz kann sich eine aktive Steuerlatenz begründen, deren Ansatz jedoch im Rahmen des Erstausweises der separierten immateriellen Werte zu beurteilen ist.

  Nur wenn im IFRS-Abschluss eine im Vergleich zur Steuerbilanz höhere Erstbewertung erfolgt ist, so besteht eine durch den Goodwill hervorgerufene Differenz zum steuerlich abzugsfähigen Volumen. Diese hat zwar einen Steuerwert von Null, darf aber – abweichend von der generellen Handhabung – nicht zur Passivierung latenter Steuern führen, da sich hieraus nur eine Verlängerung der Bilanz und eine entsprechende Aufblähung des Goodwills als Saldogröße ergeben würde (IAS 12.15 Buchst. a). Die Abgrenzung latenter Steuern nach IFRS ist damit an dieser Stelle untersagt.

- Erstverbuchung von Vermögenswerten oder Schulden
  Auch die Erstbewertung von Vermögenswerten und Schulden kann in der IFRS-Bilanz zu Werten erfolgen, die unter oder über den steuerlich relevanten Werten liegen. Sofern diese Unterschiede nicht aus einem Unternehmenszusammenschluss resultieren und wenn zusätzlich die Erstbewertung der Vermögenswerte bzw. Schulden GuV-neutral war, dann dürfen für die temporären Differenzen keine latenten Steuern bilanziert werden (IAS 12.15 Buchst. b, 12.24). Hierdurch soll die Aussagekraft der Bilanz erhalten bleiben: Würden die aktiven oder passiven latenten Steuern angesetzt, so müsste entsprechend der Buchwert des Vermögenswertes bzw. der Schuld korrigiert werden, was letztlich eine Abweichung von den tatsächlichen Werten bedeutet und folglich untersagt ist (IAS 12.22, 12.33). Konkludent dürfen auch eventuelle spätere, durch die Abschreibung des Vermögenswertes verursachte Änderungen der nicht erfassten latenten Steuern nicht berücksichtigt werden.
- Differenzen in Verbindung mit Beteiligungen
  Auch bei temporären Abweichungen zwischen IFRS- und Steuerbilanz in Verbindung mit Anteilen an Tochterunternehmen, Zweigniederlassungen, assoziierten Unternehmen und Joint Ventures dürfen latente Steuerschulden oder Steueransprüche dann nicht passiviert werden, wenn das die Beteiligung haltende Unternehmen Zeitpunkt bzw. Verlauf der Auflösung der Differenz bestimmen kann, diese Auflösung aber wahrscheinlich nicht in absehbarer Zeit erfolgen wird (IAS 12.15, 12.39 für latente Steuerschulden sowie IAS 12.24, 12.44 für latente Steueransprüche).

Die genannten Verbote der Steuerabgrenzung sind IFRS-spezifisch und können daher Abweichungen zur handelsrechtlichen Erfolgsermittlung verursachen.

3.3.4 Normalisierung der Gewinn- und Verlustrechnung

Auch bei der Normalisierung der Gewinn- und Verlustrechnung besteht die Zielsetzung, die historische Ertragsentwicklung des Zielunternehmens so abzubilden, als sei die bei der späteren Planung unterstellte Unternehmensentwicklung bereits über den gesamten analysierten Zeitraum entsprechend verlaufen. Eine Bereinigung der Vergangenheitsdaten ist daher dann notwendig, wenn sie durch außerordentliche, in der Zukunft nicht mehr zu erwartende Effekte beeinflusst wurden. Wesentliche Beispiele werden im Folgenden erläutert:

(a) Einmalige Erfolgswirkungen aus Unternehmenszusammenschlüssen oder aus der Aufgabe von Geschäftsfeldern

Einmalige positive oder negative Erfolgswirkungen treten vor allem in Situationen auf, in denen die Kontinuität der Unternehmenstätigkeit unterbrochen wird. Typische Fälle sind vor allem der Kauf oder Verkauf von Unternehmen bzw. Unternehmensteilen (auch aperiodische Geschäftsvorfälle genannt). Grundsätzlich muss im Rahmen der Financial Due Diligence zunächst festgestellt werden, ob in der Vergangenheit derartige Vorfälle aufgetreten sind und ob sie wirklich einen außergewöhnlichen Charakter haben. Nicht jeder Unternehmenserwerb muss im Rahmen der GuV-Normalisierung neutralisiert werden; beispielsweise ist bei stark wachsenden Zielunternehmen neben dem organischen Wachstum auch ein regelmäßiger Zukauf denkbar. Vor der Eliminierung dieser Vorfälle aus der Gewinn- und Verlustrechnung sollte untersucht werden, welcher Akquisitionsrhythmus für das Zielunternehmen in der Vergangenheit üblich war und für die Zukunft realistisch erscheint. Wurde beispielsweise im Schnitt jedes dritte Jahr ein Unternehmen hinzuerworben, so sollten die daraus resultierenden Erfolgseffekte auf jeweils drei Jahre gleichmäßig verteilt werden.

Bei einer derartigen Normalisierung muss jedoch auch untersucht werden, ob der bisherige Verlauf als für die Zukunft repräsentativ angesehen werden kann. Während organisches (nicht-aperiodisches) Wachstum zumindest im Rahmen des Wirtschafts- bzw. Branchenwachstums auch auf Dauer realistisch erscheint, ist Wachstum durch Zukäufe nur für einen begrenzten Zeitraum möglich. In der Mehrzahl der Fälle wird es sich jedoch um außerordentliche Vorfälle handeln. Ist dies der Fall oder ist die zukünftige Entwicklung fraglich, sollten die außerordentlichen Ertragswirkungen der Zukäufe oder Zusammenschlüsse aus den Gewinn- und Verlustrechnungen eliminiert werden.

Auch Verkäufe oder Stilllegungen von Unternehmensteilen bzw. Geschäftsfeldern (Discontinued Operations) in der Vergangenheit sind nur eingeschränkt in der Zukunft fortsetzbar. Sofern sich das Zielunternehmen in einer Konsolidierungsphase befindet, kann der Abbau unrentabler Teilbereiche möglicherweise noch eine Zeitlang andauern. Daraus einen endlosen Prozess abzuleiten, würde jedoch die endgültige Beendigung der Tätigkeit des Zielunternehmens in der Zukunft bedeuten und ist daher wenig zielführend. Folglich sollten im Rahmen der Normalisierung die Erfolgswirkungen der Aufgabe von Geschäftsfeldern aus den Vergangenheitsdaten eliminiert werden. Dies betrifft nicht nur die Aufwendungen und Erträge während der eigentlichen Stilllegung, sondern auch spätere Folgen, wie z.B. Aufwendungen für Sozialpläne oder Auffanggesellschaften.

Unternehmen in Branchen, die einem schnellen technischen Wandel unterliegen, können dauerhaft gezwungen sein, ihre Organisation zu restrukturieren und für neue Anforderungen zu optimieren. In diesen Fällen ist unter Umständen ein Grundniveau an Restukturierungsaufwendungen nachhaltig betrieblich erforderlich und daher nicht zu normalisieren.

In jedem Fall müssen außerordentliche Erfolgswirkungen in der Vergangenheit zu einer detaillierten und kritischen Hinterfragung der Planung bzw. Prognose führen.

(b) Weitere interne außerordentliche Erfolgswirkungen

Bei der Analyse weiterer interner außerordentlicher Erfolgswirkungen ist zunächst grundsätzlich zu beachten, dass das HGB unter das außerordentliche Ergebnis ausschließlich alle unternehmensfremden Erfolgsbestandteile subsumiert. Durch den Betriebsprozess hervorgerufene aperiodische Vorfälle schlagen sich daher im Ergebnis aus gewöhnlicher Geschäftstätigkeit nieder, auch wenn sie vom Charakter her »außerordentlich« im Sinne von »ungewöhnlich« oder »periodenfremd« sind. Dies sind beispielsweise stille Reserven, die durch den Verkauf von Anlagevermögen realisiert wurden, oder durch einen Börsencrash verursachte Verluste aus Finanzanlagen.

Derartige Positionen aufzufinden, ist eine wichtige Aufgabe im Normalisierungsprozess der Financial Due Diligence. Insbesondere branchen- oder regionsspezifische Besonderheiten sind nicht immer auf den ersten Blick erkennbar. In der Analyse der Kennzahlen sollten daher Wert- und Erfolgsschwankungen, Sprünge in einzelnen Erfolgskomponenten und andere Auffälligkeiten als Anlass zu einer detaillierten Analyse und zur eventuellen Normalisierung sein. Hilfreich dabei ist, dass nach § 277 Abs. 4 Satz 2, 3 HGB zumindest alle Kapitalgesellschaften verpflichtet sind, im Anhang neben den außerordentlichen (betriebsfremden) auch die aperiodischen (betrieblichen) Aufwendungen und Erträge hinsichtlich ihrer Art und ihres Betrags zu erläutern, sofern diese nicht nur von untergeordneter Bedeutung sind. Sowohl die Trennung zwischen betriebsfremd und betrieblich als auch die zwischen bedeutsam und untergeordnet sind subjektiv sowie unternehmensindividuell. Sie sollten daher in der Due Diligence nachvollzogen werden.

Weitere außerordentliche Erträge oder Aufwendungen resultieren vor allem aus

- dem Verkauf von Anlagevermögen wegen Ersatz- oder Rationalisierungsmaßnahmen, die nicht mehr unter den laufenden Betrieb fallen, sowie
- dem Verkauf von Vorratsbeständen aufgrund einer generellen Produktionsumstellung, die ebenfalls nicht mehr dem laufenden Geschäftsbetrieb zugeordnet werden kann.

Ferner sind hierzu die Erträge sowie die Aufwendungen durch Auflösung bzw. die Einstellung eines Sonderpostens mit Rücklageanteil zu subsumieren.

(c) Wesentliche externe Einflussfaktoren (Wechselkurse, Rohstoffpreise, Energiepreise etc.)

Neben den internen außerordentlichen Einflussfaktoren auf den Unternehmenserfolg können auch externe Einflüsse ungewöhnliche Erfolgswirkungen im Zielunternehmen hervorrufen, die sich in der Zukunft nicht nachhaltig fortschreiben lassen. Ursache sind hier vor allem Änderungen in den Eingangs- oder Ausgangspreisen, soweit nicht das Unternehmen selbst durch Produkt- oder Qualitätsveränderungen die Ursache hierfür ist. Als Beispiele sind Veränderungen der Rohstoff- einschließlich der Energiepreise sowie der Wechselkurse zu sehen. Sofern in der Vergangenheit diesbezügliche Schwankungen auftraten, ohne dass diese im Zielunternehmen selbst begründet waren, haben sie den Erfolgsausweis beeinflusst, ohne zwangsläufig auch die Erfolgsfähigkeit tangiert zu haben. Aufgabe der Financial Due Diligene ist es hier, externe Einflussfaktoren im Sinne von Störgrößen ausfindig zu machen. Sofern es sich um vermutlich einmalige Veränderungen handelt, sollten die Effekte im Rahmen der Normalisierung eliminiert werden.

Vor jeder Elimierung dieser Art ist zu prüfen, ob das Unternehmen Änderungen der Eingangspreise nicht zumindest teilweise an ihre Endkunden weitergeben konnte. Hier besteht in der Normalisierung die Gefahr, negative Wirkungen zu normalisieren und positive Folgeeffekte in der GuV zu belassen, was zu einer zu positiven Darstellung des Ertragslage führt. Fehlen die negativen Einflussfaktoren der steigenden Eingangspreise in der Zukunft, ist das Unternehmen bei starkem Wettbewerb auch nicht mehr in der Lage, Preiserhöhung der eigenen Produkte durchzusetzen.

Falls es sich jedoch um Andeutungen von Trends oder generellen Schwankungen in der Zukunft handelt, sollte diese Erkenntnis Einfluss auf die Beurteilung von Planung und Prognose des Zielunternehmens haben.

3.4 Cashflow-Analyse

3.4.1 Ermittlung des Cashflow

Der Cashflow ist ein wichtiger Indikator für die Finanzkraft der Zielgesellschaft und spielt daher insbesondere für Finanzinvestoren eine große Rolle bei der Beurteilung der Zielgesellschaft. Im Jahresabschluss nach HGB wird er jedoch nur bei Vorliegen einer Kapitalflussrechnung ausgewiesen. Dabei handelt es sich um eine zahlungsorientierte Abbildung des unternehmerischen Geschehens, das in die drei Bereiche laufendes Geschäft, Investitions- und Finanzierungstätigkeit aufgeteilt wird.

Nach DRS 2 gilt für alle Mutterunternehmen, die nach § 290 HGB zur Aufstellung eines Konzernabschlusses verpflichtet sind, sowie für die diesen gleichgestellten Unternehmen nach § 264a HGB die Pflicht zur Erstellung einer Kapitalflussrechnung in der im Standard geregelten Form. Mutterunternehmen, die ihren Konzernabschluss nach IFRS aufstellen, sind durch die IFRS automatisch zur Abgabe einer Kapitalflussrechnung verpflichtet. Damit kann zumindest auf Konzernebene Einsicht in eine vollständige und standardisierte Cashflow-Rechnung genommen werden.

Durch die Verankerung der Kapitalflussrechnung in den internationalen Rechnungslegungsvorschriften wird das Vorliegen dieses Informationsinstruments von angelsächsischen Investoren regelmäßig vorausgesetzt. Wenn der Jahresabschluss keine Kapitalflussrechnung enthält, finden sich in den Prüfungsberichten der Abschlussprüfer auch bei Einzelabschlüssen häufig Darstellungen des Cashflows. Liegen auch solche Berechnungen nicht vor, kann es im Rahmen der Financial Due Diligence erforderlich sein, selbst eine Cashflow-Rechnung aus den Vergangenheitszahlen abzuleiten. Das Problem liegt dabei im Regelfall weniger in den notwendigen Berechnungen als vielmehr in der Generierung der erforderlichen Informationen über Zahlungen aus dem bzw. über das Zielunternehmen.

Der gesamte Cashflow eines Unternehmens lässt sich in drei Teilgrößen aufteilen: Während der operative Cashflow den aus der laufenden Geschäftstätigkeit erzielten Zahlungsüberschuss darstellt, werden im Investitions-Cashflow die Nettoabflüsse für Investitionen und im Finanzierungs-Cashflow der Saldo aus Mittelzu- und -abflüssen aus der Außenfinanzierung abgebildet. Im Regelfall – und auch in der weiteren Darstellung – ist mit »Cashflow« allein der operative Cashflow gemeint.

Grundsätzlich kann der operative Cashflow auf zwei Wegen ermittelt werden:

- Die erste, auch »direkt« genannte Ermittlungsmethode orientiert sich ausschließlich an Zahlungsströmen. Der Cashflow ergibt sich hier als Differenz aus den einnahmewirksamen Erträgen und den ausgabewirksamen Aufwendungen der laufenden Geschäftstätigkeit.
- Die zweite, als »indirekt« bezeichnete Berechnung setzt am Jahresüberschuss an. Hieraus ergibt sich der Cashflow, indem die ausgabeunwirksamen Aufwendungen zum Jahresüberschuss hinzuaddiert und die einnahmeunwirksamen Erträge abgezogen werden. Unter »ausgabeunwirksamen Aufwendungen« sind vor allem Abschreibungsbeträge zu verstehen; dem gegenüber stehen »einnahmeunwirksame Erträge« vor allem Auflösungen von (langfristigen) Rückstellungen.

Wie aus Abbildung 3.17 zu erkennen ist, führen beide Rechenwege grundsätzlich zu dem gleichen Ergebnis. Zur Vereinheitlichung hat sich in der Praxis die Anwendung der indirekten Methode weitgehend durchgesetzt.

Sofern das Zielunternehmen einen Konzernabschluss nach deutschem Recht erstellt, ist der Cashflow in der Konzernkapitalflussrechnung bereits ermittelt. Die notwendigen Rechenschritte ergeben sich aus Abbildung 3.18.

Im Gegensatz zum Jahresüberschuss bzw. dem EBIT oder EBITDA hat der Cashflow den Vorteil, von periodischen Verschiebungen zwischen Einnahmen und Einzahlungen bzw. Ausgaben und Auszahlungen zu abstrahieren. Periodische, oft nur kurzfristige Zahlungsverschiebungen haben keine Auswirkungen. Bei der Analyse von Cashflow-Rechnungen nach dem o.g. Schema besteht jedoch der Nachteil, dass diese auch Zahlungsströme aus außerordentlichen und periodenfremden Posten enthalten können. Es

	Jahresüberschuss
einnahmewirksame Erträge	**./. einnahmeunwirksame Erträge**
./. ausgabewirksame Aufwendungen	**+ ausgabeunwirksame Aufwendungen**
= Cashflow (direkt)	**= Cashflow (indirekt)**

Abb. 3.17: Direkte versus indirekte Ermittlung des Cashflow

	Direkte Methode
	Einzahlungen von Kunden für den Verkauf von Erzeugnissen
./.	Auszahlungen an Lieferanten und Beschäftigte
+	sonstige Einzahlungen (außer Investitions- und Finanzierungstätigkeit)
./.	Sonstige Auszahlungen (außer Investitions- und Finanzierungstätigkeit)
+/-	außerordentliche Ein-/Auszahlungen
=	operativer Cashflow (direkt)

	Indirekte Methode	
	Periodenergebnis der ordentlichen Geschäftstätigkeit	
+/-	Ab-/Zuschreibungen des Anlagevermögens	
+/-	Zu-/Abnahme der Rückstellungen	
+/-	sonstige zahlungsunwirksame Aufwendungen/Erträge	
+/-	Gewinn/Verlust aus Abgängen des Anlagevermögens	
+/-	Zu-/Abnahme der Vorräte, der Forderungen aus Lieferungen und Leistungen u.Ä.	Veränderung des net working capital
+/-	Zu-/Abnahme der Verbindlichkeiten aus Lieferungen und Leistungen u.Ä.	Veränderung des net working capital
+/-	außerordentliche Ein-/Auszahlungen	
=	operativer Cashflow (indirekt)	

Abb. 3.18: Cashflow-Ermittlung nach DRS 2

empfiehlt sich daher, neben der normalisierten Gewinn- und Verlustrechnung auch eine aus ihr abgeleitete entsprechend normalisierte Cashflow-Rechnung zu erstellen.

Eine sinnvolle Analyse der Cashflow-Rechnung muss zudem die Einsicht in die mit ihr verbundenen Jahresabschlusskonten beinhalten, um die tatsächlichen Zahlungsströme nachvollziehen zu können. Dies betrifft insbesondere die Untersuchung des Cashflows aus laufender Geschäftstätigkeit, der stark von Bestandsveränderungen der Bilanzpositionen Vorräte, Forderungen und Verbindlichkeiten beeinflusst werden kann. Aber auch die Veränderungen im Investitions- und Finanzierungsbereich sowie bei den Zahlungsmitteln können für die Financial Due Diligence von besonderer Bedeutung sein. Insofern geht die Analyse des Cashflows weit über seine reine Berechnung hinaus.

3.4.2 Cashflow-Rechnung

(a) Bestandteile einer Cashflow-Rechnung

Im Grundsatz kann eine Cashflow-Rechnung zwei Bestandteile haben: Eine reine *Finanzierungsrechnung* zeigt nur die Ein- und Auszahlungen des Zielunternehmens während einer Periode bzw. – falls diese nicht zugänglich sind – adäquate Näherungsgrößen. Eine zusätzliche Fondsveränderungsrechnung ermöglicht die Beobachtung der Bewegungen im Bestand an liquiden Mitteln, die durch die Ein- und Auszahlungen verursacht sind. Als Fonds gilt dabei der in der Bilanz enthaltene Bestand an Finanzmitteln (z.B. Barbestände, Guthaben bei Kreditinstituten und kurzfristige Geldanlagen). Definitorisch werden Finanzierungs- und Fondsveränderungsrechnung nicht immer sauber getrennt und oft unter den Begriffen »Finanzierungsrechnung« (im weiteren Sinne) oder »Kapitalflussrechnung« (= Cashflow-Rechnung) zusammengefasst. Im Folgenden werden unter einer Cashflow-Rechnung immer beide Bestandteile verstanden.

Liegen bei der Financial Due Diligence keine Cashflow-Rechnungen des Zielunternehmens vor, so müssen sie erst aus den Daten der Jahresabschlüsse abgeleitet werden. Häufig fehlen dann jedoch wichtige Informationen über die einzelnen Geschäfts-, Investitions- und Finanzierungsvorgänge sowie über die zugehörigen Zahlungen, so dass von einer Cashflow-Rechnung im eigentlichen Sinne nicht gesprochen werden kann.

Cashflow-Rechnungen sollten in Einzelbereiche mit Ein- und Auszahlungen gleichartiger Geschäftsvorfälle untergliedert sein, um Strukturanalysen der Liquiditätsentwicklung zu ermöglichen. Hierzu haben sich verschiedene Vorgehensweisen etabliert. Auch für die Abgrenzung des Fonds bestehen mehrere Möglichkeiten. Die grundlegenden Gestaltungsalternativen werden im Folgenden erläutert.

(b) Konzeption des Fonds

Der Fonds ist eine Art »Finanzmittelbestand« und muss zunächst definiert werden. Ausgangspunkt sind immer der (bilanzorientierte) Geld- oder der (zahlungsorientierte) Zahlungsmittelfonds, die Kasse, Schecks und Bankguthaben enthalten und grundsätzlich übereinstimmen. Lediglich bei Schecks oder Bankguthaben, die z.B. als Besicherungsinstrument gesperrt sind, weichen beide Fonds voneinander ab.

Bezieht man in den Geldfonds weitere Bilanzpositionen ein, so entstehen bilanzorientierte Fondstypen, die durch die Subtraktion gleichartiger passiver Bestandsgrößen auch Nettocharakter bekommen können:

- Addiert man zum Geldfonds den Bestand an leicht veräußerbaren Wertpapieren hinzu, erhält man die liquiden Mittel.
- Zusammen mit den kurzfristigen Forderungen ergibt sich aus den liquiden Mitteln das Geldvermögen.
- Durch Abzug der kurzfristigen Verbindlichkeiten vom Geldvermögen erhält man das Netto-Geldvermögen.

- Alternativ kann auch auf das Umlaufvermögen abgestellt werden: Hierzu werden zum Geldvermögen die Vorräte, die geleisteten Anzahlungen und die transitorischen Aktiva hinzuaddiert.
- Um das Netto-Umlaufvermögen zu ermitteln, werden vom Umlaufvermögen nicht nur die kurzfristigen Verbindlichkeiten, sondern auch die kurzfristigen Rückstellungen und die transitorischen Passiva abgezogen.

Als Alternative kann die Fondsabgrenzung auch zahlungsorientiert erfolgen. Durch die reine Betrachtung von Zahlungsvorgängen werden Einflüsse aus der Bewertung weitgehend ausgeschlossen. Allerdings kann diese Abgrenzungsalternative nur auf der Basis interner Daten umgesetzt sowie überprüft werden. Beginnend mit dem o.g. Zahlungsmittelfonds sind die folgenden zahlungsorientierten Fondsabgrenzungen möglich:

- Werden von den Zahlungsmitteln (Kasse, Schecks, jederzeit abrufbare Sichteinlagen) die jederzeit fälligen Bankverbindlichkeiten abgezogen, erhält man die Netto-Zahlungsmittel.
- Addiert man zu den Zahlungsmitteln die liquiden Geldanlagen mit einer Restlaufzeit von nicht mehr als drei Monaten (die so genannten Zahlungsmitteläquivalente) hinzu, ergibt sich der Fonds »Zahlungsmittel und Zahlungsmitteläquivalente«.
- Durch Abzug der jederzeit fälligen Bankverbindlichkeiten lässt sich auch dieser Fonds als Nettogröße darstellen, d.h. als Netto-Zahlungsmittel und -Zahlungsmitteläquivalente.

Während der Fonds die Liquiditätssituation des Zielunternehmens abbildet, können aus den nicht in den Fonds einfließenden Größen Herkunft und Verwendung der Fondsmittel abgeleitet werden. Verkauft beispielsweise das Unternehmen ein Produkt gegen Barzahlung, so führt dies zu einem Zufluss zum Fonds und zu einer Abnahme des aktiven Gegenbestandkontos in der Finanzierungsrechnung (Fondsmittelherkunft). Wird hingegen auf Ziel verkauft, so wäre dieser Vorgang für einen reinen Geldfonds irrelevant. Erst der Zahlungseingang erhöht das entsprechende aktive Fondskonto. Entsprechend erhöht der Kauf eines Vermögensgegenstands das aktive Gegenbestandskonto (Fondsmittelverwendung) und führt im Zahlungszeitpunkt zum Abfluss vom Fonds. Ein positiver Saldo von Zu- und Abflüssen am Periodenende bedeutet, dass das Unternehmen Liquidität aufgebaut hat; ein negativer Saldo bildet eine Liquiditätsreduktion ab.

Aus den Bewegungen der Fondsveränderungsrechnung können die Ursachen für die Liquiditätssituation des Zielunternehmens abgeleitet werden.

Insbesondere im Zeitverlauf lassen sich hieraus auch Rückschlüsse auf die Entwicklung seiner Liquidität ableiten. Aus diesem Grund werden die Bestandteile einer Finanzierungsrechnung mit Fondsausgliederung auch als Ursachenrechnung und Fondsveränderungsrechnung bezeichnet (siehe Abbildung 3.19).

(c) Form und Gliederung

Formal ist die Darstellung der Cashflow-Rechnung (mit oder ohne Fondsausgliederung) in Konto- sowie in Staffelform möglich. In der nationalen wie internationalen Praxis hat sich die Staffelform durchgesetzt, in der durch die Bildung von Zwischenergebnissen Informationen über Unternehmensteilbereiche vermittelt werden können. Die Zwischenergebnisse können nach Mittelherkunft und Mittelverwendung (Finanzflussformat) oder nach betrieblichen Tätigkeitsbereichen (Aktivitätsformat) gebildet werden. Abbildung 3.19 stellt beide Vorgehensweisen schematisch dar, wobei in der Praxis i.d.R. tiefer untergliedert wird.

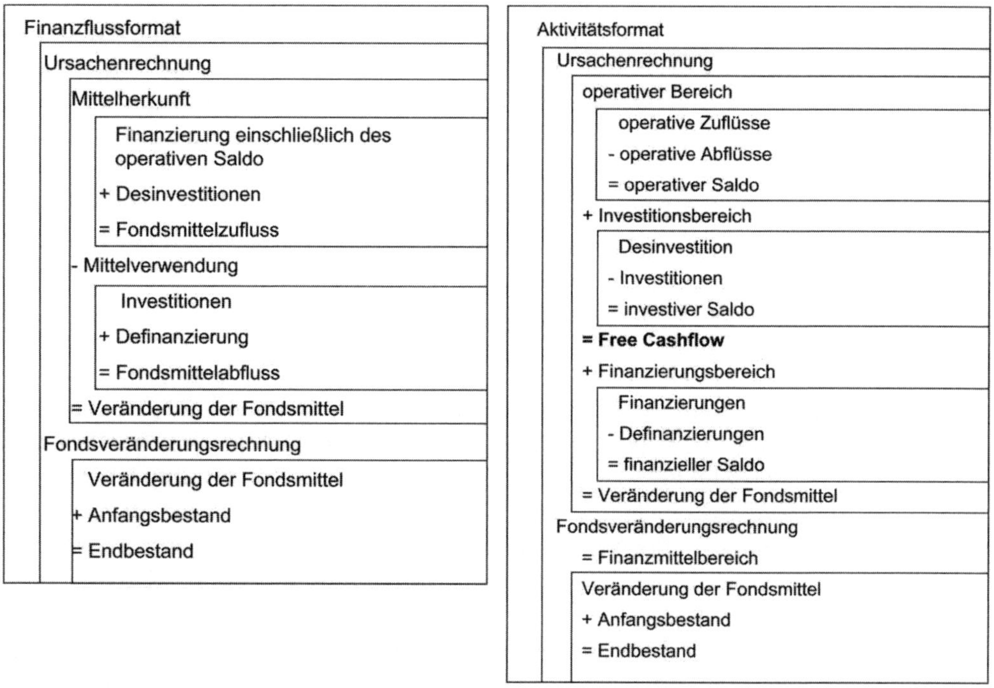

Abb. 3.19: Finanzierungsrechnung mit Fondsausgliederung

Der operative Saldo entspricht bei beiden Gliederungsformaten dem Nettobeitrag aus der laufenden Geschäftstätigkeit und damit dem Innenfinanzierungsüberschuss des Zielunternehmens. Da nur das Aktivitätsformat ihn mit seinen Bestandteilen explizit ausweist und den Ergebnissen der anderen Bereiche gegenüberstellt, ist der Erkenntnisgewinn nach dieser Gliederung im Regelfall größer als beim Finanzflussformat. Entsprechend ist dieses Format nach DRS sowie IFRS vorgeschrieben (DRS 2.7, IAS 7.10). Die Fondsabgrenzung hat dabei eng zu erfolgen (nur Zahlungsmittel und Zahlungsmitteläquivalente nach DRS 2.16 bzw. Cash and Cash Equivalents nach IAS 7.7 bis IAS 7.9).

Eine weitere interessante Zwischengröße der Finanzierungsrechnung ist der Free Cashflow im Sinne des Innenfinanzierungsüberschusses nach Investitionen. Er ergibt sich aus dem meist positiven operativen Überschuss, gemindert um den i.d.R. negativen Saldo des Investitionsbereichs, und kann daher unproblematisch als Zwischensumme in der Finanzierungsrechnung im Aktivitätsformat ausgewiesen werden (in Abbildung 3.19 hervorgehoben).

(d) Methoden

Ähnlich wie zuvor für den (operativen) Cashflow dargestellt, kann auch die Cashflow-Rechnung selbst direkt oder indirekt durchgeführt werden. Während die direkte Methode ausschließlich Zahlungsvorgänge betrachtet, setzt *die indirekte Methode* beim Jahresergebnis an. In der Praxis finden sich häufig Mischformen, bei denen wie in der indirekten Erstellung der Kapitalflussrechnung nach HGB und IFRS investiver und finanzieller Bereichssaldo direkt aus Zahlungen abgeleitet werden, der operative Saldo hingegen beim operativen Jahres- bzw. Betriebsergebnis ansetzt und um zahlungsunwirksame Aufwendungen und Erträge bereinigt wird.

Erster Schritt beider Methoden ist die Differenzierung zwischen zahlungswirksamen und zahlungsunwirksamen Geschäftsvorfällen. Dies ist vor allem dann nicht unproblematisch, wenn einzelne Vorfälle beides vermischen (z.B. ist bei einer Kreditaufnahme mit Disagio nur die Differenz zwischen Kreditbetrag und Disagio einzahlungswirksam). Im späteren Verlauf ist lediglich der Teil des Zinsaufwands mit einer Zahlung verbunden, der nicht durch die Auflösung des Disagios hervorgerufen wird. Aus den so separierten Zahlungsströmen kann nun die direkte Cashflow-Rechnung erstellt werden.

Bei der indirekten Methode wird umgekehrt vorgegangen: Das bilanzielle Ergebnis wird um alle nicht-zahlungswirksamen Positionen korrigiert, also um alle Größen, die in die direkte Berechnung nicht eingehen würden. Für das eben dargestellte Beispiel hieße dies, dass beim Krediterhalt zum Buchgewinn das zahlungsunwirksame Disagio hinzugerechnet wird (die verrechnete Größe war im Vergleich zur Zahlung zu klein). In den Jahren der zahlungsunwirksamen Auflösung des Disagios wird der Zinsaufwand entsprechend reduziert, um die Zinszahlung zu erhalten. Diese Korrekturen werden im Rahmen einer Überleitungsrechnung vorgenommen; ebenso erfolgt hier die korrekte Zuweisung von Zahlungsströmen zu den Bereichen der Ursachenrechnung.

Theoretisch führen beide Methoden zum selben Ergebnis. Problematisch in der Praxis ist jedoch, dass nur schwer zu überprüfen ist, ob alle notwendigen Korrekturen richtig vorgenommen wurden. Einflüsse auf den Bilanzgewinn, die auf Wahlrechte oder Ermessensspielräume zurückzuführen sind, müssen aufgedeckt und eliminiert werden. Letztlich sind daher alle Buchungen auf ihren Zahlungsgehalt hin zu untersuchen. Zudem ist der Informationsgehalt der Überleitungsrechnung nur eingeschränkt: Anders als bei der direkten Methode, die auf einzelne Zahlungen ausgerichtet ist, finden sich in der Korrekturrechnung der indirekten Methode saldierte Größen, die kaum einen Rückschluss auf die Bruttopositionen erlauben. Daher ist der direkten Methode der Vorzug zu geben, wenn sie denn im Rahmen der Financial Due Diligence zugänglich bzw. darstellbar ist.

3.4.3 Analyse der Liquiditäts- und Finanzlage

(a) Verknüpfung von Liquiditäts- und Finanzlage

Im Mittelpunkt der Cashflow-Analyse steht die Analyse der Liquiditäts- und Finanzlage der Zielgesellschaft. Dabei können beide Untersuchungsbereiche nicht sinnvoll voneinander getrennt werden: In der Finanz- oder Finanzierungsanalyse wird primär die Passivseite der Bilanz untersucht, um Informationen über die Kapitalstruktur des Zielunternehmens und damit über die Herkunft der eingesetzten Mittel zu gewinnen. Die Liquiditätsanalyse stellt hingegen den Zusammenhang zwischen Finanzierung (Mittelherkunft) und Investition (Mittelverwendung) her. Die Mittelherkunft bestimmt das Zahlungspotenzial des Zielunternehmens, die Mittelverwendung seine Zahlungsverpflichtungen. Dabei ist auf die jeweiligen Fristigkeiten von Kapitalbindung und Kapitalüberlassung abzustellen und auf die Fähigkeit des Unternehmens, diese aufeinander abzustimmen. Liquidität besteht dann, wenn das Unternehmen jederzeit in der Lage ist, seinen Zahlungsverpflichtungen fristgerecht nachzukommen. Somit ist in der Liquiditätsanalyse – anders als in der Liquidationsanalyse – grundsätzlich von der Unternehmensfortführung auszugehen.

Eine gute Finanzlage kann letztlich als notwendige, nicht aber als hinreichende Bedingung für eine positive Beurteilung der Liquiditätslage des Zielunternehmens angesehen werden. Umgekehrt ist die Fähigkeit, Liquidität sicherstellen zu können, Ausdruck der Innenfinanzierungskraft des Unternehmens und gleichzeitig Voraussetzung für das Potenzial zur Aufnahme weiteren Fremdkapitals.

Die Analyse der Liquiditäts- und Finanzlage setzt sich aus mehreren Einzeluntersuchungen zusammen. Beginnend mit der Untersuchung von Kennzahlen können erste Erkenntnisse bereits aus der (normalisierten) Bilanz gewonnen werden; stromgrößenorientierte Analysen sind hingegen nur auf Basis der Cashflow-Rechnung möglich. Im Anschluss werden einzelne Sachverhalte genauer betrachtet, die in der Financial Due Diligence von besonderer Bedeutung sein können.

(b) Allgemeine Kennzahlenanalyse

Aus der aufbereiteten Bilanz können statische Verschuldungskennzahlen ermittelt werden. Hierzu werden Positionen der Passivseite zueinander in Relation gesetzt. Diese Kennzahlen bringen allerdings das Problem mit sich, dass in der Regel keine allgemein gültigen Aussagen über die »richtige« Finanzierungsstruktur möglich sind. Die optimale Verschuldung hängt nicht nur von strukturellen Faktoren wie der Unternehmensgröße, der Branche usw. ab, sondern ergibt sich beispielsweise auch aus der Entwicklungsgeschichte des Unternehmens und damit aus dem Einzelfall.

Statt der statischen, bestandsorientierten Analyse der Finanzstruktur werden in der Praxis eher dynamische, an Stromgrößen ausgerichtete Verschuldungsrechnungen vorgenommen. Insbesondere die Analyse der Cashflow-Rechnung bringt Erkenntnisse hinsichtlich der Fähigkeit des Unternehmens, liquide Mittel zu generieren und damit Potenzial für die Aufnahme von weiterem Fremdkapital zu entwickeln. Dies spielt insbesondere eine Rolle, wenn die Finanzierung der Akquisition letztlich über die Zielgesellschaft selbst erfolgen soll (siehe Kapitel 5.2.).

Wesentliche Kennzahlen für die Finanzanalyse auf Basis des Cashflows sind in Abbildung 3.20 dargestellt. Dabei wird unter der Effektivverschuldung der Betrag der Gesamtschulden (s.o. Kapitel 3.2.1) abzüglich der im Umlaufvermögen gehaltenen Wertpapiere und abzüglich der liquiden Mittel verstanden. Die Ermittlung des operativen Cashflows (Cashflow der laufenden Geschäftstätigkeit) wurde bereits in den vorangegangenen Kapiteln dargestellt.

$$\text{Dynamischer Verschuldungsgrad} = \frac{\text{Effektivverschuldung}}{\text{operativer Cashflow}}$$

$$\text{Investitionsdeckung} = \frac{\text{operativer Cashflow}}{\text{Nettoinvestitionen}}$$

$$\text{Zinsdeckung} = \frac{\text{operativer Cashflow}}{\text{Zinsaufwand}}$$

Abb. 3.20: Wichtige Kennzahlen zur Analyse der Finanzlage

Für die Analyse gilt nun, dass ein Unternehmen generell aus dem operativen Cashflow ausreichend Liquidität generieren können sollte, um die Zahlungsansprüche der Fremd- und der Eigenkapitalgeber zu befriedigen. Der *dynamische* Verschuldungsgrad sollte daher möglichst niedrig sein, um eine rasche Tilgung der Außenverpflichtungen sicherzustellen und gleichzeitig eine angemessene Eigenkapitalrendite zu ermöglichen.

Um geplante Investitionen durchführen zu können, sollte die Investitionsdeckung möglichst hoch sein; sie gibt darüber Auskunft, ob die Gesamtinvestitionen des Unternehmens nachhaltig aus seinem Cashflow finanziert werden können und ob danach noch Mittel bleiben, um die Effektivverschuldung zu senken. Bei der Interpretation der Investitionsdeckung im Zeitablauf muss jedoch berücksichtigt werden, dass ein steigender Wert nicht unbedingt auf eine positive Entwicklung der Ertragssituation hindeutet, sondern auch durch eine (eher negativ zu beurteilende) Absenkung der Nettoinvestitionen verursacht sein kann.

Ein Käufer kann anhand der Zinsdeckung als Maß für die Innenfinanzierungskraft des Cashflows aus laufender Geschäftstätigkeit erkennen, ob die fristgerechte Bedienung einer (bestehenden oder geplanten) Fremdfinanzierung gesichert ist. Dies kann erhebliche Aufwendungen auf die Finanzierung der geplanten Transaktion haben.

Neben den eben genannten allgemeinen Analysen mit Hilfe von Kennzahlen existieren eine Reihe von Einzeluntersuchungen, die in der Financial Due Diligence wichtige Erkenntnisse über das Zielunternehmen verschaffen können.

(c) Tatbestand der Illiquidität

Worst Case einer Liquiditätssituation ist die Illiquidität, d.h. die mangelnde Fähigkeit des Zielunternehmens, seinen Zahlungsverpflichtungen fristgerecht nachkommen zu können. Sie lässt sich aus der Bilanz kaum herleiten, was durch zwei Tatsachen bedingt ist:

- Die Bilanz lässt eine ausreichend sichere Feststellung von Beträgen und Zeitpunkten zukünftiger Einnahmen und Ausgaben nicht zu. Insbesondere reicht die Einteilung in Anlage- und Umlaufvermögen bzw. in lang-, mittel- und kurzfristiges Fremdkapital zu einer exakten Gegenüberstellung von Fälligkeitsterminen und Monetarisierbarkeitszeiträumen nicht aus. Laufende Einnahmen und Ausgaben, wie z.B. Mieten und Löhne, sind nicht erfasst.
- Aus der Bilanz können keine Aussagen darüber abgeleitet werden, welche Anschlussinvestitionen notwendig sind und welche Anschlussfinanzierungen zur Verfügung stehen. Das so genannte »Geldanschlussproblem« kann nur für ein zeitlich begrenztes Projekt, nicht aber für ein auf Fortbestand ausgerichtetes Unternehmen gelöst werden.

Trotz dieser Nachteile finden sich in der Praxis durchaus Liquiditätsanalysen, die auf die Bilanz zurückgreifen und mit »Goldenen Finanzierungsregeln« (langfristiges Vermögen geteilt durch langfristiges Kapital soll kleiner Eins sein), »Goldenen Bilanzregeln« (Summe aus Eigenkapital und langfristigem Fremdkapital geteilt durch Anlagevermögen soll größer Eins sein) und Liquiditäten verschiedener Grade arbeiten. Dies liegt zum einen daran, dass sich durch die Entwicklung derartiger Deckungs- und Liquiditätsgrade im Zeitablauf durchaus gewisse Aussagen über das Zielunternehmen ableiten lassen. Zum anderen haben sich – zumindest in einigen Branchen – Daumenregeln für eine solide Finanzierung herausgebildet. Werden sie von einem Unternehmen verletzt, so hat dies eine Signalwirkung auf den Markt. Reagiert dieser darauf mit mangelnder Akzeptanz, der Fälligstellung von Krediten, Zurückhaltung bei der Auftragsvergabe usw., so kann sich die Liquiditätslage im Sinne einer »Self-fulfilling Prophecy« tatsächlich bis zur Illiquidität verschlechtern. Eine Aussage über die Wahrscheinlichkeit der Illiquidität in der Zukunft lässt sich daraus jedoch nicht herleiten.

Für die Liquiditätsanalyse im Rahmen einer Financial Due Diligence sollte daher – falls vorhanden – statt des statischen Bilanzbildes die stromgrößenorientierte Cashflow-Rechnung als Analyseinstrument verwendet werden. Sie ist zwar ebenso wie die Bilanz vergangenheitsorientiert, gibt aber Aufschluss darüber, wie gut das Cashmanagement des Zielunternehmens funktioniert. Je nach Abgrenzung des Fonds sind dabei unterschiedliche Aussagen möglich:

- Wird der Finanzmittelfonds eng definiert, d.h. werden nur Zahlungsmittel und ihre Äquivalente aufgenommen, so ergibt sich ein sehr exakter operativer Cashflow, wie er auch nach internationalen Standards üblich ist. Insbesondere Änderungen des Netto-Umlaufvermögens (Kauf von Vorräten auf Ziel, Bildung einer kurzfristigen Rückstellung u.Ä.) gehen dabei nicht in den Finanzmittelfonds, sondern in den operativen Cashflow ein, der aus diesem Grund auch als *Netto-Cashflow* bezeichnet wird.
- Eine weite Definition des Finanzmittelfonds im Sinne des Netto-Umlaufvermögens führt zu einem GuV-nahen operativen Cashflow, während Veränderungen im Umlaufvermögen oder bei den kurzfristigen Rückstellungen in den Fonds eingehen. Der verbleibende, auch als Brutto-Cashflow oder Cash Earnings bezeichnete Betrag wird zwar in der externen Bilanzanalyse oft verwendet, da er aus veröffentlichten Daten relativ problemlos hergeleitet werden kann. Seine Aussagekraft insbesondere hinsichtlich kurzfristiger periodischer Zahlungsverschiebungen, die gerade zur hier untersuchten Illiquidität führen können, ist jedoch begrenzt. Er sollte eher als Indikator für die Ertragskraft des Zielunternehmens verwendet werden.

Liegt im Idealfall eine Finanzierungsrechnung mit eng definiertem Zahlungsmittelfonds im Aktivitätsformat vor, so können folgende Entwicklungen in der Vergangenheit auf eine drohende Illiquidität in der Zukunft hinweisen:

- Die liquiden Mittel sinken konstant und nachhaltig von Jahr zu Jahr. Die Gründe sind nicht erkennbar (eventuell allgemeines Missmanagement).
- Ausreichende Liquidität wurde in der Vergangenheit überwiegend aus einmaligen Maßnahmen generiert, die in der Zukunft nicht mehr möglich sind (z.B. Lagerabbau, Umstellung auf Factoring, Verlängerung des Zahlungsziels bei Lieferanten).
- Ausreichende Liquidität wurde in der Vergangenheit überwiegend durch den Verzicht auf Investitionen sichergestellt. Fraglich ist, ob das Unternehmen in dieser Form zukunftsfähig ist. Sofern Investitionsauszahlun-

gen durch »unbare« Investitionen wie z.B. Leasing ersetzt wurden, wurde die Liquiditätsbelastung nur in die Zukunft verschoben.
- Sinkende Liquidität wurde in der Vergangenheit durch den Aufbau von Netto-Umlaufvermögen hervorgerufen. Die Gründe sollten untersucht werden, beispielsweise kann ein Anstieg der Vorräte auf den günstigen Einkauf eines seltenen Rohstoffes oder durch die Ansammlung von unverkäuflichen Ladenhütern zurückzuführen sein.
- Sinkende Liquidität wurde in der Vergangenheit durch umfangreiche Investitionen verursacht. Zu untersuchen ist, ob die Investitionen tatsächlich erfolgreich waren, so dass die daraus resultierenden Erlöse in der Zukunft zu einem Liquiditätsanstieg beitragen werden.

Um festzustellen, ob in der Vergangenheit stets ausreichende Liquidität vorhanden war, um zeitkritischen Zahlungen nachzukommen, kann die Kennzahl Critical need coverage Ratio herangezogen werden. Der operative Cashflow sollte in jeder Periode (Tag, Monat, Quartal, Jahr) dazu ausgereicht haben, die in dieser Periode geleisteten Zahlungen abzudecken, also mindestens die Summe von Zinszahlungen, Fremdkapitalrückzahlungen und Bardividendenzahlungen umfasst haben. War dies in einer Periode nicht der Fall, ergab also operativer Cashflow geteilt durch die Summe aus Zins-, Fremdkapitalrück- und Dividendenzahlungen einen Wert unter Eins, so bedeutet dies, dass in dieser Periode der Zahlungsmittelbestand im Fonds angegriffen wurde. Dem sollten zeitnah ausreichende Fondserhöhungen folgen, um die Liquiditätssituation nicht langfristig zu verschlechtern.

Eine spezielle Kennzahl für Start-up Unternehmen stellt fest, wie lange ein Unternehmen mit negativem operativem Cashflow überleben kann, bis die von den Kapitalgebern zur Verfügung gestellten Mittel aufgebraucht sind. Für diese Cash burn-Rate wird die Summe aus liquiden und geldnahen Mitteln (also ein eng abgegrenzter Zahlungsmittelfond) durch den negativen operativen Cashflow pro Periode geteilt; das Ergebnis ist ein Zeitraum in Perioden (Tagen, Monaten, Quartalen, Jahren).

Anhand dieser Kennzahlen wird deutlich, dass im Rahmen der Liquiditätsuntersuchung auch eine Sensitivitätsanalyse sinnvoll sein kann, um beispielsweise festzustellen, wie lange das Zielunternehmen ein bestimmtes Verhalten oder eine besondere Situation noch durchhalten kann, bis es illiquide wird. Letztlich können dies aber nur Indikatoren bzw. Warnhinweise für den Analysten sein. Die drohende Illiquidität sollte sich dann in der im nachfolgenden Kapitel erläuterten Zukunftsprognose genauer abzeichnen.

Wichtig sind bei der Analyse auch die unterschiedlichen Perioden (Tag, Woche, Monat, Quartal, Jahr usw.), für die die Liquidität des Zielunternehmens untersucht wird. Da der Eintritt der Zahlungsunfähigkeit grundsätzlich endgültigen Charakter für ein Unternehmen hat, kann ein Zeitpunkt der Illiquidität nicht durch einen anderen Zeitpunkt mit überschüssiger Liquidität »ausgeglichen« werden. Ausreichende Liquidität ist ein Kontinuum, wodurch die Analyse im Rahmen der Due Diligence erschwert wird: Es ist nicht nur die Liquiditätssituation zum Bilanz- oder Transaktionsstichtag zu untersuchen, sondern es muss auch die unterjährige Liquidität nachvollzogen werden. Letztlich handelt es sich somit um eine Beurteilung des Cashmanagements im Zielunternehmen, aus dessen Qualität in der Vergangenheit auf den Erfolg in der Zukunft geschlossen wird.

Eine weitere wichtige Information für den potenziellen Käufer betrifft das frei verfügbare Finanzierungspotenzial des Zielunternehmens. Der so genannte Headroom ergibt sich aus dem Gesamtbestand an vorhandenen Krediten, zu denen der Umfang aller nicht ausgeschöpften Kreditlinien einschließlich eventueller Dispositionskredite hinzuaddiert wird. Hieraus ergibt sich das aus dem Zielunternehmen selbst verfügbare Zahlungsmittelpotenzial, das durch den Käufer für die Finanzierung des zukünftigen operativen Geschäfts (Working Capital und Investitionen) eingesetzt werden kann.

(d) Trennung zwischen betriebsnotwendiger und nicht betriebsnotwendiger Liquidität

Das Gegenteil zur Illiquidität ist der Liquiditätsüberschuss, d.h. die Ansammlung von nicht benötigter Liquidität im Zielunternehmen. Hierzu wurde die Kennzahl Cash adequacy Ratio entwickelt, die von einer adäquaten Liquidität dann ausgeht, wenn der operative Cashflow für die notwendigen Zahlungen aller Unternehmensbereiche ausreicht. Als notwendige Zahlungen gelten dabei

- die Netto-Investitionen in langfristiges Vermögen, d.h. der investive Bereichssaldo, sowie
- die Tilgungszahlungen für Fremdkapital und die an Eigenkapitalgeber zu zahlenden Bardividenden, d.h. der finanzielle Bereichssaldo.

Ergibt sich als Quotient aus dem operativen Cashflow und der Summe der notwendigen Zahlungen ein Wert bei Eins, halten sich Zu- und Abflüsse aus den Bereichen des Zielunternehmens die Waage. Liegt der Wert deutlich über Eins, wurde Liquidität im Fonds aufgebaut. Ist dies langfristig der Fall, sollte überprüft werden, ob die Investitionspolitik, die Finanzierungsstruktur sowie das Ausschüttungsverhalten des Zielunternehmens sinnvoll bzw. der Situation angemessen sind.

Aus Sicht des potenziellen Käufers ist ein Unternehmen mit hoher nicht betriebsnotwendiger Liquidität grundsätzlich attraktiv, da sie zur Finanzierung des Kaufpreises verwendet werden kann. Überschüssige Liquidität kann auch aus nicht betriebsnotwendigem Vermögen stammen, das nach dem Erwerb des Zielunternehmens veräußert werden und entsprechend die Liquiditätssituation des Zielunternehmens verbessern könnte. Bei diesen Planrechnungen ist jedoch zu beachten, dass der Veräußerungserlös noch unsicher ist und zudem nur einen Einmaleffekt auf die Lage des Unternehmens haben kann.

(e) Trennung zwischen freier und »gefangener« Liquidität

Die zuvor aufgezeigte überschüssige Liquidität ist jedoch nicht in jedem Fall frei verfügbar, vielmehr muss sie zunächst auf ihre Ausschüttungsfähigkeit (oder Freisetzbarkeit auf anderem Wege) untersucht werden. Dies gilt nicht nur für die Zahlungsmittel selbst, sondern generell auch für die in Cash umwandelbaren stillen Reserven.

Hierbei ist insbesondere die Qualifikation als »Trapped Cash« von Bedeutung: Darunter werden Cash und Cash Equivalents gefasst, die zwar als Zahlungsmittel(-äquivalente) im Unternehmen vorliegen, aber nicht (z.B. in Form von Ausschüttungen) an den potenziellen Käufer weitergeleitet werden können. Dabei handelt es sich entweder um rechtliche oder um wirtschaftliche Hinderungsgründe:

- Eine rechtliche Auszahlungssperre kann vorliegen, wenn Konten oder Depots zur Deckung von Ansprüchen Dritter dienen, in Ländern gehalten werden, in denen Devisenverkehrskontrollen greifen oder aus anderen Gründen gesperrt sind (s.o. zum Unterschied zwischen Geld- und Zahlungsmittelfonds). Diese Informationen sollten aus der Legal Due Diligence in die Financial Due Diligence übernommen werden. IAS 7.50 empfiehlt hierzu weitere Angaben, die auch in der Due Diligence nachgefragt werden könnten. Vorschriften zur Kapitalerhaltung können ebenfalls Ausschüttungssperren bewirken, wenn weder Jahresüberschuss noch freie Rücklagen in der Gesellschaft vorhanden sind. Ist zusätzlich auch keine Rückzahlung bestehender Darlehen möglich, sind die vorhandenen Finanzmittel gebunden.
- Aus wirtschaftlichen Gründen kann eine Auszahlung nicht sinnvoll sein, wenn sie beispielsweise zu hohen Steuer(nach)zahlungen führen würde. Dies kann vor allem dann der Fall sein, wenn Gewinne im In-

land begünstigt besteuert wurden, eine Weiterleitung jedoch steuerschädlich wäre, oder wenn Tochtergesellschaften im Ausland Gewinne thesauriert haben, deren Ausschüttung mangels Doppelbesteuerungsabkommen jedoch zu einer Nachbelastung im Inland führen würde. Hinweise hierauf müssten in der Tax Due Diligence aufgedeckt und an das Team der Financial Due Diligence weitergeleitet werden.

Während bei rechtlich »gefangenen« Zahlungsmitteln in der Regel der Gesamtbetrag nicht zur Verfügung steht und in dem Fonds kenntlich gemacht oder aus ihm ausgeschieden werden sollte, trifft dies bei wirtschaftlich verursachtem Trapped Cash nur für den Teil zu, der durch die Nachbelastung aufgezehrt würde. Möglicherweise lässt sich in der Investitionsplanung eine steuerlich günstigere Verwendung für die betroffenen Beträge in der Zukunft finden, oder im Rahmen der Post Merger-Integration kann die Zusatzbelastung durch Steuergestaltung vermieden werden. In diesem Fall könnte – mit der gebotenen Vorsicht – der gesamte Cash-Betrag im Zahlungsmittelfonds verbleiben.

Betrachtet man die Veräußerung des nicht betriebsnotwendigen Vermögens, so kann auch hier nur der Teil des Veräußerungserlöses als zukünftige Einzahlung in den Fonds eingehen, der nicht durch die Besteuerung der stillen Reserven verloren geht. Möglicherweise können auch in diesem Fall Gestaltungen (z.B. Roll over-Relief) gefunden werden, die den Gesamtbetrag für das Zielunternehmen und seinen potenziellen Käufer nutzbar machen.

(f) Analyse der Finanzierung und Abgleich mit den Bankverbindungen und Kontoauszügen

Ein weiterer wichtiger Schritt bei der Analyse des Zielunternehmens besteht in der Erfassung aller Verträge und Zahlungsverbindungen im finanziellen Bereich. Es wird mit der Erfassung aller Bankverbindungen einschließlich der Kontenbewegungen begonnen, so dass im nächsten Schritt die Daten der Finanzierungsrechnung mit den vorliegenden Kontoauszügen verglichen werden können. Besonderes Augenmerk sollte auf Positionen liegen, die als »sonstige« oder »außerordentliche« gekennzeichnet sind, nicht näher erläutert werden und in ihrer Höhe wesentlich erscheinen. Auch Kontoverbindungen ohne Zweckzuordnung oder mit wirtschaftlich nicht schlüssigen Bezeichnungen sollten zu einer näheren Untersuchung veranlassen. Fehlen zu Zahlungsbewegungen die entsprechenden Kontendaten, sollten der Grund hierfür festgestellt und die Informationslücken möglichst geschlossen werden.

Für die Finanzanalyse sollten alle Verträge auf ihre rechtliche Form und ihren wirtschaftlichen Inhalt untersucht und aufgelistet werden:

- Handelt es sich (eindeutig oder tendenziell) um Eigen- oder Fremdkapital?
- Welche Laufzeit, welche Verzinsungen und welche weiteren Konditionen wurden festgeschrieben?
- Wie rechtlich haltbar sind die vertraglichen Formulierungen, und wurden die Formalvorschriften eingehalten?
- Welche Erkenntnisse wurden in der Legal Due Diligence hierzu gewonnen?
- Wurden – insbesondere bei unter ausländischem Recht abgeschlossenen Verträgen – entsprechende Experten hinzugezogen?
- Wurden Sicherheiten gestellt?

Ein weiterer Analysebereich in den Kreditverträgen sind die so genannten Covenants, d.h. »Bilanzrelationsklauseln«, in denen der Kreditgeber finanzwirtschaftliche Relationen oder ein verlangtes Verhalten des Kreditnehmers (»Affirmative Covenants«) festlegt. Wird in der Zukunft davon abgewichen, hat der Kreditgeber ein außerordentliches Kündigungsrecht oder einen Anspruch auf die Stellung oder Erhöhung von Kreditsicherheiten. Liegen solche Covenants vor, stellen sich zusätzliche Fragen:

- Welche Covenants wurden festgelegt?
- Wie war die Erfüllung in der Vergangenheit, und wie stellt sie sich im Transaktionszeitpunkt dar?
- Kann eine Prognose für die Einhaltung der Bedingungen in der Zukunft abgegeben werden?
- Welche finanziellen oder sonstigen Bedingungen ergeben sich für das Zielunternehmen aus dem Greifen des oder der Covenants?
- Was bedeutet das hinsichtlich des Werts des Unternehmens für den potenziellen Käufer?

Sofern vom Zielunternehmen Anleihen begeben wurden, kommen weitere Prüfschritte hinzu:

- Liegen die notwendigen Beschlüsse des Aufsichtsrats und der Hauptversammlung bzw. der entsprechenden Organe vor?
- Welche Zins- und Tilgungsbedingungen sind aus den Tilgungsplänen und Anleihebedingungen zu entnehmen?

- Entsprechen die tatsächlichen Zahlungen den vereinbarten Zinsen bzw. Tilgungen?

Wenn das Zielunternehmen Kredite von Gesellschaften aus seinem (bisherigen) Konzernverbund erhalten hat, ist hier weiterhin zu prüfen:

- Bleiben diese Finanzierungen bei Durchführung der geplanten Transaktion bestehen?
- Möglicherweise sehen Covenants oder andere Klauseln ein außerordentliches Kündigungsrecht im Fall des Anteilseignerwechsels vor. Welche Bedeutung haben diese Klauseln für das Zielunternehmen?
- Bestehen Alternativen zur Schließung der eventuellen Finanzierungslücken?
- Sind dabei Änderungen in den Kreditkonditionen zu erwarten?
- Bestehen Patronatserklärungen seitens der Muttergesellschaft?
- Wie sind sie ausgestaltet, und welche Bedeutung haben sie in der Finanzierungsstruktur des Zielunternehmens?

Unter Umständen ist das Zielunternehmen in ein konzernweites Cashpooling eingebunden, aus dem es im Rahmen der geplanten Transaktion herausgelöst werden muss. Im Cashpooling erfolgt ein konzerninterner Liquiditätsausgleich im Rahmen eines zentralen Finanz- oder Cashmanagements. Die Liquiditätsüberschüsse aller Konzern- oder Unternehmensteile speisen einen Pool, aus dem heraus das Cashmanagement Kredite zur Deckung von Liquiditätslücken anderer Teilbereiche anbietet. Nur wenn der Pool zu klein für den Gesamtbedarf der wirtschaftlichen Einheit ist, wird eine Finanzierung von außen in Anspruch genommen.

Neben den allgemeinen Vorteilen führt das Cashpooling zu einer Reihe von Nachteilen, die sich besonders bei der Herauslösung des Zielunternehmens aus dem Cashverbund auswirken können. Fraglich ist zum Beispiel, inwieweit sich das Unternehmen in seiner Finanzierung vom Cashpool abhängig gemacht hat.

- Wie und mit welchen Kosten kann diese Abhängigkeit gelöst werden?
- Hat eine Risikoverlagerung stattgefunden, die beim Ausstieg aus dem Pooling positive oder negative Auswirkungen auf die Finanzsituation des Zielunternehmens haben könnte?
- Hat sich durch die Abgabe des eigenen Cashmanagements an den Pool die Finanzstruktur des Unternehmens geändert, z.B. durch eine eher kurzfristige, das Konzernergebnis maximierende Ausrichtung?

- Ist das bisherige Verfahren transparent?
- Welche Schlüsse lassen sich daraus auf die wirtschaftliche Situation und finanzielle Eigenständigkeit des Zielunternehmens ziehen?
- Welche Bedeutung hat dies für die Einschätzung seitens des potenziellen Käufers?

Die Antworten auf die hier aufgezählten Fragen fließen in die im nächsten Schritt durchzuführende Analyse der Geschäftsplanung ein. Zudem können sie Anlass für die Untersuchung besonderer finanzieller Risiken sein. Hierauf wird in den nachfolgenden Kapiteln eingegangen.

3.4.4 Unterschiede zwischen HGB und IFRS

Sofern ein Jahresabschluss nach IFRS vorliegt, kann bei der Ermittlung des Cashflows auf die verpflichtend erstellte Kapitalflussrechnung (Cashflow Statement) zurückgegriffen werden. Da der deutsche Rechnungslegungsstandard DRS 2 in enger Anlehnung an IAS 7 erstellt wurde, liegen hier nur geringfügige Unterschiede vor, die zu vernachlässigen sind.

In der Ermittlung der Nettoinvestitionen, der Umsatzerlöse und des Personalaufwands ergeben sich kaum Änderungen. Informationen zum Materialaufwand sind in einer IFRS-Rechnungslegung, die nach dem Umsatzkostenverfahren vorgeht, jedoch nicht (verpflichtend) enthalten, so dass dieser Betrag u.U. nicht bekannt ist. Damit erschwert sich die direkte Ermittlung des operativen Cashflows.

IAS 7.6 schreibt für die Abgrenzung des Finanzmittelfonds die Beschränkung auf Zahlungsmittel und Zahlungsmitteläquivalente vor, dabei gelten als Zahlungsmitteläquivalente alle Finanzinvestitionen, die ohne Weiteres in einen bestimmten Zahlungsmittelbetrag umgewandelt werden können und die nur geringen Wertschwankungsrisiken unterliegen. Als (widerlegbare) Vermutung werden hierunter alle Finanzinvestitionen gefasst, die ab dem Erwerbszeitpunkt noch eine Restlaufzeit von nicht mehr als etwa drei Monaten besitzen (IAS 7.7). Je nach länderspezifischer Gepflogenheit dürfen Kontokorrentkredite entweder dem Finanzierungsbereich oder den Zahlungsmitteln zugerechnet werden (IAS 7.8). Für Deutschland ist grundsätzlich von Zahlungsmitteläquivalenz auszugehen.

Durch IAS 7.10 wird verbindlich das Aktivitätsformat vorgeschrieben. IAS 7.18 erlaubt sowohl die direkte als auch die indirekte Ermittlung des Cashflows aus betrieblicher Tätigkeit. Investiver und finanzieller Bereichssaldo müssen direkt ermittelt werden (IAS 7.21). Bezüglich erhaltener und gezahlter Zinsen sowie Dividenden ist IAS 7.31 ff. zu beachten, wonach keine feste Zuordnung dieser Zahlungen zu betrieblicher Tätigkeit oder Finanzierungstätigkeit vorgeschrieben wird. Gegebenenfalls sind Anpassungen an die vom Käufer genutzte Zuordnung erforderlich.

Durch die im Vergleich zur Rechnungslegung nach HGB deutlich begrenzten bilanzpolitisch nutzbaren Wahlrechte findet Bilanzpolitik unter IFRS vor allem in Form von Sachverhaltsgestaltungen statt. Bedeutsam hieran ist, dass hiermit nicht nur die Bilanz, sondern auch die Kapitalflussrechnung gezielt beeinflusst werden können und in der Praxis auch beeinflusst werden. Kurzfristige Maßnahmen zum Periodenende, wie z.B. die Erhöhung kundenspezifischer Umsatzeinzahlungen durch Eintreibung offener Forderungen oder durch Forderungsverkauf, schlagen sich auch gerade im Cashflow nieder. Entsprechende Effekte sind bei der Analyse der Finanz- und Liquiditätslage eines nach IFRS bilanzierenden Unternehmens zu berücksichtigen.

4
Analyse der Geschäftsplanung

In Kapitel 4 steht die Analyse der Geschäftsplanung im Vordergrund. Eine Geschäftsplanung bringt die erwartete Entwicklung der Zielgesellschaft in konkreten Finanzdaten zum Ausdruck. In den ersten Abschnitten werden zunächst der Aufbau und Inhalt einer (idealtypischen) Geschäftsplanung erläutert (Kapitel 4.1) und die methodischen Grundlagen für die Plausibilisierung einer Geschäftsplanung gelegt (Kapitel 4.2). In Kapitel 4.3 werden die konkreten Analyseschritte bezüglich Planungsprozess, Abgleich mit der Vergangenheit sowie zum Markt- und Wettbewerbsumfeld erläutert. Kapitel 4.4 stellt die konkreten Analysefelder der Planungsrechnung dar, es wird auf besondere Schwerpunkte bei der Durchsicht der Finanzrechnungen eingegangen und das Instrument der Szenarioanalyse dargestellt. Das Kapitel 4 endet mit einer ausführlichen Fallstudie, in der die erforderlichen Analyseschritte in einer Financial Due Diligence bestehend aus der Vergangenheitsanalyse und der Plausibilisierung der Planungsrechnung dokumentiert sind.

4.1 Bedeutung und Gegenstand der Geschäftsplanung

Die zu erwartende Entwicklung der Zielgesellschaft bildet die wesentliche Grundlage für die Ableitung ihres Wertes für den Kaufinteressenten und damit für den Kaufpreis. Ausgangspunkt für ein Kaufpreisangebot ist in aller Regel die Durchführung einer Unternehmensbewertung. In den Fällen, in denen eine aussagekräftige Geschäftsplanung vorliegt, wird der Unternehmenswert meistens anhand eines Discounted Cashflow-Verfahrens oder eines Ertragswertverfahrens ermittelt. Der Unternehmenswert wird dabei durch die Diskontierung künftiger finanzieller Überschüsse auf den Bewertungsstichtag berechnet (siehe Abbildung 4.1). Der Wert des Unternehmens bestimmt sich bei solchen Bewertungsmethoden nach den erwarteten Zuflüssen an die Anteilseigner. Gemäß der Aussage von Münstermann: »*Für die Vergangenheit gibt der Kaufmann nichts*« sind beim Erwerb einer Ziel-

Handbuch Financial Due Diligence. Luise Hölscher, Anke Nestler und Ralf Otto

ISBN 978-3-527-50295-0

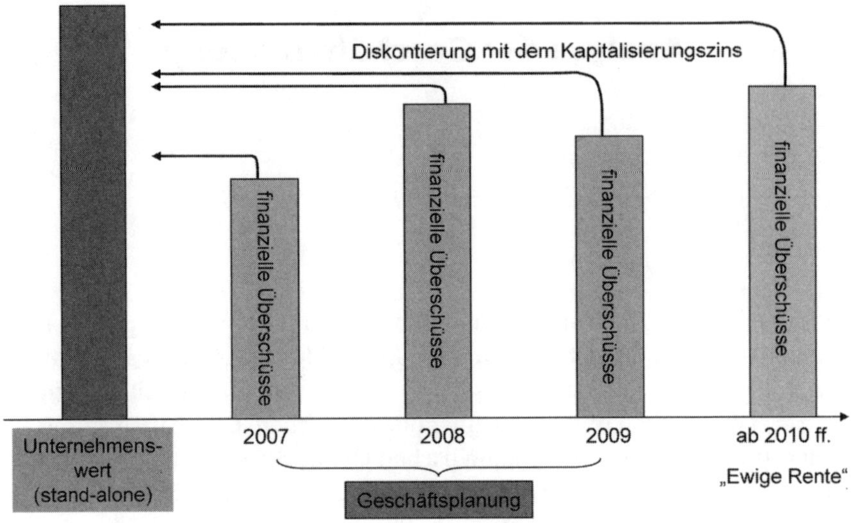

Abb. 4.1: Zusammenhang zwischen Geschäftsplanung und Unternehmenswert der Zielgesellschaft

gesellschaft primär deren Zukunftsaussichten von Bedeutung (siehe Kapitel 6.2).

Das Kernproblem jeder Geschäftsplanung und der darauf basierenden Kaufpreisfindung ist somit die Frage, wie zuverlässig die erwartete Geschäftsentwicklung prognostiziert wird (Prognoseproblem). Vor diesem Hintergrund ist die Prüfung der Planungsrechnung auf ihre Plausibilität als Basis für die Ableitung des Unternehmenswertes ein zentraler Untersuchungsgegenstand der Financial Due Diligence. In den Fällen, in denen keine Geschäftsplanung der Zielgesellschaft vorliegt, entfällt dieser Analyseschritt in der Financial Due Diligence.

Eine Geschäftsplanung kann in ganz unterschiedlichen Detaillierungsgraden vorliegen. Kernbestandteil jeder Geschäftsplanung ist regelmäßig eine Plan-Gewinn- und Verlustrechnung auch über mehrere Jahre. Am aussagekräftigsten ist eine Geschäftsplanung, wenn sie als integrierte Planung aufgebaut ist. Das bedeutet, dass neben der Plan-Gewinn- und Verlustrechnung eine Plan-Bilanz und eine Finanz- und Liquiditätsplanung vorliegen und diese Planungen aufeinander abgestimmt und miteinander verknüpft sind.

Darüber hinaus basiert eine vollständige und ausführliche Geschäftsplanung idealerweise auf mehreren Teilplanungen. Hierzu zählen insbesondere folgende Teilpläne:

- Umsatzplanung,
- Produktionsplanung,
- Personalplanung,
- Investitionsplanung,
- Abschreibungsplanung,
- Finanzplanung/Planung der Verbindlichkeiten.

Die Umsatzplanung und Produktionsplanung sollten wiederum auf detaillierten Mengen- bzw. Preisgerüsten beruhen. Gleichermaßen sollte eine Personalplanung auf einem Preis-Mengen-Gerüst beruhen, in dem die Anzahl der Mitarbeiter unter der Berücksichtigung von Fluktuation und Neueinstellung und die Gehaltsentwicklungen im Einzelnen geplant werden. Auch der Investitions- und Abschreibungsplanung sollten idealerweise detaillierte Annahmen zugrunde liegen, um die Entwicklungen besser nachvollziehen zu können. Der Gesamtplan und die Einzelpläne müssen miteinander verknüpft und in sich konsistent sein. Das Schema einer integrierten Planung ist in Abbildung 4.2 graphisch dargestellt.

In der Praxis trifft man den Idealfall einer integrierten Planung mit den entsprechenden umfangreichen Teilplänen allerdings nicht immer an. In zahlreichen Fällen liegt lediglich eine Plan-Gewinn- und Verlustrechnung vor, die allenfalls mit einem Preis-Mengen-Gerüst für die Umsatzplanung unterlegt ist. Plan-Bilanzen werden häufig nicht erstellt.

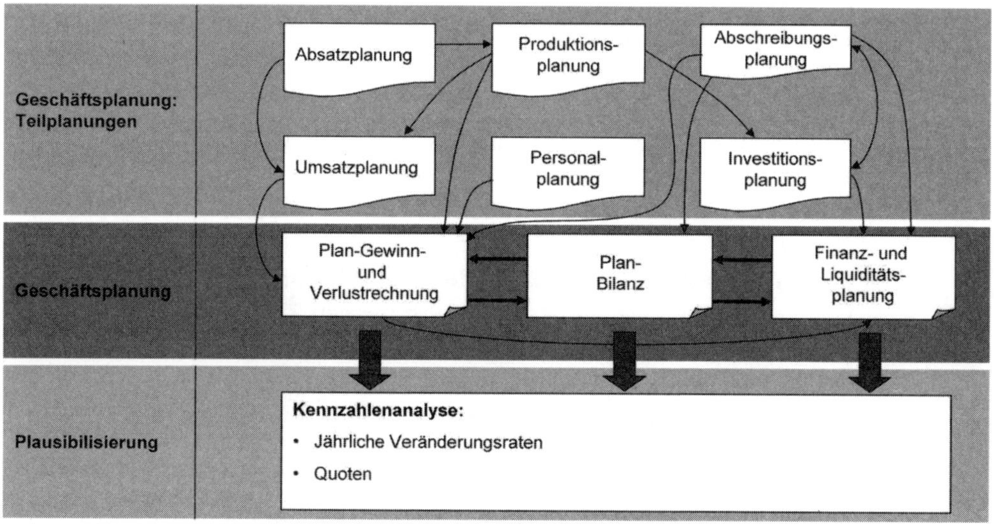

Abb. 4.2: Schema einer integrierten Planung

4.2 Methodische Vorgehensweise zur Plausibilisierung der Geschäftsplanung

Als Vorbereitung für die Analyse der Geschäftsplanung sollte man sich zunächst einen Überblick verschaffen, in welchem Umfang und auf welcher Grundlage die Geschäftsplanung vorliegt. Dabei sind regelmäßig folgende Fragen zu untersuchen:

- Wie umfassend ist die Geschäftsplanung, d.h. welche Teilpläne liegen vor?
- Welche Unternehmen/Unternehmensteilbereiche bzw. Geschäftsfelder werden durch die Geschäftsplanung abgedeckt (konsolidierte Planung, Planung von Einzelgesellschaften, Planung von Teilbereichen)?
- Passt der Inhalt der Geschäftsplanung zum Kaufgegenstand?
- Für welchen Zweck ist die Planung erstellt (z.B. Berichterstattung Finanzinvestor, Darlegung der Bonität)?
- Wer ist der Adressat (z.B. Banken, Bereichsleiter, Beirat)?
- Wie verbindlich ist die Planung? Ist sie z.B. vom Aufsichtsrat verabschiedet worden?
- Welcher Zeitraum wird durch die Geschäftsplanung abgedeckt?
- Auf welchem Rechnungslegungssystem basiert die Geschäftsplanung?
- Wie passen das Rechnungslegungssystem und die Struktur der Geschäftsplanung zu den Vergangenheitsdaten?
- Wann wurde die Geschäftsplanung erstellt (Aktualität)?
- Von wem wurde die Geschäftsplanung aufgestellt?
- Wie wurde die Geschäftsplanung aufgestellt (Top-down, Bottom-up, Top-down-bottom-up)?
- Wird für die Planung eine Software verwendet; wenn ja, welche?
- Gibt es ein Planungshandbuch, in dem der Planungsprozess geregelt ist?

Diese Fragen sollten im Rahmen der Due Diligence möglichst beantwortet werden, um die Qualität des zu analysierenden Zahlenwerks besser überprüfen und die Ergebnisse einordnen zu können.

Für die eigentliche Analysetätigkeit, die Plausibilisierung der Geschäftsplanung, stehen verschiedene Techniken zur Verfügung, die in der Financial Due Diligence regelmäßig angewendet werden:

(a) Methodische Analyse durch die Kenntnisse zum Planungsprozess, der Planungsmethode und der Planungstreue,

(b) Abgleich mit den Vergangenheitsdaten als Anhaltspunkt für zukünftige Entwicklungen,
(c) Vergleich der geplanten Entwicklung mit dem Markt- und Wettbewerbsumfeld und
(d) Analyse des Zahlenwerkes selbst, v.a. mit dem Instrument der Kennzahlenanalyse.

Ergänzend zu den Analysetechniken können die wesentlichen Annahmen der Geschäftsplanung im Rahmen einer Szenarioanalyse überprüft werden. Das Ergebnis der Untersuchung der Geschäftsplanung kann beispielsweise als ein Stärken-Schwächen-Chancen-Risiko-Profil des Zielunternehmens dargestellt werden. Bei einem Stärken-Schwächen-Chancen-Risikoprofil (kurz SWOT-Analyse aus dem Englischen: »Strengths-Weaknesses-Opportunities-Threats«) werden die Ressourcen und Potenziale aus einer langfristigen Perspektive heraus in Relation zum Markt und zu wichtigen Konkurrenten bewertet und analysiert. Dabei werden zum einen aus den Markt- und Wettbewerbsbedingungen heraus die Chancen und Risiken der Gesellschaft herausgearbeitet. Die Markt- und Wettbewerbsbedingungen bestimmen sich dabei aus der Marktgröße, dem Marktwachstum, den Markteintrittsbarrieren und der Wettbewerbsstruktur. Demgegenüber werden auf der Basis der wesentlichen Erfolgsfaktoren der Gesellschaft selbst ihre Stärken und Schwächen beurteilt. Wesentliche Erfolgsfaktoren sind in der Regel die strategische Ausrichtung der Zielgesellschaft, das Produkt- und Leistungsportfolio, das Vertriebssystem und die Kundenstruktur (siehe auch Abbildung 4.3). Die Markt- und Wettbewerbsbedingungen sowie die Erfolgsfaktoren können je nach Branche unterschiedlich sein.

Aufgrund des meist sehr engen Zeitrahmens einer Transaktion empfiehlt es sich, Ergebnisse möglichst in Übersichten zusammenzufassen (siehe hierzu auch Kapitel 1). Auf diese Weise können sich auch andere Mitglieder des Transaktionsteams schnell einen Überblick über die wesentlichen Ergebnisse der Financial Due Diligence verschaffen, die nur einen Teilaspekt der gesamten Due Diligence abdeckt. Bei der Dokumentation ist auch darauf zu achten, welche Ergebnisse möglicherweise in den Kaufvertrag einfließen sollen bzw. welche Auswirkungen sich auf die Kaufpreisüberlegungen ergeben (siehe Kapitel 6).

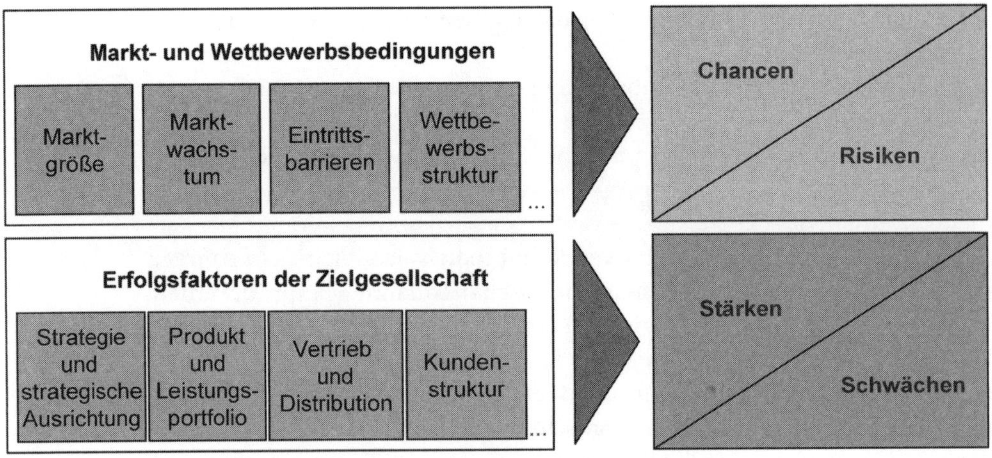

Abb. 4.3: Stärken-Schwächen-Chancen-Risiko-Profil

4.3 Maßnahmen der Plausibilisierung

4.3.1 Planungsprozess, Planungsmethode und Planungstreue

Bei der Analyse der Geschäftsplanung ist zu bedenken, dass die Interessen und Ziele der Planersteller eine Planung maßgeblich prägen. So ist zu hinterfragen, von wem die Planung erstellt wurde. Hierfür kommen grundsätzlich das Management des Zielunternehmens, eine Investmentbank oder ein externer Berater in Frage. Es kommt auch vor, dass der Verkäufer die Geschäftsplanung für die Zielgesellschaft erstellt hat. Ferner ist von Bedeutung, ob es sich um eine Planung aus dem üblichen Planungsprozess des Unternehmens handelt oder ob sie möglicherweise eigens für den Zweck der geplanten Veräußerung erstellt wurde. Anhaltspunkte für eine Planung aus dem laufenden Planungsprozess einer Gesellschaft sind Hinweise zur Geschäftsplanung in offiziellen Sitzungen der Geschäftsführung oder des Aufsichtrats, die regelmäßig protokolliert werden und deren Protokolle in der Due Diligence eingesehen werden können. In diesen Protokollen finden sich häufig Hinweise auf Diskussionen der Leitungs- oder Aufsichtsgremien über die erwartete Entwicklung der Gesellschaft sowie des Markt- und Wettbewerbsumfeldes. Folglich lassen sich aus solchen Dokumenten gegebenenfalls Hinweise auf die tatsächliche Einschätzung des Managements und des Aufsichtsorgans über die Entwicklung der Gesellschaft sowie über mögliche Chancen und Risiken der Geschäftsplanung (Best Case/Worst Case-Szenario) ableiten.

Die Geschäftsplanung wird möglicherweise auch davon beeinflusst, ob planungsbasierte Daten gleichzeitig in ein internes Steuerungsinstrument der Gesellschaft einfließen. In manchen Unternehmen ist die Planung ein Maßstab für das Zielvereinbarungs- und Vergütungssystem des Managements. Dementsprechend ist zu vermuten, dass die Interessen des Managements an einer möglichst hohen Vergütung in die Planung eingehen. Sind beispielsweise die Ziele des Managements primär daran geknüpft, dass die Erfüllung der Planung honoriert wird, dürfte die Planung tendenziell eher konservativ ausfallen.

Ein weiterer Baustein der Analyse der Geschäftsplanung ist die Planungsmethode. Grundsätzlich ist zwischen einer Bottom-up- und einer Top-down-Planung zu unterscheiden. Bei der Bottom-up-Planung werden die Plandaten von den operativen Einheiten zusammengestellt und bei einer zentralen Einheit zusammengeführt. Demgegenüber werden bei der Top-down-Planung die Planzahlen den operativen Einheiten von »oben« vorgegeben. Diese beiden Planungsansätze werden in der Praxis häufig kombiniert, so dass ein Top-down/Bottom-up-Ansatz angewandt wird. Top-down-Planungen tendieren dazu, den operativen Einheiten eher ambitionierte Ziele vorzugeben, die im täglichen Geschäft möglicherweise nur schwer erreichbar sind. Umgekehrt besteht bei Bottom-up-Planungen die Gefahr, dass die operativen Einheiten bewusst realistische bis eher konservative Planungen erstellen, um sich nicht dem Vorwurf der Planverfehlung auszusetzen und mit Planübererfüllungen einen positiven Effekt bei den Leitungsgremien der Gesellschaft zu erzielen. Beim Top-down/Bottom-up-Ansatz wird die Planung, die von den operativen Einheiten abgegeben wird, auf Plausibilität analysiert, gegebenenfalls in Einzelfällen korrigiert und die so modifizierte Planung im Unternehmen verabschiedet. Umgekehrt kann bei diesem Ansatz die zentrale Planungseinheit den operativen Einheiten eine Zielgröße vorgeben, die dann von den operativen Einheiten kommentiert werden muss. Der Top-down/Bottom-up-Ansatz lässt somit zu, dass zu der ursprünglichen Planung ein Feedback gegeben wird und auf dieser Basis begründete Korrekturen der Planannahmen möglich sind.

Soweit im Rahmen der Financial Due Diligence die Planungsmethode transparent ist, ergeben sich hilfreiche Rückschlüsse auf die Herkunft der Daten. Indirekt erhält man aufschlussreiche Informationen zur Beurteilung der Qualität der Planung und der Planungsphilosophie der Zielgesellschaft.

Eine wesentliche Frage im Rahmen der im Zielunternehmen verwendeten Planungsmethode ist die Aktualität der Planung. Liegt die Erstellung der

Planung im Verhältnis zur Due Diligence in der Vergangenheit und haben sich wichtige Parameter der Planung erheblich verändert, ist gegebenenfalls eine Aktualisierung für Zwecke der Transaktion erforderlich. Diese Aktualisierung kann ganz unterschiedlich vorgenommen werden: Bei einer revolvierenden Planung werden die Planwerte in Abhängigkeit von den realisierten Werten während des Planungszeitraums nochmals angepasst. Alternativ kann die Planung während des gesamten Planungszeitraums festgeschrieben werden.

Im Rahmen der Planungsmethode ist auch zu untersuchen, ob die Ableitung der Geschäftsplanung für alle Planjahre nach dem gleichen Schema erfolgt. In einigen Unternehmen wird häufig nur ein Jahr detailliert geplant, während die Folgejahre auf der Basis pauschaler Annahmen fortgeschrieben werden. Teilweise wird die Fortschreibung dann auf die so genannte Top-line/Bottom-line-Ebene beschränkt, d.h. die Planung erfolgt nur auf der Umsatz- und Ergebnisebene, ohne sich mit der Kostenstruktur im Detail auseinanderzusetzen. Zielumsätze und Zielergebnisse sind dann vordergründig für einen Drei- bis Fünfjahreszeitraum prognostiziert, dieser Planung liegt aber keine detaillierte Aufschlüsselung je Position zugrunde.

Unternehmen, die in einen größeren Unternehmensverbund eingebunden sind, haben häufig eine Planung, die nach den Vorgaben der Zentrale für Konzernzwecke erstellt wird. Folglich sind Fokus und Prämissen der Planung nicht unmittelbar für eine Stand-alone Betrachtung der Zielgesellschaft geeignet. Hier findet man regelmäßig eine Planung vor, die nach internationalen Rechnungslegungsvorschriften erstellt wird, während die Vergangenheitszahlen auf Einzelgesellschaftsebene auf dem deutschen HGB beruhen. Ein Abgleich von Vergangenheitsdaten mit der Geschäftsplanung ist dann schwierig (siehe Kapitel 4.3.2).

Ein weiterer Aspekt bei der Analyse der Geschäftsplanung ist die Untersuchung der Planungstreue. Die Planungstreue kann zum einen anhand eines Soll-Ist-Vergleiches über einen längeren Zeitraum analysiert werden, zum anderen können die bislang realisierten Ergebnisse (»year-to-date«-Angaben, ytd) mit dem geplanten Ergebnis verglichen werden.

Aus dem Soll-Ist-Vergleich der letzten Jahre erhält man einen Überblick über die aufgetretenen Abweichungen der Planung von den tatsächlich realisierten Ergebnissen. Diese Abweichungen sollten genauer hinterfragt werden. Möglicherweise hat das Zielunternehmen in der Vergangenheit regelmäßig eine zu optimistische oder eine zu pessimistische Planungsphilosophie verfolgt. Eine Planabweichung kann aber auch durch unvorhergesehene Ereignisse begründet sein. Die Analyse der Planungstreue ist nur dann sinnvoll und aussagekräftig, wenn die vorgelegte Planung unter den gleichen Bedingungen aufgestellt wurde wie die Geschäftsplanung in den vergangenen Jahren.

In vielen Unternehmen bzw. bei ausgereiften Controllingsystemen werden Abweichungsanalysen durch die Zielgesellschaft regelmäßig, d.h. monats- oder quartalsweise, erstellt. Um Zeit zu sparen und auch um die Qualität des Controllingsystems des Zielunternehmens zu prüfen, können diese Unterlagen angefordert und im Rahmen der Financial Due Diligence ausgewertet werden.

Anhand der im laufenden Geschäftsjahr erzielten Ergebnisse (ytd) kann man erkennen, welcher Trend sich zum Zeitpunkt der Durchführung der Financial Due Diligence abzeichnet, ob die Planung noch erreichbar und damit realistisch ist oder ob eine Korrektur erforderlich wäre. Gegebenenfalls erstellt das Unternehmen neben der normalen Planung auch eine Hochrechnung, die sich auf die Ist-Zahlen bis zu dem aktuellen Zeitpunkt stützt und für die verbleibende Periode bis Geschäftsjahresende nochmals eine Prognose vornimmt (Forecast). Ein unterjährig erstellter Forecast des Managements für das laufende Geschäftsjahr lässt sich gegebenenfalls durch die Zusammenstellung der aktuellsten Ist-Daten der letzten zwölf Monate näher analysieren. Saisonalitäten werden durch dieses Verfahren besser berücksichtigt als mit einer linearen Hochrechnung der bisherigen Ist-Zahlen.

In der Praxis nimmt die Analyse von Planungsmethode und -prozess erfahrungsgemäß einen eher geringen Umfang ein. Der Grund hierfür ist zum einen, dass diese Informationen häufig nicht verfügbar sind. Insbesondere wenn der Zugang zur Zielgesellschaft gar nicht oder nur eingeschränkt möglich ist und Informationen nur in einem Datenraum zur Verfügung stehen, liegen über die methodischen Hintergründe keine Informationen vor. Am häufigsten lässt sich dabei noch die Planungstreue untersuchen, v.a. wenn Soll-Ist-Vergleiche in der Dokumentation enthalten sind. Zum anderen ist der Zeitrahmen für die Durchführung der Financial Due Diligence meistens sehr knapp, so dass Indizien für die Planungsqualität nicht so stark ins Gewicht fallen wie unmittelbare Analysen der Planzahlen. In den Transaktionen, die eine ausführliche Due Diligence ermöglichen, lassen sich allerdings aus der Analyse dieser methodischen Aspekte gute Erkenntnisse über die Zielgesellschaft gewinnen.

4.3.2 Plausibilisierung im Vergleich zur Vergangenheit

Ein wesentlicher Anhaltspunkt für die Plausibilisierung der Planung ist der Vergleich der geplanten finanziellen Entwicklung mit der Vergangenheit

(Zeitreihenanalyse). Bei dieser Analyse müssen die Planzahlen und die Vergangenheitszahlen vergleichbar sein und auf derselben Methode und Gliederung basieren. Da eine Geschäftsplanung frei von rechtlichen Vorgaben erstellt werden kann, gibt es hier – anders als bei den handelsrechtlich basierten Ist-Daten – keine einheitliche Gliederung. Stützt sich der Abgleich der Geschäftsplanung mit den Zahlen der Vergangenheit auf interne Deckungsbeitragsrechnungen, sollten sich diese Vergangenheitsdaten auf die handelsrechtliche Ergebnisdarstellung überleiten lassen (Überleitungsrechnung zwischen interner und externer Rechnungslegung) und mit den geprüften Jahresabschlüssen übereinstimmen.

Wie bereits erwähnt, können Probleme bei einem Vergleich von Ist und Plan dann entstehen, wenn Planzahlen und Ist-Daten auf unterschiedlichen Rechnungslegungsregeln beruhen (siehe Kapitel 3.2.3, 3.3.3 und 3.4.4). Besondere Schwierigkeiten ergeben sich dann, wenn die Gewinn- und Verlustrechnung unterschiedlichen Gliederungsregeln folgt. In deutschen Unternehmen werden parallel gleichberechtigt das Gesamtkostenverfahren und das Umsatzkostenverfahren als Gliederung der Gewinn- und Verlustrechnung angewendet. Nach internationalen Rechnungslegungsvorschriften dominiert meistens eine Gliederung, die dem Prinzip des Umsatzkostenverfahrens folgt. In diesen Fällen wäre zusätzlich eine Überleitungsrechnung zwischen den unterschiedlichen Bilanzierungsregeln erforderlich, um überhaupt einen Vergleich zwischen Vergangenheit und Zukunft durchführen zu können. Darüber hinaus können sich Abstimmungsschwierigkeiten ergeben, wenn Kosten in der Geschäftsplanung unterschiedlich zugeordnet und in der Planung kalkulatorische Kosten angenommen werden. Eine Vergangenheitsanalyse ist auch dann erschwert, wenn die Einheiten unterschiedlich abgegrenzt sind, d.h. wenn die zur Rechnungslegung verpflichtete Einheit mit der Zielgesellschaft nicht übereinstimmt. Dies gilt insbesondere für die Fragen, ob konsolidierte Zahlen vorliegen, und welche Einheiten in den Konsolidierungskreis einbezogen wurden. Sehr häufig trifft man in der Praxis auf Unstimmigkeiten zwischen Vergangenheits- und Planzahlen, die nur auf den Unterschieden der Betrachtungsebene beruhen. Ein Abgleich zwischen Ist und Plan ist dann nicht aussagekräftig.

Ein Abgleich zwischen Vergangenheits- und Plandaten ist darüber hinaus nur dann sinnvoll, wenn die Vergangenheitsdaten von außergewöhnlichen Effekten bereinigt wurden. Für den Vergleich werden somit die normalisierten Ergebnisse herangezogen, die im Rahmen der ausführlichen Vergangenheitsanalyse abgeleitet wurden (siehe Kapitel 3.2.4 und Kapitel 3.3.4). Wichtig ist, die Eingangsparameter im Ist und Plan abzugleichen. Zu wesentlichen Eingangsparametern gehören v.a. Mengen und Preise der historischen und geplanten Umsatzerlöse und Herstellungskosten sowie Umrechnungskurse für Fremdwährungen.

Bei der Plausibilisierung der Planung durch Vergleich mit der Vergangenheit werden folgende Berechnungen und Analysen durchgeführt:

- Untersuchung der jährlichen Veränderungsraten der einzelnen Positionen in der Gewinn- und Verlustrechnung sowie auf der Ebene des Preis-Mengen-Gerüsts;
- Untersuchung der Entwicklung der Kostenstruktur als Quote vom Umsatz bzw. von der Gesamtleistung;
- Untersuchung von Margen im Zeitablauf.

Alle Veränderungen, die sich abweichend von der Vergangenheit in der Zukunft ergeben sollen, sind im Einzelnen zu hinterfragen. Erklärungsbedürftig sind insbesondere deutliche »Brüche« und Schwankungen in der Entwicklung. Einige Fragen können teilweise durch die Analyse eines hinterlegten, detaillierten Preis-Mengen-Gerüsts geklärt werden. Für andere offene Punkte ist aber häufig eine detaillierte Information durch das Management der planenden Gesellschaft erforderlich.

Ergebnisbrüche lassen sich durch eine detaillierte Überleitung des Ist-Ergebnisses zum Planergebnis anhand einzelner Komponenten transparent darstellen, z.B. durch die Analyse von Mengenausweitungen, Preissteigerungen im Einkauf und/oder Verkauf sowie die Erhöhung der Personalkosten aufgrund einer steigenden Anzahl der Mitarbeiter (siehe hierzu im Detail Kapitel 4.4). Bei der Plausibilisierung der Planung kommt es somit darauf an, die Umsätze und Kosten möglichst in ihre einzelnen Komponenten (i.d.R. Preis- und Mengenkomponenten) zu zerlegen. Dadurch kann man erkennen, ob beispielsweise Umsatzsteigerungen auf Preis- und/oder Mengeneffekte zurückzuführen sind. Ein wichtiges Instrument für diesen Abgleich ist die Bildung von Kennzahlen. Die Kennzahlen-Analyse im Rahmen der Überprüfung des Geschäftsplans wird in der Regel für die Plan-Gewinn- und Verlustrechnung, aber auch für die Plan-Bilanz durchgeführt. Über diese analytische Aufteilung können die Planungsprämissen – auch im Vergleich zur Vergangenheit – direkt hinterfragt werden.

4.3.3 Plausibilisierung im Vergleich zum Markt- und Wettbewerbsumfeld

Ein weiterer Anhaltspunkt für die Plausibilisierung der Planung ist eine ausführliche Markt- und Wettbewerbsanalyse. Sie kann als separate Analyse in Form einer Commercial Due Diligence durchgeführt werden (zu den Teilprüfungen einer Due Diligence siehe Kapitel 1.4). Eine Commercial Due Diligence erstreckt sich in der Regel auf die Geschäftstätigkeit des Zielunternehmens in den relevanten Märkten, auf das Geschäftsmodell und die Marktposition sowie auf das Wettbewerbsumfeld. Dabei wird in der Commercial Due Diligence häufig auch analysiert, welche Stellung die Gesellschaft auf dem relevanten Markt einnimmt und ob die geplante Transaktion die strategischen Anforderungen des Investors erfüllt. Folglich ist der Bericht über eine ausführliche Commercial Due Diligence häufig mit einem Strategiegutachten zur Beurteilung der strategischen Chancen und Risiken der geplanten Transaktion gleichzusetzen.

Im Rahmen einer Financial Due Diligence wird das Markt- und Wettbewerbsumfeld mit Fokus auf die Plausibilisierung der Geschäftsplanung analysiert. Damit wird dieser Aspekt nicht in dem gleichen Detaillierungsgrad und nicht mit demselben Blickwinkel wie bei einer separaten Commercial Due Diligence untersucht. Liegt keine separate Commercial Due Diligence vor, sind zentrale Aspekte zu Markt und Wettbewerb in der Financial Due Diligence zu untersuchen. Wesentliches Anliegen der Financial Due Diligence ist die Plausibilisierung der geplanten Umsätze. Darüber hinaus besteht die Möglichkeit, das geplante Ergebnis mit Margen im relevanten Markt und bei den Wettbewerbern zu vergleichen, um einen Anhaltspunkt für die Bewertung der prognostizierten Kostenstruktur zu bekommen. Wird eine Commercial Due Diligence durchgeführt, sind die dort analysierten Informationen über Markt und Wettbewerb im Rahmen der Financial Due Diligence mit den Annahmen der Geschäftsplanung abzugleichen (siehe auch Kapitel 1.4).

Bei einer Analyse des Marktes und des Wettbewerbs für Zwecke der Financial Due Diligence sind folgende wesentlichen Teilbereiche zu erfassen:

(a) Marktanalyse

Die Aufgabe der Marktanalyse besteht darin, den relevanten Markt für die bestehende und zukünftige Geschäftstätigkeit der Zielgesellschaft zu definieren und abzugrenzen. Hierzu ist ausgehend von der Marktgröße das Marktwachstum in der Vergangenheit zu recherchieren und für die Zukunft zu prognostizieren. Der Abgleich von Marktdaten mit der Geschäftsplanung setzt auch voraus, dass ein Verständnis für das Marktumfeld entwickelt wird und dafür, welche Auswirkung und Bedeutung z.B. die Konjunktur, Substitute, der gesetzliche Rahmen, Markteintritts- und -austrittsbarrieren sowie demographische Entwicklungen für die Planung haben können. Darüber hinaus sollten sich aus der Marktanalyse konkrete Anhaltspunkte für die Preisentwicklung auf den Beschaffungs- und Absatzmärkten ableiten lassen. Für den Beschaffungsmarkt sind Tendenzen, wie z.B. Verknappung oder Verteuerung von wichtigen Rohstoffen, zu erheben. Bei ausländischen Lieferanten oder Kunden mit einer Fakturierung in Fremdwährung kann die Entwicklung und Einschätzung von Wechselkursen bedeutsam sein.

Zur Marktanalyse gehört auch die Beurteilung makroökonomischer Einflussfaktoren auf das Geschäftsmodell der Zielgesellschaft. Möglicherweise sind Änderungen in der Gesetzgebung, Rechtsprechung, Politik oder Konjunktur für die Plausibilität der Geschäftsplanung wichtig. Relevante Änderungen können beispielsweise neue Entsorgungsverpflichtungen für Unternehmen, neue Anforderungen an die Kapitalausstattung der Unternehmen (Basel-Kriterien) oder Änderungen im Ausgabe- oder Subventionsverhalten des Staates oder der Bundesländer sein. Auch die Verhandlungsmacht der Arbeitnehmer in der betreffenden Branche und die Stellung der Gewerkschaften können kritische Erfolgsfaktoren sein. Gegenstand der Marktanalyse ist auch die Untersuchung, welche Stellung die Lieferanten einnehmen und welchen Einfluss sie auf den relevanten Markt nehmen. Die für die Geschäftsplanung kritischen Erfolgsfaktoren des relevanten Marktes und der Volkswirtschaft sind zu identifizieren und mögliche Auswirkungen von Änderungen der kritischen Parameter auf die Zielgesellschaft und deren Planung zu untersuchen.

(b) Wettbewerbsanalyse

Die Wettbewerbsanalyse umfasst in der Regel die Analyse des Wettbewerbsumfelds und der Wettbewerbsposition der Zielgesellschaft. Idealerweise wird hierzu ein Benchmarking des Zielunternehmens mit einer passenden Gruppe von Unternehmen (so genannte Peer Group) durchgeführt. Bei einem solchen Benchmarking werden wesentliche Merkmale vergleichbarer Wettbewerber erfasst, in einem Profil abgebildet und dem Zielunternehmen gegenübergestellt. Zur Wettbewerbsanalyse gehört auch die Ableitung der Marktanteile des Zielunternehmens und der unmittelbaren Wettbewerber. Bei einer vergangenheitsorientierten Analyse der Marktanteile im Zeitverlauf können Verschiebungen der Kräfte im Wettbewerbsmarkt abgebildet werden.

Die relevanten Daten der Markt- und Wettbewerbsanalyse werden im Rahmen einer Primär- und Sekundärrecherche zusammengetragen. Primärrecherche bedeutet, einen direkten Kontakt zu Mitarbeitern der Zielgesellschaft, Kunden und unabhängigen Experten aufzunehmen. Soweit es die Rahmenbedingungen der Transaktion zulassen, können das Management sowie die zuständigen Mitarbeiter des Unternehmens, die meistens im Marketing oder Vertrieb angesiedelt sind, interviewt werden. Es besteht darüber hinaus die Möglichkeit, Kunden, Experten und ggf. auch Wettbewerber anhand von strukturierten Interviews zu Themen, wie z.B. Kundenzufriedenheit, Qualität, Preise, Wettbewerbsprodukte und Kundentreue, zu befragen.

Die Sekundärrecherche beinhaltet die Suche und Auswertung von unternehmensinternen und öffentlich zugänglichen Informationen über den Markt und Wettbewerb. Zu den letztgenannten zählen insbesondere Informationen aus der Presse, Veröffentlichungen, das Internet, einschlägige Datenbanken sowie Marktstudien von Research- und Marktforschungsinstituten, Berichte von Konjunkturforschungsinstituten und dem statistischen Bundesamt oder von Beratungsunternehmen. Auch Banken veröffentlichen regelmäßig Branchenberichte, Konjunkturberichte oder Analystenreports für börsennotierte Gesellschaften, die in der Regel eine Einschätzung der Branchenentwicklung beinhalten. Eine weitere gute Quelle für marktrelevante Daten sind die Verbände, die für ihre Mitglieder Marktinformationen der jeweiligen Branche recherchieren und aufbereiten.

Sehr ausführliche Daten über Marktgröße, Marktanteile nach Preisen und Mengen sowie über Produkte bieten Marktforschungsinstitute an. Gut verwertbare und aufbereitete Markt- und Branchenberichte sind in aller Regel kostenpflichtig. Wenn der Kontakt zur Zielgesellschaft sehr eng ist, können Marktdaten bzw. passende Markt- und Wettbewerbsstudien möglicherweise von der Marketingabteilung der Zielgesellschaft ohne zusätzliche Kosten zur Verfügung gestellt werden. So haben beispielsweise Konsumgüterunternehmen in der Regel Rahmenverträge mit einem Marktforschungsinstitut, so dass aktuelle Marktdaten abgefragt werden können. Wichtig bei der Recherche von Marktdaten ist, dass in den Veröffentlichungen auch Prognosen und Trends abgegeben werden.

In Tabelle 4.1 »Ausgewählte Quellen für Branchen- und Marktstudien« sind eine Reihe von Adressen von Anbietern für Branchenanalysen und Verbänden angegeben. Die Studien der Anbieter für Branchenanalysen sind grundsätzlich kostenpflichtig. Bei den Verbänden können Auswertungen und Studien häufig kostenlos über das Internet bezogen werden. Manche Informationen sind allerdings ebenfalls kostenpflichtig oder nur Mitgliedern des Verbands zugänglich.

Anbieter Branchenanalysen		
Feri Finance Group	Rating & Research versch. Branchen	www.feri.de
Datamonitor	Research verschiedene Branchen	www.datamonitor.com
IDC	Research IT/Telekommunikation	www.idc.com
Ausgewählte Verbände		
Automobilindustrie	Statistiken, Marktberichte, Entwicklungen	www.vda.de
(Private) Banken	Statistiken, Finanzmärkte, Konjunktur	www.bankenverband.de
Bauindustrie	Entwicklungen in der Bauwirtschaft	www.bauindustrie.de
Chemische Industrie	Publikationen u.a. über Branche, Markt, Forschung	www.vci.de
Elektrotechnik- und Elektronikindustrie	Forschung, Wirtschaft, Technik, Recht	www.zvei.org
Energie- und Kraftwirtschaft	Strompreisentwicklungen, Publikationen	www.vik.de
Maschinen- und Anlagenbau	Informationen zu Sektoren, Marktentwicklungen	www.vdma.org
Optische, medizinische und mechatronische Technologien	Branchenberichte, Trends, aktuelle Entwicklungen	www.spectaris.de
Pharmazeutische Industrie	Branchen-Daten, Forschung und Entwicklung	www.bpi.de
Textil- und Modeindustrie	Statistiken, Konjunkturberichte, Forschung	www.gesamttextil.de

Tab. 4.1: Ausgewählte Quellen für Branchen- und Marktstudien

Ausgehend von der Markt- und Wettbewerbsanalyse lassen sich die geplanten Umsätze und die angenommenen Wachstumsraten mit dem Markt abgleichen. Dieser Abgleich kann sowohl mit der bisherigen Entwicklung in der Vergangenheit erfolgen als auch für die Umsatzprognose. Ziel ist, den geplanten Umsatz hinsichtlich der explizit oder implizit zugrundeliegenden Preis- und Mengenentwicklungen zu untersuchen. Ein unterstelltes Wachstum kann dabei auf verschiedene Effekte zurückgeführt werden.

Sind beispielsweise die Umsätze des Zielunternehmens in der Vergangenheit unterproportional zum Markt gewachsen, sollte nach der Ursache gefragt werden (siehe auch das Beispiel in der Abbildung 4.4). Ein Augenmerk ist auch darauf zu legen, ob das Wachstum der Zielgesellschaft in der Zukunft überproportional zum Markt geplant ist. Bei stagnierenden oder rückläufigen Märkten kann ein Unternehmen nur Umsatzwachstum realisieren, wenn es zusätzliche Marktanteile gewinnt. In diesem Fall wäre zu hinterfragen, aufgrund welcher Argumente und Maßnahmen die Zielgesellschaft eine so deutliche Entwicklung gegen den Markttrend und entgegen den bisherigen Erfahrungen erwartet.

Der Abgleich der geplanten Umsätze mit dem Markt erfolgt auf der Ebene des Preis-Mengen-Gerüsts. Anhand der Mengenentwicklung wird untersucht, inwieweit der Markt die Absatzmengen aufnehmen kann oder ob evtl.

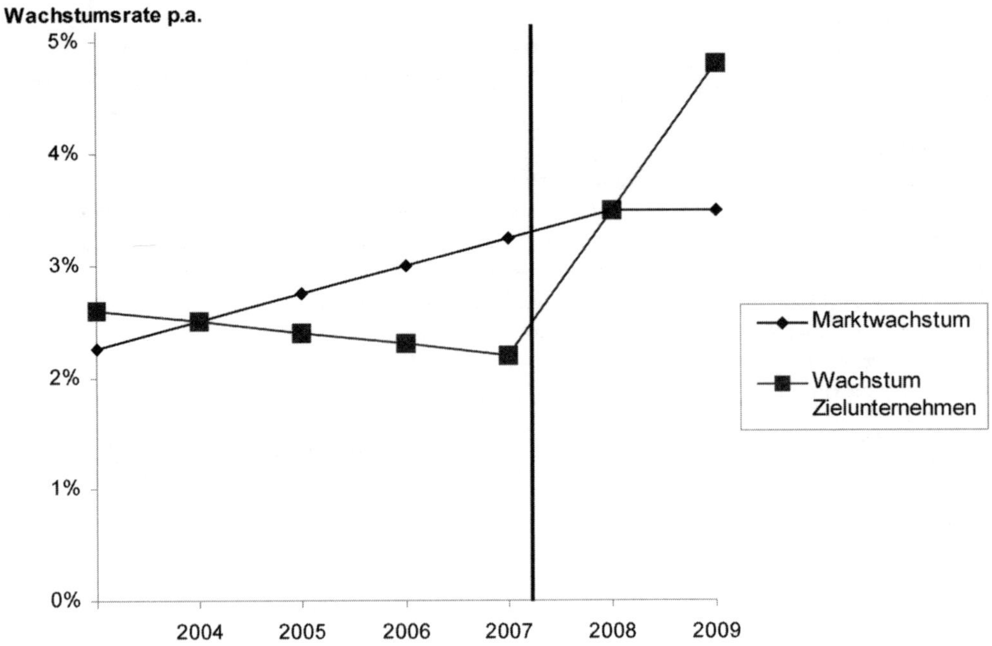

Abb. 4.4: Umsatzwachstum im Vergleich zum Marktwachstum

eine Sättigung auftreten könnte. Parallel wird die Entwicklung der geplanten Preise mit den durchschnittlichen Marktpreisen verglichen. Aus der Markt- und Wettbewerbsanalyse sollte abgeleitet werden, ob in dem Markt ein Preisdruck besteht oder ob sich Preissteigerungen noch vergleichsweise einfach durchsetzen lassen.

Darüber hinaus kann die Plausibilität der geplanten Umsätze durch die Analyse des Produktprogramms geprüft werden. Dabei sind die Produkte des Zielunternehmens bzw. Produktgruppen mit Konkurrenzprodukten zu vergleichen. Ebenso stellt sich die Frage, ob das Produktangebot der Zielgesellschaft möglicherweise durch Substitutsprodukte gefährdet sein könnte. In Abhängigkeit von der Branche kann das Produktprogramm auf weitere wichtige Faktoren, wie z.B. Image, Qualität, Garantien, Rücklaufquote und Lieferfähigkeit, überprüft werden. Darüber hinaus ist eine Konzentrationsanalyse im Hinblick auf mögliche Abhängigkeiten von einzelnen Kunden, Produkten oder Märkten durchzuführen. Hohe Konzentrationsgrade auf wenige Kunden oder Märkte sind ein Hinweis darauf, dass der Verlust von Schlüsselkunden oder -produkten einen erheblichen Umsatzrückgang hervorrufen könnte. Vergleichbare Fragen werden unter einem anderen Aspekt in der Regel in einer Technischen Due Diligence und/oder einer Commercial Due Diligence untersucht (siehe Kapitel 1.4). Wenn diese anderen Due Diligence-Prüfungen für die Transaktion beauftragt sind, sollten die Ergebnisse in die Financial Due Diligence-Prüfung bei der Plausibilisierung der Geschäftsplanung einfließen.

Im Rahmen der Markt- und Wettbewerbsanalyse können neben der Plausibilisierung der Umsätze Informationen über andere wichtige Werttreiber der Zielgesellschaft recherchiert und ausgewertet werden. Hierzu gehören z.B. bei personalintensiven Geschäftsmodellen die Entwicklung von Gehältern, bei rohstoffintensiven Produktionen die Entwicklung der Rohstoffpreise oder in energieintensiven Branchen die Entwicklung der Strompreise.

Aus allen genannten Informationen über den Markt können Rückschlüsse auf die Plausibilität der geplanten Kosten gezogen werden.

Neben dem Umsatz lassen sich meist auch die geplanten Margen mit dem Markt- und Wettbewerbsumfeld vergleichen. Marktstudien geben häufig darüber Auskunft, welche durchschnittlichen Margen in der jeweiligen Branche üblich sind. Besonders ambitionierte Entwicklungen in den geplanten Margen des Zielunternehmens können damit offenkundig werden.

4.4 Analyse der Geschäftsplanung

4.4.1 Analyse der Gewinn- und Verlustrechnung

Ein wesentlicher Aspekt der Planungsplausibilisierung ist – wie gerade im Zusammenhang mit der Markt- und Wettbewerbsanalyse dargestellt – die Untersuchung der Umsatzprognose. Erfahrungsgemäß nimmt die Umsatzanalyse aufgrund ihrer Bedeutung für die Geschäftsentwicklung der Gesellschaft meist einen relativ großen Umfang der Analyse der Geschäftsplanung ein.

Zunächst ist die Definition der geplanten Umsatzgröße zu hinterfragen. In zahlreichen Branchen wird Umsatz in verschiedenen Formen ausgewiesen, d.h. als Bruttoumsatz oder als Nettoumsatz, wobei Nettoumsatz nicht allgemein gültig definiert ist. Insbesondere bei Konsumgüterunternehmen, deren Produkte über den Handel vertrieben werden, ist von Bedeutung, nach welcher Rabattformel der Nettoumsatz geplant ist und ob die Plangröße mit der Vergangenheit übereinstimmt. Eine typische Rabattstaffel im Einzelhandel siehe in Abbildung 4.5.

Ausgehend von dem am Markt erzielbaren Gesamtumsatz sind Annahmen zur Überleitung der Bruttogröße in eine Nettogröße unter der Berück-

	Bruttoumsatz (Absatzmarktpreise und -mengen)
./.	Umsatzsteuer
	Bruttoumsatz nach USt
./.	Rabatte
./.	Skonti
./.	Boni
./.	Werbekostenzuschüsse
=	Nettoumsatz

Abb. 4.5: Rabattstaffel

sichtigung der Bedingungen auf dem Absatzmarkt (z.B. Marktmacht des Handels) zu plausibilisieren.

Wesentliche Ansatzpunkte für die Umsatzanalyse sind die Untersuchung der jährlichen Umsatzsteigerungen im Planungszeitraum sowie ein Vergleich mit der Umsatzentwicklung in den vergangenen Jahren.

Die Ursachen für die geplante Umsatzentwicklung lassen sich aus dem Preis-Mengen-Gerüst ableiten. Auf der Basis von Absatzplanungen können Preiseffekte und Mengeneffekte isoliert und ihre Auswirkungen auf die Umsatzentwicklung separat kalkuliert werden. Die Summe aus dem jeweils isolierten Mengeneffekt und dem Preiseffekt muss im Ergebnis die Verände-

$\text{Umsatz}_1 = \text{Menge}_1 \times \text{Preis}_1$

$\text{Umsatz}_2 = \text{Menge}_2 \times \text{Preis}_2$

- **Mengeneffekt:**
  $(\text{Menge}_2 - \text{Menge}_1) \times \text{Preis}_1$
- **Preiseffekt:**
  $(\text{Preis}_2 - \text{Preis}_1) \times \text{Menge}_2$

- **Preis-Mengen-Effekt:**

$$\text{Umsatz}_2 - \text{Umsatz}_1 =$$
$$= \text{Menge}_2 \times \text{Preis}_2 - \text{Menge}_1 \times \text{Preis}_1 =$$
$$= \underbrace{(\text{Menge}_2 \times \text{Preis}_1 - \text{Menge}_1 \times \text{Preis}_1)}_{\text{Mengeneffekt}} + \underbrace{(\text{Menge}_2 \times \text{Preis}_2 - \text{Menge}_2 \times \text{Preis}_1)}_{\text{Preiseffekt}}$$

Abb. 4.6: Rechnerische Ermittlung des Preis-Mengen-Effektes

rung der Umsatzentwicklung über den Zeitraum hinweg ergeben. Der Vergleich von Preiseffekt und Mengeneffekt ist in Abbildung 4.6 schematisch für einen Vergleich von Umsatz in Periode 1 und Periode 2 dargestellt.

Graphisch lässt sich der Preis-Mengen-Effekt gemäß Abbildung 4.7 veranschaulichen. Ausgehend von $Umsatz_1$ kann zunächst bei als konstant angenommenen Preisen der Mengeneffekt ermittelt werden. Parallel wird der Preiseffekt bei angenommenen konstanten Mengen errechnet. Beide Effekte zusammen müssen die Differenz von $Umsatz_2$ zu $Umsatz_1$ ergeben.

Bei der Analyse des Umsatzes ist darüber hinaus die Herkunft der geplanten Absatzmenge zu untersuchen. In zahlreichen Branchen lässt sich der Umsatz auf die einzelnen Kunden zurückführen. Für die Vergangenheit wird in der Regel eine ABC-Analyse durchgeführt, die die wichtigsten Kunden für das aktuelle Geschäft transparent macht. Hohe Abhängigkeiten von einzelnen Kunden sollten mit Vorsicht gesehen werden. Insofern ist für die Geschäftsplanung zu simulieren, wie sich die Gesellschaft entwickelt, wenn ein oder zwei sehr wichtige Kundenbeziehungen nach der Transaktion verloren gehen. Bei sehr wichtigen Kundenbeziehungen wäre zu überlegen, diese Kunden in Abstimmung mit der Zielgesellschaft unmittelbar zu kon-

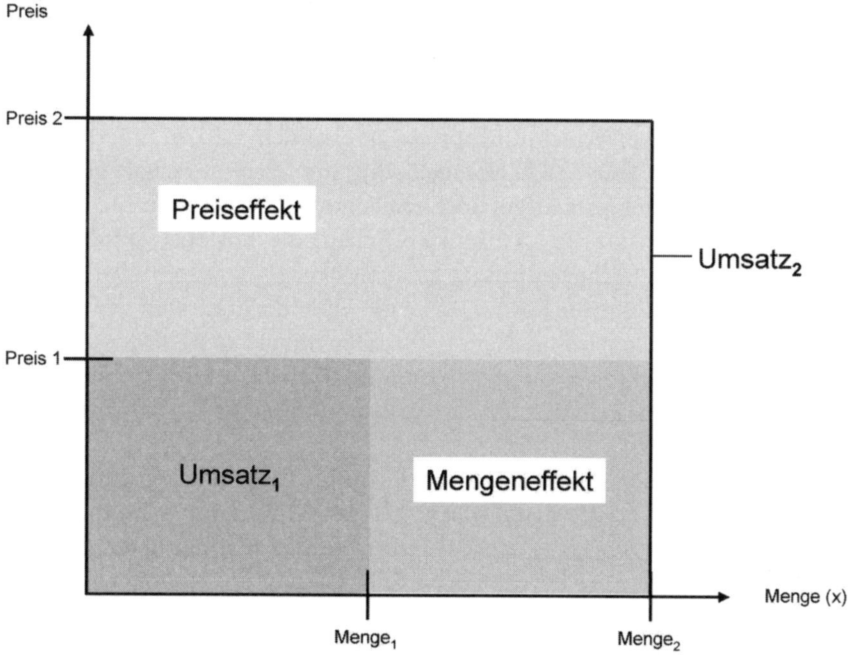

Abb. 4.7: Graphische Darstellung des Preis-Mengen-Effektes

taktieren und die weitere Zusammenarbeit nach der Übernahme zu besprechen. Eine weitere wichtige Frage ist dabei auch, wie bzw. von wem die Kunden in der Vergangenheit akquiriert wurden und wie sich diese Situation nach der Transaktion darstellt. Kritisch ist es z.B., wenn ein Großteil der Neukunden von dem alteingesessenen Geschäftsführer der Zielgesellschaft gewonnen werden, der aber nach der Transaktion als Geschäftsführer nicht mehr zur Verfügung steht oder evtl. ausgetauscht werden soll.

Vor diesem Hintergrund stellt sich bei der Plausibilisierung der Planung somit die Frage, wie viel Umsatz gemäß Planung mit bestehenden Kunden erzielt werden soll und in welchem Umfang Neukundengeschäft vorgesehen ist. Die Plausibilität der Annahme zu Kundenabwanderung ist in einigen Branchen (z.B. im Telekommunikationsbereich) durch die Analyse der üblichen Abwanderungsquote von Kunden in der Vergangenheit (so genannte Churn Rate) sowie die Anzahl der Neukunden zu überprüfen. Durch eine möglichst langfristige Zeitreihenanalyse werden die Quote der Neukunden sowie deren Verweildauer und der Kündigungsgrund erhoben. Diese Erfahrungswerte lassen sich sodann auf die Annahmen der Planung extrapolieren. Abweichungen und ambitionierte Annahmen sollten begründet werden.

Ein wichtiger Untersuchungsgegenstand bei den Umsatzerlösen sind geplante Umsätze mit Konzerngesellschaften, d.h. Umsatzbestandteile zwischen der Zielgesellschaft und anderen Gesellschaften des Gesamtkonzerns des Verkäufers. Falls solche Umsätze geplant sind, sind die Höhe und Berechnungsweise der Verrechnungspreise zu ermitteln und zu untersuchen, ob diese Umsätze auch nach Herauslösung der Zielgesellschaft aus dem Konzernverbund des Verkäufers noch realisiert werden können.

Neben dem Umsatz ist im nächsten Schritt die Kostenstruktur in der Plan-Gewinn- und Verlustrechnung zu analysieren. Zu diesem Zweck werden die absolute Höhe der Kosten sowie die Veränderungsraten der geplanten Kosten im Zeitablauf analysiert. Darüber hinaus werden quotale Verhältnisse der einzelnen Kostenpositionen im Verhältnis zum Umsatz oder zur Gesamtleistung gebildet, um die Kosten- und Margenstruktur transparenter darzustellen.

Einen wesentlichen Kostenfaktor stellt in der Regel der geplante Personalaufwand dar. Für die Plausibilisierung dieser Größe können Kennzahlen, wie z.B. Personalkosten je Mitarbeiter oder Umsatz je Mitarbeiter, gebildet werden. Wichtig ist, dass bei der Kennzahlenbildung mit einheitlichen Größen gerechnet wird, d.h. es ist z.B. von einem durchschnittlichen Personalbestand von Vollzeitmitarbeitern auszugehen. Teilzeitstellen müssen entweder gesondert geplant oder in Vollzeitmitarbeiter umgerechnet werden.

Zu dieser Position gehört auch die Planung von Sozialkosten und sonstigen Nebenleistungen. Typische Nebenleistungen sind z.B. Boni, Prämien, Weihnachts- und Urlaubsgeld, Stock Options und Pensionszusagen. Für die Financial Due Diligence ist zu untersuchen, welche Prämissen den geplanten Personalkosten zugrunde liegen. In der Regel werden Personalkosten mit einer wahrscheinlichen Gehaltssteigerungsquote fortgeschrieben. Diese Quote ist zu ermitteln und mit den in der Branche üblichen Gehaltssteigerungsraten zu vergleichen. Dabei sind Besonderheiten auf dem Arbeitsmarkt zu beachten. So sind z.B. teilweise bestimmte Fachkräfte mit Kenntnissen in der Programmierung und IT gegenwärtig sehr gesucht, so dass für solche Mitarbeiter andere Gehaltssteigerungen üblich sind.

Weiterhin ist zu prüfen, inwieweit ein Auf- oder Abbau von Personal im Geschäftsmodell geplant ist und auch ausreichend in den Planzahlen berücksichtigt wurde. Vor diesem Hintergrund sind Informationen über den Ist-Bestand an Mitarbeitern sowie den geplanten Bestand an Mitarbeitern erforderlich. Soweit ein Personalabbau geplant wird, z.B. um Einsparungen bei den Personalkosten zu erreichen, stellt sich die Frage nach den konkreten Maßnahmen und den damit verbundenen Kosten (z.B. Abfindung, Sozialplan). Im Abgleich mit der Legal Due Diligence kann die Umsetzbarkeit der Maßnahme des Personalabbaus überprüft werden. So sind die Höhe der geplanten Abfindungen und Sozialpläne mit den Ergebnissen eines Arbeitsrechtlers abzugleichen, der die Arbeitsverträge und sonstigen arbeitsrechtlichen Verpflichtungen der Zielgesellschaft aus juristischer Sicht untersucht hat. Weiterhin ist die Personalplanung mit den übrigen Kosten abzugleichen, inwieweit sich möglicherweise sprungfixe Folgeeffekte aus einem Personalauf- oder -abbau ergeben. Ein typisches Beispiel ist der erforderliche Raum für die geplante Anzahl der Mitarbeiter. Gerade bei kleinen Unternehmen in einer starken Wachstumsphase können beispielsweise die verfügbaren Räumlichkeiten nicht mehr ausreichen, so dass für die Realisierung der geplanten Expansion die Anmietung und der Umzug in größere Räume erforderlich wären. Ein weiteres typisches Beispiel ist die personelle Ausstattung in administrativen Funktionen. Ist beispielsweise ein erheblicher Personalaufbau geplant, muss möglicherweise die Größe einiger anderer Bereiche (z.B. die Personalabteilung) ebenfalls aufgestockt werden, so dass hier die Kosten auch überproportional steigen. Diese und andere vergleichbare sprungfixe Kosten müssen in der Gewinn- und Verlustrechnung bei anderen Kostenpositionen entsprechend eingeplant sein.

In unmittelbarem Zusammenhang mit der Analyse der Position Personalaufwand steht die Frage, welche strategisch wichtige Rolle bestimmte Mitarbeiter im Unternehmen haben und welche Konsequenzen sich für die

Entwicklung des Unternehmens und die Planung ergeben könnten, wenn solche Mitarbeiter nach der Transaktion nicht mehr zur Verfügung stehen. Im Rahmen der Umsatzplausibilisierung wurde dieser Aspekt bereits angesprochen. Vertiefend ist an dieser Stelle darauf hinzuweisen, dass der Abgang bestimmter Mitarbeiter Planungen völlig verändern kann. Typische erfolgskritische Personalkapazitäten betreffen häufig die Bereiche »Vertrieb« sowie »Forschung & Entwicklung«.

Eine weitere Frage in diesem Zusammenhang betrifft die Planung von den Aufwendungen für Altersvorsorge. Soweit die Zielgesellschaft Pensionsverpflichtungen gegenüber ihren Mitarbeitern hat, ist der Einfluss dieser Verpflichtungen auf die Plan-Gewinn- und Verlustrechnung zu prüfen. Diese Information ist für einen Erwerber möglicherweise wichtig, wenn z.B. die Pensionsverpflichtungen separat behandelt oder die Pensionszusagen ausgegliedert werden und nicht zur Zielgesellschaft zählen. In solchen Fällen wären die Ergebniseffekte von Pensionsverpflichtungen aus der Planung zu eliminieren und ein bereinigtes Ergebnis ohne Pensionen zu zeigen.

In vielen produzierenden Branchen ist der Materialaufwand eine wichtige Größe im Kostengerüst der Zielgesellschaft. Voraussetzung für die Plausibilität der geplanten Größe ist das Verständnis für das Geschäftsmodell und die Rolle des Materialeinsatzes in diesem Modell. In verschiedenen Branchen entwickelt sich der Materialaufwand parallel zum Umsatz. Allerdings kann die Materialaufwandsquote in Abhängigkeit vom Produktmix sehr stark variieren. In diesen Fällen hilft wiederum das Preis-Mengen-Gerüst der Umsatzplanung, um die Entwicklung des Materialeinsatzes zu verstehen. Im Rahmen der Plausibilisierung des Materialaufwands ist auch die Beziehung zu den Lieferanten von Bedeutung. Die Höhe des Materialaufwands kann von Preisänderungen, Knappheit bei den benötigten Vorprodukten oder Materialien oder von Qualitätsmängeln abhängig sein. Parallel zu diesen betriebswirtschaftlichen Fragen ist von Bedeutung, wie z.B. Lieferantenbeziehungen vertraglich geregelt sind. In diesem Fall ist eine Abstimmung mit den Ergebnissen aus der Legal Due Diligence sinnvoll.

In der Plan-Gewinn- und Verlustrechnung ist ferner zu untersuchen, wie die Position der sonstigen betrieblichen Erträge geplant und im Vergleich zur Vergangenheit weiterentwickelt wurde. Diese Position gilt als Sammelposten, der sehr viele verschiedene Aufwandsbestandteile enthält. Typische Bestandteile sind z.B. Erträge aus Verkäufen des Anlage- und Umlaufvermögens und aus der Auflösung von Rückstellungen.

Ähnlich verhält es sich mit den sonstigen betrieblichen Aufwendungen. Diese Position stellt analog zu den sonstigen betrieblichen Erträgen eine Sammelposition dar. In den sonstigen betrieblichen Aufwendungen sind typischerweise Aufwendungen für die Bildung von Rückstellungen, Kosten des Aufsichtsrats sowie Wertminderungen aus dem Abgang von Gegenständen aus dem Umlauf- und Anlagevermögen enthalten.

Aufgrund der Heterogenität der Zusammensetzung lassen sich diese beiden Positionen in der Regel nicht einfach aus der Vergangenheit fortschreiben. Vielmehr sind zunächst die Ist-Daten um solche Ertragsgrößen zu bereinigen, die als Sondereffekte anzusehen sind. Idealerweise sind diese Positionen im Rahmen der Vergangenheitsanalyse in ihre fixen und variablen Bestandteile aufzuteilen. Nur die sonstigen betrieblichen Erträge und Aufwendungen, die als wiederkehrend angesehen werden, dürfen in die Zukunft fortgeschrieben werden. Darüber hinaus sind bereits bekannte Vorfälle nach dem letzten Bilanzstichtag, z.B. ein sich anbahnender Rechtsstreit, in der Planung zu berücksichtigen. Vor diesem Hintergrund ist die Zusammensetzung der beiden Positionen in der Vergangenheit zu analysieren, um die vom planenden Unternehmen angewandte Fortschreibungsregel beurteilen zu können. Falls die Geschäftsplanung einer anderen Gliederungslogik folgt als die Vergangenheitsdaten, ist die Überleitung der Positionen ebenfalls Bestandteil der Untersuchung.

Ein weiterer wichtiger Punkt in der Analyse der Gewinn- und Verlustrechnung sind die geplanten Abschreibungen. Zunächst ist zu verstehen, nach welchem Prinzip die Abschreibungen geplant wurden. Möglicherweise wird vereinfachend der Aufwand aus dem letzten Ist-Jahr in Abhängigkeit einer anderen Größe prozentual fortgeschrieben. Dies ist nicht immer sachgerecht. Verschiebungen in der Höhe der Abschreibungen ergeben sich v.a. dann, wenn in größerem Umfang Investitionen getätigt werden und das Geschäft erweitert wird. Darüber hinaus können auch die Abschreibungsregeln zu Verzerrungen führen. Wird beispielsweise degressiv abgeschrieben und liegt der Anschaffungszeitpunkt nicht weit zurück, kann das Abschreibungsniveau der Vergangenheit verhältnismäßig hoch sein. Folglich sind zur Plausibilisierung der Abschreibungen der Zustand des Anlagenbestands einzuschätzen, der Anlagenspiegel auszuwerten, die Abschreibungsmethoden zu ermitteln und die geplanten Abschreibungen mit dem Investitionsplan abzustimmen.

Die Planung der Gewinn- und Verlustrechnung weist in der Praxis eine höchst unterschiedliche Tiefe auf. Viele Plan-Gewinn- und Verlustrechnungen rechnen nur bis zum Ergebnis vor Zinsen und Steuern (EBIT). Andere Gesellschaften planen einige Ergebnisschritte weiter (z.B. bis zum Jahresüberschuss) und ermitteln ein Zinsergebnis, den Steueraufwand und ein Gesamtergebnis. Sofern für den potenziellen Erwerber diese nächsten Planungsebenen interessant sind, sind diese zusätzlichen Positionen ebenfalls zu plausibilisieren. Der Zinsaufwand wird dabei z.B. in der Regel ins Verhältnis zu den geplanten Verbindlichkeiten gesetzt und ein kalkulatorischer Zinssatz ausgerechnet. Dieser Zinssatz wird mit den sonstigen vereinbarten bzw. marktüblichen Konditionen abgeglichen. Vergleichbar ist der Steueraufwand zu plausibilisieren. Auf der Basis des Jahresüberschusses wird schließlich in der Regel ein Margenvergleich vorgenommen. Im Zuge der Rentabilitätsanalyse wurde z.B. der Jahresüberschuss ins Verhältnis zum Umsatz gesetzt und die Profitabilität der Zielgesellschaft nach Zinsen und Steuern ermittelt. Für die Rentabilitätsanalyse der Planungsrechnung können ansonsten die gleichen Kennzahlen herangezogen werden, die bereits im Kapitel zur Vergangenheitsanalyse dargestellt wurden (siehe Kapitel 3.3.2).

4.4.2 Analyse der Plan-Bilanz

In den Fällen, in denen eine Plan-Bilanz vorgelegt wird, sind die folgenden wichtigsten Positionen hinsichtlich der Planprämissen auf Plausibilität zu überprüfen. Dabei sind für die geplanten Bilanzpositionen die gleichen Kennzahlen zu bilden, die bereits bei der Vergangenheitsanalyse erläutert wurden (siehe Kapitel 3.2).

Die Planung des Anlagevermögens sollte mit der Investitionsplanung und Abschreibungsplanung verknüpft sein. Aktivierte immaterielle Vermögensgegenstände des Anlagevermögens werden in der Regel planmäßig abgeschrieben. Dabei sollte hinterfragt werden, ob alle geplanten Investitionen in der Entwicklung des Anlagevermögens abgebildet sind. Das bedeutet, dass Investitionsplanung, Abschreibungsplanung und Bilanzplanung miteinander abgeglichen werden müssen. Eine Ausnahme stellt ein ausgewiesener Geschäfts- oder Firmenwert dar. In Abhängigkeit vom zugrunde liegenden Rechnungslegungssystem ist der Geschäfts- oder Firmenwert entweder über die verbleibende Restlaufzeit linear abzuschreiben (HGB-Planung) oder konstant zu halten (IFRS). Im Sachanlagevermögen sollten für Planungszwecke die wesentlichen Sachanlagen separat geplant werden. Finanzanlagen bleiben in der Regel, wenn keine besonderen Maßnahmen im Planungszeitraum anstehen, konstant.

Im Umlaufvermögen wird in der Regel zwischen den einzelnen Positionen differenziert. Vorräte sollten in Abhängigkeit von der Materialaufwandsquote geplant werden. Dabei sind variable, fixe und sprungfixe Effekte zu berücksichtigen. Soweit der Materialaufwand unmittelbar proportional zum Umsatz anfällt, können Vorräte auch in Abhängigkeit von der Umsatzentwicklung geplant werden. Zur zusätzlichen Überprüfung kann die Lagerreichweite in Tagen errechnet und mit der vergangenen Lagerreichweite verglichen werden. Eine Verkürzung der Verweildauer im Lager sollte von der planenden Gesellschaft begründet werden. Eine solche Planung wäre mit konkreten Maßnahmen wie z.B. der Einführung einer neuen Lagersoftware, oder der Umstellung des Lagerprinzips belegt sein. Forderungen aus Lieferungen und Leistungen entwickeln sich im Regelfall in Abhängigkeit von den Umsatzerlösen. Die Plausibilität der geplanten Forderungen lässt sich dahingehend überprüfen, welche Zahlungsziele unterstellt werden und wie sich diese im Vergleich zur Vergangenheit darstellen. Geht die Planung von deutlich kürzeren Zahlungszielen aus, ist im nächsten Schritt zu hinterfragen, durch welche Maßnahmen diese Annahme gestützt wird. Sonstige Vermögensgegenstände sind ein Sammelposten von Ansprüchen unterschiedlichster Art. Die Zusammensetzung dieses Postens in der Vergangenheit sollte untersucht und auf dieser Basis die Planungsannahmen plausibilisiert werden. Die liquiden Mittel (Kasse) werden häufig als Ausgleichsposten für die Abstimmung mit den anderen Teilplänen geplant. Folglich sind hier primär die richtigen Verknüpfungen zu prüfen. Rechnungsabgrenzungsposten werden nicht explizit geplant.

Auf der Passivseite stellt sich die Frage nach der Planung der Eigenkapitalgröße. Die Zusammensetzung des Eigenkapitals für Kapitalgesellschaften und Personengesellschaften ist in Kapitel 3.2 bereits ausführlich dargestellt worden. Bei der Plausibilisierung dieser Größe stellt sich die Frage, ob das Eigenkapital nach realistischen Kriterien geplant ist, d.h. ob die Eigenkapitalquote aus betriebswirtschaftlicher Sicht ausreichend bemessen ist, alle gesetzlich erforderlichen Rücklagen dotiert sind und gesetzliche Ausschüttungssperren beachtet wurden. So stellt sich beispielsweise die Frage, ob handelsrechtliche Verlustvorträge bei der Entwicklung des Eigenkapitals beachtet wurden. Ferner ist zu prüfen, wie kritisch gerade bei verlustreichen Gesellschaften eine bilanzielle Überschuldung ist. In diesem Prüfungsschritt ist allerdings zu beachten, dass Ausschüttungen und Kapitalerhaltungsregeln an den Einzelabschluss anknüpfen, Planungen und Planbilanzen aber in der Regel nur auf Konzernebene vorliegen. Bei Anzeichen von Risiken der Insolvenz oder Überschuldung ist somit die Planung auf Ebene des Einzelabschlusses gesondert zu prüfen. Gegebenenfalls muss die Entwicklung der Planbilanz auf dieser Ebene separat erfolgen und durch den Due Diligence-Prüfer simuliert werden. Ein wichtiger Prüfungsschritt ist, die geplante Entwicklung des Eigenkapitals abzüglich eines geplanten Goodwills zu analysieren. Der Goodwill repräsentiert unter Gesichtspunkten der Financial Due Diligence keinen eigenen Vermögensgegenstand mit einem bestimmten Wert. Vielmehr handelt es sich um eine Residualgröße zwischen Akquisitionskosten und den jeweiligen Zeitwerten der erworbenen Vermögenswerte abzüglich der übernommenen Schulden. Die Wertigkeit eines ausgewiesenen Goodwills ist regelmäßig einer kritischen Analyse zu unterziehen. Folglich ist es im Zuge der Planbilanz von Bedeutung, wie hoch das um den Goodwill bereinigte Eigenkapital über die geplante Geschäftsentwicklung hinweg tatsächlich wäre.

Unter der Annahme, dass Ausschüttungen geplant sind, ist zu untersuchen, in welcher Höhe sie unterstellt werden (Ausschüttungsquote) und ob dabei die gesellschaftsrechtlichen Rahmenbedingungen vollumfänglich berücksichtigt wurden. So kann bspw. in der Satzung eine relevante Regelung sein, derzufolge immer ein bestimmter Anteil des Gewinns in die Rücklagen eingestellt werden muss. Sollten solche spezifischen Regelungen in der Planung tatsächlich abgebildet sein, müssen sie nach der Transaktion nicht unbedingt noch Gültigkeit haben. Soweit der Käufer diese Vereinbarungen durch neue Regelungen ersetzen wird, wäre die Planung aus Sicht des Käufers so zu modifizieren, dass Ausschüttungssperren oder -regeln nicht abgebildet werden.

Weiterhin sind die Parameter für die Bemessung der Rückstellungen zu untersuchen. Für eine plausible Planung von Rückstellungen kommt es darauf an, für welche Verpflichtungen Rückstellungen gebildet werden sollen. So sind z.B. Urlaubsrückstellungen von der Anzahl der Mitarbeiter abhängig, Garantierückstellungen in der Regel vom Umsatz. Demgegenüber gibt es Rückstellungen, die Einmalcharakter haben (z.B. Rückstellungen für drohende Rechtsstreitigkeiten) und daher nicht in die Zukunft fortgeschrieben werden können. Unter dem Gesichtspunkt der Vollständigkeit ist zu untersuchen, ob alle Sachverhalte, die zum Zeitpunkt der Durchführung der Due Diligence bekannt sind und zu einer Rückstellungsbildung führen, in der Planung auch berücksichtigt sind. Diese Information erhält man in der Regel durch eine Zusammenarbeit mit dem Legal Due Diligence-Prüfer. Eine besondere Rolle spielen die Pensionsrückstellungen einer Zielgesellschaft (siehe Kapitel 3.2.2). Die Frage ist, ob die Pensionsrückstellungen separat geplant wurden, was allerdings in der Praxis eher selten der Fall ist.

Wenn Pensionsverpflichtungen in der Transaktion gesondert bewertet werden und damit auch separat in den Kaufpreis einfließen, ist im Rahmen der Bilanzplanung zu untersuchen, welchen Einfluss die Pensionen auf die geplanten Pensionsrückstellungen ausüben. Dieser Effekt ist – insbesondere für Zwecke der Kaufpreisermittlung anhand einer fundierten Unternehmensbewertung – entweder genau zu quantifizieren oder abzuschätzen, da dieser Werteffekt aus der Planung eliminiert werden muss.

Die Planung der langfristigen verzinslichen Verbindlichkeiten erfolgt häufig separat und resultiert dann idealerweise aus der Plan-Cashflow-Rechnung in Verbindung mit der Investitionsrechnung und unter Berücksichtigung der Finanzierungskonditionen (siehe hierzu Kapitel 3.4.3). Besondere finanzielle Risiken ergeben sich hier hinsichtlich der Prognose einer angemessenen Anschlussfinanzierung, Risiken aus der Nichterfüllung von vertraglich vereinbarten Covenants und Zinsänderungen im Fall von variablen Zinsvereinbarungen. Die Verbindlichkeiten aus Lieferungen und Leistungen werden in der Regel in Abhängigkeit vom Beschaffungsvolumen, d.h. vom Materialaufwand, geplant. Analog zu den Forderungen aus Lieferungen und Leistungen können das Lieferantenziel in Tagen ermittelt und die geplanten Zielgrößen mit den in der Vergangenheit durchschnittlichen Zahlungszielen verglichen werden. Erhebliche Schwankungen der Zahlungsziele im Zeitablauf sind zu hinterfragen. Die sonstigen Verbindlichkeiten sind ein Auffangposten für die Verbindlichkeiten, die nicht unter einer der anderen Bilanzpositionen auszuweisen sind. Hierzu gehören z.B. Steuerverbindlichkeiten, rückständige Löhne und Gehälter, Verbindlichkeiten gegenüber Kunden (»kreditorische Debitoren«) und Aufsichtsrats- und Beiratsvergütungen. Folglich hängt die Planung der sonstigen Verbindlichkeiten davon ab, welche Positionen erfahrungsgemäß in Zukunft regelmäßig anfallen. Eine pauschale Fortschreibung aus der Vergangenheit ist – vor allem wenn es sich um eine wesentliche Position handelt – nicht sachgerecht.

4.4.3 Analyse der Plan-Cashflow-Rechnung

Da sich die Plan-Cashflow-Rechnung im Wesentlichen aus der Plan-Gewinn- und Verlustrechnung und der Planbilanz ergibt, sind für diese Teilplanung nicht so zahlreiche Planungsannahmen inhaltlich zu überprüfen. Der Schwerpunkt der Analyse der Cashflow-Rechnung liegt demgegenüber auf der sachgerechten und vollständigen Darstellung der erwarteten Zahlungsströme. Vor diesem Hintergrund ist im Zuge der Financial Due Diligence die Cashflow-Rechnung durch eigene Berechnungen nachzuvollziehen.

Neben der Planbilanz und der Plan-Gewinn- und Verlustrechnung stellen die Abschreibungsplanung, die Investitionsplanung und die geplante Finanzierung wichtige Eingangsgrößen für die Cashflow-Rechnung dar.

In diesem Zusammenhang ist die Plausibilität der Investitionsplanung zu untersuchen. Größere Investitionen werden in den Unternehmen häufig anhand von Projektbudgets separat geplant. Wesentliche Anhaltspunkte für die geschätzten Kosten einer Investition sind externe Angebote, die vor Auftragsvergabe eingeholt werden. Dies ist z.B. im Rahmen von Baumaßnahmen oder für größere Bestellungen von Anlagen und Maschinen üblich. Wenn die Investitionshöhe unplausibel erscheint (aber natürlich auch als Stichprobe), kann sich der Due Diligence-Prüfer einzelne Angebote grundsätzlich zeigen lassen. Eine geringe Aussagekraft haben Investitionen, deren Kostenschätzung sich weder durch externe Angebote noch durch andere Anhaltspunkte verifizieren lässt. Zur Plausibilität der Investitionsplanung gehört auch die Durchsicht der laufenden Investitionsprojekte. Ein Vergleich des ursprünglichen geplanten Budgets mit den bislang beauftragten Teilschritten zeigt den Fortschritt der Maßnahme. Darüber hinaus kann sich der Due Diligence-Prüfer einen Überblick verschaffen, zu welchem Preis die Investition im Vergleich zum ursprünglichen Budget tatsächlich durchgeführt wird. »Timing« und Kostenaspekt lassen sich somit verifizieren.

Gegenstand der Cashflow-Analyse ist regelmäßig auch die Finanzierung. Die bestehenden finanziellen Verpflichtungen der Zielgesellschaft zum Zeitpunkt der Financial Due Diligence sollen vollständig und richtig abgebildet sein. Ist beispielsweise ein Kreditvertrag in dem letzten Jahresabschluss noch nicht enthalten, aber zum Zeitpunkt der Transaktion bereits abgeschlossen, muss diese zusätzliche Finanzierung in die Planung eingehen. Auch vertraglich vereinbarte Tilgungen, geplante Ablösungen und Konditionen von bestehenden Darlehen müssen erfasst werden. So können in Verträgen z.B. Sondertilgungen vereinbart sein oder Staffelzinsen, die in den Planjahren zu einem veränderten Darlehensstand bzw. abweichenden Zinsaufwendungen führen. Im nächsten Schritt ist zu überprüfen, ob der Finanzierungsstand in der Plan-Cashflow-Rechnung richtig und vollständig abgebildet wurde. In diesem Zusammenhang werden auch die Kontoverbindungen, ggf. die Kontostände sowie die verfügbaren Kreditlinien abgefragt. Die Erfassung der aktuellen Finanzierungsvereinbarungen liegt auf der typischen Schnittstelle zwischen Legal Due Diligence (Untersuchung der Kreditverträge) und Financial Due Diligence (Plausibilisierung der Geschäftsplanung), so dass hier eine enge Abstimmung erforderlich ist und Doppelarbeit vermieden werden kann.

Im Zuge der Plan-Cashflow-Analyse wird auch die Entwicklung des geplanten Working Capital als Indikator für kurzfristig verfügbare Liquidität untersucht. Das Working Capital ist dabei ein Resultat aus der Planbilanz, so dass die Größe zwar separat errechnet werden muss, aber keine zusätzlichen Plausibilisierungsschritte erfordert.

Cashflow-Planungen sind häufig analog zur Plan-Gewinn- und Verlustrechnung und zur Planbilanz als Jahresplanung aufgebaut. Falls die Gesellschaft eine sehr enge liquide Ausstattung hat oder große Veränderungen kurzfristig zu erwarten sind, ist möglicherweise auch eine kurzfristige Planung (z.B. auf Quartals- oder sogar Monatsbasis) erforderlich, um Risiken einer möglichen Zahlungsunfähigkeit aufzudecken. Im Zuge der Financial Due Diligence kann der finanzielle Spielraum (»Financial Headroom«) ausgelotet werden, indem der Finanzbedarf und die Kreditlinie der Zielgesellschaft ermittelt und verglichen werden.

Die Cashflow-Rechnung sollte im Ergebnis in eine Finanzbedarfsrechnung überleiten. Das bedeutet, dass je nach geplantem Cashflow pro Planungsperiode die Mittelherkunft bei einem Finanzbedarf bzw. die Mittelverwendung bei einem Finanzüberschuss abzubilden wäre. Dabei ist zu prüfen, ob in der Cashflow-Planung der Anfangsbestand an liquiden Mitteln und die Darlehen mit dem letzten (geprüften) Jahresabschluss abstimmbar sind.

4.4.4 Szenarioanalyse

Eine Aufgabe der Financial Due Diligence kann sein, eine Szenariorechnung für die Geschäftsplanung zu erstellen. Ziel einer solchen Szenariobetrachtung ist, die geplante Entwicklung der Gesellschaft auf Sensitivität gegenüber Veränderungen kritischer Parameter zu überprüfen. Solche kritischen Parameter sind von Unternehmen zu Unternehmen sehr verschieden. Dabei gibt es bestimmte Parameter, die regelmäßig mit Unsicherheit behaftet sind und daher typischerweise in eine Szenarioanalyse einbezogen werden.

Ein typischer kritischer Parameter ist die Höhe von Wechselkursen, wenn die Zielgesellschaft in nennenswertem Umfang in Geschäftsbeziehungen sowohl von der Beschaffungs- als auch von der Absatzseite mit dem Ausland steht. Folglich kann der Einfluss der Wechselkursentwicklung auf die Ergebnissituation der Zielgesellschaft in einer Szenariorechnung simuliert werden. Dieses Szenario ist allerdings davon abhängig, ob die Zielgesellschaft möglicherweise zusätzliche Instrumente zur Absicherung von Währungsrisiken einsetzt. Diese Instrumente sind bei der Modellierung des Szenarios einzubeziehen.

Szenarien werden häufig über wesentliche Eingangsparameter der Beschaffungs- und Produktionsseite erstellt. Der häufigste Fall für eine Szenarioanalyse ist die Variation der Verfügbarkeit von Rohstoffen bzw. der Rohstoffpreise, da sie einen wesentlichen Einfluss auf die Ergebnissituation von Unternehmen haben können. Rohstoffe sind natürlich vorkommende Materialien und unterliegen daher einer natürlichen Knappheit. Die Preise bilden sich auf separaten Märkten, sind häufig volatil und daher sehr schwer prognostizierbar. Rohstoffe lassen sich wie folgt einteilen:

- Agrarrohstoffe
  Hierzu gehören sämtliche Produkte, die von Tieren und Pflanzen natürlich produziert werden (z.B. Obst, Gemüse, Holz, Leder, Düngemittel, Raps, Getreide, Fleisch).
- Luft und Wasser
  Luft war lange Zeit ein Rohstoff, der den Unternehmen kostenlos zur Verfügung stand. Seit 2004 reguliert in Deutschland das Treibhausgas-Emissionshandelsgesetz (TEHG) die Emission von CO_2. Die Freisetzung von Treibhausgasen bedarf einer Genehmigung. Für jede weitere emittierte Tonne CO_2 muss eine Berechtigung in Form eines Emissionszertifikates vorliegen. Gleichzeitig wurde am 1. Januar 2005 europaweit ein Emissionsrechtehandelssystem für CO_2 eingeführt. Folglich können Unternehmen, die Emissionszertifikate zugeteilt bekommen, ohne sie zu benötigen, über ein Handelssystem veräußern. Gleichzeitig können Unternehmen, die mehr Zertifikate benötigen, als ihnen zugeteilt werden, diese über den Zertifikatehandel erwerben. Emissionsrechte werden dabei über verschiedene Systeme gehandelt, z.B. über das EU Emission Trading Scheme (ETS) oder über die European Energy Exchange (EEX) in Leipzig.
  Wasser ist demgegenüber schon immer ein kostenpflichtiger Rohstoff, der über die verschiedenen Versorger nach Verbrauch abgerechnet wird. Dabei werden die Kosten der Entsorgung mit eingepreist.
- Mineralische Rohstoffe
  Zu den mineralischen Rohstoffen gehören Gesteine oder Sedimente (z.B. Ton, Sand, Kies, Graphit, Asbest, Diamant), Salze und metallische Rohstoffe (v.a. Eisen, Aluminium, Stahl, Kupfer, Zinn, Uran).
- Fossile Rohstoffe
  Fossile Rohstoffe sind v.a. Kohle, Erdöl und Gas.

Ein zusätzlicher Parameter in Szenarioanalysen ist der Einfluss der Energiepreise in energieintensiven Branchen. Energie ist kein Rohstoff im engeren Sinne, hängt aber indirekt mit der Knappheit der Rohstoffe zusammen. Folglich kann der Energiepreis, z.B. für Strom oder Gas, erheblich schwanken, so dass sich bereits ein aktiver Markt für Abnahme- und Optionsverträge entwickelt hat.

Szenarien können aber auch über Prämissen für die Umsatzplanung erstellt werden, indem die Annahmen über die geplante Preis- und Mengenentwicklung variiert werden. Diese Szenarien werden häufig für Wachstumsunternehmen angewendet, da die Erfahrungswerte aus der Vergangenheit nur wenig Anhaltspunkte für die geplante Entwicklung geben.

Schließlich werden Szenarioanalysen eingesetzt, wenn sich das Geschäftsmodell oder die Geschäftsstrategie der Zielgesellschaft gemäß Geschäftsplanung im Vergleich zur Vergangenheit deutlich ändert und daher kaum Anhaltspunkte und Erfahrungswerte für den Erfolg der geplanten Maßnahme vorliegen. Solche einmaligen Maßnahmen sind z.B. Expansionsstrategien in Märkte oder Länder, in denen die Gesellschaft bislang noch nicht vertreten war, der Launch eines neuen Produktes oder die Etablierung einer neuen Marke. Ein typisches Beispiel ist die Investition in einen neuen Standort. So kann man z.B. eine Situation vorfinden, in der die Investitionsmaßnahme schon beschlossen ist und erste Schritte zu ihrer Umsetzung eingeleitet wurden. Eine solche Maßnahme hat allerdings einen erheblichen Effekt auf die Geschäftsplanung der Gesellschaft, so dass der Investor Szenarien wie z.B. zeitliche Verzögerungen oder Abbruch der Maßnahme nach Erwerb der Zielgesellschaft in sein Entscheidungskalkül einfließen lassen sollte. In diesen Extremfällen ist die Anwendung einer Szenarioanalyse hilfreich.

Bei der Szenariobetrachtung kann die Geschäftsplanung ceteris paribus verändert werden, indem ein kritischer Einflussfaktor unter Beibehaltung aller anderen Prämissen variiert wird. Zusätzlich kann auch die Auswirkung mehrerer kritischer Einflussfaktoren kombiniert simuliert werden, indem eine Matrix aufgebaut wird. Innerhalb der Matrix wird die Zielgröße dargestellt, wie sie sich in Abhängigkeit der variierten Parameter errechnet. Als Zielgröße wird in der Regel eine operative Größe wie z.B. der Cashflow oder das EBIT herangezogen. Typische kritische Einflussfaktoren sind neben den genannten Beispielen Betriebsausfall, Abwanderung von wichtigen Kunden oder der Weggang von zentralen Mitarbeitern des Zielunternehmens.

4.5 Fallbeispiel zur Vergangenheitsanalyse und Planungsplausibilisierung

In diesem Kapitel werden für eine fiktive Zielgesellschaft einige wesentliche Analyseschritte einer Financial Due Diligence anhand konkreter Zahlen durchgespielt. Das Fallbeispiel enthält eine Vergangenheitsanalyse sowie eine Plausibilisierung der Geschäftsplanung. Bei der Zielgesellschaft handelt es sich um eine Kapitalgesellschaft, die nach HGB bilanziert und einer produzierenden Branche zuzurechnen ist. Zeitpunkt der Transaktion ist das Jahr 2007.

Alle hier dargestellten Berechnungen wurden mit Nachkommastellen durchgeführt. Sofern Zahlen in Tabellen zur besseren Übersichtlichkeit ohne Nachkommastellen dargestellt sind, kann die Addition der Tabellenwerte zu geringfügigen Abweichungen bei den ausgewiesenen Zwischen- oder Gesamtsummen führen.

(a) Vergangenheitsanalyse

In einem ersten Schritt wird die Gewinn- und Verlustrechnung der letzten drei vorliegenden Geschäftsjahre analysiert. Die Gewinn- und Verlustrechnung ist nach dem Gesamtkostenverfahren aufgestellt. Nachfolgend wird eine Zeitreihenanalyse über die Ist-Jahre 2004 bis 2006 durchgeführt. Gleichzeitig werden Kennzahlen im Verhältnis zur Gesamtleistung ermittelt (siehe dazu Tabelle 4.2).

Aus der Zeitreihenanalyse und der Kennzahlenanalyse lassen sich folgende Ergebnisse beispielhaft festhalten:

Die Gesamtleistung hat sich zwischen 2004 und 2006 von rund 261 Mio. Euro um ca. zehn Prozent bis elf Prozent p.a. auf etwa 323 Mio. Euro erhöht. Die Gesellschaft zeigt somit ein kontinuierliches Umsatzwachstum von etwa zehn Prozent bis elf Prozent pro Jahr. Der Materialaufwand stieg im gleichen Zeitraum von rund 121 Mio. Euro auf rund 159 Mio. Euro. Auffallend ist, dass die jährliche Zunahme des Materialaufwandes i.H.v. etwa 14 Prozent bis 15 Prozent über der Wachstumsrate der Umsatzerlöse liegt. Infolgedessen erhöhte sich die Materialintensität zwischen 2004 und 2006 von etwa 46 Prozent auf rund 49 Prozent. Möglicherweise sind im Zeitverlauf die Beschaffungspreise gestiegen, ohne dass diese Steigerung in vollem Umfang an die Kunden weitergereicht werden konnte. Vorstellbar sind z.B. auch Änderungen im Betriebsablauf bzw. eine sinkende Produktivität.

Anhand der Entwicklung der Anzahl der Mitarbeiter ist erkennbar, dass 2005 Neueinstellungen vorgenommen wurden. Der Anstieg des Personalaufwands je Mitarbeiter kann entweder auf Lohnerhöhungen, auf die Einstellung von Mitarbeitern mit Gehältern über dem bisherigen Durchschnitt (Veränderung des Personalmix) oder auf eine Kombination beider Effekte zurückzuführen sein. Der Personalaufwand wuchs in diesem Jahr um etwa acht Prozent auf rund 47 Mio. Euro und die Mitarbeiteranzahl stieg auf 1 045 an. Im Folgejahr wurde der Personalbestand nochmals auf 1 093 erhöht, der

Gewinn- und Verlustrechnung 1. Januar bis 31. Dezember - vor Bereinigungen	2004 Ist (TEUR)	2005 Ist (TEUR)	 ΔVj. (%)	2006 Ist (TEUR)	 ΔVj. (%)
Umsatzerlöse	258.738	287.591	11%	316.253	10%
Bestandsveränderung	2.441	3.436	41%	5.775	68%
Aktivierte Eigenleistung	222	630	183%	1.267	101%
Gesamtleistung	**261.401**	**291.657**	**12%**	**323.295**	**11%**
Materialaufwand	120.850	137.938	14%	158.904	15%
Personalaufwand	43.328	46.907	8%	49.025	5%
Abschreibungen	12.956	13.811	7%	16.507	20%
Sonstige betriebliche Erträge	12.076	3.916	-68%	5.045	29%
Sonstige betriebliche Aufwendungen	42.870	51.236	20%	56.950	11%
Betriebsergebnis	**53.474**	**45.682**	**-15%**	**46.953**	**3%**
Zinsen und ähnliche Erträge	569	1.070	88%	1.423	33%
Zinsen und ähnliche Aufwendungen	4.064	3.776	-7%	3.224	-15%
Finanzergebnis	**-3.495**	**-2.707**	**23%**	**-1.801**	**33%**
Ergebnis der gewöhnlichen Geschäftstätigkeit	**49.979**	**42.976**	**-14%**	**45.153**	**5%**
Ertragsteuern	5.277	5.116	-3%	5.914	16%
Sonstige Steuern	210	814	288%	592	-27%
Jahresüberschuss	**44.492**	**37.046**	**-17%**	**38.646**	**4%**

Kennzahlenanalyse	**2004**	**2005**	**2006**
in % der Gesamtleistung:			
Materialaufwand	46,2%	47,3%	49,2%
Personalaufwand	16,6%	16,1%	15,2%
Abschreibungen	5,0%	4,7%	5,1%
Betriebsergebnis	20,5%	15,7%	14,5%
Finanzergebnis	-1,3%	-0,9%	-0,6%
Ergebnis der gewöhnlichen Geschäftstätigkeit	19,1%	14,7%	14,0%
Jahresüberschuss	17,0%	12,7%	12,0%
zur Anzahl der Mitarbeiter:	1.021	1.045	1.093
Personalaufwand je Mitarbeiter (in TEUR)	42,4	44,9	44,9

Tab. 4.2: Vergangenheitsanalyse – Gewinn- und Verlustrechnung vor Bereinigungen

Personalaufwand je Mitarbeiter blieb dagegen konstant bei etwa 50 000 Euro. Daraus kann man folgern, dass in 2006 im Durchschnitt keine weiteren signifikanten Lohn- bzw. Gehaltserhöhungen vorgenommen wurden bzw. der Personalmix gleichblieb. Die Personalintensität sank zwischen 2004 und 2006 von etwa 17 Prozent auf etwa 15 Prozent.

Im Jahr 2006 ist ein überproportionaler Anstieg der Abschreibungen um 20 Prozent (Vorjahr: sieben Prozent) auf rund 17 Mio. Euro zu verzeichnen. Zur Aufklärung sollten die kumulierten Abschreibungen des Abschreibungsspiegels sowie die im Anlagengitter ausgewiesenen (Netto-) Investitionen analysiert werden.

Weiterhin auffällig sind Entwicklungssprünge bei den sonstigen betrieblichen Erträgen. Während 2005 die sonstigen betrieblichen Erträge um 68 Prozent auf rund vier Mio. Euro abnahmen, steigen sie 2006 um 29 Prozent auf etwa fünf Mio. Euro wieder an. Da es sich hier um eine typische Sammelposition handelt, werden diese Entwicklungen in der Historie näher untersucht (s.u.). Die Schwankungen spiegeln sich letztlich auch im Betriebsergebnis wider, das 2005 im Vergleich zum Vorjahr um 15 Prozent auf etwa 46 Mio. Euro sank und 2006 um drei Prozent auf rund 47 Mio. Euro zurückging. Die Marge verringerte sich im Zeitraum 2004 bis 2006 fortlaufend von etwa 21 Prozent auf rund 15 Prozent.

Aufgrund zunehmender Zinserträge und abnehmender Zinsaufwendungen im Analysezeitraum verbesserte sich das Finanzergebnis von etwa –3 Mio. Euro auf rund –2 Mio. Euro. Die Ursachen für diese Entwicklung sind im Zuge der Bilanzanalyse insbesondere durch Analyse des Umlaufvermögens sowie der Verbindlichkeiten genauer zu prüfen.

Die unbereinigte Gewinn- und Verlustrechnung zeigt ein Unternehmen mit einem kontinuierlichen Umsatzwachstum, wobei im Geschäftsjahr 2006 offensichtlich verstärkt ein gewisser Lagerbestand aufgebaut wurde – ersichtlich im starken Anstieg der Bestandsveränderungen. Insbesondere der Materialeinsatz wuchs nicht parallel zum Umsatz, so dass die Margen sanken. Im Ergebnis der Analyse der Gewinn- und Verlustrechnung sind insbesondere der überproportionale Anstieg der Abschreibungen 2006, die steigende Materialaufwandsquote sowie die Veränderungen in den sonstigen betrieblichen Erträgen genauer zu untersuchen.

Die vertiefende Analyse dieser Überlegungen muss sich entweder auf weitere Unterlagen der Zielgesellschaft (insbesondere auf den Prüfungsbericht) oder auf Gespräche mit dem Management stützen.

Neben der Klärung von auffälligen Entwicklungen sind die Vergangenheitsdaten dahingehend zu untersuchen, inwieweit die bisherige finanzielle Entwicklung der Zielgesellschaft von Sondereffekten beeinflusst worden ist. Hintergrund dieses Analyseschrittes ist, dass die vom Unternehmen vorgelegte Planung auf Basis einer bereinigten Vergangenheitsanalyse zu plausibilisieren ist. Da die Planung ein nachhaltiges, normalisiertes Ergebnis wiedergeben soll, ist ein Abgleich mit Vergangenheitszahlen ohne einmalige Effekte zweckmäßig.

Im vorliegenden Fallbeispiel stellt sich bei der Analyse der Unterlagen heraus, dass sich Sondereffekte hinsichtlich der Abschreibungen sowie der sonstigen betrieblichen Erträge und Aufwendungen ergeben. Die Bereinigungen, die im Rahmen der Financial Due Diligence durchgeführt werden, sind in Tabelle 4.3 zusammengefasst.

Bereinigungen der GuV	2004 (TEUR)	2005 (TEUR)	2006 (TEUR)
Abschreibungen:			
- Außerplanmäßige Abschreibung Gebäude			1.200
Sonstige betriebliche Erträge:			
- Ertrag aus Beteiligungsverkauf	-8.750		
- Einmalige Investitionszulage		-450	
- Ertrag aus Anlageabgang			-1.120
Sonstige betriebliche Aufwendungen:			
- Erschließungsmaßnahmen		450	
- Stilllegungsverluste		800	
- Umstrukturierungsaufwendungen	200	20	
- Verluste aus Anlagenabgang	175		
- Wechselkursverluste	20	23	22
Summe der Bereinigungen	**-8.355**	**843**	**102**

Tab. 4.3: Vergangenheitsanalyse – Übersicht Bereinigungen der Gewinn- und Verlustrechnung

Zu bereinigen ist insbesondere das Jahr 2004 um Einmaleffekte in Höhe von insgesamt rund acht Mio. Euro. Der größte Sondereffekt resultiert dabei aus einem einmaligen Veräußerungsgewinn durch den Verkauf einer Beteiligung. Dieser Effekt wird teilweise durch kleinere ergebnismindernde Effekte aus Umstrukturierungen, Abgänge des Anlagevermögens und Wechselkurseffekte kompensiert. Die Analyse des Abschreibungsspiegels und des Anlagengitters ergibt aufgrund der außerplanmäßigen Abschreibung eines Betriebsgebäudes einen Bereinigungsbedarf der Abschreibungen für 2006 von etwa einer Mio. Euro. Gleichzeitig wird für 2006 ein einmaliger Ertrag aus einem Anlagenabgang korrigiert, so dass die Bereinigungen für 2006 insgesamt nicht ins Gewicht fallen.

Die um Sondereffekte bereinigte Gewinn- und Verlustrechnung ist in Tabelle 4.4 dargestellt. Die für Zwecke der Planungsplausibilisierung bereinigten Vergangenheitszahlen sind durch Schattierung kenntlich gemacht.

Der Anstieg der Abschreibungen reduziert sich durch die Bereinigungen für 2006 von 20 Prozent auf elf Prozent. Die verbleibende Zunahme von etwa einer Mio. Euro resultiert aus üblichen Investitionen des gewöhnlichen Geschäftsbetriebs des Unternehmens und wurde daher auch nicht bereinigt. Darüber hinaus sind die »Sprünge« bei den sonstigen betrieblichen Erträgen auf Sondereffekte zurückzuführen. Die bereinigte Position weist eine kontinuierliche Zunahme von vier Prozent für 2005 und 13 Prozent für 2006 aus. Infolge der Bereinigungen reduziert sich die Zunahme der sonstigen betrieblichen Aufwendungen im Jahr 2005 von 20 Prozent auf 18 Prozent und erhöht sich für 2006 von vormals elf Prozent auf 14 Prozent.

Gewinn- und Verlustrechnung zum 31. Dezember - nach Bereinigungen	2004 Ist (TEUR)	2005 Ist (TEUR)	2005 ΔVj. (%)	2006 Ist (TEUR)	2006 ΔVj. (%)
Umsatzerlöse	258.738	287.591	11%	316.253	10%
Bestandsveränderung	2.441	3.436	41%	5.775	68%
Aktivierte Eigenleistung	222	630	183%	1.267	101%
Gesamtleistung	**261.401**	**291.657**	**12%**	**323.295**	**11%**
Materialaufwand	120.850	137.938	14%	158.904	15%
Personalaufwand	43.328	46.907	8%	49.025	5%
Abschreibungen	12.956	13.811	7%	15.307	11%
Sonstige betriebliche Erträge	3.326	3.466	4%	3.925	13%
Sonstige betriebliche Aufwendungen	42.475	49.943	18%	56.928	14%
Betriebsergebnis	**45.119**	**46.525**	**3%**	**47.055**	**1%**
Zinsen und ähnliche Erträge	569	1.070	88%	1.423	33%
Zinsen und ähnliche Aufwendungen	4.064	3.776	-7%	3.224	-15%
Finanzergebnis	**-3.495**	**-2.707**	**23%**	**-1.801**	**33%**
Ergebnis der gewöhnlichen Geschäftstätigkeit	**41.624**	**43.819**	**5%**	**45.255**	**3%**
Steuern	5.277	5.116	-3%	5.914	16%
Sonstige Steuern	210	814	288%	592	-27%
Jahresüberschuss (bereinigt)	**36.137**	**37.889**	**5%**	**38.748**	**2%**

Kennzahlenanalyse	2004	2005	2006
in % der Gesamtleistung:			
Materialaufwand	46,2%	47,3%	49,2%
Personalaufwand	16,6%	16,1%	15,2%
Abschreibungen	5,0%	4,7%	4,7%
Betriebsergebnis	17,3%	16,0%	14,6%
Finanzergebnis	-1,3%	-0,9%	-0,6%
Ergebnis der gewöhnlichen Geschäftstätigkeit	15,9%	15,0%	14,0%
Jahresüberschuss	13,8%	13,0%	12,0%
zur Anzahl der Mitarbeiter:	1.021	1.045	1.093
Personalaufwand je Mitarbeiter (in TEUR)	42,4	44,9	44,9

Tab. 4.4: Vergangenheitsanalyse – Gewinn- und Verlustrechnung nach Bereinigungen/Kennzahlenanalyse

Im Endeffekt sinken sowohl das operative Ergebnis als auch der Jahresüberschuss des Jahres 2004 um etwa acht Mio. Euro. Die Bereinigungen der Folgejahre wirken sich vergleichsweise geringer auf das Ergebnis aus, so dass insgesamt ein Glättungseffekt eintritt. Demnach weist die Zielgesellschaft einen jährlichen kontinuierlichen Ergebniszuwachs aus. Die Marge auf das Betriebsergebnis ist allerdings etwas verringert und liegt knapp unter 15 Prozent.

Nach der Analyse der Gewinn- und Verlustrechnung ist die Bilanz der Zielgesellschaft für den gleichen Zeitraum zu analysieren. Die nachfolgende Tabelle 4.5 zeigt die Bilanzen im Zeitraum 2004 bis 2006 sowie die entsprechende Kennzahlenanalyse.

Im Jahr 2006 weist das Anlagevermögen einen Anstieg der Sachanlagen um etwa sechs Mio. Euro auf rund 82 Mio. Euro aus. Der Zusammenhang zwischen Abschreibungen und Sachanlagevermögen sollte auf der Basis von Informationen zu den historischen Anschaffungskosten, den kumulierten Abschreibungen sowie den Nettoinvestitionen ins Sachanlagevermögen verifiziert werden.

Auffallend für das Unternehmen ist, dass verstärkt Liquidität aufgebaut wurde. Das Guthaben bei Kreditinstituten erhöhte sich zwischen 2004 und 2006 von rund einer Mio. Euro auf etwa neun Mio. Euro. Wie bereits dargestellt, erhöhen sich korrespondierend dazu die jährlichen Zinserträge. Eine ansteigende Liquidität ist aber grundsätzlich nicht mit einer Verbesserung der wirtschaftlichen Situation des Unternehmens gleichzusetzen, wenn profitable Anlagemöglichkeiten nicht genutzt werden. Allein aus der Bilanz ist nicht erkennbar, ob es sich um betriebsnotwendige Liquidität handelt.

Ein weiteres Ergebnis ist die relativ hohe und jährlich zunehmende Ausstattung an Eigenkapital. Das Eigenkapital erhöhte sich zwischen 2004 und 2006 von etwa 78 Mio. Euro auf rund 89 Mio. Euro. Dies entspricht einer Eigenkapitalquote von rund 45 Prozent 2004 und etwa 46 Prozent 2006. Der Anstieg des Eigenkapitals ist im Wesentlichen auf eine Zunahme der Gewinnrücklagen zurückzuführen. Ursache hierfür ist, dass der Jahresüberschuss nur zu rund 80 Prozent ausgeschüttet wurde. Gleichzeitig wurden die Verbindlichkeiten gegenüber Kreditinstituten zurückgeführt.

Bei den Rückstellungen fällt auf, dass in den letzten beiden Jahren zunehmend Steuerrückstellungen gebildet wurden. Hier ist in Abstimmung mit der Tax Due Diligence zu hinterfragen, welche Gründe zu dieser Rückstellung führen (z.B. vorläufige Ergebnisse einer Betriebsprüfung). Auch die sonstigen Rückstellungen sind in den letzten Jahren angestiegen. Da es sich um eine Sammelposition handelt, sind die Gründe für den Aufbau der Rückstellungen im Einzelnen zu untersuchen.

Die Vermögensstruktur zeigt eine im Zeitablauf sinkende Umschlagdauer der Vorräte. Die Ursachen der rückläufigen Umschlagsdauer können vielfältig sein. Beispielsweise ist denkbar, dass sich die Preise für Vorräte und bereits abgesetzte Produkte unterschiedlich entwickeln oder dass das Vorratsmanagement über die Jahre verbessert wurde. Eine eindeutige Beurteilung ist aber ohne zusätzliche Informationen nicht möglich. Weiterhin fällt auf, dass das Kundenziel über die Geschäftsjahre von 88 Tagen auf 75 Tage gesunken ist, was zunehmende Liquidität freisetzte. Hier sind vor al-

Bilanz zum 31. Dezember	2004 Ist (TEUR)	2005 Ist (TEUR)	2006 Ist (TEUR)
A. Anlagevermögen			
I. Immaterielle Vermögensgegenstände	421	221	767
II. Sachanlagen	75.969	76.120	81.809
III. Finanzanlagen	4	4	23
Summe Anlagevermögen	**76.394**	**76.345**	**82.598**
B. Umlaufvermögen			
I. Vorräte	26.183	27.243	29.082
II. Forderungen und sonstige Vermögensgegenstände	62.536	63.716	64.702
III. Wertpapiere	9.050	8.365	8.000
IV. Guthaben bei Kreditinstituten	538	6.813	9.401
Summe Umlaufvermögen	**98.307**	**106.137**	**111.184**
C. Rechnungsabgrenzungsposten	**533**	**881**	**1.434**
Aktiva	**175.234**	**183.363**	**195.216**
A. Eigenkapital			
I. Gezeichnetes Kapital	7.902	7.902	7.902
II. Kapitalrücklage	18.277	18.277	18.277
III. Gewinnrücklagen	7.624	16.523	23.932
IV. Jahresüberschuss	44.492	37.046	38.646
Summe Eigenkapital	**78.296**	**79.748**	**88.758**
B. Rückstellungen			
1. Steuerrückstellungen	254	3.784	7.967
2. Sonstige Rückstellungen	5.735	6.887	10.498
Summe Rückstellungen	**5.989**	**10.671**	**18.465**
C. Verbindlichkeiten			
1. Verbindlichkeiten gegenüber Kreditinstituten	63.934	61.215	54.187
2. Erhaltene Anzahlungen	501	177	516
3. Verbindlichkeiten aus Lieferungen und Leistungen	15.977	18.870	19.207
4. Verbindlichkeiten gegen verbundene Unternehmen	0	3.444	3.444
5. Sonstige Verbindlichkeiten	10.536	9.237	9.777
Summe Verbindlichkeiten	**90.949**	**92.943**	**87.132**
D. Rechnungsabgrenzungsposten	**0**	**0**	**860**
Passiva	**175.234**	**183.362**	**195.215**

Kennzahlenanalyse	2004	2005	2006
in % der Bilanzsumme:			
Anlagevermögen	43,6%	41,6%	42,3%
Verbindlichkeiten gegenüber Kreditinstituten	36,5%	33,4%	27,8%
Kapitalstruktur:			
Eigenkapitalquote (Eigenkapital / Gesamtkapital)	44,7%	43,5%	45,5%
Fremdkapitalquote (Fremdkapital / Gesamtkapital)	55,3%	56,5%	54,5%
Verschuldungskoeffizient (Fremdkapital / Eigenkapital)	123,8%	129,9%	119,9%
Vermögensstruktur:			
Umschlagdauer Vorräte in Tagen[1]	37	35	34
Kundenziel in Tagen[2]	88	81	75
Lieferantenziel in Tagen[3]	48	50	44

Erläuterungen:

1 $\frac{Vorräte}{Umsatz} x365$

2 $\frac{Forderungen\ LuL\ (hier: Ford.\ u.\ sonstige\ V.)}{Umsatz} x365$

3 $\frac{Verbindlichkeiten\ LuL}{Materialaufwand} x365$

Tab. 4.5: Vergangenheitsanalyse – Bilanzen

lem die Ursachen der Verbesserung zu prüfen sowie deren Nachhaltigkeit einzuschätzen. Parallel ist allerdings auch das Lieferantenziel gesunken, was den Effekt wieder kompensieren kann.

(b) Plausibilisierung der Planung

Auf der Basis der Vergangenheitsanalyse ist die vorgelegte Geschäftsplanung der Zielgesellschaft zu analysieren.

Nachfolgende Tabelle 4.6 zeigt die Plan-Gewinn- und Verlustrechnung für die Jahre 2007 bis 2009 sowie die entsprechende Kennzahlenanalyse.

Eine Analyse der Geschäftsplanung würde beispielsweise wie folgt durchgeführt werden:

Eine Umsatzerhöhung ist zwischen 2007 und 2009 von etwa 359 Mio. Euro um neun Prozent bis zehn Prozent p.a. auf rund 432 Mio. Euro geplant. Be-

Gewinn- und Verlustrechnung 1. Januar bis 31. Dezember	**2007 Plan (TEUR)**	**2008 Plan (TEUR)**	**2008 ΔVj. (%)**	**2009 Plan (TEUR)**	**2009 ΔVj. (%)**
Umsatzerlöse	358.866	396.467	*10%*	431.990	*9%*
Bestandsveränderung	-	-	-	-	-
Aktivierte Eigenleistung	-	-	-	-	-
Gesamtleistung	**358.866**	**396.467**	***10%***	**431.990**	***9%***
Materialaufwand	186.431	204.960	*10%*	222.034	*8%*
Personalaufwand	49.724	51.991	*5%*	52.333	*1%*
Abschreibungen	16.295	19.035	*17%*	22.271	*17%*
Sonstige betriebliche Erträge	3.136	3.301	*5%*	3.454	*5%*
Sonstige betriebliche Aufwendungen	60.406	69.869	*16%*	81.647	*17%*
Betriebsergebnis	**49.147**	**53.913**	***10%***	**57.159**	***6%***
Zinsen und ähnliche Erträge	2.345	3.045	*30%*	4.001	*31%*
Zinsen und ähnliche Aufwendungen	5.065	7.547	*49%*	8.290	*10%*
Finanzergebnis	**-2.719**	**-4.502**	***-66%***	**-4.289**	***5%***
Ergebnis der gewöhnlichen Geschäftstätigkeit	**46.427**	**49.411**	***6%***	**52.870**	***7%***
Ertragsteuern	5.219	6.102	*17%*	6.921	*13%*
Jahresüberschuss	**41.209**	**43.309**	***5%***	**45.949**	***6%***

Kennzahlenanalyse	**2007**	**2008**	**2009**
in % des Umsatzes:			
Materialaufwand	52,0%	51,7%	51,4%
Personalaufwand	13,9%	13,1%	12,1%
Abschreibungen	4,5%	4,8%	5,2%
Betriebsergebnis	13,7%	13,6%	13,2%
Finanzergebnis	-0,8%	-1,1%	-1,0%
Ergebnis der gewöhnlichen Geschäftstätigkeit	12,9%	12,5%	12,2%
Jahresüberschuss	11,5%	10,9%	10,6%
zur Anzahl der Mitarbeiter:	1.100	1.150	1.150
Personalaufwand je Mitarbeiter (in TEUR)	45,2	45,2	45,5

Tab. 4.6: Planung – Gewinn- und Verlustrechnung/Kennzahlenanalyse

standsveränderungen und aktivierte Eigenleistungen wurden nicht separat geplant. Daher entspricht die Gesamtleistung den Umsatzerlösen.

Weiterhin wird eine Zunahme des Materialaufwands geplant. Dieser beträgt 2007 etwa 186 Mio. Euro und in 2009 etwa 222 Mio. Euro. Dies entspricht einer prozentualen jährlichen Veränderungsrate von zehn Prozent bzw. acht Prozent. Die Materialintensität entwickelt sich mit einer leichten Verbesserungstendenz von 52,0 Prozent in 2007 auf etwa 51,4 Prozent in 2009 auf etwa gleichem Niveau.

Der Personalaufwand erhöht sich von rund 50 Mio. Euro in 2007 auf etwa 52 Mio. Euro in 2009. Dabei werden im Jahr 2008 Neueinstellungen von 50 Mitarbeitern geplant. Der Personalaufwand je Mitarbeiter bleibt dabei mit etwa TEUR 45 auf dem Niveau des Vorjahres. Demzufolge werden im Durchschnitt keine wesentlichen Gehaltszuwächse geplant. Diese Annahme ist im Zuge der Plausibilisierung kritisch zu hinterfragen. In 2009 werden keine weiteren Neueinstellungen geplant. Hier wird allerdings ein geringer Anstieg der Löhne und Gehälter erwartet. Insgesamt sinkt die Personalintensität von rund 14 Prozent in 2007 auf etwa zwölf Prozent in 2009. Die Gründe für die sinkende Personalintensität sollten im Zuge der Financial Due Diligence ermittelt werden.

Die Abschreibungen erhöhen sich insbesondere in den Jahren 2008 und 2009. In diesen Jahren wird ein Anstieg um jeweils 17 Prozent gegenüber dem Vorjahr geplant. Dieser Anstieg ist mit dem Investitionsplan abzugleichen. Unter Umständen ist in den geplanten Investitionen ein Grund für die Steigerung der Produktivität je Mitarbeiter und damit der sinkenden Personalintensität bereits gefunden.

Das Betriebsergebnis soll sich im Planungszeitraum von anfänglich rund 49 Mio. Euro auf etwa 57 Mio. Euro in 2009 erhöhen. Allerdings erwartet die Gesellschaft, dass sich die Marge (auf das Betriebsergebnis) von 13,7 Prozent in 2007 auf 13,2 Prozent in 2009 verringert.

Die Planung wird den Ist-Größen der Gewinn- und Verlustrechnung gegenübergestellt, indem die bereinigte Gewinn- und Verlustrechnung der vergangenen Geschäftsjahre mit der Plan-Gewinn- und Verlustrechnung abgeglichen wird (siehe Tabelle 4.7).

Der Zeitreihenvergleich zeigt eine kontinuierliche Zunahme der Gesamtleistung, wenn auch mit leicht abnehmenden Zuwachsraten von zwölf Prozent in 2005 auf neun Prozent in 2009. Unter diesem Gesichtspunkt erscheint die Planung nicht zu ambitioniert. Die Materialintensität erhöht sich bis zum Jahr 2007 stetig. Ab dem Jahr 2008 wird eine Reduzierung geplant, die allerdings nicht das Niveau der Vergangenheit erreicht. Da der Materialaufwand die wichtigste Kostenposition dieser Gesellschaft ist, sollte die Pla-

Gewinn- und Verlustrechnung zum 31. Dezember	2004 Ist (TEUR)	2005 Ist (TEUR)	2005 ΔVj. (%)	2006 Ist (TEUR)	2006 ΔVj. (%)	2007 Plan (TEUR)	2007 ΔVj. (%)	2008 Plan (TEUR)	2008 ΔVj. (%)	2009 Plan (TEUR)	2009 ΔVj. (%)
Umsatzerlöse	258.738	287.591	*11%*	316.253	*10%*	358.866	*13%*	396.467	*10%*	431.990	*9%*
Bestandsveränderung	2.441	3.436	*41%*	5.775	*68%*	n.a.	*n.a.*	n.a.	*n.a.*	n.a.	*n.a.*
Aktivierte Eigenleistung	222	630	*183%*	1.267	*101%*	n.a.	*n.a.*	n.a.	*n.a.*	n.a.	*n.a.*
Gesamtleistung	**261.401**	**291.657**	***12%***	**323.295**	***11%***	**358.866**	***11%***	**396.467**	***10%***	**431.990**	***9%***
Materialaufwand	120.850	137.938	*14%*	158.904	*15%*	186.431	*17%*	204.960	*10%*	222.034	*8%*
Personalaufwand	43.328	46.907	*8%*	49.025	*5%*	49.724	*1%*	51.991	*5%*	52.333	*1%*
Abschreibungen	12.956	13.811	*7%*	15.307	*11%*	16.295	*6%*	19.035	*17%*	22.271	*17%*
Sonstige betriebliche Erträge	3.326	3.466	*4%*	3.925	*13%*	3.136	*-20%*	3.301	*5%*	3.454	*5%*
Sonstige betriebliche Aufwendungen	42.475	49.943	*18%*	56.928	*14%*	60.406	*6%*	69.869	*16%*	81.647	*17%*
Betriebsergebnis	**45.119**	**46.525**	***3%***	**47.055**	***11%***	**49.147**	***4%***	**53.913**	***10%***	**57.159**	***6%***
Zinsen und ähnliche Erträge	569	1.070	*88%*	1.423	*33%*	2.345	*65%*	3.045	*30%*	4.001	*31%*
Zinsen und ähnliche Aufwendungen	4.064	3.776	*-7%*	3.224	*-15%*	5.065	*57%*	7.547	*49%*	8.290	*10%*
Finanzergebnis	**-3.495**	**-2.707**	***23%***	**-1.801**	***33%***	**-2.719**	***-51%***	**-4.502**	***-66%***	**-4.289**	***5%***
Ergebnis der gewöhnlichen Geschäftstätigkeit	**41.624**	**43.819**	***5%***	**45.255**	***3%***	**46.427**	***3%***	**49.411**	***6%***	**52.870**	***7%***
Steuern	5.277	5.116	*-3%*	5.914	*16%*	5.219	*-12%*	6.102	*17%*	6.921	*13%*
Sonstige Steuern	210	814	*288%*	592	*-27%*	n.a.		n.a.		n.a.	
Jahresüberschuss	**36.137**	**37.889**	***5%***	**38.748**	***2%***	**41.209**	***6%***	**43.309**	***5%***	**45.949**	***6%***

Kennzahlenanalyse	**2004**	**2005**	**2006**	**2007**	**2008**	**2009**
in % der Gesamtleistung:						
Materialaufwand	46,2%	47,3%	49,2%	52,0%	51,7%	51,4%
Personalaufwand	16,6%	16,1%	15,2%	13,9%	13,1%	12,1%
Abschreibungen	5,0%	4,7%	4,7%	4,5%	4,8%	5,2%
Betriebsergebnis	17,3%	16,0%	14,6%	13,7%	13,6%	13,2%
Finanzergebnis	-1,3%	-0,9%	-0,6%	-0,8%	-1,1%	-1,0%
Ergebnis der gewöhnlichen Geschäftstätigkeit	15,9%	15,0%	14,0%	12,9%	12,5%	12,2%
Jahresüberschuss	13,8%	13,0%	12,0%	11,5%	10,9%	10,6%
zur Anzahl der Mitarbeiter:	1.021	1.045	1.093	1.100	1.150	1.150
Personalaufwand je Mitarbeiter (in TEUR)	42,4	44,9	44,9	45,2	45,2	45,5

Tab. 4.7: Zeitreihenanalyse – horizontaler Vergleich GuV/Kennzahlen

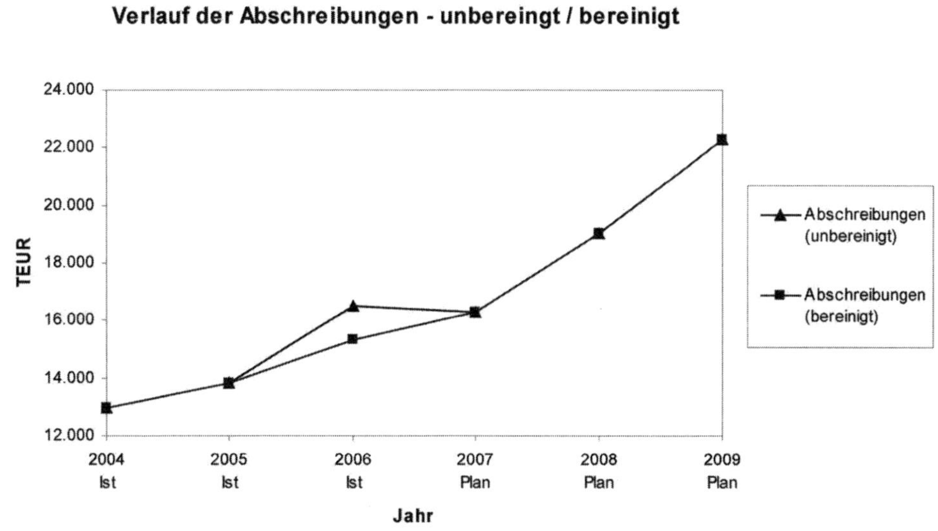

Abb. 4.8: Unbereinigte und bereinigte Abschreibungen 2004 bis 2009

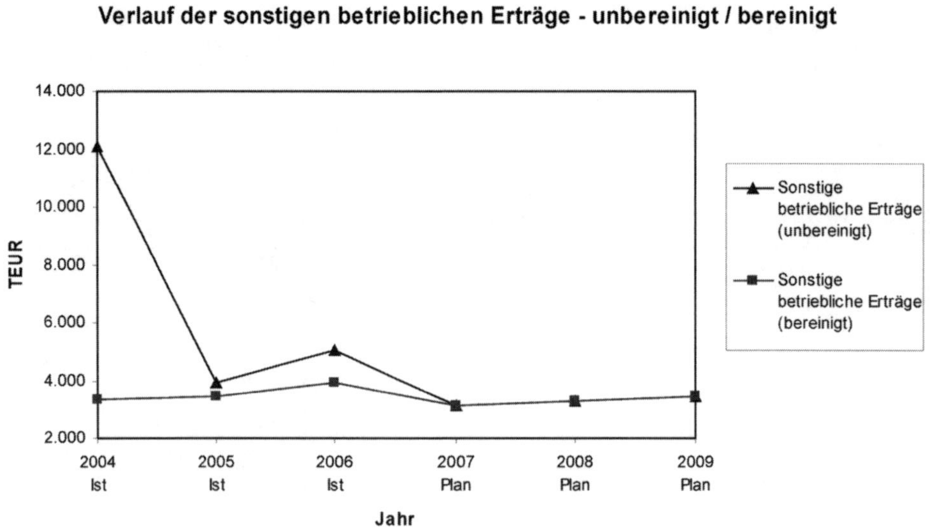

Abb. 4.9: Unbereinigte und bereinigte sonstige betriebliche Erträge 2004 bis 2009

nung dieser Größe genauer hinterfragt werden. Im Zeitvergleich erscheint die Planung allerdings analog zum Umsatz nicht zu optimistisch.

Die Personalintensität sinkt zwischen 2004 und 2009 kontinuierlich von rund 17 Prozent auf etwa zwölf Prozent. Der Personalbestand wird bei einem jährlichen zweistelligen Umsatzwachstum um 129 Mitarbeiter aufgestockt. Folglich ist in der Financial Due Diligence zu untersuchen, wie sich der Personalbedarf bei steigenden Umsätzen entwickelt hat und welche Schlussfolgerungen hieraus für die Realisierbarkeit der Planung zu ziehen sind.

In der Planungsplausibilisierung sind weitere Positionen zu analysieren, die für die Vergangenheit normalisiert wurden. Abschreibungen steigen in der Planung im Vergleich zum Ist überproportional an. Die Ursache wird in der Investition liegen, die für 2008 geplant ist.

Die sonstigen betrieblichen Erträge liegen in der Planung auf ungefähr gleichem Niveau wie die bereinigte Position in den Ist-Jahren (vgl. Abbildung 4.9).

Der Jahresüberschuss setzt den Trend aus den bereinigten Zahlen der Vergangenheit fort und steigt kontinuierlich (vgl. Abbildung 4.10).

Das Betriebsergebnis liegt im Planungszeitraum unter den bislang realisierten Margen und ist daher unter diesem Gesichtspunkt nicht auffällig.

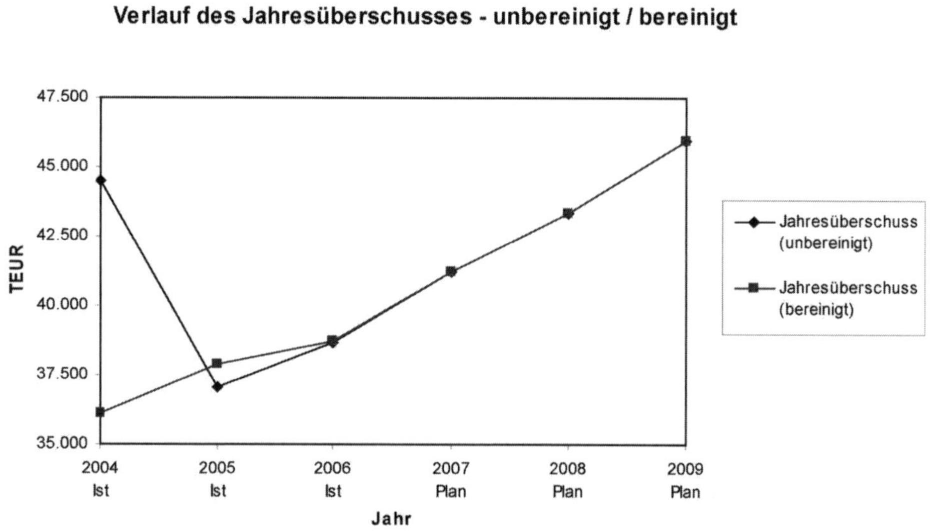

Abb. 4.10: Unbereinigter und bereinigter Jahresüberschuss 2004 bis 2009

Nachfolgende Tabelle 4.8 zeigt die von der Zielgesellschaft erstellten Plan-Bilanzen für die Jahre 2007 bis 2009 sowie die Berechnung einiger Kennzahlen.

Die Sachanlagen erhöhen sich insbesondere von 2007 auf 2008 von rund 94 Mio. Euro auf etwa 123 Mio. Euro. Die Anlageintensität erhöht sich dadurch von rund 43 Prozent auf rund 47 Prozent. Nach Informationen des Managements liegt die Ursache für diese Zunahme im geplanten Ausbau einer Fabrikanlage in den Jahren 2007 und 2008. Korrespondierend dazu wurde bei der Gewinn- und Verlustrechnung ein überproportionaler Anstieg der Abschreibungen geplant. Diese Investition soll überwiegend fremdfinanziert werden.

Das Eigenkapital erhöht sich durch die Thesaurierung des Jahresüberschusses auf rund 121 Mio. Euro (2009). Die Eigenkapitalquote reduziert sich insgesamt von etwa 44 Prozent in 2007 auf rund 43 Prozent in 2009. Die Fremdkapitalquote erhöht sich hingegen von rund 56 Prozent in 2007 auf etwa 57 Prozent in 2009. Haupttreiber sind die Verbindlichkeiten gegenüber Kreditinstituten, die sich investitionsbedingt vor allem zwischen 2007 und 2008 um etwa 26 Mio. Euro erhöhen.

Bilanz zum 31. Dezember	2007 Plan (TEUR)	2008 Plan (TEUR)	2009 Plan (TEUR)
A. Anlagevermögen			
I. Immaterielle Vermögensgegenstände	1.084	1.239	1.239
II. Sachanlagen	94.413	123.095	128.767
III. Finanzanlagen	23	23	23
Summe Anlagevermögen	**95.520**	**124.356**	**130.029**
B. Umlaufvermögen			
I. Vorräte	29.543	31.960	33.189
II. Forderungen und sonstige Vermögensgegenstände	65.373	66.242	67.400
III. Wertpapiere	0	0	0
IV. Guthaben bei Kreditinstituten	31.148	41.059	51.462
Summe Umlaufvermögen	**126.063**	**139.261**	**152.050**
C. Rechnungsabgrenzungsposten	**1.434**	**1.434**	**1.434**
Aktiva	**223.018**	**265.051**	**283.514**
A. Eigenkapital			
I. Gezeichnetes Kapital	7.902	7.902	7.902
II. Kapitalrücklage	18.277	18.277	18.277
III. Gewinnrücklagen	31.661	39.903	48.565
IV. Jahresüberschuss	41.209	43.309	45.949
Summe Eigenkapital	**99.049**	**109.391**	**120.693**
B. Rückstellungen			
1. Steuerrückstellungen	8.592	8.624	9.364
2. Sonstige Rückstellungen	10.498	10.498	10.498
Summe Rückstellungen	**19.091**	**19.122**	**19.862**
C. Verbindlichkeiten			
1. Verbindlichkeiten gegenüber Kreditinstituten	68.311	94.030	97.436
2. Erhaltene Anzahlungen	516	516	516
3. Verbindlichkeiten aus Lieferungen und Leistungen	21.880	25.355	25.832
4. Verbindlichkeiten gegen verbundene Unternehmen	3.444	3.444	2.000
5. Sonstige Verbindlichkeiten	9.867	12.332	16.314
Summe Verbindlichkeiten	**104.017**	**135.677**	**142.097**
D. Rechnungsabgrenzungsposten	**860**	**860**	**860**
Passiva	**223.017**	**265.050**	**283.513**

Kennzahlenanalyse	2007	2008	2009
in % der Bilanzsumme:			
Anlagevermögen	42,8%	46,9%	45,9%
Verbindlichkeiten gegenüber Kreditinstituten	30,6%	35,5%	34,4%
Kapitalstruktur:			
Eigenkapitalquote (Eigenkapital / Gesamtkapital)	44,4%	41,3%	42,6%
Fremdkapitalquote (Fremdkapital / Gesamtkapital)	55,6%	58,7%	57,4%
Verschuldungskoeffizient (Fremdkapital / Eigenkapital)	125,2%	142,3%	134,9%
Vermögensstruktur:			
Umschlagdauer Vorräte in Tagen[1]	30	29	28
Kundenziel in Tagen[2]	66	61	57
Lieferantenziel in Tagen[3]	43	45	42

Erläuterungen:

1 $\frac{Vorräte}{Umsatz} x365$

2 $\frac{Forderungen\ LuL\ (hier: Ford.\ u.\ sonstige\ V.)}{Umsatz} x365$

3 $\frac{Verbindlichkeiten\ LuL}{Materialaufwand} x365$

Tab. 4.8: Planungsplausibilisierung – Bilanzen

Bilanz zum 31. Dezember	2004 Ist (TEUR)	2005 Ist (TEUR)	2006 Ist (TEUR)	2007 Plan (TEUR)	2008 Plan (TEUR)	2009 Plan (TEUR)
A. Anlagevermögen						
I. Immaterielle Vermögensgegenstände	421	221	767	1.084	1.239	1.239
II. Sachanlagen	75.969	76.120	81.809	94.413	123.095	128.767
III. Finanzanlagen	4	4	23	23	23	23
Summe Anlagevermögen	**76.394**	**76.345**	**82.598**	**95.520**	**124.356**	**130.029**
B. Umlaufvermögen						
I. Vorräte	26.183	27.243	29.082	29.543	31.960	33.189
II. Forderungen und sonstige Vermögensgegenstände	62.536	63.716	64.702	65.373	66.242	67.400
III. Wertpapiere	9.050	8.365	8.000	0	0	0
IV. Guthaben bei Kreditinstituten	538	6.813	9.401	31.148	41.059	51.462
Summe Umlaufvermögen	**98.307**	**106.137**	**111.184**	**126.063**	**139.261**	**152.050**
C. Rechnungsabgrenzungsposten	**533**	**881**	**1.434**	**1.434**	**1.434**	**1.434**
Aktiva	**175.234**	**183.363**	**195.216**	**223.018**	**265.051**	**283.514**
A. Eigenkapital						
I. Gezeichnetes Kapital	7.902	7.902	7.902	7.902	7.902	7.902
II. Kapitalrücklage	18.277	18.277	18.277	18.277	18.277	18.277
III. Gewinnrücklagen	7.624	16.523	23.932	31.661	39.903	48.565
IV. Jahresüberschuss	44.492	37.046	38.646	41.209	43.309	45.949
Summe Eigenkapital	**78.296**	**79.748**	**88.758**	**99.049**	**109.391**	**120.693**
B. Rückstellungen						
1. Steuerrückstellungen	254	3.784	7.967	8.592	8.624	9.364
2. Sonstige Rückstellungen	5.735	6.887	10.498	10.498	10.498	10.498
Summe Rückstellungen	**5.989**	**10.671**	**18.465**	**19.091**	**19.122**	**19.862**
C. Verbindlichkeiten						
1. Verbindlichkeiten gegenüber Kreditinstituten	63.934	61.215	54.187	68.311	94.030	97.436
2. Erhaltene Anzahlungen	501	177	516	516	516	516
3. Verbindlichkeiten aus Lieferungen und Leistungen	15.977	18.870	19.207	21.880	25.355	25.832
4. Verbindlichkeiten gegen verbundene Unternehmen	0	3.444	3.444	3.444	3.444	2.000
5. Sonstige Verbindlichkeiten	10.536	9.237	9.777	9.867	12.332	16.314
Summe Verbindlichkeiten	**90.949**	**92.943**	**87.132**	**104.017**	**135.677**	**142.097**
D. Rechnungsabgrenzungsposten	**0**	**0**	**860**	**860**	**860**	**860**
Passiva	**175.234**	**183.362**	**195.215**	**223.017**	**265.050**	**283.513**

Kennzahlenanalyse	**2004**	**2005**	**2006**	**2007**	**2008**	**2009**
in % der Bilanzsumme:						
Anlagevermögen	43,6%	41,6%	42,3%	42,8%	46,9%	45,9%
Verbindlichkeiten gegenüber Kreditinstituten	36,5%	33,4%	27,8%	30,6%	35,5%	34,4%
Kapitalstruktur:						
Eigenkapitalquote (Eigenkapital / Gesamtkapital)	44,7%	43,5%	45,5%	44,4%	41,3%	42,6%
Fremdkapitalquote (Fremdkapital / Gesamtkapital)	55,3%	56,5%	54,5%	55,6%	58,7%	57,4%
Verschuldungskoeffizient (Fremdkapital / Eigenkapital)	123,8%	129,9%	119,9%	125,2%	142,3%	134,9%
Vermögensstruktur:						
Umschlagsdauer Vorräte in Tagen[1]	37	35	34	30	29	28
Kundenziel in Tagen[2]	88	81	75	66	61	57
Lieferantenziel in Tagen[3]	48	50	44	43	45	42

Erläuterungen:

1 $\frac{Vorräte}{Umsatz} x365$

2 $\frac{Forderungen\ LuL\ (hier: Ford.\ u.\ sonstige\ V.)}{Umsatz} x365$

3 $\frac{Verbindlichkeiten\ LuL}{Materialaufwand} x365$

Tab. 4.9: Zeitreihenanalyse – horizontaler Vergleich Bilanzen

Die Vermögensstruktur weist im Planungszeitraum eine sinkende Umschlagsdauer der Vorräte auf. Ebenso sinkt das Kundenziel von 66 Tagen in 2007 auf 57 Tage in 2009. Allerdings soll sich auch das Lieferantenziel von 43 Tagen in 2007 auf 42 Tage in 2009 verringern.

Im Anschluss an die Plausibilisierung der geplanten Ertragssituation der Zielgesellschaft ist die Planbilanz zu analysieren. Die Plausibilisierung der Planbilanz wird – analog zur Gewinn- und Verlustrechnung – zusätzlich durch die Zeitreihenanalyse ergänzt (Tabelle 4.9).

Die Kennzahlen der Vermögensstruktur sind im Planungszeitraum entweder auf dem Niveau des Jahres 2006 angesetzt (Lieferantenziel) oder setzen die Tendenz des Vergangenheitszeitraumes in etwa fort (Umschlags-

Cashflow-Analyse	2004 Ist (TEUR)	2005 Ist (TEUR)	2006 Ist (TEUR)	2007 Plan (TEUR)	2008 Plan (TEUR)	2009 Plan (TEUR)
Jahresüberschuss		37.046	38.646	41.209	43.309	45.949
+/- Abschreibungen/Zuschreibungen		13.811	16.507	16.295	19.035	22.271
+/- Veränderung Rückstellungen		4.682	7.795	625	32	740
+/- Veränderung sonstige Zahlungsunw. Aufwendungen		0	0	0	0	0
-/+ Veränderung Vorräte		-1.061	-1.839	-461	-2.417	-1.229
-/+ Veränderung Forderung und sonstige VG		-1.179	-986	-671	-869	-1.158
+/- Veränderung Verbindlichkeiten		4.714	1.217	2.762	5.941	3.015
-/+ Veränderung Aktive RA		-348	-553	0	0	0
+/- Veränderung Passive RA		0	860	0	0	
= ***Working Capital***		***2.125***	***-1.300***	***1.629***	***2.655***	***628***
Mittelzu-/-abfluss lfd.Geschäftstätigkeit		**57.665**	**61.648**	**59.757**	**65.030**	**69.588**
+ Einzahlungen aus Abgängen		0	0	0	0	0
- Auszahlungen für Investitionen in Anlagevermögen		-13.762	-22.760	-29.216	-47.870	-27.944
+ Einzahlungen Finanzanlagen		0	0	0	0	0
- Auszahlung Finanzanlagen		0	0	0	0	0
- Auszahlungen Wertpapiere Umlaufvermögen		685	365	8.000	0	0
Mittelzu-/-abfluss aus Investitionstätigkeit		**-13.077**	**-22.395**	**-21.216**	**-47.870**	**-27.944**
+ Einzahlungen aus Kapitalerhöhungen		0	0	0	0	0
- Auszahlungen an Gesellschafter		-35.594	-29.637	-30.917	-32.967	-34.647
+/- Einzahlungen/Auszahlungen Anleihen/Kredite		-2.719	-7.028	14.123	25.719	3.406
Mittelzufluss Finanzierungstätigkeiten		**-38.313**	**-36.665**	**-16.794**	**-7.248**	**-31.241**
+/- Veränderung Finanzmittelbestand		**6.275**	**2.588**	**21.747**	**9.912**	**10.402**

Berechnung des Kassenbestandes (alle Zahlen in TEUR)	**2004 Ist**	**2005 Ist**	**2006 Ist**	**2007 Plan**	**2008 Plan**	**2009 Plan**
Anfangsbestand Kasse		538	6.813	9.401	31.148	41.059
+/- Veränderung Finanzmittelbestand		6.275	2.588	21.747	9.912	10.402
Endbestand Kasse	**538**	**6.813**	**9.401**	**31.148**	**41.059**	**51.462**

Tab. 4.10: Cashflow-Analyse

dauer, Kundenziel). Vor diesem Hintergrund erscheint die Bilanzplanung grundsätzlich plausibel.

Die Gewinnrücklagen bauen sich im Zeitverlauf auf. Offensichtlich ist in der Bilanzplanung eine Thesaurierungsprämisse hinterlegt. Auffällig ist, dass in der Planung von steigenden Steuerrückstellungen ausgegangen wird. Hier ist die Planungsannahme näher zu hinterfragen.

Tabelle 4.10 zeigt die Planung der Position Guthaben bei Kreditinstituten im Rahmen der Cashflow-Rechnung für den Zeitraum 2004 bzw. 2005 bis 2009.

Ausgangspunkt der indirekten Cashflow-Ermittlung bildet der jeweilige Jahresüberschuss der Gewinn- und Verlustrechnung. Die Veränderung des Finanzmittelbestandes liegt im Vergangenheitszeitraum in etwa zwischen drei Mio. Euro und sechs Mio. Euro und in der Planungsphase zwischen rund zehn Mio. Euro und etwa 22 Mio. Euro.

In der Planung wirken sich insbesondere die Kreditaufnahmen ab 2007 Cashflow-erhöhend aus. Die Ermittlung des Kassenbestandes bzw. des Guthabens bei Kreditinstituten erfolgt auf Basis des Kassenbestandes in 2004 sowie der Veränderung des Finanzmittelbestandes. Da letztere in jedem Geschäftsjahr positiv ist, wird zwischen 2005 und 2009 Kassenbestand aufgebaut. Dieser führt zu einer jährlichen Zunahme der Position »Guthaben bei Kreditinstituten« in der Bilanz. Folglich baut sich gemäß Planung der Kassenbestand kontinuierlich auf, während gleichzeitig Darlehen aufgenommen werden. Dieses Szenario dürfte die Realität nicht richtig abbilden, da die liquiden Mittel wohl zumindest teilweise zur Rückführung der Bankverbindlichkeiten genutzt würden. Festzuhalten ist, dass bei der Zielgesellschaft aufgrund des hohen operativen Cashflows kein erkennbares Risiko für Liquiditätsengpässe besteht.

5
Typische finanzielle Chancen und Risiken

In Kapitel 5 wird die Financial Due Diligence aus einer ergebnisorientierten Sicht aufbereitet: Das vorrangige Ziel der Financial Due Diligence ist, die finanziellen Chancen und Risiken der Zielgesellschaft im Hinblick auf die geplante Transaktion zu analysieren. In Kapitel 5.1 werden zunächst die Chancen und Risiken aufgezeigt, die sich aus der Zielgesellschaft selbst ergeben können. Spezifische Chancen und Risiken ergeben sich auch aus der geplanten Transaktionsstruktur, so dass diese Fragen ebenfalls im Fokus der Analyse stehen müssen (Kapitel 5.2). Schließlich ergeben sich finanzielle Chancen und Risiken aus der geplanten Integration der Zielgesellschaft. Da eine erfolgreiche Integration aus Erwerbersicht in der Regel wertrelevant ist, sollen diese Auswirkungen bereits im Vorfeld bei der Durchführung der Unternehmensanalyse untersucht werden (Kapitel 5.3).

5.1 Chancen und Risiken der Zielgesellschaft

5.1.1 Chancen und Risiken aus der Abgrenzung des Erwerbsobjektes

Für die Durchführung der Financial Due Diligence können sich in Abhängigkeit von der Abgrenzung des Erwerbsobjektes spezifische Chancen und Risiken ergeben, wobei der Schwerpunkt eher auf den finanziellen Risiken liegt. Solche Abgrenzungspositionen lassen sich (idealtypisch) folgendermaßen beschreiben:

- Die zu erwerbende Einheit (»Target«) ist keine separate Gesellschaft, sondern ein bislang nicht selbstständiger Geschäftsbereich (siehe Fall 1 in Abbildung 5.1).
- Die zu erwerbende Einheit (»Target«) ist zwar eine rechtlich selbstständige Gesellschaft, wird aber aus einem Konzernverbund herausgelöst (siehe Fall 2 in Abbildung 5.1 »Abgrenzung des Erwerbsobjektes«).

Handbuch Financial Due Diligence. Luise Hölscher, Anke Nestler und Ralf Otto

ISBN 978-3-527-50295-0

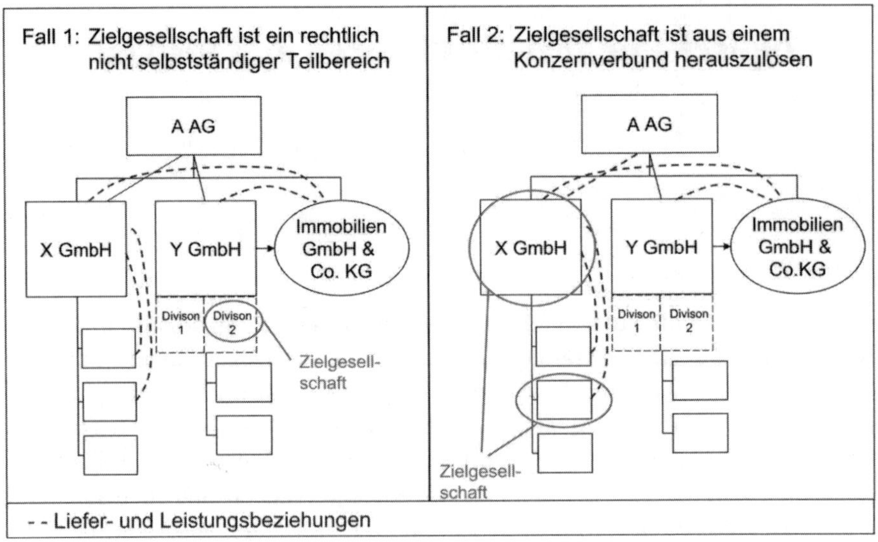

Abb. 5.1: Abgrenzung des Erwerbsobjektes

In diesen Fällen ist die Analyse der finanziellen Chancen und Risiken vergleichsweise komplexer als bei Erwerb einer Stand-alone Gesellschaft und mit zusätzlichem Aufwand verbunden.

Die besonderen Chancen und Risiken in solchen Konstellationen sind sehr vielschichtig. Ein wesentliches Problem ist, dass das Zielunternehmen im Konzernverbund hinsichtlich seiner finanziellen Situation mit dem Objekt nach der Transaktion kaum vergleichbar ist. Es muss möglicherweise mit bestimmten Vermögensgegenständen ausgestattet werden, da betriebsnotwendiges Vermögen nach der Transaktion nicht mehr zur Verfügung steht; Liefer- und Leistungsbeziehungen sind gegebenenfalls durch neue Prozesse zu ersetzen, indem beispielsweise Abteilungen neu aufgebaut werden oder Leistungen von extern eingekauft werden. Ist das Zielunternehmen bislang in ein konzerninternes Cash-Pooling eingebunden, sind in der Regel eine neue Finanzierung zu vereinbaren und Strukturen und Prozesse zur Steuerung der Finanzströme aufzubauen.

In einer solchen Konstellation sind somit insbesondere folgende drei Bereiche zu analysieren:

(i) Verfügbarkeit der Daten und Abgrenzung des Targets,
(ii) bisherige Liefer- und Leistungsbeziehungen und
(iii) betriebsnotwendige Vermögensgegenstände.

(i) Verfügbarkeit der Daten und Abgrenzung des Zielunternehmens

Bei einem Erwerb eines bislang nicht selbstständigen Betriebsteils liegen für das Zielunternehmen keine separaten Jahresabschlüsse vor. Diese Daten sind aber ein wesentlicher Bestandteil der Financial Due Diligence und geben dem Erwerber – v.a. im Fall einer geprüften Datenbasis – wichtige und verlässliche Informationen über die aktuelle Vermögens-, Finanz- und Ertragslage des Erwerbsobjektes. Für die Financial Due Diligence fehlt in den hier betrachteten Fällen somit eine wesentliche Informationsquelle. Der Erwerber kann alternativ versuchen, die relevanten Informationen aus dem Jahresabschluss der Gesellschaft zu extrahieren, zu der der betreffende Geschäftsbereich gehört. Unter Umständen kann hierzu auch die Segmentberichterstattung in einem übergeordneten Konzernabschluss verwendet werden, wenn das Target darin als eigenes Segment geführt wird. Die Informationen zum Target in einem übergeordneten Jahresabschluss sind allerdings meistens ungenau bzw. unvollständig, so dass finanzielle Chancen und Risiken hieraus nur schwer erkennbar sind.

Auch die Datenbasis des internen Rechnungswesens ist zu hinterfragen. Inwieweit für die zu erwerbende Einheit passende Segmentdaten vorliegen, ist von der Struktur des Controllingsystems und des Berichtswesens abhängig. In der Financial Due Diligence ist somit zu prüfen, welche Finanzdaten für die zu erwerbende Einheit verfügbar und ob diese vollständig sind.

Für den Fall, dass eine oder mehrere rechtlich selbstständige Zielgesellschaften aus einem Konzernverbund herausgelöst werden sollen, liegen zwar grundsätzlich Einzelabschlüsse des Zielunternehmens vor. Allerdings wird sich diese Information in der Regel auf sehr kurze, wenig kommentierte Jahresabschlüsse zur Erfüllung gesetzlicher Vorschriften beschränken. Prüfungsberichte mit entsprechenden Kommentierungen liegen meistens nur auf Konzern- oder Teilkonzernebene vor. Schwierigkeiten werden auch bei der Frage nach einer passenden Planungsrechnung auftreten. Einzelne rechtliche Einheiten werden im Konzernverbund selten separat geplant. Erfolgt die Planung nach wirtschaftlichen Gesichtspunkten auf Bereichsebene, werden die Informationen erst auf Konzernebene zu einer vollständigen Geschäftsplanung aggregiert. Ein sauberer Vergleich von Ist-Zahlen auf geprüfter Basis und passenden Planzahlen ist in solchen Fällen praktisch nicht möglich.

Risiken ergeben sich in Konstellationen dieser Art somit daraus, dass für das zu erwerbende Objekt keine passende Datenbasis – weder für die Vergangenheit noch für die Zukunft – vorliegt. Der Erwerber wird versuchen die Unsicherheit aufgrund einer unzureichenden Informationslage mit einem Risikoabschlag »einzupreisen«. Vor diesem Hintergrund wird das verfügbare Datenmaterial durch den Verkäufer oft in einer umfangreichen Vendor Due Diligence aufbereitet. So können für die Historie des Teilbetriebs konsolidierte Pro-Forma-Jahresabschlüsse erstellt und für die Zukunft eine eigenständige Planung entwickelt werden. Aus der Sicht des Verkäufers ist diese Herangehensweise in der Regel von Vorteil, da ein Erwerber mit Verweis auf eine unzureichende Datenlage keinen pauschalen Wertabschlag vornehmen kann.

(ii) Bisherige Liefer- und Leistungsbeziehungen

In den hier betrachteten Konstellationen bestehen typischerweise zwischen Zielunternehmen und Verkäufer bzw. Konzernverbund des Verkäufers umfangreiche Liefer- und Leistungsbeziehungen. Leistungsbeziehungen umfassen beispielsweise Leistungen für EDV, Buchhaltung, Rechtsfragen, Finanzen (Cash-Pooling, Finanzierung), Personalwesen, gemeinsames Marketing, Öffentlichkeitsarbeit, die Nutzung von Marken und Lizenzen (z.B. Gruppenlizenzen für EDV-Programme) sowie von Immobilien. Typische Lieferbeziehungen sind meistens operativer Natur und enthalten die konzerninterne Lieferung von fertigen und unfertigen Erzeugnissen sowie von Rohstoffen.

In der Financial Due Diligence ist im ersten Schritt zu identifizieren, welche Liefer- und Leistungsbeziehungen bislang zwischen dem zu erwerbenden Objekt und dem Gesamtunternehmen bzw. dem Konzernverbund bestehen. Die vollständige Identifizierung dieser Liefer- und Leistungsbeziehungen ist – insbesondere wenn die zu erwerbende Einheit ein Betriebsteil ist – in der Regel schwierig. Dieser Prüfungsschritt wird dann zusätzlich erschwert sein, wenn der Due Diligence-Prüfer nur Zugang zu Mitarbeitern des Zielunternehmens selbst hat. Einige Informationen über Liefer- und Leistungsbeziehungen liegen dagegen nur im Konzernverbund vor und müssten gezielt bei Einheiten abgefragt werden, die mit der Transaktion sonst in keiner Verbindung stehen.

Problematisch ist, dass die genannten Lieferungen und Leistungen vom Erwerber durch andere ersetzt werden müssen (so genanntes »Carve-Out«-Problem). Bei der Financial Due Diligence muss somit geklärt werden, welche Maßnahmen notwendig sind, um den Unternehmensteil nach Übergang auf den Erwerber selbstständig lebensfähig zu gestalten. Besonders kritisch sind dabei Finanzprozesse, um sicherzustellen, dass die Gesellschaft lückenlos zahlungsfähig bleibt. Der Veräußerer wird nicht automatisch organisatorische Vorbereitungen treffen, um den Teilbereich nach der Veräußerung funktionsfähig zu halten. Diese Maßnahmen und auch die damit verbundenen Kosten, Risiken und ggf. Chancen (z.B. durch verbesserte

Prozesse oder Synergien) muss der Erwerber im Rahmen seiner Entscheidungs- und Wertfindung separat berücksichtigen. Zusätzliche transaktionsrelevante Kosten entstehen insbesondere dann, wenn Leistungen konzernintern nicht verrechnet wurden und die Zielgesellschaft diese Aufwendungen nun zusätzlich tragen muss. Zusatzkosten sind auch dann zu berücksichtigen, wenn Leistungen außerhalb des Konzernverbundes teurer eingekauft bzw. erbracht werden als bisher (z.B. teurere Finanzierung). Umgekehrt können sich auch Chancen ergeben, wenn die Leistung konzernintern teurer ist als im Fall einer Stand-alone Betrachtung oder wenn ein aufwendiges Berichtswesen oder hohe Konzernumlagen (z.B. für ein internationales Management) wegfallen. Die Kosten eines solchen Carve-Outs und eine Übersicht notwendiger Maßnahmen können auch Bestandteil einer Vendor Due Diligence sein, die der Verkäufer zur Verfügung stellt, um Unsicherheiten des Erwerbers zu reduzieren und eine Diskussionsbasis für die zu erwartenden Mehrkosten zu schaffen.

Finanzielle Chancen und Risiken ergeben sich darüber hinaus möglicherweise durch eine veränderte Situation auf dem Beschaffungs- und Absatzmarkt. Auf dem Beschaffungsmarkt können Chancen realisiert werden, wenn durch die Transaktion Verträge mit Lieferanten neu verhandelt werden können, die nicht an bestimmte Konzernvorgaben des bisherigen Gesellschafters geknüpft sind. Umgekehrt können Risiken entstehen, wenn das Zielunternehmen durch die Herauslösung aus dem Konzern aus Rahmenverträgen heraus fällt und Sonderkonditionen nicht mehr gelten oder Mindestabnahmemengen durch das Zielunternehmen alleine nicht mehr erreichbar sind. In beiden Fällen ist in den vorhandenen Verträgen des Zielunternehmens auf so genannte »Change-of-Control«-Klauseln zu achten, die bei einem Wechsel des Mehrheitseigentümers des Zielunternehmens wirksam werden. Diese Klauseln werden üblicherweise im Rahmen der Legal Due Diligence ermittelt.

Auf dem Absatzmarkt können sich beispielsweise Chancen ergeben, wenn bestimmte Absatzkanäle aufgrund der Wettbewerbsposition des Gesamtkonzerns bislang nicht beliefert werden konnten. Nach der Transaktion kann der Teilbereich oder die Konzerngesellschaft (stand-alone) solche Märkte oder Kunden neu erschließen und zusätzliche Umsätze generieren. Auf der Absatzseite können zudem finanzielle Risiken entstehen, wenn z.B. Kunden abwandern, die Wert auf die Zugehörigkeit zum bisherigen Konzernverbund legen. Die möglichen Chancen und Risiken auf dem Absatz- und dem Beschaffungsmarkt sind in Tabelle 5.1 zusammengefasst.

	Beschaffungsmarkt	Absatzmarkt
Chancen	▪ Bezugspreise können sinken, z.B. durch neu verhandelte Verträge	▪ Erschließung neuer Kunden, die bislang aus Wettbewerbsgründen nicht beliefert werden konnten
Risiken	▪ Bezugspreise können steigen, z.B. wegen geringem Volumen oder Wegfall von Rahmenverträgen	▪ Abwanderung von Kunden, wenn bisheriger Konzernverbund entfällt (Kundenbindung)

Tab. 5.1: Beispiele von Chancen und Risiken durch Ersetzen konzerninterner Liefer- und Leistungsbedingungen

Die möglichen Synergien, die nach der Transaktion durch die Integration des Zielunternehmens realisiert werden können, sind in Kapitel 5.3 ausführlich dargestellt.

(iii) Betriebsnotwendige Vermögensgegenstände

Beim Erwerb eines Betriebsteils bzw. eines Unternehmens aus dem Konzernverbund ist darauf zu achten, dass alle betriebsnotwendigen Vermögensgegenstände Bestandteil des Bewertungsobjektes sind. Gerade bei Betriebsteilen gibt es i.d.R. keine Zuordnung des Eigentums an Vermögensgegenstände zu der zu erwerbenden Einheit. Vielmehr müssen die relevanten Vermögensgegenständen identifiziert und vertraglich als Kaufgegenstand definiert werden. Notwendige Vermögenswerte, die eine hohe Bedeutung für die Geschäftstätigkeit haben können, sind beispielsweise Patente, Markenrechte, Know-how, Lizenzen, Maschinen, betriebsnotwendige Immobilien und Beteiligungen. Gerade die Eigentumsrechte an immateriellen Vermögenswerten, die – sofern selbsterstellt – nicht bilanziert sind, dürfen bei einem Erwerb nicht unberücksichtigt bleiben.

Im weiteren Sinne gehört zur Analyse und Abgrenzung der Einheit auch die Zuordnung des »betriebsnotwendigen« Personals (betriebsnotwendiges Humankapital). Dabei ist zum einen auf die erforderliche Anzahl der Mitarbeiter zu achten, zum anderen aber auch auf die richtige Qualifikation und Funktion der zu übernehmenden Mitarbeiter. Im Falle eines Betriebsübergangs im Sinne des § 613a BGB können auch mehr Mitarbeiter zu übernehmen sein, als dies betriebsnotwendig wäre.

Für den Erfolg eines Geschäftskonzeptes können bestimmte Mitarbeiter die kritischen Faktoren sein. Das kann beispielsweise ein langjähriger Vertriebsleiter mit zahlreichen relevanten Kundenkontakten sein oder ein Entwicklungsteam, das sehr gut harmoniert und gleichzeitig das spezifische Know-how für Neuentwicklungen mitbringt.

Die Betriebsnotwendigkeit der Vermögensgegenstände ergibt sich aus der detaillierten Analyse des Geschäftskonzeptes und der dazu passenden Geschäftsplanung. In der Financial Due Diligence ist somit zu untersuchen, welche Vermögensgegenstände und Finanzmittel erforderlich sind, um das dargestellte Geschäftsmodell und die Planung zu realisieren. Zu prüfen ist, ob die Geschäftsplanung vollständig ist und alle Auswirkungen auf die Vermögens-, Finanz- und Ertragslage der Zielgesellschaft vollständig erfasst sind.

Diese Frage der Abgrenzung und Absicherung der strategisch wichtigen Vermögenswerte liegt auf der Schnittstelle zwischen Financial und Legal Due Diligence, so dass eine enge Abstimmung zwischen den beiden Teilprüfungen erforderlich ist.

5.1.2 Planungsrisiken

Allgemeine Risiken aus der Geschäftsplanung sollen durch die umfangreichen Analysen, wie sie in Kapital 4 ausführlich beschrieben sind, aufgedeckt werden. Das vorliegende Kapitel legt den Schwerpunkt auf die Risiken, die bei der Analyse der Geschäftsplanung genau beachtet werden müssen.

Bei der Financial Due Diligence wird man häufig mit Planungen konfrontiert, die den so genannten Hockeyschläger-Effekt (»hockeystick-effect«) aufweisen. Der Hockeyschläger-Effekt bedeutet, dass das Zielunternehmen in der Vergangenheit keine Verbesserung der Ertragskraft über die Jahre erzielen konnte, die Planung aber von steigenden Ergebnissen ausgeht (siehe Abbildung 5.2). Das Problem aus dem Blickwinkel der Financial Due Diligence besteht darin, dass die Umkehr des Trends im oder nach dem Beginn des Planungszeitraums liegt und damit die Bewertung des Zielunternehmens erhöht. Da die Vergangenheitszahlen einen anderen Trend aufzeigen, muss diese Trendwende in der Zukunft besonders gut begründet sein.

Geschäftsplanungen, die einem potenziellen Erwerber vorgelegt werden, können möglicherweise den so genannten Schereneffekt widerspiegeln. Schereneffekt bedeutet, dass sich Umsätze positiv entwickeln und steigen, während gleichzeitig die Kosten sinken, so dass daraus eine erhebliche Margenverbesserung resultiert. Da sich steigende Umsätze in der Regel nur mit zusätzlichen Maßnahmen zu höheren Gesamtkosten realisieren lassen, ist eine solche Entwicklung besonders zu hinterfragen (vgl. Abbildung 5.3).

Ein weiteres typisches Planungsrisiko ist ein zu ambitioniertes Umsatzwachstum, das nicht plausibel begründet ist. Die Planungsannahmen sind

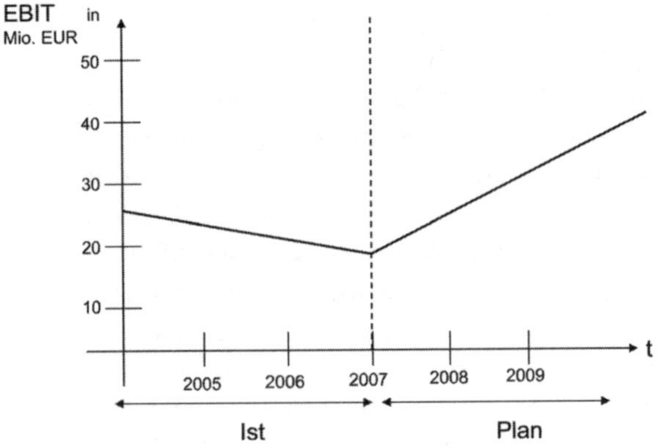

Abb. 5.2: Typische »Hockeyschläger-Planung«

kritisch zu prüfen, wenn das Wachstum des Unternehmens über dem Markt liegt, während die Position des Unternehmens im Markt bzw. im Vergleich zu den Wettbewerbern keine überproportionale Entwicklung rechtfertigt. Risiken im geplanten Umsatz sind auch zu vermuten, wenn Mengen- und Preisentwicklungen nicht zum Preis-Mengen-Gerüst der Vergangenheit passen. Daher ist es für die Plausibilisierung des Umsatzes empfehlenswert, sowohl für die Vergangenheit als auch für die Planung eine Aufschlüsselung der Planungsparameter nach Preis und Menge zu verlangen.

Erhebliche Risiken können mit einer zu optimistischen Planung der Kosten verbunden sein. Bei der Plausibilisierung der Plankosten ist ein Schwerpunkt auf geplante Kosteneinsparungen zu legen. Besonders kritisch sind

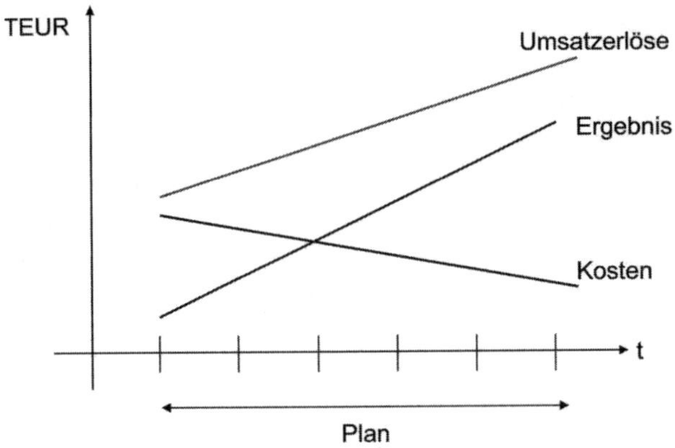

Abb. 5.3: Typische »Scherenplanung«

Kosteneinsparungen ohne dahinter liegende Maßnahmenpläne oder Erfahrungswerte, wie eine solche Kosteneinsparung realisiert werden kann. Darüber hinaus könnten bei steigenden Umsätzen die Effekte von sprungfixen Kosten nicht ausreichend abgebildet sein. Vor diesem Hintergrund sollte im Zuge der Financial Due Diligence neben der Analyse des Geschäftsmodells auch die Kostenstruktur der Zielgesellschaft überprüft werden.

Ein Planungsrisiko kann in der Vorgehensweise bei der Aufstellung der Planung und den zugrunde liegenden Planungsprämissen liegen. Besonders kritisch ist, wenn Vergangenheitsdaten in der Planung pauschal fortgeschrieben werden. So wird in der Planungspraxis teilweise über die Vergangenheitsdaten ein Durchschnitt gebildet (z.B. durchschnittliche Materialaufwandsquote) und der so errechnete Mittelwert auf die Zukunft projektiert. Hier ist zu hinterfragen, ob die Kostenstruktur der Vergangenheit auch für die Zukunft gilt und, ob durchschnittliche Erfahrungswerte ein guter Schätzer für die geplante Entwicklung darstellen.

Auch werden beispielsweise manche Kosten als Prozentsatz vom Umsatz in die Zukunft weiterentwickelt, ohne den wirtschaftlichen Zusammenhang zu beachten bzw. zu untersuchen, ob die Position tatsächlich vom Umsatz abhängig ist. Übersehen wird dabei oft auch, dass es sich der Art und der Höhe nach nicht immer um regelmäßig wiederkehrende Kosten handelt. Typischerweise sind die Positionen »sonstige betriebliche Erträge«, »sonstige betriebliche Aufwendungen« und »Abschreibungen« Sammelpositionen und unterliegen starken Schwankungen. Diese Positionen können somit nicht pauschal aus der Vergangenheit in die Zukunft fortgeschrieben werden.

Speziell bei den Abschreibungen ist eine pauschale Fortschreibung der Sätze aus der Vergangenheit kritisch. Zunächst ist die Entwicklung der Abschreibungen davon abhängig, welche Abschreibungsmethoden in dem Unternehmen angewendet werden. Gerade bei degressiven Abschreibungsmethoden sind die Abschreibungen aus der Vergangenheit kein geeigneter Anhaltspunkt für die Zukunft. Darüber hinaus ist die Höhe der geplanten Abschreibungen von dem durchschnittlichen Altersbestand des Anlagevermögens abhängig. Für die Höhe der Abschreibungen spielt es auch eine Rolle, in welchem Umfang weitere Investitionen in der Zukunft erforderlich sind. Der Umfang der notwendigen Investitionen bestimmt sich zum einen aus den erforderlichen Ersatzinvestitionen, die insbesondere bei einem Investitionsstau einen wesentlichen Einfluss haben. Zum anderen kann die geplante Umsatzentwicklung Neuinvestitionen erfordern, so dass sich das Abschreibungsvolumen ändert.

Risiken können auch daraus entstehen, dass nicht realisierbare Margen geplant werden. Dieses Risiko lässt sich feststellen, indem die geplanten

Margen mit branchenüblichen Margen abgeglichen werden. Kurz- bis mittelfristig können einzelne Unternehmen möglicherweise höhere Margen realisieren. Die Gründe für diesen Wettbewerbsvorteil sollten jedoch genau untersucht werden. Langfristig ist in einem Wettbewerbsmarkt von einer Erosion hoher Margen auszugehen, da in der Regel auch andere Marktteilnehmer davon profitieren wollen und Druck auf die profitablen Unternehmen ausüben.

Ein typisches Planungsrisiko ist eine unvollständige Planung. Planungen können in verschiedener Hinsicht unvollständig sein. Zu hinterfragen ist, ob geplante Maßnahmen in der Planung bereits berücksichtigt sind, z.B. Restrukturierungen, eine Produktneueinführung, geplante Kooperationen, Investitionen oder eine geplante Expansion ins Ausland. Diese Informationen erhält man in der Regel nur durch Gespräche mit dem Management. Darüber hinaus ist zu prüfen, ob alle finanziellen Verpflichtungen in die Planung eingegangen sind. Dies gilt insbesondere für Verpflichtungen, die bislang noch nicht bilanziert wurden, in Zukunft aber fällig werden (z.B. Stock Options, Besserungsscheine; siehe hierzu Kapitel 5.1.5).

Schließlich können in der Planung methodisch bedingte Risiken existieren, wenn die einzelnen Teilplanungen nicht oder nicht miteinander verknüpft sind. Wesentliche Aspekte, die im Nachgang einer Transaktion für das operative Geschäft eine wichtige Rolle spielen können, sind damit nicht ausreichend geplant. Auch können unrealistische Annahmen in der Planbilanz zu einer unzureichenden Einschätzung der wirtschaftlichen Lage führen. Typische Beispiele für unrealistische Bilanzplanungen sind geplante Rückgänge von Vorräten, ohne dass hierfür eine entsprechende Maßnahme (z.B. Einführung einer neuen EDV zur Prozessverbesserung) vorgesehen wäre. Aus diesen Planungsmängeln können sich Risiken für die Finanzierbarkeit des operativen Geschäfts und für die Liquidität ergeben. So ist im Rahmen der Financial Due Diligence zu prüfen, ob die Zielgesellschaft das geplante Wachstum aus eigener Kraft finanzieren kann oder eine zusätzliche externe Finanzierung erforderlich ist. Insbesondere die Liquiditätssituation muss in der Planung geprüft werden, um einer möglichen Überschuldung oder Zahlungsunfähigkeit vorzubeugen.

Im Rahmen der Financial Due Diligence sollten vor allem die Aspekte aufgedeckt werden, die aufgrund der in Kapitel 2 und Kapitel 3 dargestellten Vorschriften keinen ausreichenden Ausweis finden (bilanzielle Chancen und Risiken). Davon zu trennen sind die Gefährdungspotenziale, die nicht aus dem Jahresabschluss abgeleitet werden können, weil sie sich aus dem laufenden Geschäft ergeben (operative Risiken, vgl. Kapitel 5.1.4), oder die mit keiner Position des Jahresabschlusses verknüpft sind (Off balance-Risiken, vgl. Kapitel 5.1.5).

5.1.3 Bilanzielle Chancen und Risiken

Aus der Analyse der Vergangenheitsdaten (meist auf der Basis der Jahresabschlüsse bzw. Prüfungsberichte) ergeben sich Hinweise auf bestimmte Chancen und Risiken, die bei Transaktionen regelmäßig auftreten können.

Mögliche Chancen können sich aus stillen Reserven ergeben, die bilanziell nicht erfasst sind, aus denen sich jedoch in Zukunft Einnahmenüberschüsse generieren lassen. Von den offenen Reserven (Gewinn- und Kapitalrücklage) unterscheiden sie sich nicht nur durch ihren fehlenden Ausweis in der Bilanz, sondern auch durch die Tatsache, dass sie bei ihrer Auflösung in der Regel der Besteuerung unterliegen. Stille Reserven können unterschieden werden in Zwangsreserven, die auf gesetzlichen Vorgaben beruhen, und in freiwillig gebildete Reserven, die sich aus Wahlrechten ergeben bzw. im Ermessen des Bilanzierenden liegen. Beide entstehen, wenn Aktiva nicht oder zu niedrig bzw. Passiva zu hoch ausgewiesen werden.

Mögliche Risiken bzw. »stille Lasten« ergeben sich analog daraus, dass Aktivwerte zu hoch oder Passivwerte nicht oder zu niedrig ausgewiesen sind. Durch das Anschaffungswertprinzip des deutschen Bilanzrechts, verbunden mit dem Niederstwertprinzip auf der Aktiv- und dem Höchstwertprinzip auf der Passivseite, sind »freiwillig« im Jahresabschluss unberücksichtigte stille Lasten eher selten. Es handelt sich daher vor allem um Zwangslasten, die durch das Verbot einer zeitnahen Bewertung, aber auch durch steuerliche Vorschriften ins Handelsrecht gelangen können.

Im Folgenden werden die einzelnen Positionen der Bilanz auf mögliche Chancen und Risiken untersucht. Grundsätzlich können sich dabei aus jedem der in Kapitel 2 erläuterten Bilanzierungs- und Bewertungswahlrechte sowie Ermessensspielräume stille Reserven (bzw. Lasten) ergeben; hier werden jedoch nur die für die Due Diligence wichtigsten herausgegriffen.

(a) Stille Reserven und stille Lasten auf der Aktivseite der Bilanz

(i) Immaterielle Wirtschaftsgüter des Anlagevermögens

Ein wesentliches Potenzial für stille Reserven besteht in vielen Fällen bei selbst erstellten immateriellen Wirtschaftsgütern (z.B. Patente, Marken, Rezepturen, Know-how, Verfahren, Software). Gemäß § 248 Abs. 2 HGB dürfen immaterielle Vermögensgegenstände des Anlagevermögens, die nicht entgeltlich erworben wurden, nicht aktiviert werden. Ähnlich verhält es sich bei der Rechnungslegung nach IFRS: IAS 38 versteht unter immateriellen Vermögenswerten beispielsweise Markenzeichen, Markennamen, Drucktitel, Verlagsrechte, Software, Kundenlisten, Lizenzrechte, Franchiserechte, Patente, Rezepturen, Designs und ähnliches Intellectual Property (vgl. die Auflistung in IAS 38.119). Sie dürfen nur dann angesetzt werden, wenn es sich um Vermögenswerte handelt, die aus vertraglichen oder anderen gesetzlichen Rechten entstehen oder vom Unternehmen separiert und verwertet werden können (IAS 38.12). Zudem müssen die Anschaffungs- oder Herstellungskosten verlässlich bewertet werden können, und es muss wahrscheinlich sein, dass dem Unternehmen der erwartete künftige wirtschaftliche Nutzen aus dem Vermögenswert zufließen wird (IAS 38.21).

Während dies für erworbene immaterielle Vermögenswerte im Vergleich zum HGB zu weiterreichenden Aktivierungsmöglichkeiten führt (die jedoch nur eine Trennung vom ebenfalls zu aktivierenden Geschäfts- oder Firmenwert bewirkt), besteht für selbst erstellte immaterielle Vermögenswerte ein dem § 248 Abs. 2 HGB vergleichbares Ansatzverbot. Dieses ergibt sich aus der nach IAS 38.52 vorzunehmenden Aufteilung des Entstehungsprozesses eines immateriellen Gutes in eine Forschungs- und eine Entwicklungsphase. Die Forschungsphase umfasst Aktivitäten wie Grundlagenforschung oder die Suche nach Alternativen für Materialien und Prozesse (IAS 38.56). Für die Bilanzierung der Forschungsergebnisse wird davon ausgegangen, dass das Unternehmen nicht in der Lage ist, den erwarteten künftigen wirtschaftlichen Nutzen nachzuweisen (IAS 38.55), und sich das Gut daher nicht vom – ebenfalls nicht aktivierbaren – Geschäfts- oder Firmenwert trennen lässt (IAS 38.51).

Erst in der Entwicklungsphase ist der Ansatz zulässig und vorgeschrieben. Hierzu muss das Unternehmen ein Reihe von Nachweisen erbringen hinsichtlich

- der technischen Realisierbarkeit der Fertigstellung,
- seiner Absicht und seiner Fähigkeit, den immateriellen Vermögenswert fertig zu stellen und zu nutzen oder zu verkaufen,
- der voraussichtlichen Erzielbarkeit eines künftigen wirtschaftlichen Nutzens aus dem Vermögenswert,
- der Verfügbarkeit der notwenigen Ressourcen, um die Entwicklung abzuschließen und den Vermögenswert nutzen oder verkaufen zu können, sowie
- hinsichtlich seiner Fähigkeit, die dem Vermögenswert während seiner Entwicklung zurechenbaren Ausgaben verlässlich bewerten zu können (IAS 38.57).

Aus diesen strengen Anforderungen resultiert, dass selbst erstellte immaterielle Vermögenswerte in der Mehrzahl der Fälle nicht von den Kosten zur Entwicklung des originären Geschäfts- oder Firmenwertes abgegrenzt werden können. Damit ist ihre Aktivierung unzulässig. Zusätzlich gilt ein explizites Aktivierungsverbot für selbst geschaffene Markennamen, Drucktitel, Verlagsrechte, Kundenlisten und ähnliche Sachverhalte (IAS 38.63).

Vergleicht man diese internationalen Regelungen mit denen des HGB, so unterscheiden sie sich in vielen Fällen vom Ergebnis her nicht wesentlich. Allerdings können bei Erfüllung der oben genannten Kriterien selbst erstellte immaterielle Vermögenswerte nach IFRS aktiviert werden, was nach HGB nicht möglich ist und damit zu wesentlichen Abweichungen führt.

Werden in der Financial Due Diligence nicht bilanzierte immaterielle Vermögensgüter identifiziert, stellt sich die Frage, ob diese betriebsnotwendig oder nicht betriebsnotwendig sind. Im ersten Fall geht der Wert der immateriellen Vermögenswerte in die Planungsrechnung ein. Im zweiten Fall wäre das Volumen der stillen Reserven gesondert zu kalkulieren. Dafür ist im ersten Schritt zu ermitteln, ob sie aus technischer bzw. rechtlicher Sicht vom Zielunternehmen getrennt werden können und somit veräußerbar, übertragbar, lizenzierbar, vermietbar, tauschbar oder in anderer Form verwertbar sind. Während beispielsweise eine Marke verkauft werden kann, sind langjährige Kundenbeziehungen oder Marktanteile nicht immer als solche einzeln verwertbar. Als zweites muss festgestellt werden, ob das Zielunternehmen die betrachteten Vermögenswerte so weit beherrscht, dass es in der Lage ist, den Nutzen zu realisieren bzw. andere davon auszuschließen. Eine loyale Belegschaft, ein fähiges Managementteam oder ein fester Kundenstamm haben zwar einen Nutzen für das Unternehmen, können aber in der Regel nicht beherrscht werden. Im dritten Schritt ist zu untersuchen, ob ein Markt für diese Vermögensgegenstände existiert. Handelt es sich um spezifisches Wissen oder andere Besonderheiten des Zielunternehmens, ist ein Verkauf unter Umständen mangels Nachfrage nicht einzeln möglich, so dass die stillen Reserven nicht gehoben werden können.

(ii) Geschäfts- oder Firmenwert bzw. Goodwill

Beim Unternehmenserwerb wie auch bei der Konsolidierung im Konzernabschluss kann es zur Abbildung eines (derivativen) Geschäfts- oder Firmenwerts kommen, wenn der gezahlte Kaufpreis über dem Substanzwert des Unternehmens liegt bzw. lag. Da diese Differenzgröße nach HGB in den Folgejahren nicht mehr auf ihre Werthaltigkeit überprüft, sondern lediglich planmäßig abgeschrieben wird, können dahinter sowohl stille Reserven als auch stille Lasten verborgen sein.

Bei Rechnungslegung nach internationalen Standards wird die Werthaltigkeit des Goodwill jährlich im Rahmen eines Impairmenttests nach IAS 36 überprüft (IFRS 3.55). Etwaige Wertminderungen werden sofort erfolgswirksam verrechnet, so dass unter IFRS keine stillen Lasten zu erwarten sind. Da jedoch Wertsteigerungen nicht abgebildet werden, können sich hinter einem aktivierten Goodwill – wie in einem HGB-Abschluss – umfangreiche stille Reserven verbergen.

Prüfansatz für die Due Diligence sollte in beiden Rechnungslegungssystemen sein, welchen Wert die Tochtergesellschaft für das Mutterunternehmen im Zeitpunkt der geplanten Transaktion aus dem Blickwinkel des potenziellen Käufers hat. Danach ist die Differenz zur Summe der Werte aller (materiellen und immateriellen) Vermögensgüter zu errechnen und mit dem bisher angesetzten Goodwill zu vergleichen. Werden hierbei stille Reserven aufgedeckt, ist kritisch zu hinterfragen, inwieweit diese im Rahmen der (Fortführungs-)Strategie des Käufers gehoben werden können. Stille Lasten sind durch Abwertung des Goodwill zu berücksichtigen. Sinkt der Unternehmenswert jedoch unter die Summe der Einzelwerte, liegt ein Badwill vor, dessen Gründe (z.B. erwartete künftige Verluste) zu untersuchen sind.

(iii) Sachanlagevermögen

Im Sachanlagevermögen des Zielunternehmens ergeben sich stille Reserven insbesondere bei Grundstücken und Gebäuden. Da der Ausweis zwischenzeitlich gestiegener Marktwerte nach deutschem Recht unzulässig ist, sind vor allem bei Altbeständen, die vom Zielunternehmen vor längerer Zeit angeschafft wurden, deutliche Bewertungschancen möglich. Bei ihrer Beurteilung ist jedoch zu berücksichtigen, dass das Nutzbarmachen dieser Reserven durch Verkauf bei betriebsnotwendigem Vermögen nicht oder nur durch aufwändige Transaktionen (z.B. Sale-and-lease-back) erfolgen kann. Zudem mindert die damit verbundene Steuerlast den wirtschaftlichen Wert der stillen Reserven für das Zielunternehmen.

Sofern stille Reserven in nicht betriebsnotwendigen Vermögensgegenständen gebunden sind, können sie u.U. nach Abschluss der Transaktion gehoben und zur Finanzierung des Kaufpreises bzw. der Transaktionskosten verwendet werden. Auch hier ist zu berücksichtigen, dass die Realisierung eines Veräußerungsgewinns mit einer entsprechend hohen Steuerlast verbunden ist. Zum nicht betriebsnotwendigen Immobilienvermögen zählen alle Vermögensgegenstände, die für den operativen Geschäftsbetrieb nicht erforderlich sind. Häufig handelt es sich dabei um Grundstücke und Gebäude, die nicht notwendigerweise von dem Unternehmen genutzt werden (z.B. Werkswohnungen, Reservegrundstücke).

Ein weiterer Bereich, in dem erhebliche stille Lasten liegen können, ist die Existenz von Altlasten des Zielunternehmens, die möglicherweise bisher nicht erkannt wurden oder für die mangels öffentlich-rechtlicher Verpflichtung, z.B. einer Auflage zur Altlastenbeseitigung, keine Rückstellung gebildet wurde. Je nach Region und Branche kann es sich dabei beispielsweise um Verunreinigungen des Bodens oder des Wassers handeln. Besteht ein Anfangsverdacht, sollten Experten hinzugezogen bzw. eine Environmental Due Diligence durchgeführt werden. Wurden Altlasten aufgefunden, sind die Kosten für ihre Beseitigung abzuschätzen, was unter Umständen nur in großen Bandbreiten möglich ist. Zudem ist zu überprüfen, inwieweit bereits eine Abbildung in der Bilanz vorgenommen wurde. Aufgrund der Altlast könnte hierzu entweder der Wert des Grundstücks durch eine außerplanmäßige Abschreibung vermindert worden sein, oder es könnten Rückstellungen nach HGB gebildet worden sein, die unter die Rückstellungen für ungewisse Verbindlichkeiten (bei öffentlich-rechtlicher Verpflichtung zur Beseitigung der Altlasten), für unterlassene Abraumbeseitigung (wenn die Beseitigung im folgenden Geschäftsjahr nachgeholt wird) oder unter die Aufwandsrückstellungen (wenn die Beseitigung wahrscheinlich oder sicher, aber hinsichtlich ihres Zeitpunktes oder der Höhe der dabei anfallenden Kosten unbestimmt ist) subsumiert wurden. Da in einem IFRS-Abschluss nach IAS 37.14 Aufwandsrückstellungen unzulässig sind, können nur eine Wertminderung des Grundstücks sowie eine Rückstellung für ungewisse, öffentlich-rechtliche Verpflichtungen vorgenommen worden sein.

In besonderen Fällen können auch Maschinen und Anlagen in einer Bilanz niedriger bewertet sein, als es ihrem tatsächlichen Wert entspricht. Derartige stille Reserven können jedoch allein mit einer Financial Due Diligence meist nicht identifiziert werden. Hierfür sind dann zusätzliche Erkenntnisse aus der Technical Due Diligence erforderlich, die auch Aufschluss über das Bestehen eines aktiven Marktes und damit über die Realisierbarkeit eines über dem Buchwert liegenden Markt- oder Verkehrswertes geben sollten. Hinzu kommt, dass Maschinen und Anlagen in der Regel betriebsnotwendig sind und damit im Unternehmen verbleiben müssen. Folglich ist es für den potenziellen Erwerber kaum sinnvoll, hier möglicherweise auftretende stille Reserven zu heben.

Sofern der Jahresabschluss des Zielunternehmens unter IFRS erstellt wurde, muss in der Analyse unterschieden werden, ob für die Bewertung in den Jahren nach der Anschaffung oder Herstellung (Folgebewertung) das Anschaffungskostenmodell (Cost Model, IAS 16.30 sowie IAS 16.43 bis IAS 16.66) oder das Neubewertungsmodell (Revaluation Model, IAS 16.31 bis IAS 16.42) verwendet wurde. Die Wahl muss für Gruppen von ähnlichen

Sachanlagen insgesamt getroffen und gleichzeitig umgesetzt werden. Die Entscheidung sowie Detailinformationen zur Umsetzung können dem Anhang des Jahresabschlusses entnommen werden (IAS 16.73 bis IAS 16.79).

Das Anschaffungskostenmodell entspricht weitgehend der Bewertung mit den fortgeführten Anschaffungs- oder Herstellungskosten nach HGB; wird es gewählt, treten keine grundsätzlichen Abweichungen zum Handelsrecht auf. Folglich können stille Reserven auch im Anlagevermögen eines IFRS-Abschlusses vorliegen.

Bei Wahl der Neubewertungsmethode erfolgt zusätzlich zur Verrechnung der laufenden Abschreibungen eine Neubewertung mit dem beizulegenden Zeitwert (Fair Value, dies ist der Marktwert oder ein marktbasierter Schätzwert). Eine in planmäßigen und der Wertvolatilität der Anlagengruppe angemessenen Abständen durchgeführte Neubewertung kann zu vier Situationen führen (IAS 16.39 bis IAS 16.40):

- Der Wert einer Sachanlage ist gestiegen, ohne dass in der Vergangenheit eine ergebniswirksame Abschreibung vorgenommen wurde: Die Wertsteigerung auf der Aktivseite wird durch die Bildung einer Neubewertungsrücklage auf der Passivseite ausgeglichen, so dass der Vorgang ergebnisneutral ist.
- Der Wert der Sachanlage ist gestiegen und hat eine in der Vergangenheit ergebniswirksam vorgenommene Abschreibung rückgängig gemacht: In diesem Umfang ist die Wertsteigerung erfolgswirksam; nur überschießende Wertsteigerungen werden durch eine Neubewertungsrücklage ausgeglichen.
- Der Wert der Sachanlage ist gesunken, aber es besteht noch eine Neubewertungsrücklage aus einer früheren Neubewertung dieser Anlage: Die Wertminderung auf der Aktivseite wird durch die umfangsgleiche Auflösung der Neubewertungsrücklage erfolgsneutral ausgeglichen.
- Der Wert der Sachanlage ist gesunken, ohne dass dem eine (ausreichende) Neubewertungsrücklage aus der Vergangenheit gegenübersteht: Die Wertminderung ist erfolgwirksam.

Sofern ergebnisneutrale Neubewertungen zu tatsächlichen oder latenten Steuern führen, sind auch diese ergebnisneutral mit dem Eigenkapital zu verrechnen (IAS 16.42 i.V.m. IAS 12).

Liegen bei der Financial Due Diligence Jahresabschlüsse vor, die auf IFRS-Basis unter Anwendung des Neubewertungsmodells vorgenommen wurden, ist somit die Möglichkeit der Existenz stiller Reserven im Sachanlagevermögen gegenüber HGB-Abschlüssen deutlich reduziert. Allerdings ist zu überprüfen, ob seit der letzten Neubewertung wesentliche Änderungen des Marktwertes zu verzeichnen waren. Sofern dies der Fall ist, sind stille Reserven, aber auch stille Lasten zumindest in einem begrenzten Umfang auch hier denkbar.

Stille Lasten im Sachanlagevermögen der Zielgesellschaft sind zudem dann möglich, wenn aus veralteten Anlagenbeständen auf einen angestauten Investitionsbedarf geschlossen werden kann. In Abstimmung mit der Technical Due Diligence ist zu untersuchen, welcher Nachholbedarf besteht und welche Investitionssummen dafür benötigt werden. Bei der Zukunftsplanung sind die entsprechend erhöhten Abschreibungen und zusätzlichen Finanzierungskosten zu berücksichtigen. Insbesondere bei Technologiesprüngen können die Altanlagen möglicherweise nicht mehr oder nur noch eine begrenzte Zeit verwendet werden. Für ihre Entsorgung sind eventuelle Abbruch- oder andere Wegschaffungskosten einzukalkulieren.

(iv) Beteiligungsverhältnisse

Auch bei Beteiligungsverhältnissen sind stille Reserven und stille Lasten möglich: Nach deutschem Recht gilt generell das Niederstwertprinzip, allerdings darf bei voraussichtlich vorübergehenden Wertminderungen von Finanzanlagen auf die Abwertung verzichtet werden (gemildertes Niederstwertprinzip, § 253 Abs. 2 Satz 3, § 279 Abs. 1 Satz 2 HGB). Somit können Wertausweise von Beteiligungen in der Stichtagsbilanz für die Due Diligence zu hoch sein und somit stille Lasten enthalten.

Stille Reserven sind durch das Anschaffungskostenprinzip bedingt: Da § 253 Abs. 1 Satz 1 HGB die Anschaffungskosten als Obergrenze des Wertansatzes festlegt, dürfen Wertsteigerungen am Markt nicht in der Bilanz abgebildet werden und können damit zur Bildung von u.U. erheblichen stillen Reserven führen.

Wurde die Bilanz nach internationalen Rechnungslegungsvorschriften aufgestellt, so fallen Beteiligungsverhältnisse unter die Investments in Subsidiaries, Investments in Associates oder Interests in Joint Ventures. Für die Bewertung sieht IAS 27.37 ein Wahlrecht zwischen der Bewertung mit den Anschaffungskosten oder nach IAS 39 vor, das für jede Kategorie von Anteilen einheitlich auszuüben ist. Bei der Bewertung mit den Anschaffungskosten können sowohl stille Reserven als auch stille Lasten in erheblichem Umfang gebildet werden, da IAS 27.37 weder bei dauerhaften Wertminderungen eine Abwertung vorsieht noch bei stabilen Wertzuwächsen eine Zuschreibung erlaubt.

Erfolgt die Bilanzierung nach IAS 39, so werden Beteiligungen mit ihrem beizulegenden Zeitwert (Fair Value) angesetzt, der in jedem Jahr neu zu überprüfen ist. Bei dieser Vorgehensweise ist das Auftreten stiller Reserven oder Lasten eher unwahrscheinlich. Bei der Ergebnisanalyse ist jedoch zu beachten, dass Beteiligungen, die als »available for sale« eingeordnet wurden, bei vorübergehenden Wertänderungen ergebnisneutral umbewertet werden, während Wertänderungen von Beteiligungen »at fair value through profit or loss« sowie dauerhafte Wertänderungen bei Beteiligungen »availabe for sale« ergebniswirksam sind (vgl. unten unter »Financial Instruments auf der Aktivseite«).

(v) Umlaufvermögen

Im materiellen Umlaufvermögen können sowohl stille Reserven als auch stille Lasten in erheblichem Umfang auftreten. Stille Reserven sind vor allem bei selbst hergestellten Fertigerzeugnissen möglich, wenn diese mit der Wertuntergrenze nach HGB (Summe der Einzelkosten) angesetzt wurden. Bei Lageraufbau werden stille Reserven in Höhe der Differenz zum Marktpreis gebildet, die vor allem bei gemeinkostenintensiver Fertigung erheblich sein können. Bei einer nach internationalen Vorschriften erstellten Bilanz besteht in diesem Punkt ein deutlich geringeres Potenzial zur Bildung stiller Reserven, da nach IAS 2.12 auch die Gemeinkosten in die Herstellungskosten einbezogen werden müssen.

Umgekehrt können im Umlaufvermögen auch erhebliche stille Lasten auftreten, auf die vor allem hohen Lagerbestände hinweisen: Hier besteht die Frage, aus welchen Gründen die Bestände aufgebaut wurden und ob möglicherweise Absatzschwierigkeiten des Zielunternehmens dahinter stehen. Können die Produkte nicht zu einem Preis abgesetzt werden, der mindestens ihrem Wertansatz entspricht, besteht Abwertungsbedarf. Wurde dies nicht bereits in der HGB- oder IFRS-Bilanz vorgenommen, sollten die stillen Lasten in der Financial Due Diligence aufgedeckt und ihr Umfang bewertet werden.

Weitere typische Risiken des Umlaufvermögens können im Forderungsbestand liegen. Dabei sind vor allem der Altersaufbau der Forderungen, die bereits vorgenommenen Einzel- und Pauschalwertberichtigungen sowie die Forderungsausfälle der Vergangenheit zu untersuchen. Durch eine Strukturierung der Forderungen nach unterschiedlichen Merkmalen wie Schuldner- und Positionsgröße, Währung bzw. Region, gelieferten Produktgruppen, Branche, Dauer der Kundenbeziehung usw. kann Aufschluss darüber gewonnen werden, welche Gruppen als Risikokunden einzustufen sind und welche Bedeutung die jeweilige Gruppe für das Zielunternehmen hat. Im Rahmen einer ABC-Analyse werden die Kunden nach Umsatzanteil oder Deckungsbeitrag für das Zielunternehmen geordnet, wobei der Idealfall einer 80/20-Verteilung (die 20 Prozent wichtigsten Kunden führen zu 80 Prozent des Umsatzes) in der Realität nur selten erreicht wird. Allerdings sollten diese A-Kunden möglichst kein Forderungsausfallrisiko mit sich bringen, während bei B-Kunden (mittlere Bedeutung) ein eingeschränktes Risiko und bei C-Kunden (geringe Bedeutung) ein höheres Ausfallrisiko akzeptiert werden kann. Durch die ABC-Analyse können Risikostruktur und Werthaltigkeit des Forderungsbestandes überprüft werden; zudem ergeben sich erste Aussagen zu Off balance-Risiken in der Kundenstruktur (siehe Kapitel 5.1.5).

Bei der Analyse konzerninterner Forderungen ist die unterschiedliche Behandlung im Konzernabschluss einerseits und in den Einzelabschlüssen andererseits zu beachten: Im Konzernabschluss dürfen gegenüber einbezogenen Unternehmen bestehende Forderungen und Verbindlichkeiten nicht zum Ausweis kommen. Daher werden in der Schuldenkonsolidierung alle Bilanzpositionen mit Forderungs- und Verbindlichkeitscharakter gegenüber anderen einbezogenen Unternehmen sowie die zugehörigen Rechnungsabgrenzungsposten eliminiert (§ 303 Abs. 1 HGB, IAS 27.24). Als Bilanzpositionen können hiervon betroffen sein (vgl. u.a. § 314 Abs. 1 Nr. 2 HGB):

- eingeforderte ausstehende Einlagen und die zugehörige Einlagepflicht,
- geleistete und erhaltene Anzahlungen,
- Ausleihungen an/von bzw. Forderungen und Verbindlichkeiten gegenüber verbundenen Unternehmen oder Unternehmen, mit denen ein Beteiligungsverhältnis besteht,
- sonstige Vermögensgegenstände,
- Rechnungsabgrenzungsposten sowie
- Rückstellungen und Eventualverbindlichkeiten (Haftungsverhältnisse).

Bei der Quotenkonsolidierung werden Verbindlichkeiten und Forderungen entsprechend anteilig verrechnet. Ausnahmen von der Eliminierung sind in jedem Fall nur dann zulässig, wenn die wegzulassenden Beträge für die Vermittlung eines den tatsächlichen Verhältnissen entsprechenden Bildes der Vermögens-, Finanz- und Ertragslage des Konzerns nur von untergeordneter Bedeutung sind (§ 303 Abs. 2 HGB). Bei nach der Equity-Methode einbezogenen Unternehmen ist eine Schuldenkonsolidierung nicht möglich.

Auch Drittschuldverhältnisse können aufrechnungsfähig sein, sofern Forderungen eines Konzernunternehmens gegenüber einem konzernfremden Schuldner gleichartig, gleichwertig und mit gleicher Frist zu einer Verbindlichkeit eines anderen Konzernunternehmens gegenüber demselben konzernexternen Unternehmen sind. Eine Aufrechnungspflicht besteht jedoch nicht, da § 303 Abs. 1 HGB nur die Eliminierung von Forderungen und Verbindlichkeiten zwischen in den Konzernabschluss einbezogenen Unternehmen vorschreibt.

Problematisch an der Schuldenkonsolidierung ist für die Financial Due Diligence vor allem, dass dabei das Ziel verfolgt wird, den Konzernabschluss so darzustellen, als sei niemals eines der konzerninternen Schuldverhältnisse entstanden. Damit werden Bilanzierungswahlrechte sowie zwischenzeitliche Wertveränderungen in den Einzelabschlüssen ignoriert, so dass es zur Aufrechnung von Positionen kommen kann, die im Einzelabschluss der beiden Konzernunternehmen mit unterschiedlichen Werten angesetzt wurden.

Von der ergebniswirksamen Schuldenkonsolidierung können z.B. auch Rechnungsabgrenzungsposten betroffen sein. Wurde zwischen Konzernunternehmen ein Darlehen abzüglich eines Disagios ausbezahlt, so kann das Schuldnerunternehmen den Disagiobetrag im Zahlungszeitpunkt ganz oder zum Teil als Aufwand erfassen, während der Gläubiger ihn im Regelfall erst über die Laufzeit vereinnahmen darf. Durch das Weglassen der Schuld- bzw. Forderungsbeträge in der Schuldenkonsolidierung kommt es zu einem Überhang, der erfolgswirksam verrechnet wird. Er trägt zum Zeitpunkt des Vertragsabschlusses positiv und während der Vertragslaufzeit negativ zum Konzernergebnis bei.

Nur im Jahr der erstmaligen erfolgswirksamen Schuldenkonsolidierung treten die aufgezeigten Effekte nicht zwangsläufig auf: Sofern das Jahresergebnis des Konzerns hierdurch in außergewöhnlichem Umfang beeinflusst würde, kann der Unterschiedsbetrag aus der Schuldenkonsolidierung in seiner Höhe zum Beginn des Konzern-Geschäftsjahres erfolgsneutral in die Gewinnrücklagen eingestellt oder mit diesen offen verrechnet werden. Damit ist er nicht Bestandteil des Konzern-Jahresergebnisses; ergebniswirksam sind nur die auf das Konzern-Geschäftsjahr entfallenden Veränderungen des Unterschiedsbetrags.

Neben ungleichen Positionen bei Konzern-Schuldner- und -Gläubigerunternehmen führen manche Sachverhalte zur Abbildung in nur einem der beiden Einzelabschlüsse: Insbesondere bestehen bei Rückstellungen, die zur Abdeckung von Verpflichtungen gegenüber anderen einbezogenen Unternehmen gebildet wurden, gar keine Gegenpositionen auf der Seite des wahrscheinlichen Gläubiger-Konzernunternehmens. Derartige Rückstellungen sind zunächst darauf zu überprüfen, ob sie aus Sicht des Konzerns einen Charakter haben, der die Rückstellungsbildung im Konzernabschluss rechtfertigt. Dies kann z.B. dann der Fall sein, wenn eine Garantieverpflichtung zwischen Konzerngesellschaften (abgebildet in einer Schuldrückstellung) im Verbund zu einer Reparaturverpflichtung wird (abgebildet in einer Aufwandsrückstellung). Soweit dies nicht der Fall ist, sind die Rückstellungen für konzerninterne Verpflichtungen im Konzernabschluss schlicht wegzulassen.

Eventualverbindlichkeiten sind nach § 251 HGB in einem Betrag außerhalb der Bilanz anzugeben. Erst wenn das Unternehmen in Anspruch genommen wird oder mit einer Inanspruchnahme zu rechnen ist, muss eine entsprechende Verbindlichkeit oder Rückstellung gebildet werden. Dies gilt grundsätzlich auch für konzerninterne Eventualverbindlichkeiten einschließlich der zugehörigen Eventualforderungen, die insbesondere als Patronatserklärungen der Mutter- gegenüber einer Tochtergesellschaft auftreten. Hier muss zwischen harten und weichen Patronatserklärungen unterschieden werden: Während es sich bei weichen Patronatserklärungen um rechtlich mehr oder weniger verbindliche Erklärungen handelt, verpflichtet sich der Patron bei harten Erklärungen, für die Verbindlichkeiten des Schuldnerunternehmens rechtlich einzustehen. Dies kann entweder in direkter Form gegenüber einem oder mehreren Gläubigern des Schuldnerunternehmens oder indirekt der Fall sein, indem gegenüber dem Schuldnerunternehmen die Verpflichtung eingegangen wird, es stets finanziell oder kapitalmäßig so auszustatten, dass es jederzeit in der Lage ist, seine Verpflichtungen zu erfüllen (so höchstrichterlich festgelegt z.B. im Urteil des BGH vom 30. Januar 1992, IX ZR 112/92, BGHZ 117, S. 127 (133)). Bei Eintreten von Krise oder Insolvenz steht nun bei direkter Erklärung dem Gläubiger, bei indirekter dem Schuldnerunternehmen ein unmittelbar durchsetzbarer Anspruch gegen den Patron zu.

Im Einzelabschluss müssen harte Patronatserklärungen gemäß § 251, § 268 Abs. 7 HGB außerhalb der Bilanz vermerkt und berichtet werden. Eine Passivierung erfolgt jedoch erst dann, wenn die Gefahr einer Inanspruchnahme ernsthaft droht (§ 249 Abs. 1 Satz 1 HGB). Durch ein neueres Urteil (BFH vom 25. Oktober 2006, I R 6/05, Betriebs-Berater 2007, S. 598 (599)) wurde jedoch festgestellt, dass die Passivierung beim Patron nur dann in Frage kommt, wenn er selbst zu Lasten des eigenen Vermögens von der Erklärung beschwert ist. Wurde beispielsweise eine andere Konzerngesellschaft dazu verpflichtet, das Schuldnerunternehmen mit der notwendigen Liquidität auszustatten, ist eine Passivierung bei der Muttergesellschaft (dem Patron) nur dann möglich, wenn diese andere Gesellschaft ein Rückgriffsrecht hat.

Die vorstehenden Erläuterungen zeigen, dass aus dem Konzernabschluss nur eingeschränkt auf den wirtschaftlichen Gehalt innerkonzernlicher Forderungen geschlossen werden kann, und dass die Abbildung solcher Vertragsbeziehungen im Einzelabschluss einer Vertragsseite nur einen Teil der Bedeutung für den Gesamtkonzern offen legen kann. Demnach ist in der Financial Due Diligence explizit nach Forderungsbeziehungen sowie Eventualverbindlichkeiten im Konzern zu suchen und deren Bedeutung für den Wert des Zielunternehmens zu ermitteln.

Gleiches gilt unter IFRS, da auch hier konzerninterne Salden aus dem Konzernabschluss zu eliminieren sind (IAS 27.24). Da nach IAS 37.27 und IAS 37.31 im Abschluss weder Eventualverbindlichkeiten noch -forderungen angesetzt werden dürfen, solange der Zu- bzw. Abfluss wirtschaftlichen Nutzens nicht wahrscheinlich ist, kann im Einzelfall eine Informationslücke vorliegen, die durch die Due Diligence geschlossen werden sollte. Hilfreich ist unter Umständen, dass nach IAS 24.17 eine Informationspflicht hinsichtlich aller Geschäfte zwischen nahestehenden Unternehmen und Personen besteht, insbesondere hinsichtlich der ausstehenden Salden, der Rückstellungen für zweifelhafte Forderungen sowie dem in der Periode erfassten Aufwand für Einzelwertberichtigungen auf Forderungen gegenüber nahestehenden Unternehmen und Personen. Insofern kann die Analyse eines IFRS-Einzelabschlusses an diesem Punkt auf umfangreichere Informationen zurückgreifen, als es bei HGB-Abschlüssen der Fall ist. Im IFRS-Konzernabschluss werden diese konzerninternen Informationen jedoch nicht als Bestandteil der Angaben nach IAS 24 veröffentlicht.

(vi) Financial Instruments auf der Aktivseite

Finanzinstrumente sind nach IAS 32.11 Verträge, die gleichzeitig bei einem Unternehmen zu einem finanziellen Vermögenswert und bei einem anderen Unternehmen zu einer finanziellen Verbindlichkeit oder einem Eigenkapitalinstrument führen. Für die Bewertung werden sie in vier Gruppen unterteilt:

- Financial Assets or Financial Liabilities at Fair Value through Profit or Loss umfassen alle finanziellen Vermögenswerte oder Verpflichtungen, die zur Erzielung kurzfristiger Gewinne gehalten werden und keine Sicherungsinstrumente darstellen, oder als solche unter bestimmten Voraussetzungen eingestuft werden. Sie werden grundsätzlich ergebniswirksam mit dem beizulegenden Zeitwert (Fair Value) ohne Berücksichtigung von Transaktionskosten bewertet (IAS 39.43 bis IAS 39.47).
- Held to maturity Investments sind nicht derivative finanzielle Vermögenswerte mit festen oder bestimmbaren Zahlungen sowie einer festen Laufzeit, die bis zur Endfälligkeit gehalten werden. Sie werden im Zugangszeitpunkt mit dem beizulegenden Zeitwert zuzüglich Transaktionskosten bewertet, in der Folge hingegen mit den fortgeführten An-

schaffungskosten unter Anwendung der Effektivzinsmethode (IAS 39.63).

- Unter Loans and Receivables werden alle originären Vermögenswerte mit bestimmbaren Zahlungsströmen gefasst, die nicht auf einem aktiven Markt notiert werden. Dies sind beispielsweise Forderungen aus Lieferungen und Leistungen, Forderungen an Kreditinstitute oder gegenüber Kunden. Sie sind wie die Held to maturity Investments im Zugangszeitpunkt mit dem beizulegenden Zeitwert zuzüglich der Transaktionskosten und in der Folge mit den fortgeführten Anschaffungskosten unter Anwendung der Effektivzinsmethode zu bewerten (IAS 39.63).
- In der vierten Gruppe werden Financial Assets available for Sale zusammengefasst. Hierunter fallen alle Vermögenswerte, die als solche eingestuft werden und die nicht bereits einer der anderen Gruppen zugerechnet wurden. Als Wertansatz ist der beizulegende Zeitwert einschließlich der Transaktionskosten vorgesehen, allerdings werden bei der Folgebewertung die Transaktionskosten sowie weitere Wertänderungen (zunächst) ergebnisneutral im Eigenkapital erfasst. Erst bei Abgang oder Vorliegen einer dauerhaften Wertminderung erfolgt eine ergebniswirksame Buchung (IAS 39.55).

Somit ist in einem Abschluss nach IFRS sowohl bei den held to maturity investments als auch bei den loans and receivables unter Umständen im Zeitablauf die Bildung umfangreicher stiller Reserven möglich und sollte in der Financial Due Diligence untersucht werden. Da die Obergrenze der fortgeführten Anschaffungs- oder Herstellungskosten nach § 253 Abs. 1 Satz 1 HGB in allen vier Gruppen gilt, ist bei Vorliegen eines HGB-Abschlusses auch bei zum Verkauf oder zur sonstigen kurzfristigen Gewinnerzielung vorgesehenen Finanzinstrumenten eine entsprechende Analyse vorzunehmen. Vorteil stiller Reserven in den Finanzinstrumenten ist, dass diese zumindest zum Teil nicht betriebsnotwendig sind, so dass die Reserven (unter Berücksichtigung der Steuerlast) gehoben werden können.

(b) Stille Reserven und stille Lasten auf der Passivseite der Bilanz

Auf der Passivseite der Bilanz sind stille Reserven eher selten und treten dann vor allem im Bereich der Währungsverbindlichkeiten auf. Sie ergeben sich nach HGB vor allem dann, wenn Valuta-Verbindlichkeiten durch Kursverluste der Fremdwährung an Wert verlieren. Aufgrund des Anschaffungswertprinzips ist in der Handelsbilanz eine Abwertung nicht möglich, die Bildung stiller Reserven ergibt sich zwangsläufig.

Zudem muss die Verbindlichkeit mindestens mit dem Geldkurs angesetzt werden, der im Zeitpunkt ihrer Entstehung gilt. Erhöht sich die Belastung aufgrund von Kurssteigerungen der Fremdwährung dauerhaft, muss nach dem Höchstwertprinzip eine aufwandswirksame Aufwertung erfolgen. Ist die Kursänderung nur vorübergehend, besteht in der Handelsbilanz ein Aufwertungswahlrecht (in der Steuerbilanz jedoch ein Aufwertungsverbot). Die Grundlagen für die Umrechnung in Euro sind nach § 284 Abs. 2 Nr. 2 HGB im Anhang anzugeben. Sinkt der Fremdwährungskurs später wieder, dürfen Personenunternehmen in der Handelsbilanz den erhöhten Ansatz der Verbindlichkeit beibehalten, was zur Bildung stiller Reserven führt. Für Kapitalgesellschaften in der Handelsbilanz sowie generell in der Steuerbilanz muss zwingend und maximal auf den Ausgangswert abgewertet werden, so dass ein verwendbarer Spielraum zur Bildung stiller Reserven hier geringer ist.

Bei Rechnungslegung nach internationalen Vorschriften sind Valuta-Verbindlichkeiten im Zugangszeitpunkt mit dem Kassakurs und in den Folgeperioden unter Verwendung des aktuellen Stichtagskurses umzurechnen (IAS 21.21 bis IAS 21.23). Die Umrechnungsdifferenzen werden sofort GuV-wirksam erfasst (IAS 21.28). Im Ergebnis sind unter IFRS weder stille Reserven noch stille Lasten in nennenswertem Umfang zu erwarten.

Eine weitere Position, bei der es zur Bildung stiller Reserven kommen kann, sind Anleihen, d.h. durch Inanspruchnahme des öffentlichen Kapitalmarktes entstandene Verbindlichkeiten. Sofern sie mit einem festen Zinssatz (d.h. nicht als Gewinnschuldverschreibungen o.Ä.) begeben wurden, kann ihr Kurs unter den Nominalwert sinken, wenn das generelle Marktzinsniveau steigt. Erwirbt das Unternehmen nun eigene Anleihen, so sind diese *nach HGB* auf der Aktivseite mit den Anschaffungskosten (unter dem Nominalwert) anzusetzen, während dieselbe Verbindlichkeit auf der Passivseite zum Nominalkurs bestehen bleiben muss. Das Ergebnis ist die zwangsläufige Bildung stiller Reserven, die nur durch den Weiterverkauf der eigenen Anleihen mindestens zum Nominalwert oder durch das endgültige »Aus-dem-Verkehr-Ziehen« gehoben werden können.

Unter IFRS sind finanzielle Verbindlichkeiten, zu denen auch Anleihen zählen, beim Ersterwerb zum beizulegenden Zeitwert zu bewerten, d.h. im Regelfall zum erhaltenen Gegenwert (IAS 39.43). Die Folgebewertung erfolgt grundsätzlich zu den fortgeführten Anschaffungskosten, die sich aus dem Erstansatz durch Abzug von Tilgungen und der kumulierten Amortisation eines Disagios ergeben (IAS 39.47 sowie IAS 39.9 unter den »Definitionen in Bezug auf Ansatz und Bewertung«). Werden nun eigene Anleihen erworben, führt dies nach IAS 39.42 zu einer Ausbuchung der Verbindlichkeit am Rückkauftag. Eine Differenz zwischen auszubuchendem Buchwert und der dafür erbrachten Gegenleistung ist erfolgswirksam zu erfassen, stille Reserven werden nach IFRS hierbei also nicht gebildet. Bei einem späteren Wiederverkauf der zurückgekauften Anleihen ist die neu entstandene Verbindlichkeit zu bilanzieren.

Häufiger als stille Reserven sind auf der Passivseite der Bilanz stille Lasten zu finden, vor allem im Bereich der Rückstellungen. Obwohl Rückstellungen grundsätzlich nach dem Vorsichtsprinzip zu beurteilen sind, dürfen doch nur die Werte angesetzt werden, für die mehr Gründe sprechen als für eine andere Bewertung. Diese Werte sind im Rahmen der Due Diligence zu überprüfen: Sofern sich aus Erfahrungen eine Wahrscheinlichkeitsverteilung ableiten lässt, sollte auf den Erwartungswert zurückgegriffen werden. In allen anderen Fällen müssen die verwendeten Daten oder herangezogenen Anhaltspunkte auf ihre Glaubwürdigkeit hin untersucht werden. Dabei hat der Analyst die Beurteilungen des Bilanzerstellers mit seinen eigenen Einschätzungen zu vergleichen.

Greift beispielsweise das bilanzierende Unternehmen bei der Bewertung von Garantierückstellungen für ein neues Produkt auf die Erfahrungswerte der Vergangenheit mit anderen Produkten zurück, ist die implizite Annahme, das neue Produkt werde zu vergleichbar hohen Garantieforderungen führen, zu untersuchen. Stellt man bei der Financial Due Diligence fest, dass das neue Produkt technisch anspruchsvoller und daher fehleranfälliger ist, müsste die Rückstellung angehoben werden, d.h. eine stille Last wird aufgedeckt.

Garantie- oder Gewährleistungsrückstellungen können jedoch auch Indikatorwirkung für andere Analysebereiche haben: Eine zum Umsatz über- oder unterproportionale Veränderung der Rückstellungen lässt unter Umständen Rückschlüsse auf die Qualität der Produkte und das Qualitätsmanagement zu. Neue Produkte können Anlaufschwierigkeiten mit sich bringen, die in einer Rückstellungserhöhung abgebildet werden. Ursache können auch andere Faktoren sein, wie beispielsweise der Absatz in neuen Märkten mit strengeren Haftungsregeln als die bisher bedienten Regionen (so z.B. der umfangreiche Verbraucherschutz in den USA). Möglicherweise wurde in der Vergangenheit nicht ausreichend Wert auf die bilanzielle Berücksichtigung von Garantien oder Gewährleistungen gelegt. Ein Wechsel im Management oder in der Bilanzierungsphilosophie kann gerade in diesem »weichen« Bilanzbereich erhebliche Auswirkungen haben. Sofern jedoch der potenzielle Erwerber erwartet, dass Rückstellungen nicht oder nicht in voller Höhe in Anspruch genommen werden, können auch diese stille Reserven enthalten.

Beruht die Due Diligence auf unterjährigen Zwischenabschlüssen, ist eine vollständige Ermittlung aller möglichen zukünftigen Belastungen aufgrund des damit verbundenen hohen Arbeitsaufwands oft nicht gewährleistet. Der Umfang der Rückstellungen sollte daher auf Grundlage eines detaillierten Rückstellungsspiegels mit den Rückstellungen der vergangenen Jahre verglichen und in weiterführenden Management-Interviews besprochen werden.

5.1.4 Operative Risiken

Unter den operativen Risiken werden die Risiken aus der betrieblichen Tätigkeit, insbesondere das Investitions- und das Betriebsrisiko, zusammengefasst. Sie ergeben sich aus den wirtschaftlichen Rahmenbedingungen sowie aus spezifischen Gegebenheiten der Umwelt, der Branche und des Zielunternehmens. Hinzu kommen unvorhergesehene Ergebnisbeeinträchtigungen, wie z.B. durch Betriebsstörungen oder -stilllegungen, durch Insolvenzen wichtiger Lieferanten oder Kunden, durch Haftungen oder durch Umstrukturierungsmaßnahmen.

Betrachtet man die Wertschöpfungskette des Unternehmens, so stehen sich in jedem Teilprozess (operative) Chancen und (operative) Risiken gegenüber. Aus der letztendlichen Nutzung der Chancen auf Wertzuwachs aus der Geschäftstätigkeit des Zielunternehmens (durch Produktion und Absatz von Gütern oder Dienstleistungen) und nach Abzug der dabei tatsächlich entstandenen Wertminderungen (durch aufgelaufene Kosten und eingetretene Risiken) resultiert das operative Ergebnis, d.h. die betriebliche Wertschöpfung. Um einen Einblick in die zukünftigen Möglichkeiten zur Wertschöpfung zu erhalten, ist daher neben der Untersuchung der Erfolgspotenziale auch eine Analyse der operativen Risiken notwendig.

Die Abbildung der periodenbezogenen Wertschöpfung eines Unternehmens erfolgt in seiner jährlichen Gewinn- und Verlustrechnung. Hieraus kann jedoch nur auf die tatsächlich eingetretenen Risiken geschlossen werden. Für die Financial Due Diligence reicht dies nicht aus, da hierbei auch Erkenntnisse über (noch) nicht eingetretene Risiken gewonnen werden sollen. Orientiert man sich an der Wertschöpfungskette des Unternehmens, können dies im Einzelnen sein

- Risiken auf der Beschaffungsseite,
- Risiken der Produktion von Gütern bzw. der Leistung von Diensten sowie
- Risiken auf der Absatzseite.

Sie werden im Folgenden erläutert; dabei ist jedoch zu berücksichtigen, dass operative Risiken stets auch branchen-, regions- und unternehmensspezifisch sind und eine vollständige Auflistung aller denkbaren Gefahren nicht möglich ist. In der Financial Due Diligence sollte daher jeder Prozessschritt auf weitere, hier nicht aufgeführte operative Risiken untersucht werden. Zudem ist zu beachten, dass durch die Herauslösung eines Unternehmens aus einem Konzernverbund neue Wertschöpfungsrisiken auftreten können, vor allem wenn das Unternehmern bzw. der Unternehmensteil umfangreiche Leistungen anderer Bereiche oder Konzernunternehmen in Anspruch nimmt (siehe Kapitel 5.1).

(a) Risiken auf der Beschaffungsseite

Risiken des Einkaufs können sich aus den Lieferanten des Zielunternehmens, seinen Wettbewerbern um Rohstoffe, Vorleistungen oder Waren sowie aus den Mitarbeitern des Einkaufs ergeben. Insbesondere wenn die Beschaffung auf engen Märkten erfolgt, bestehen Risiken aus Preisänderungen bei wichtigen Roh-, Hilfs- und Betriebsstoffen (z.B. Stahl, Aluminium, Edelmetalle, aber auch Energie, Wasser u.Ä.) und Vorprodukten (z.B. Speicherchips). Je spezifischer die Anforderungen des Zielunternehmens auf der Beschaffungsseite sind, desto eher sollten Experten in die Due Diligence einbezogen werden, die ihr Wissen und vor allem ihre Erfahrungen einbringen.

Auch aus dem Lieferantenportfolio können sich Risiken ergeben, vor allem wenn sich das Unternehmen auf wenige Anbieter konzentriert hat. Während für eine möglichst weitgehende Unabhängigkeit die Verteilung auf viele Lieferanten sinnvoll ist, sind Preissenkungen und andere Skaleneffekte in der Beschaffung oft nur durch Nachfragebündelung zu erreichen. Dies kann bis zur vollständigen Integration eines oder weniger spezifischer Lieferanten in den eigenen Produktionsablauf gehen, wie es beispielsweise in der Automobilbranche gehandhabt wird. Mit dieser Optimierung wächst somit auch die Abhängigkeit von einzelnen Zulieferern, so dass sich deren Produktionsprobleme, Qualitätsmängel, Insolvenzen, Übernahme durch Wettbewerber u.Ä. direkt auf das Unternehmen auswirken können. Wie bereits für die Kundenseite aufgezeigt wurde (vgl. Kapitel 5.1.3), kann auch hinsichtlich der Lieferanten eine ABC-Analyse sinnvoll sein.

Bestehen auf der Beschaffungsseite Monopole (z.B. De Beers im Diamantenhandel) oder kartellähnliche Strukturen (z.B. die OPEC für Erdöl), können auch Marktpolitik oder andere unternehmensexterne Faktoren zu Risiken der Lieferbarkeit und Bepreisung von Rohstoffen führen. Ähnliches gilt für Rohstoffe, die nur aus Regionen bezogen werden können, in denen wirtschaftliche Umbrüche oder politische Unruhen bestehen oder auftreten können.

Auch Vertragslaufzeiten können Beschaffungsrisiken beinhalten: Zwar bieten langfristige Lieferverträge Sicherheit hinsichtlich Preisen und Liefermengen, nehmen dem Unternehmen aber u.U. auch Flexibilität und die Möglichkeit zur Partizipation an sinkenden Marktpreisen. In der Due Diligence sind daher vor allem Lieferverträge mit langer Laufzeit sowie hohen Volumina auf ihre Bindungsstärke zu überprüfen, gegebenenfalls unter Hinzuziehung der Experten aus der Legal Due Diligence.

Weitere mögliche Risiken auf der Beschaffungsseite bestehen bei Kontingentierungen bzw. Knappheit der Ressourcen (Reichen diese in der Zukunft aus?) und aus der Abhängigkeit von Patenten oder Lizenzverträgen (Wann laufen diese aus, und ist eine Verlängerung zu erreichen? Falls ja: Zu welchem Preis?). Je nach Branche und Markt sind weitere Risiken denkbar, die gegebenenfalls im Gespräch mit dem Management hinterfragt werden sollten. Insbesondere wenn den Risiken entsprechende Chancen gegenüberstehen, kann auch eine Szenarioanalyse sinnvoll sein.

(b) Risiken der Produktion oder Dienstleistung

Auch wenn auf der Beschaffungsseite alle notwendigen Betriebsmittel einschließlich eventueller Lizenzrechte o.Ä. sichergestellt sind, können bei der Produktion oder Erbringung der Dienstleistung selbst Risiken auftreten. Teilaspekte des Prozesses sind die Mitarbeiter des Unternehmens, die verwendeten Technologien sowie aktuelle und zukünftige Umweltschutzauflagen.

Bei den Mitarbeitern sollte zum ersten die Altersstruktur untersucht werden: Wenn die Stammbelegschaft eine ungleichmäßige Altersverteilung aufweist, kann durch ein vermehrtes Abwandern der »Jungen«, durch das Erreichen des Rentenalters der erfahrenen Mitarbeiter oder auch durch künstlich hervorgerufene »Verjüngungen« der Altersstruktur ein Kernbestandteil des Leistungspotenzials wegbrechen. Daher ist die Belegschaft auf ihre Altersschichtung, den Ausbildungsstand und die Lohnverteilung hin zu untersuchen, um mögliche Risikobereiche aufzudecken. Die Vorgehensweise entspricht generell der einer ABC-Analyse.

Zum Zweiten sollte festgestellt werden, ob es einzelne »Schlüssel«-Mitarbeiter gibt, an denen das Funktionieren ganzer Teilbereiche hängt. Werden beispielsweise Geschäfte auf Basis langjähriger Netzwerke abgeschlossen, kann nach der Transaktion und einem damit eventuell verbundenen Abwandern der »Netzwerker« ein Verlust von Marktpotenzial auf der Beschaffungs- oder Absatzseite eintreten. Ähnliche Risiken bestehen bei auf wenige

Personen konzentrierten Kernkompetenzen, Erfahrungen oder Innovationspotenzialen. Für wichtige Schlüsselpersonen, insbesondere für das Management, sollten Referenzen eingeholt werden, um die Rolle dieser Mitarbeiter und ihre Fähigkeiten besser einschätzen zu können.

Zum Dritten können die Fluktuationsrate sowie das Vorliegen und die Wirksamkeit von Personalentwicklungsplänen und Mitarbeiterbindungsprogrammen Aufschluss über ein besonders gutes Personalmanagement im Zielunternehmen, aber auch über eventuelle frühere oder bestehende Probleme sowie bereits eingeleitete Maßnahmen geben. Da sich die Attraktivität eines Unternehmens als Arbeitgeber auch aus dem Vergleich mit der Konkurrenz ergibt, sollte der Status quo nicht nur erfasst, sondern auch mit den Maßnahmen der Wettbewerber um knappe Personalressourcen verglichen werden.

Als Viertes ist die Flexibilität des Mitarbeiterbestandes zu beurteilen. Während eine alteingesessene Belegschaft sich zwar u.U. durch besondere Loyalität und exzellente Kenntnisse des Produktions- oder Leistungsprozesses auszeichnen kann, können sich in ihr jedoch auch Besitzstände wie Ansprüche auf Urlaubs- und Weihnachtsgeld, lange Kündigungsfristen sowie ein veralteter Wissensstand manifestiert haben. Innovatives Personalmanagement zeichnet sich – generell und in Relation zu den Wettbewerbern – durch einen »atmenden« Mitarbeiterbestand, rentabilitätsorientierte Vergütungssysteme und eine gelebte Philosophie des »lebenslangen Lernens« im Unternehmen aus. Defizite können zu entsprechenden operativen Risiken führen. Wichtige Erkenntnisse hierzu können sich in der Legal Due Diligence, z.B. aus der Untersuchung von Betriebsvereinbarungen und Tarifverträgen, ergeben.

Bei der Beurteilung der verwendeten Technologien sind ebenfalls mehrere Aspekte zu berücksichtigen: Auch wenn Technologieführerschaft grundsätzlich positiv zu beurteilen ist, kann sie auch zu Risiken führen, wenn beispielsweise der Prozess noch nicht ausgereift und mit Qualitätsproblemen behaftet ist oder wenn die Kunden eine neue Technologie nur schwer akzeptieren. Daher sollte – gegebenenfalls unter Hinzuziehung von Experten aus der Technical Due Diligence – untersucht werden, wie die verwendeten Technologien im Vergleich zu denen der Konkurrenz zu beurteilen sind und welche offenen oder versteckten Risiken sie mit sich bringen können. Daneben ist zu untersuchen, ob und wie diese Technologien gegen unerlaubte Kopie durch Wettbewerber wirksam geschützt werden können.

Diese Untersuchung ist nicht nur für die im Produkt verwendeten, sondern auch für die zur Produktion angewandten Technologien notwendig. Komplexe Produktionsanlagen können z.B. zu besonderer Störanfälligkeit neigen oder sich nur von besonders geschulten (teuren bzw. knappen) Mitarbeitern bedienen lassen. Operative Risiken im Vergleich zur Konkurrenz können sich aus zu langen Rüstzeiten, unflexiblen Prozessabläufen, unzureichend variierbaren Produktionsmengen und -geschwindigkeiten sowie aus anderen relativen Nachteilen ergeben.

Ein operatives Risiko kann sich für produzierende Unternehmen auch aus dem wachsenden Bestand an öffentlich-rechtlichen Verpflichtungen wie z.B. Umweltschutzauflagen ergeben. Hierdurch kann die Produktion erschwert, verteuert oder sogar ganz unterbunden werden, wenn beispielsweise Lärm- oder Abgas-Emissionen zu reduzieren sind, Filteranlagen zu Zusatzkosten führen, ökologisch attraktive Herstellungsprozesse ökonomisch weniger effiziente Ergebnisse liefern usw. In der Due Diligence sind dabei zum einen die relative Position des Zielunternehmens zu seinen Wettbewerbern und zum anderen die Wahrscheinlichkeit zukünftiger Auflagen im Abgleich mit seiner Reaktionsfähigkeit und -geschwindigkeit zu beurteilen. Ähnliches gilt auch für Dienstleistungsunternehmen, die sich z.B. mit zukünftigen Arbeitsschutzauflagen und damit verbundenen Kosten konfrontiert sehen können (z.B. maximale Fahrzeiten und Mindestpausen für Fahrer in der Logistikbranche). Selbst Änderungen der Steuergesetze können sich hier auswirken, so wie beispielsweise durch den Wegfall der Steuerfreiheit von Sonn- und Feiertagszuschlägen die Brutto-Arbeitslöhne tendenziell steigen.

(c) Risiken auf der Absatzseite

Neben den nahe liegenden Absatzrisiken wie z.B. dem Risiko des Preisverfalls durch zusätzliche Anbieter oder dem Rückgang der Nachfrage können spezielle Risiken existieren, die in der Financial Due Diligence aufgedeckt werden sollten. Einige Absatzrisiken sind branchenspezifisch, so kann die Absatzmenge von staatlicher Seite kontingentiert sein (z.B. Verkehrslizenzen, Milchquote), oder der Absatzmarkt kann zwangsweise geöffnet werden (z.B. Durchleitungsverpflichtungen bei der Energieversorgung). Für eine Beurteilung dieser Risiken sind die Wahrscheinlichkeit ihres Eintritts und die Höhe der damit verbundenen Kosten oder Erlösrückgänge zu ermitteln, unter Umständen unter Hinzuziehung von Branchenexperten.

Ein weiteres branchenspezifisches operatives Risiko auf der Absatzseite kann sich aus Absatzeinschränkungen oder Änderungen der Produktwahrnehmung durch die Kunden ergeben. Beispielsweise hat die umweltpolitische Diskussion über den CO_2-Ausstoß und die Feinstaub-Emission von Kraftfahrzeugen einen erheblichen Effekt auf die Absetzbarkeit einzelner Fahrzeugklassen; die REACH-Verordnung (Verordnung (EG) Nr. 1907/

2006 des Europäischen Parlaments und des Rates vom 18. Dezember 2006 zur Registrierung, Bewertung, Zulassung und Beschränkung chemischer Stoffe (REACH), zur Schaffung einer Europäischen Agentur für chemische Stoffe, zur Änderung der Richtlinie 1999/45/EG und zur Aufhebung der Verordnung (EWG) Nr. 793/93 des Rates, der Verordnung (EG) Nr. 1488/94 der Kommission, der Richtlinie 76/769/EWG des Rates sowie der Richtlinien 91/155/EWG, 93/67/EWG, 93/105/EG und 2000/21/EG der Kommission, abgedruckt im Amtsblatt der EU L 396, S. 1 ff.) hat die Sensibilität für die Verwendung von Chemikalien in Produkten erhöht. Den Jahresabschlussdaten sind diese Wirkungen mangels Zukunftsorientierung nicht zu entnehmen; für die Due Diligence sind sie für die Plausibilitätskontrolle der Zukunftsplanung allerdings von erheblicher Bedeutung. Für den Analysten besteht auch hier das Problem, dass er wissen muss, welche Fragen zu stellen sind. Hierzu ist die Zusammenarbeit mit Experten aus der Technical Due Diligence und einer eventuellen Environmental Due Diligence unabdingbar.

Absatzrisiken können auch unternehmensspezifisch und beispielsweise durch die Kundenstruktur bedingt sein: Auf die Notwendigkeit und Aussagekraft einer ABC-Analyse für die Kunden wurde bereits eingegangen (vgl. Kapitel 5.1.3). Eine große Konzentration auf wenige Kunden ist generell problematisch. In solchen Fällen ist kritisch zu hinterfragen, wie stabil diese Beziehungen sind, mit anderen Worten, ob der Kunde bzw. die Kundengruppe vom Zielunternehmen ebenso abhängig ist.

Im Konsumgütergeschäft kann der Kundenstruktur eine besondere Bedeutung beizumessen sein: Wenn die Kunden »mit dem Unternehmen alt geworden« sind, können bislang erfolgreiche Geschäftsmodelle in kurzer Zeit ihre Basis verlieren. Richten sich Produkte nur an eine spezifische Altersgruppe, z.B. nur an Teenager, muss das »Herauswachsen« von Kunden ständig durch neu gewonnene Abnehmer kompensiert werden.

Gründe für einen Unternehmenserwerb umfassen nicht selten den »Zukauf« von Marktanteilen mit dem Ziel der Marktführerschaft. Ein weiteres Ziel kann Standardsetting im Absatz (z.B. VHS bei Videofilmen) sein. Die Validität und »Haltbarkeit« derartiger komparativer Vorteile sollte in der Financial Due Diligence untersucht werden, um Auskunft über die Situation des Zielunternehmens in Relation zu seinen Wettbewerbern zu erhalten. Insbesondere ist das Risiko zu untersuchen, falls die angestrebten Effekte nicht eintreten. Auch für diese absatzorientierten Sachverhalte gilt, dass sie unter Umständen nur von Branchenexperten erkannt und bewertet werden können.

5.1.5 Off balance-Risiken

Unter Off balance sheet-Geschäften werden Geschäfte gefasst, die nicht oder nur in geringem Umfang bilanzwirksam sind. Da sie nicht aus der Bilanz hervorgehen, muss im Rahmen der Due Diligence explizit danach gesucht werden. Im Folgenden werden einzelne Beispiele für Off balance-Risiken aufgeführt; branchen- und unternehmensspezifisch können weitere Risiken hinzukommen.

(a) Besserungsscheine und andere gewinnabhängig auflebende Verpflichtungen

Die Analyse von Eventualverbindlichkeiten und Haftungsverhältnissen wurde bereits in Kapitel 5.1.3 erläutert. Diese bedingten Verbindlichkeiten können im Regelfall den Angaben nach § 251 HGB entnommen werden. Allerdings ist der Ausweis in einem Betrag zulässig, was die Analyse entsprechend erschwert. Eine Gruppe bedingter Verbindlichkeiten ist jedoch meist gar nicht im Jahresabschluss erwähnt: Haben beispielsweise die Gläubiger des Zielunternehmens in einer Unternehmenskrise auf ihre Forderungen unter der Bedingung verzichtet, dass ihnen das Unternehmen bei Besserung seiner wirtschaftlichen Lage in späteren Jahren einen Teil seines Gewinns zur Verfügung stellt, so dürfen die ursprünglichen Verbindlichkeiten (sofern kein Wiederaufleben für den Insolvenzfall vereinbart wurde) nicht passiviert werden. Auch die vom Unternehmen vereinbarten Besserungsscheine dürfen nicht in die Bilanz aufgenommen werden. Erst dann, wenn in späteren Jahren Gewinne erzielt werden, dürfen die aus diesem Gewinn zu tilgenden Verpflichtungen als Verbindlichkeiten im Jahresabschluss berücksichtigt werden und mindern entsprechend erst in diesen Jahren den Jahresüberschuss.

Von Kapitalgesellschaften und den ihnen handelsrechtlich gleichgestellten Unternehmen müssen Besserungsscheine und ähnliche finanzielle Verpflichtungen, die nicht in der Bilanz erscheinen und auch nicht nach § 251 HGB anzugeben sind, im Anhang erwähnt werden (§ 285 Satz 1 Nr. 3 HGB). Bei der Financial Due Diligence ist zu beachten, dass der Verzicht eines Gläubigers beim Schuldner zu einem Gewinn in Höhe des werthaltigen Teils der Verbindlichkeit führt. Steuerlich werden diese Sanierungsgewinne i.d.R. nicht belastet (vgl. BMF-Schreiben vom 27. März 2003, IV A 6 – S. 2140 bis 8/03, BStBl. 2003 I, S. 240 ff.), so genannter Sanierungserlass), handelsrechtlich fallen sie unter die außerordentlichen Erträge und sind entsprechend § 277 Abs. 4 HGB im Anhang zu erläutern.

Erst wenn die in einem Besserungsschein festgelegten Bedingungen eingetreten sind, muss die Verpflichtung in der Bilanz ergebnismindernd als Verbindlichkeit passiviert werden. In der Zwischenzeit, also während der Gültigkeit des Besserungsscheins, ist dieser hingegen »off balance« und sollte daher in der Due Diligence entsprechend hervorgehoben werden. Ähnliches gilt für Gewinn- und Teilgewinnabführungsverträge, Gewinngemeinschaften, für den Gewinnanteil des persönlich haftenden Gesellschafters einer KGaA sowie für Zahlungsverpflichtungen auf Genussrechte und Gewinnschuldverschreibungen (§ 277 Abs. 3 Satz 2 HGB, § 286 Abs. 3 AktG).

(b) Derivative Finanzinstrumente

Der Einsatz derivativer Finanzinstrumente wächst aufgrund der Internationalisierung der Wirtschaft, drohender Schwankungen an den internationalen Geld- und Kapitalmärkten und entsprechend steigendem Bedarf an Absicherungsinstrumenten rasch. Sie können grundsätzlich in bedingte und unbedingte Geschäfte unterschieden werden (vgl. Abbildung 5.4): Während bedingte Geschäfte von der Entscheidung eines Vertragspartners abhängen, Erfüllung des Kontrakts zu verlangen oder darauf zu verzichten, sind bei unbedingten Geschäften beide Vertragspartner zur Erfüllung verpflichtet. Für die Due Diligence sind dabei vor allem die Bonitäts-, Zinsänderungs- und Währungsrisiken aus derivativen Finanzinstrumenten von Bedeutung.

Derivative Finanzinstrumente sind in der Regel schwebende Geschäfte und haben im Vergleich zu ihrer zukünftig möglichen positiven sowie negativen Wertentwicklung einen geringen Liquiditätstransfer. Das Risiko der Gesellschaft beschränkt sich nicht auf die für den Erwerb der Derivate geleisteten Anschaffungskosten, sondern umfasst z.B. durch Nachschusspflichten bei negativer Entwicklung und die Abwicklung des Geschäfts zum Vertragsende wesentlich höhere Beträge. In der Due Diligence kommt der Prüfung ihrer ordnungsmäßigen Erfassung und Bearbeitung eine besondere Bedeutung zu:

- Wurde die Absicherung dokumentiert?
- Wurden alle Risikopositionen erfasst?
- Wurden Limits vorgegeben für die Schließung offener Positionen und für nicht zu überschreitende Verlustrisiken?
- Wurden sie eingehalten?

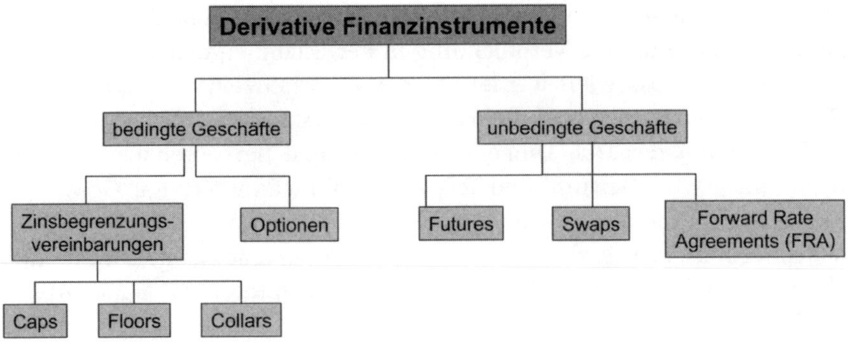

Abb. 5.4: Derivative Finanzinstrumente

In organisatorischer Hinsicht ist zu überprüfen, ob zwischen den Bereichen Handel, Abwicklung, Kontrolle und Buchhaltung eine strenge Funktionstrennung vorgenommen wurde.

Im Einzelfall liegen für die Due Diligence nicht alle Informationen vor, die zur Beantwortung der eben genannten Fragen benötigt werden. Sofern es nicht gelingt, eine Vollständigkeitserklärung des Managements zu erwirken, sollte eine Durchsicht der Vorstandsprotokolle, der diesbezüglichen Unterlagen der Finanz- und Rechtsabteilungen, der Verträge sowie des allgemeinen Schriftverkehrs und der Saldenbestätigungen erfolgen. Bei OTC-Geschäften ist nachzuhalten, ob für die Gegenleistung eine Geschäftsbestätigung des Kontrahenten vorliegt.

Hinsichtlich der Bewertung der genannten Positionen ist darauf zu achten, dass für derivative Finanzinstrumente in der Regel dieselben Bewertungsregeln wie für andere schwebende Geschäfte gelten. Allerdings ist unter bestimmten Voraussetzungen die Bildung von Bewertungseinheiten zulässig.

Hinweise auf derartige Off balance-Risiken können bei Kapitalgesellschaften und denen gleichgestellten Unternehmen den Bilanzangaben nach § 285 Nr. 18 HGB entnommen werden: Demnach sind für jede Kategorie derivativer Finanzinstrumente Art und Umfang, beizulegender Zeitwert (soweit verlässlich ermittelbar) sowie Angaben zu Bewertungsmethoden, eventuell vorhandenen Bilanzposten und Buchwerten in den Anhang aufzunehmen.

(c) Leasingverträge

Weitere Vertragsverhältnisse, die nicht in der Bilanz (aber eventuell als sonstige finanzielle Verpflichtungen im Anhang nach § 285 Satz 1 Nr. 3

HGB) erfasst werden, sind Leasingverträge. Häufig stellen sie – in der Form des Finanzierungsleasings – einen Ersatz für den Kauf auf Kredit und damit für eine Fremdkapitalaufnahme dar. Sofern die Zur-Verfügung-Stellung und eventuell auch die Wartung des Leasinggegenstandes im Vordergrund stehen, liegt hingegen eher ein Operating-Leasing vor, das für das Zielunternehmen als Leasingnehmer ein schwebendes Geschäft darstellt und insofern nur im Fall drohender Verluste Eingang in die Bilanz findet (Drohverlustrückstellungen nach § 249 Abs. 1 Satz 1 HGB).

Die Grundsätze der Bilanzierung und Bewertung von Leasingverträgen sind in einem umfangreichen Schrifttum erörtert worden. Für die Due Diligence stellt sich vor allem die Frage, ob hier Verpflichtungen drohen, die im Jahresabschluss des Zielunternehmens nicht abgebildet sind. Dies sind beispielsweise Andienungsrechte des Leasinggebers; hier muss der Leasingnehmer auf Verlangen der Gegenseite das Leasinggut zu einem vorher festgelegten Betrag übernehmen. Da es sich um bedingte Verbindlichkeiten handelt, erfolgt bis zur Entscheidung des Leasinggebers keine Berücksichtigung in der Bilanz. Ähnliches gilt für einseitige (eher ungewöhnliche) Verlängerungsoptionen des Leasinggebers, aber auch für beidseitige Verlängerungsoptionen mit einer (nach derzeitiger Beurteilung) zu hoch festgesetzten Folgerate.

Grundsätzlich ist auch der vereinbarte Verlauf der Leasingraten mit dem erwarteten Ertrag aus dem Leasinggut zu vergleichen. Lineare oder steigende Raten bei fallenden oder konstanten Erträgen beinhalten stille Lasten, die letztlich der Kapitalstruktur zuzuordnen sind. Umgekehrt können auch stille Reserven vorhanden sein, die jedoch aufgrund der Unsicherheit zukünftiger Erfolge mit Vorsicht zu betrachten sind.

(d) Langfristige Verträge

Weitere typische Off balance-Risiken können sich aus langfristigen Verträgen ergeben, die z.B. externe Dienstleistungen betreffen oder Absatz-, Miet- oder Darlehensverhältnisse begründen. Insbesondere bei Vereinbarung von Staffelmieten, garantierten Mindestabsatz- oder -liefervolumina sowie umfangreicher Verlängerungsoptionen der Gegenseite ist zu prüfen, ob aus der heutigen Verpflichtung zu Erfüllung des Vertrages finanzielle Belastungen für das Zielunternehmen in der Zukunft resultieren können. Wurde beispielsweise eine kontinuierlich steigende Miete für die Geschäftsräume vereinbart, besteht das Risiko, dass das Unternehmen auf Dauer nicht in der Lage ist, seine Erträge entsprechend zu steigern und die Mieterhöhungen daraus zu tragen. Langfristige Mietverträge können auch einer kurzfristigen Reorganisation von Standorten oder Standortverlegungen im

Wege stehen. Im Ergebnis führen solche Verträge zu einem nicht aus der Bilanz erkennbaren Risiko. Sprunghafte Vergrößerungen oder andere Veränderungen der Vertragsverhältnisse in der jüngeren Vergangenheit sollten daher besonders untersucht werden. Rahmenverträge mit langer Bindungsdauer können ebenfalls Risikofaktoren darstellen.

Auch unbefristete Arbeitsverträge können zu Off balance-Risiken führen, wenn die darin verpflichteten Personen – beispielsweise aufgrund von Stellenabbau oder Umstrukturierungen – nicht mehr (oder nicht mehr qualifikationsgerecht) im Betriebsprozess benötigt werden. So genannte Ausgliederungs- oder Auffanggesellschaften im Konzernverbund sind hierzu besonders zu untersuchen.

Weitere Off balance-Risiken bestehen in Verträgen, die für bestimmte Situationen eine Rückabwicklung vorsehen, so dass diese Verpflichtungen erst bei Vorliegen der Eintrittsgründe bilanzwirksam werden. Beispiele hierfür sind

- Rückbauverpflichtungen in Mietverträgen: Wurden Mietereinbauten erstellt, sind diese zum Ende der Vertragslaufzeit auf Kosten des Mieters rückzubauen. Diese Kosten sind – sofern sie nicht schon durch Aufwandsrückstellungen abgebildet wurden – in der Due Diligence aufzudecken und den Off balance-Risiken zuzurechnen.
- Rücknahmeverpflichtungen im Handel: Oft verpflichten Lieferverträge im Handel den Lieferanten dazu, nicht abgesetzte Waren gegen Kostenerstattung zurückzunehmen (z.B. bei Printmedien). Die stille Last umfasst nicht nur die damit verbundenen Kosten, sondern auch eine teilweise oder totale Abschreibung der Warenwerte, da sie nach der Rücknahme im Regelfall als veraltet gelten und nicht mehr oder zu keinem den Kosten entsprechenden Preis anderweitig veräußert werden können. Unter Umständen wurde hierfür bereits eine Drohverlustrückstellung gebildet.

Sofern Risiken offensichtlich erscheinen, ist zu untersuchen, ob sie bereits durch Rückstellungen in der Bilanz abgebildet wurden. In jedem Fall ist das tatsächliche Risiko zu ermitteln und – eventuell als Differenz zur Rückstellungsbildung – in die Financial Due Diligence einzubeziehen.

(e) Aktienoptionsprogramme

Seit der Zulassung von bedingtem Kapital zur Gewährung von Bezugsrechten an Arbeitnehmer und Mitglieder der Geschäftsführung einer Aktiengesellschaft oder eines verbundenen Unternehmens (§ 192 Abs. 2 Nr. 3

AktG) haben Aktienoptionsprogramme erheblich an Bedeutung gewonnen. Da es sich hierbei um neu geschaffene Aktien handelt, unterscheiden sie sich von den bisherigen Möglichkeiten der Ausgabe von Wandelschuldverschreibungen, der (verbilligten) Gewährung von bereits bestehenden und vom Unternehmen nach § 71 Abs. 1 Nr. 2 AktG zurückgekauften Aktien und der Zusage finanzieller Leistungen in Abhängigkeit vom Aktienkurs der Gesellschaft. Zudem haben sich virtuelle Aktienoptionsprogramme (Stock Appreciation Rights – SAR) sowie virtuelle Aktienprogramme (Phantom Stocks) gebildet.

Aus handelsrechtlicher Sicht ist problematisch, dass für unternehmenswertabhängige Entlohnungssysteme in wesentlichen Punkten keine konkreten gesetzlichen Regelungen vorliegen. Umstritten ist insbesondere, ob ein nach der Optionsgewährung entstandener Vorteil des Optionsinhabers aus gestiegenen Aktienkursen beim Emittenten zu Aufwand führen muss. Zu den fraglichen Aspekten gehört auch die Festsetzung von Zeitpunkt und Wert der Verpflichtung aus Sicht des Zielunternehmens. Auch in der Diskussion der Grundsätze ordnungsmäßiger Buchführung hat sich hierzu keine Meinung durchsetzen können. Damit sind bei Aktiengesellschaften grundsätzlich das Vorliegen und die Ausgestaltung von Aktienoptionsprogrammen zu hinterfragen. In der Financial Due Diligence sind sie aus Sicht des potenziellen Käufers zu untersuchen und zu bewerten.

Bei einer nach internationalen Standards bilanzierenden Gesellschaft besteht hierzu nach IFRS 2 zumindest eine einheitliche Regelung. Eine Analyse der wirtschaftlichen Bedeutung von Aktienoptionsprogrammen in Abhängigkeit von bisherigen und potenziellen Kursentwicklungen wird dadurch jedoch nicht ersetzt.

Chancen aus den genannten Off balance-Geschäften werden in der Praxis der Due Diligence eher selten aufgedeckt. Hierzu zählen z.B. besonders vorteilhafte, nicht in der Bilanz abgebildete Vertragsverhältnisse und nicht aktivierungsfähige immaterielle (selbsterstellte) Vermögenswerte (siehe hierzu auch Kapitel 5.1.3).

5.2 Chancen und Risiken aus der Struktur der Transaktion

5.2.1 Transaktionsvehikel

Die Strukturierung der Akquisition durch den Erwerber kann sowohl zu zusätzlichen Chancen als auch zu Risiken der Transaktion führen. Unter Strukturierung ist im Wesentlichen zu verstehen, über welche Gesellschaft die Anteile an der Zielgesellschaft erworben werden sollen und wie die Transaktion finanziert werden soll. Wenn bereits im Rahmen der Financial Due Diligence Informationen ermittelt werden, die für eine Strukturierung wichtig sind, kann dies einen hohen Beitrag zum Erfolg der Akquisition leisten.

In zahlreichen Fällen wird eine Zielgesellschaft über eine speziell gegründete Gesellschaft erworben, ein so genanntes Transaktionsvehikel oder »Special Purpose Vehicle« (»SPV«). Die Entscheidung über Rechtsform und das Sitzland des Transaktionsvehikels wird meist zur Optimierung der steuerlichen Struktur der Transaktion und der dabei entstehenden Transaktionskosten gefällt.

- Erstens sollen Steuern und Nebenkosten auf die Transaktion selbst möglichst vermieden werden, wie z.B. Grunderwerbsteuer, Notargebühren, Umsatzsteuer etc.
- Zweitens soll eine effiziente Konsolidierung von Zinsaufwand und steuerpflichtigen Erträgen erzielt und Zins- und Dividendenzahlungen mit möglichst geringer steuerlicher Belastung an die Investoren weitergeleitet werden können.
- Drittens soll ein späterer Verkauf mit geringer Steuerbelastung möglich sein.

Insbesondere Finanzinvestoren entwickeln unter diesen Gesichtspunkten oft sehr komplexe mehrstufige Transaktionsstrukturen (siehe z.B. Abbildung 5.6). In dieser beispielhaft angezeigten Struktur wäre der Erwerber die AquiCo mit Sitz in Deutschland, deren Anteile von einem zweiten SPV gehalten werden. Zum Erwerb der Zielgesellschaft (Zielunternehmen) nimmt die AquiCo ein Darlehen bei einer Bank auf und gibt dann dem Target zur Finanzierung ein Gesellschafterdarlehen. Damit fällt der Zinsaufwand in der Gesellschaft an, in der das operative Geschäft liegt und reduziert deren steuerpflichtige Erträge und somit die Steuerquote.

Ein wesentlicher Teil des Kaufpreises wird somit durch das von dem SPV aufgenommene Bankdarlehen finanziert. Das SPV ist eine reine Holdinggesellschaft ohne eigene Geschäftstätigkeit. In der Financial Due Diligence sollte das »Substrat« der Zielgesellschaft für den Aufbau der Akquisitionsstruktur ermittelt werden. Darüber hinaus können Vermögensgegenstände der Zielgesellschaft identifiziert werden, die zusätzlich als Sicherheit für ein Bankdarlehen verwendet werden können.

Für den Finanzinvestor ist unter anderem wichtig, bereits durch die Financial Due Diligence zu klären, wie hoch etwaige Gesellschafterdarlehen

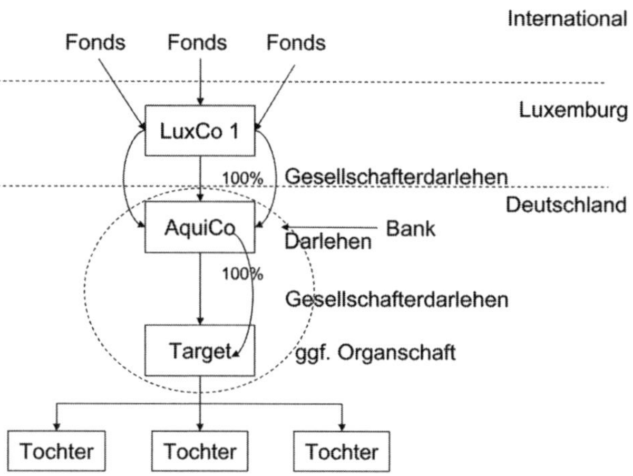

Abb. 5.5: Beispiel einer typischen Transaktionsstruktur von Finanzinvestoren

an die Zielgesellschaft in Deutschland im Rahmen der bestehenden Regelungen zur Gesellschafterfremdfinanzierung sein können (Gesellschafterfremdfinanzierung nach § 8a KStG). Die Regelungen zur Gesellschafterfremdfinanzierung und ihre Auslegung durch die Finanzbehörden wurden in den letzten Jahren fortwährend eingeschränkt und angepasst. Damit unterliegen auch diese Akquisitionsstrukturen stetigen Anpassungen an die rechtlichen Rahmenbedingungen. Im Rahmen der geplanten Unternehmensteuerreform 2008 sind in diesem Bereich wieder neue grundlegende Änderungen geplant.

5.2.2 Akquisitionsfinanzierung

Die durch den Kaufpreis bestimmte Investitionssumme muss eine risikoadäquate Rendite für den Käufer liefern. Dabei plant ein strategischer Käufer meist mit zukünftigen Dividenden und operativen Synergien mit seinem bestehenden Geschäft, der Finanzinvestor wird mit einer Wertsteigerung der Gesellschaft durch ihre positive operative Entwicklung und einem daraus resultierenden höheren späteren Verkaufspreis seiner Anteile rechnen. Voraussetzung für eine positive Rendite des Anteilseigners ist die fristgerechte Bedienung von Zins und Tilgung auf die für die Akquisition aufgenommenen Bankdarlehen und übernommenen Darlehen des Kaufobjekts. Andernfalls droht im Falle der Insolvenz des SPV oder der Zielgesellschaft der Verlust der Kontrolle über die Zielgesellschaft an die Fremdkapitalgeber.

Im Rahmen der Financial Due Diligence ist bei Fällen einer ambitionierten Akquisitionsfinanzierung daher die Cashflow- und Liquiditätsplanung des Unternehmens auch unter Berücksichtigung der Akquisitionsfinanzierung zu analysieren, um Spielräume und Grenzen einer Akquisitionsfinanzierung auszuloten. Dabei können Parameter wie Laufzeit, Tilgungshöhe und Tilgungszeitpunkt von Finanzierungen optimiert werden.

Auf Basis des zukünftigen operativen Kapitalbedarfs des Unternehmens kann die erwartete Fähigkeit des Unternehmens zur Schuldentilgung ermittelt und seine Robustheit bei Veränderungen simuliert werden. Zum Beispiel kann bei hohem Kapitalbedarf für Restrukturierungsmaßnahmen oder Erweiterungsinvestitionen im Zuge der Akquisitionsfinanzierung eine tilgungsfreie Zeit vereinbart werden.

Eine weitere Strukturierungsoption ist die Fremdfinanzierung des Unternehmens mit unterschiedlichen Klassen von Fremdkapital und eigenkapitalähnlichen Instrumenten, die keine Gesellschafterrechte beinhalten.

Klassische Bankdarlehen (»Senior Debt«) mit Tranchen unterschiedlicher Laufzeiten bilden dabei in der Regel lediglich die Basis der Finanzierung. Als weiteres Element werden nachrangige Finanzierungen (»Junior oder Subordinated Debt«) aufgenommen. Diese Nachrangdarlehen weisen oft Gestaltungsmerkmale zur Schonung der Liquidität des Unternehmens auf. So kann z.B. eine niedrige Verzinsung während der Laufzeit und eine erfolgsunabhängige Verzinsung bei Fälligkeit gewählt werden. Zusätzlich kann noch eine erfolgsabhängige Vergütung am Ende der Laufzeit vereinbart werden (»Equity-Kicker«). Als dritte Stufe kann eine so genannte Mezzanine-Finanzierung aufgenommen werden. Diese ist im Rang hinter allen anderen Stufen der Fremdfinanzierung. Zur Kompensation des zusätzlichen Risikos erhalten die Gläubiger eine hohe, erfolgsabhängige Verzinsung. Auch die Vereinbarung von Wandlungsrechten in Eigenkapital ist zur Absicherung möglich.

Die Fremdkapitalgeber sind außerdem bereit bessere Zinskonditionen anzubieten, wenn ihnen Sonderkündigungsrechte eingeräumt werden, sobald sich die finanzielle oder operative Situation der Gesellschaft im Vergleich zu der ihnen vorgelegten Planung verschlechtert. Die Einhaltung der ursprünglichen Planung wird durch die Festlegung von Kennzahlen für die zukünftige Entwicklung der Gesellschaft bei der Kreditvergabe erreicht (»Financial Covenants«). Werden die Covenants, die üblicherweise in jedem Quartal berechnet werden, nicht eingehalten, können die Gläubiger grundsätzlich die Rückzahlung ihrer Kredite fordern. Da dies oft zur sofortigen Insolvenz der Gesellschaft führen würde, sind die Gläubiger meist bereit, nach Verhandlung einer Erhöhung ihrer Zinssätze neue Covenants zu vereinbaren oder die Covenants gegen Zahlung von Sondergebühren zeitweise auszusetzen.

Als Kennzahlen für Financial Covenants werden von Fremdkapitalgebern unter anderem gewählt:

Zahlungsorientierte Kennzahlen

- Ergebnis vor Zinsen, Steuern und Abschreibungen (EBITDA),
- Cashflow aus laufender Geschäftstätigkeit und
- Investitionsvolumen und Erhaltungsaufwand.

Bilanzorientierte Kennzahlen

- Working Capital,
- Netto Finanzverbindlichkeiten und
- Eigenkapital.

Dynamische Kennzahlen

- EBITDA/Netto Finanzverbindlichkeiten und
- Zinsaufwand/Cashflow aus laufender Geschäftstätigkeit.

Bei der Festlegung der Financial Covenants in den Verhandlungen mit den Gläubigern ist auf die exakte inhaltliche Definition der verwendeten Begriffe (wie z.B. EBIT oder Cashflow) zu achten. Zusätzlich sollte auch bereits bei Vertragsabschluss geklärt werden, welche Bereinigungen bei der Berechnung der Financial Covenants durchgeführt werden sollen. Hierzu können die Informationen aus der Financial Due Diligence eine wichtige Grundlage darstellen. Ein genaues Verständnis der Bilanzierungs- und der Planungsmethoden der Gesellschaft als Ergebnis der Due Diligence ist hier entscheidend, um Streitigkeiten zwischen Unternehmen und Fremdkapitalgebern bezüglich des Einhaltens der Covenants zu vermeiden, die allein aus der Berechnungsweise der Covenants resultieren können.

Verfügt der Erwerber aufgrund eines positiven Kreditratings über günstigere Finanzierungsmöglichkeiten als das erworbene Unternehmen, wird er möglichst kurzfristig bestehende Kredite des Unternehmens zurückzahlen und durch konzerninterne Darlehen ersetzen (»Downstream-Loans«).

Oft wird das Unternehmen – wie bereits dargestellt – durch eine eigens gegründete Akquisitionsgesellschaft erworben, die dazu selbst Finanzmittel aufnimmt. Die Akquisitionsgesellschaft muss Zins- und Tilgungsleistungen auf diese Finanzmittel bestreiten. Da sie selbst operativ nicht tätig ist, wird ihre Liquidität durch Zahlungen vom Akquisitionsobjekt sichergestellt. Dies kann durch Zins- und Dividendenzahlungen oder konzerninterne Darlehen seitens der operativen Gesellschaft erreicht werden (»Upstream Loans«). Beide Alternativen sind in Deutschland durch die gesellschaftsrechtlichen Vorschriften zur Kapitalerhaltung nur eingeschränkt möglich.

Eine weitere Strukturierungsoption ist die Verschmelzung von Akquisitionsgesellschaft (Muttergesellschaft) und Zielgesellschaft (Tochtergesellschaft) im Anschluss an den Kauf. Auch hier stehen mit der Verschmelzung der Muttergesellschaft auf die Tochtergesellschaft (»Downstream-Merger«) und der Verschmelzung der Tochtergesellschaft auf die Muttergesellschaft (»Upstream-Merger«) zwei Alternativen zur Verfügung.

Der übernehmende Rechtsträger hat den durch die Verschmelzung erfolgenden Vermögensübergang als laufenden Geschäftsvorfall zu erfassen. Dieser Anschaffungsvorgang ist nach den allgemeinen Grundsätzen mit den Anschaffungskosten nach § 255 Abs. 1 HGB zu bewerten. Alternativ räumt § 24 UmwG handelsrechtlich das Wahlrecht ein, die Buchwerte der Schlussbilanz des übertragenden Rechtsträgers zu übernehmen (»Buchwertverknüpfung«).

Bei einem Downstream-Merger gehen die Anteile der Gesellschafter der Muttergesellschaft unter, die Anteile der Muttergesellschaft an der Tochtergesellschaft werden an die Gesellschafter ausgekehrt. Die übernommenen Vermögensgegenstände sind bei der Tochtergesellschaft mindestens mit dem Wert der übernommenen Verbindlichkeiten anzusetzen, wenn der Zeitwert der Vermögensgegenstände nicht überschritten wird. Im Extremfall hat die Akquisitionsgesellschaft neben der Beteiligung an der Zielgesellschaft kein weiteres Vermögen. Ein damit entstehender Verschmelzungsverlust ist bei der Tochtergesellschaft nur unbedenklich, wenn er mit ungebundenen Eigenkapitalanteilen verrechnet werden kann.

Beim Upstream-Merger können durch die aufnehmende Muttergesellschaft als Anschaffungskosten grundsätzlich der Buch-, Zeit- oder Zwischenwert der untergehenden Anteile angesetzt werden. Im hier behandelten Fall einer Verschmelzung kurz nach einer Unternehmenstransaktion entspricht der Buchwert der Beteiligung an der Tochtergesellschaft jedoch meist dem Zeitwert, da die Kauftransaktion unter Fremden Dritten gerade kurz zuvor durch die Akquisitionsgesellschaft durchgeführt wurde. Der Ansatz mit dem Zeitwert der untergehenden Anteile wird damit meist zu einer Aufstockung der übernommenen Vermögensgegenstände auf ihren Zeitwert sowie den Ausweis eines Geschäfts- und Firmenwerts nach § 255 Abs.

4 HGB führen. Wird dagegen alternativ das handelsrechtliche Wahlrecht zur Buchwertverknüpfung ausgeübt, wird sich meist ein Verschmelzungsverlust ergeben, der bei der Akquisitionsgesellschaft erfolgswirksam über die Gewinn- und Verlustrechnung zu verrechnen ist.

Auf die Darstellung der steuerrechtlichen Gestaltungen mit Blick auf das durch das »Gesetz über steuerliche Begleitmaßnahmen zur Einführung der Europäischen Gesellschaft und zur Änderung weiterer steuerrechtlicher Vorschriften (SEStEG)« geänderte Umwandlungssteuergesetz wird in diesem Rahmen verzichtet.

5.2.3 Rekapitalisierung

Finanzinvestoren praktizieren in letzter Zeit die so genannte »Rekapitalisierung« oder auch das »Releveraging« ihrer Investitionsobjekte, also ihrer erworbenen Beteiligungen. Ziel dieses Vorgehens ist, möglichst kurzfristig einen Großteil des investierten Kapitals von der Zielgesellschaft in Form einer Sonderdividende zurückzuerhalten, ohne die Beteiligung selbst zu verkaufen. Dadurch wird ein möglicher Verlust des in die Beteiligung investierten Vermögens und das mit einer negativen zukünftigen Geschäftsentwicklung verbundene Risiko für den Finanzinvestor reduziert. Die zur Ausschüttung notwendige Liquidität bei der operativen Zielgesellschaft wird, wenn diese nicht vorhanden ist, durch Aufnahme neuen Fremdkapitals auf Ebene dieses Unternehmens bereitgestellt. Folglich sinkt das Eigenkapital bei gleichzeitigem Anstieg des Fremdkapitals, d.h. die Fremdkapitalquote erhöht sich deutlich, der so genannte Leverage steigt. Das Unternehmen muss in Zukunft erhöhte Zins- und Tilgungsleistungen aus dem operativen Geschäft erwirtschaften. Das Eigenkapital zur Deckung etwaiger Verluste ist reduziert. Das Risiko von Zahlungsschwierigkeiten der Gesellschaft bei Verfehlung der zukünftigen operativen Ziele ist damit nach einer Rekapitalisierung erhöht. Umso wichtiger wird in diesem Fall die Analyse der Qualität der Planung im Rahmen der Financial Due Diligence.

Sonderdividenden können durch Kapitalgesellschaften in erster Linie aus vorhandenen freien Rücklagen an ihre Gesellschafter geleistet werden. Diese umfassen bei der GmbH grundsätzlich alle Kapital- und Gewinnrücklagen der Gesellschaft, soweit sie nicht satzungsmäßigen Ausschüttungsbeschränkungen unterliegen. Bei einer Aktiengesellschaft unterliegen die gesetzliche Rücklage nach § 150 Abs. 1 AktG und die Kapitalrücklagen nach § 272 Abs. 2 Nr. 1 bis 3 HGB den Ausschüttungsbeschränkungen des § 150 Abs. 3 und 4 AktG. Sie sind nur zum Ausgleich eines Jahresfehlbetrags, zum

Ausgleich eines Verlustvortrags aus dem Vorjahr und, soweit sie den zehnten Teil des Grundkapitals übersteigen, auch zu einer Kapitalerhöhung aus Gesellschaftsmitteln zu verwenden.

Das Stammkapital der GmbH ist durch § 30 GmbHG, das Grundkapital der Aktiengesellschaft durch § 57 AktG vor einer Ausschüttung an die Gesellschafter geschützt. Sollen auch Teile des vorhanden Stamm- bzw. Grundkapitals an die Gesellschafter zurückgezahlt werden, kann dies im Wege einer ordentlichen Kapitalherabsetzung bei einer GmbH gemäß § 58 GmbHG und bei einer AG nach den Vorschriften der §§ 222 ff. AktG erfolgen. Dabei sind insbesondere die Ansprüche von Gläubigern, deren Forderungen begründet worden sind, bevor die Kapitalherabsetzung beschlossen und bekannt gegeben wurde, entweder zu befriedigen oder entsprechende Sicherheiten durch die Gesellschaft zu leisten. Zur Sicherstellung dieser Ansprüche ist im Aktiengesetz eine Wartezeit bis zur Auszahlung an die Aktionäre von sechs Monaten seit der Bekanntmachung der Eintragung vorgesehen. Im GmbHG ist hierzu geregelt, dass die Anmeldung des Herabsetzungsbeschlusses zur Eintragung in das Handelsregister erst ein Jahr nach der dritten Bekanntgabe des Beschlusses über die Kapitalherabsetzung erfolgen darf.

Eine mittelfristige Option zur Schaffung von Ausschüttungspotenzial ist das Heben von stillen Reserven. Dies kann durch eine Vielzahl von Maßnahmen erreicht werden. Unter anderem sind folgende Gestaltungen üblich:

- Verkauf von Vermögensgegenständen mit stillen Reserven, d.h. wenn der Zeitwert über dem Buchwert liegt, z.B. von
  - Immobilien im Rahmen eines Sale-and-Lease-back Geschäfts oder
  - Beteiligungen.
- Verkauf bislang nicht bilanzierter immaterieller Vermögensgegenstände,
- Ausgliederung von Vermögensteilen zu Zeitwerten oder
- Upstream Verschmelzung von Tochtergesellschaften, deren Eigenkapital größer als der Beteiligungsansatz ist.

Die Verkäufe müssen nicht mit fremden Dritten durchgeführt werden, sondern können auch konzernintern erfolgen. Soweit sie zu marktüblichen Konditionen abgeschlossen werden, unterliegen sie grundsätzlich keinen Restriktionen.

5.3 Finanzielle Synergien und Postmerger-Integration

Beim Unternehmenskauf durch strategische Investoren können bereits im Rahmen der Financial Due Diligence Informationen für zukünftige Synergiepotenziale ermittelt werden. Es kann ein Punktekatalog zusammengestellt werden, welche erste Maßnahmen zum einen bezüglich der Chancen aus Synergien und zum anderen aufgrund identifizierter Transaktionsrisiken nach der Übernahme zu ergreifen sind.

Typische Maßnahmen zur Realisierung finanzieller Synergien sind – ohne Anspruch auf Vollständigkeit – folgende Beispiele:

(i) Versicherungspolicen

Die bestehenden Versicherungspolicen, ihre Versicherungssummen, Laufzeiten und Prämien sollten erfasst werden. Hierdurch können bestehende Versicherungslücken aufgedeckt werden und die Übertragung des Versicherungsschutzes insgesamt in ein System optimierter konzernweiter Versicherungspakete vorbereitet werden.

(ii) Softwarelizenzen

Ein Inventar der bestehenden Softwarelizenzen ist zu ermitteln. Einerseits kann bei einem Kauf eines Teilkonzerns aus einer größeren Gruppe das Recht zur Softwarenutzung erlöschen, wenn sie auf einer konzernweiten Vereinbarung beruht und der Teilkonzern keine eigenen Lizenzen unterhält. Ein solcher Fall kann zu hohen unerwarteten Mehrkosten eines Firmenkaufs führen, wenn die entsprechenden Lizenzraten nicht in der Geschäftsplanung berücksichtigt sind. Andererseits können durch eine Übernahme etwaiger günstiger Konzernlizenzen des Erwerbers die Lizenzkosten für Software des erworbenen Unternehmens gesenkt werden. Ein solches Inventar ist auch Grundlage für mögliche Integrationsmaßnahmen in einen bestehenden Konzern.

(iii) Finanzierung

Die Integration der Zielgesellschaft in eine Sammlung aller konzernweiten kurzfristigen liquiden Mittel und deren Weiterreichung an Konzerngesellschaften mit kurzfristigem Finanzmittelbedarf (»Cashpooling«), kann das Finanzergebnis einer Zielgesellschaft entlasten. Außerdem können die zentral zusammengefassten Finanzmittel im Konzern unter Umständen mit besseren Renditen angelegt werden. Alle existierenden Finanzierungsverträge sind auf ihre Konditionen zu überprüfen, um durch Umfinanzierungen kurzfristig das Finanzergebnis zu verbessern oder ggf. günstige

Konzernfinanzierungen durch marktübliche Raten zu ersetzen und den Effekt zu kalkulieren.

(iv) Steuern

Durch Nutzung von Gestaltungsmöglichkeiten im Konzern des Käufers lässt sich unter Umständen die effektive Steuerquote des Targets zu senken. Möglichkeiten hierzu werden im Rahmen der Tax Due Diligence untersucht.

Strategische Firmenübernahmen scheitern oft nicht wegen zu optimistischer Geschäftsplanungen für die Zukunft vor der Akquisition, sondern an Problemen, die sich bei der Integration in den Konzern nach dem Zusammenschluss operativ ergeben. Viele dieser Probleme liegen auch in den unterschiedlichen Kulturen der zu integrierenden Firmen z.B. bezüglich Personalpolitik und Führungsverhalten begründet, die Gegenstand eigenständiger Fachliteratur sind und auf die daher im Folgenden nicht eingegangen werden soll.

In den Bereichen Buchhaltung, Controlling, Risikomanagement und Reporting sind im Rahmen der Financial Due Diligence unter anderem folgende Fragen zu klären, um zentrale Problemfelder der späteren Integration frühzeitig offen zu legen und den anschließenden Prozess der Integration durch gezielte Maßnahmen beschleunigen zu können.

Buchhaltung

- Auf welchem Softwaresystem wird die Buchhaltung durchgeführt?
- Existieren Schnittstellen des Buchhaltungssystems zu anderen Softwaresystemen wie Materialwirtschaft, Zeiterfassungssystem, Produktionssteuerung etc.?
- Welche Buchhaltungsprozesse sind an Externe vergeben? Gibt es mit den Externen hierzu langfristige Vereinbarungen?
- Wie ist der Prozess der Lohn- und Gehaltsabrechnung mit Externen und der Personalabteilung verbunden? Wie erfolgt die Übertragung von der Abrechnung zur Auszahlung?
- Wie werden Steuerbilanz-, Handelsbilanz- und Konzernrechnungslegungsdaten im System geführt? Existieren unterschiedliche Systeme?
- Welche Regelungen zu Überstunden, Urlaubstagen, Boni, Pensionen, Altersteilzeit etc. existieren im Unternehmen? Wie werden diese Regelungen in der Buchhaltung umgesetzt?

Controlling

- Wie verläuft der Budgetierungsprozess im Unternehmen zeitlich?

- Gibt es neben dem Budget des Folgejahres auch mittelfristige Planungen?
- Welche Zahlen werden als Inputvariablen geplant, welche werden auf Basis von Kennzahlen aus anderen abgeleitet?
- Wie erfolgt die Investitionsplanung und deren Abstimmung mit der mittelfristigen Planung?
- Welche Kennzahlen werden monatlich und quartalsweise ermittelt?

Risikomanagement

- Existiert ein dokumentiertes Risikomanagement-System im Unternehmen?
- Welche Risikofaktoren werden im Rahmen dieses Systems überwacht?
- Wird das Risikomanagement tatsächlich fortlaufend durchgeführt?

Konzernreporting

- Welches Reportingsystem wird verwendet und wie ist es mit dem Buchhaltungssystem verknüpft?
- Auf welchem Rechnungslegungsstandard basieren die Reportingzahlen?
- Welche Abweichungen zwischen Reporting und Buchhaltungssystem existieren unterjährig und am Jahresende?

Im nächsten Schritt sind diese Informationen mit den bereits im Konzern des Investors existierenden Prozessen abzugleichen. Hieraus lassen sich Problemfelder der Postmerger-Integration weit über den Bereich Finanz- und Rechnungswesen hinaus identifizieren und erforderliche Maßnahmen zur reibungslosen Integration ableiten.

6
Auswirkung der Financial Due Diligence auf die Transaktion

Wichtig ist, dass eine Financial Due Diligence nicht mit Abschluss der Prüfungs- und Analysearbeiten beendet ist. Vielmehr haben die Ergebnisse der Financial Due Diligence einen großen Einfluss auf die letztliche Gestaltung der Transaktion, die im Rahmen eines Kaufvertrages umgesetzt wird. Als allgemeine Orientierung werden in dem folgenden Kapitel 6.1 der Inhalt und Aufbau eines Kaufvertrages kurz skizziert. Da die Wertfindung für den Kaufpreis als zentrales Element einer Transaktion von großer Bedeutung ist, werden zunächst die grundsätzlichen Bewertungsvorgehensweisen und -methoden dargestellt (Kapitel 6.2). Auf der Basis dieser Ausführungen wird der Einfluss der Financial Due Diligence auf den Kaufpreis und die ggf. vereinbarten Kaufpreisanpassungsprämissen dargestellt (Kapitel 6.3). Im letzten Unterkapitel dieses Abschnitts 6 werden die wichtigsten Aspekte, die sich bei der sonstigen Vertragsgestaltung aus der Financial Due Diligence ergeben können, erläutert.

6.1 Inhalt und Aufbau des Kaufvertrages

Der Inhalt und Aufbau eines Kaufvertrages hängen davon ab, ob es sich bei der Transaktion um einen Share Deal oder einen Asset Deal handelt. Dementsprechend sind Inhalt und Aufbau des Kaufvertrages auf den Transaktionstyp anzupassen.

Ein typischer Kaufvertrag sieht grundsätzlich folgende Bestandteile vor:

- Präambel,
- Kaufgegenstand,
- Kaufpreis und Zahlungsmodalitäten,
- Closing Conditions/Bedingungen,
- Gewährleistungen und Freistellungen,
- Wettbewerbsverbot und
- Schlussbestimmungen.

Handbuch Financial Due Diligence. Luise Hölscher, Anke Nestler und Ralf Otto

ISBN 978-3-527-50295-0

In der Präambel soll generell das allgemeine Verständnis der Parteien dokumentiert werden. So ist es allgemein üblich, in einem Unternehmenskaufvertrag die wichtigsten Motive der Parteien zum Abschluss des Vertrages und eine Beschreibung des Kaufgegenstands quasi als »Vorwort« zu integrieren. Die Präambel selbst enthält damit keine unmittelbar rechtlich verbindlichen Regelungen und ist auch nicht zwingend erforderlich.

Der Kaufgegenstand muss im Unternehmenskaufvertrag möglichst präzise definiert sein. Hier kommt es zu erheblichen Unterschieden zwischen Share Deal und Asset Deal. Bei einem Share Deal werden die Anteile an einem Unternehmen verkauft und auf den Erwerber übertragen. Als Kaufgegenstand muss der zu veräußernde Gesellschaftsanteil genau bezeichnet werden. Bei einem Asset Deal ist die Abgrenzung deutlich komplexer, da nicht der Unternehmensträger selbst Gegenstand des Kaufvertrages ist, sondern die einzelnen Wirtschaftsgüter, die die Zielgesellschaft hat. Um sicherzustellen, dass das gesamte Unternehmen auch tatsächlich übertragen wird, müssen alle das Unternehmen repräsentierenden Vermögensgegenstände (und Verpflichtungen) vollständig erfasst und einzeln übertragen werden. Aufsatzpunkte für eine solche Erfassung können die Bilanz und die Inventarliste sein. Allerdings gibt es auch zahlreiche Vermögensgegenstände, die nicht bilanziert und auch nicht inventarisiert sind. Hierzu zählen beispielsweise – in Abhängigkeit vom Rechnungslegungssystem – selbsterstellte, nicht bilanzierungsfähige Marken und Patente, Verträge mit Kunden und Lieferanten, geringwertige Wirtschaftsgüter, Lizenzverträge, Kundendaten und selbsterstellte Software. Für die Überprüfung der Vollständigkeit der relevanten Assets hat der Financial Due Diligence-Prüfer gegebenenfalls einen guten Einblick.

Als weiterer wichtiger Bestandteil werden im Kaufvertrag die Höhe des Kaufpreises festgelegt sowie teilweise auch die Formel, mit der der Kaufpreis berechnet wird. Gegebenenfalls werden z.B. variable Komponenten ergänzt und Kaufpreisanpassungsmechanismen vereinbart. Zu dieser Vertragskomponente und der Bedeutung der Financial Due Diligence siehe im Detail unten Kapitel 6.3.

Ein Unternehmenskaufvertrag enthält häufig aufschiebende Bedingungen, so genannte Closing Conditions. Diese Bedingungen beziehen sich auf die Wirksamkeit des Kaufvertrages. Typischerweise wird hier z.B. vereinbart, dass das Eigentum an den Gesellschaftsanteilen bzw. an den zu übertragenden Vermögensgegenständen erst mit Zahlung des Kaufpreises übergehen soll. Dieser Aspekt wird im Hinblick auf die Financial Due Diligence in Kapitel 6.4.4 detaillierter erläutert.

Ein wichtiger Bestandteil eines jeden Unternehmenskaufvertrages sind die dort vereinbarten Gewährleistungen und Freistellungen. Die Verhandlung von Gewährleistungen und Freistellungen nimmt in der Praxis regelmäßig viel Zeit in Anspruch. Hintergrund der Vereinbarung ist, dass ein Unternehmen wie jede andere Kaufsache auch mit Mängeln behaftet sein kann. Die gesetzlichen Gewährleistungsregeln reichen für einen Unternehmenskauf in der Regel nicht aus. Folglich wird in Kaufverträgen regelmäßig ein eigenes, auf die konkreten Umstände der jeweiligen Transaktion abgestimmtes Haftungssystem vereinbart. In diese Vereinbarungen gehen die Erkenntnisse aus der Due Diligence ein. Die Gewährleistungen und Freistellungen als besonders wichtiger Vertragsbestandteil werden in Kapitel 6.4.2 und Kapitel 6.4.3 dargestellt.

In zahlreichen Verträgen findet sich ein Wettbewerbsverbot für den Verkäufer, um den Käufer für einen bestimmten Zeitraum vor einer Aushöhlung seines akquirierten Geschäfts zu schützen. In den Schlussbestimmungen werden dann Themen wie z.B. Gerichtsstand, Schiedsklausel und die salvatorische Klausel dargestellt.

6.2 Wertermittlung

6.2.1 Überblick über die Bewertungsmethoden

Zentraler Aspekt einer Transaktion ist letztlich der Kaufpreis. Der Kaufpreis wird grundsätzlich auf der Basis betriebswirtschaftlicher Bewertungsmethoden ermittelt und im Zuge der Verhandlungen innerhalb einer für Käufer und Verkäufer akzeptablen Bandbreite justiert. Auf den Kaufvertrag und die dort vereinbarten Kaufpreisanpassungsklauseln hat die Methode, nach der der Käufer das Zielunternehmen bewertet hat, eine gewisse Auswirkung. Vor diesem Hintergrund werden an dieser Stelle die wichtigsten Bewertungsmethoden, die in der Transaktionspraxis herangezogen werden, kurz dargestellt.

Für die Bewertung von Unternehmen sind in der Praxis folgende verschiedene Bewertungsmethoden zu beobachten:

- Die wichtigsten Verfahren sind kapitalwertorientierte Verfahren. Hierzu zählen als wichtigste Methoden die Discounted Cashflow-Methode (DCF-Methode) und das Ertragswertverfahren. Bei diesen Methoden werden prognostizierte Zahlungsströme mit einem geeigneten Kapitalisierungszins diskontiert.

- Ein weiteres wichtiges Bewertungsverfahren in der Praxis ist das marktpreisorientierte Verfahren oder das so genannte Multiplikatorverfahren. Hier werden Unternehmen durch den Vergleich mit anderen, in ihrer Werthaltigkeit bereits durch den Markt beurteilte Unternehmen, bewertet. Das Vorgehen beruht auf dem Grundgedanken, dass zwei ähnliche Unternehmen auch eine ähnliche Wertigkeit auf dem Markt haben sollten (similar assets should sell at similar prices).
- In einigen besonderen Fällen können ausnahmsweise substanzorientierte Verfahren herangezogen werden. Diese Verfahren beruhen auf der Ansicht, ein Unternehmen sei so viel wert wie die Summe seiner Bestandteile. Eine solche substanzorientierte Bewertung kommt in der Transaktionspraxis selten vor und ist z.B. allenfalls für Transaktionen im Rahmen einer Liquidation und für so genannte Non-profit Unternehmen anwendbar. Darüber hinaus erfolgt eine substanzorientierte Bewertung für einzelne Vermögenswerte, die als nicht betriebsnotwendig angesehen werden. Ansonsten spielen substanzorientierte Verfahren in der Bewertungspraxis keine Rolle.

In der betriebswirtschaftlichen Literatur finden sich – je nach Abgrenzung – weit über 150 Verfahren zur Bewertung von Unternehmen. Sie sind verständlicherweise nicht das Repertoire einer zeitgemäßen Unternehmensbewertung, sondern das Ergebnis einer langjährigen Entwicklung in Praxis und Forschung. Im Folgenden werden allerdings nur die Verfahren aufgegriffen, die gegenwärtig für die Bewertung von Unternehmen in der deutschen Transaktionspraxis herangezogen werden. Dies sind die kapitalwertorientierten Verfahren (Kapitel 6.2.2 und Kapitel 6.2.3), das Substanzwertverfahren, soweit es zur Bewertung des nicht betriebsnotwendigen Vermögens herangezogen wird (Kapitel 6.2.4), und das Multiplikatorverfahren (Kapitel 6.2.3).

6.2.2 Bewertung auf der Basis zukünftiger Cashflows (WACC-Ansatz)

Aus der Gruppe der am Kapitalwert orientierten Verfahren haben zwei für das Transaktionsgeschäft eine besondere Bedeutung: Dies ist zum Ersten das im internationalen Geschäft übliche Discounted Cashflow-Verfahren (DCF) und zum Zweiten das Ertragswertverfahren.

Eine Unternehmensbewertung in diesem Sinne setzt sich folglich aus zwei grundlegenden Schritten zusammen: erstens aus der Prognose zukünftiger finanzieller Überschüsse und zweitens aus deren Kapitalisierung mit Hilfe eines Zinssatzes, der die Kapitalkosten widerspiegelt, die aus den alternativen Anlagemöglichkeiten des Investors unter Berücksichtigung des Kapitalstrukturrisikos, des zu erwartenden Wachstums, der Besteuerung sowie des Prognoserisikos ermittelt werden.

Mit diesem Ausgangspunkt lassen sich die kapitalwertorientierten Bewertungsverfahren in zwei Gruppen unterscheiden:

- Bei den Entity-Verfahren wird zweistufig vorgegangen: Im ersten Schritt wird der Unternehmensgesamtwert durch Abzinsung der erwarteten Zahlungsüberschüsse des zu bewertenden Unternehmens bestimmt. Der Unternehmensgesamtwert ist unabhängig von der Finanzierungsstruktur des Unternehmens (Eigenkapital, Fremdkapital) und repräsentiert sowohl die Ansprüche der Eigenkapitalgeber als auch die der Fremdkapitalgeber. Um den Marktwert des Eigenkapitals – den eigentlichen Unternehmenswert – zu ermitteln, wird der Unternehmensgesamtwert im zweiten Schritt um den Marktwert des Fremdkapitals vermindert. Der Wert für den Anteilseigner ergibt sich somit indirekt, indem vom Gesamtunternehmenswert der Wert des Fremdkapitals abgezogen wird. Gängige Varianten der Entity-Verfahren sind der Ansatz der gewichteten durchschnittlichen Kapitalkosten (WACC-Ansatz), der Total Cashflow-Ansatz (TCF-Ansatz) sowie der Adjusted Present Value-Ansatz (APV-Ansatz).
- Bei einem Equity-Verfahren wird der Wert eines Unternehmens in einem Schritt ermittelt. Die erwarteten, den Eigenkapitalgebern zustehenden Cashflows werden auf den Bewertungsstichtag mit Hilfe des Kapitalisierungszinses diskontiert. Als Kapitalisierungszins wird die risikoäquivalente Renditeforderung der Eigentümer zugrunde gelegt. Grundsätzlich entspricht der Equity-Ansatz damit der in Deutschland gängigen Ertragswertmethode.

In der internationalen Unternehmensbewertung und Transaktionspraxis hat sich weitgehend die Entity-Bewertung durchgesetzt. Dies ist vor dem Hintergrund verständlich, dass Finanzinvestoren die Zielgesellschaften unabhängig ihrer aktuellen Verschuldungssituation beurteilen und vielmehr die gesamten Cashflows in Betracht ziehen, da sie nach Erwerb ohnehin eine optimale Finanzierungsstruktur, einschließlich der Akquisitionsfinanzierung entwickeln (Kapitel 5.2.2). Im Folgenden wird zunächst die Entity-Bewertung dargestellt, im Anschluss werden die Abweichungen zur Equity-Bewertung erläutert (Kapitel 6.2.3).

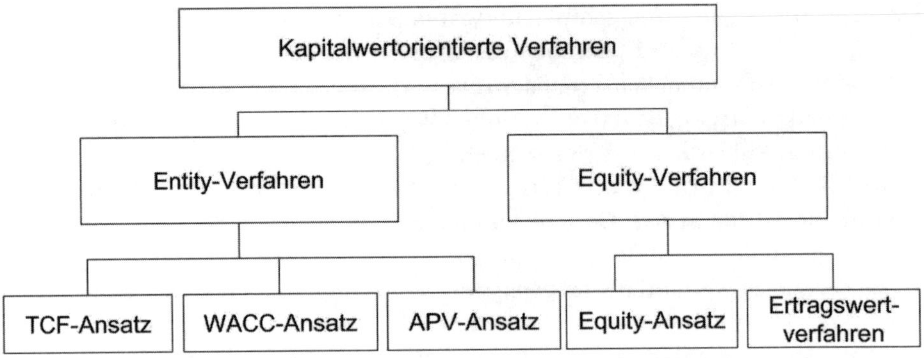

Abb. 6.1: Systematisierung der kapitalwertorientierten Verfahren

In der Gruppe der Entity-Verfahren finden sich drei gängige Varianten (siehe auch Abbildung 6.1):

- Ansatz der gewichteten durchschnittlichen Kapitalkosten (WACC-Ansatz),
- Total Cashflow-Ansatz (TCF) und
- Adjusted Present Value-Ansatz (APV).

»Discounted Cashflow« bedeutet dabei die Tatsache, dass Zahlungsgrößen diskontiert werden; die Definition der Zahlungsgrößen ist damit noch nicht festgelegt. Daher existieren DCF-Bewertungen, die auf Zahlungsströme an alle Kapitalgeber abstellen und somit zu den hier behandelten Entity-Verfahren zählen. Es gibt aber auch DCF-Rechnungen, die nur die Cashflows einbeziehen, die für Zahlungen an Eigenkapitalgeber zur Verfügung stehen, und somit den Equity-Verfahren zuzuordnen sind. In der Praxis wird in der Regel nur der WACC-Ansatz verwendet und gemeinhin als Discounted Cashflow-Methode (DCF-Methode) bezeichnet. Die folgenden Ausführungen konzentrieren sich daher auf die Erläuterung des WACC-Ansatzes. Auf das Equity-Verfahren bzw. Ertragswertverfahren wird in Kapitel 6.2.3 kurz eingegangen.

Die Ermittlung des Unternehmenswertes anhand des WACC-Ansatzes lässt sich grob in fünf Schritte aufteilen:

1. Zunächst werden nicht betriebsnotwendige Vermögenswerte identifiziert, da sie separat bewertet werden.

2. Für die Wertermittlung des operativen Geschäfts werden die Beträge prognostiziert, die für Zahlungen an die Kapitalgeber für Eigen- und Fremdkapital zur Verfügung stehen, also die so genannten Free Cashflows.
3. Der gewichtete durchschnittliche Kapitalkostensatz (WACC) wird ermittelt.
4. Die Free Cashflows werden mit dem gewichteten durchschnittlichen Kapitalkostensatz (den Weighted Average Cost of Capital oder WACC) diskontiert. Dabei wird das so genannte Tax Shield (s.u.) im Diskontierungssatz berücksichtigt.
5. Nach Abzug des (verzinslichen) Fremdkapitals erhält man den Marktwert des Eigenkapitals, der den Anteilseignern zusteht. Für diesen Bewertungsschritt ist der relevante Anteil des Fremdkapitals abzugrenzen.

(1) Identifizierung nicht betriebsnotwendiger Vermögenswerte

Bevor die zukünftigen Cashflows des Zielunternehmens prognostiziert werden können, ist nicht betriebsnotwendiges Vermögen zu identifizieren, und die Auswirkungen auf die operative Vermögens-, Finanz- und Ertragslage des Zielunternehmens sind zu eliminieren. Sofern das nicht betriebsnotwendige Vermögen Bestandteil der Transaktion sein soll, wird sein Wert, d.h. der Liquidationserlös nach Liquidationskosten und Steuern, nach Durchführung der Bewertung zum eigentlichen Unternehmenswert hinzuaddiert (siehe hierzu Kapitel 6.2.4).

(2) Prognose der zukünftigen Free Cashflows

Auf der Basis der Geschäftsplanung werden die Free Cashflows abgeleitet. Plandaten sollten für die folgenden drei bis fünf Jahre vorliegen. Beim WACC-Ansatz entspricht der Free Cashflow den Einzahlungsüberschüssen aus dem operativen Bereich des zu bewertenden Unternehmens nach Durchführung von vorteilhaften Investitionen in das Anlage- und Umlaufvermögen und vor Berücksichtigung der Finanzierung des Unternehmens. Es wird damit eine vollständige Eigenfinanzierung des Bewertungsobjekts unterstellt.

Der Free Cashflow kann direkt oder indirekt abgeleitet werden. Als Basis für die Ermittlung des Free Cashflows ist die Plan-Gewinn- und -Verlustrechnung sowie die Planbilanz des zu bewertenden Unternehmens heranzuziehen. Bei der direkten Berechnungsmethode werden zahlungswirksame Aufwendungen und Erträge jeder Periode saldiert. Bei der indirekten Methode wird der Free Cashflow aus dem Jahresüberschuss der Plan-Gewinn- und -Verlustrechnung durch Eliminierung aller zahlungsunwirksamen Buchungen und unter Berücksichtigung aller zahlungswirksamen, aber nicht ertrags- und aufwandswirksamen Geschäftsvorfälle abgeleitet.

Bei einer indirekten Ableitung aus dem Jahresüberschuss ergibt sich der Free Cashflow bei unterstellter Eigenfinanzierung wie in Abbildung 6.2 dargestellt.

Bei einer direkten, am EBIT ansetzenden Ableitung ist wie folgt vorzugehen: Der »EBIT nach Steuern« (EBI) muss um bestimmte Anpassungen korrigiert werden, um den zahlungsorientierten Free Cashflow zu erhalten. Hierzu werden die geplanten Nettoinvestitionen (Net Capital Expenditures, NetCapEx) der jeweiligen Jahre vom EBI abgezogen, die entsprechend Abbildung 3.6 in Kapitel 3.2.2 hergeleitet wurden. Weiterhin wird eine Zunahme (bzw. Abnahme) der langfristigen Rückstellungen hinzuaddiert (bzw. abgezogen), da Rückstellungen zwar den EBIT verändern, aber keine Zahlungsströme abbilden. Auf die Korrektur der kurzfristigen Rückstellungen wird in der Praxis meist verzichtet. Dabei handelt es sich beispielsweise um die speziellen Aufwandsrückstellungen für unterlassene Instandsetzung oder Abraumbeseitigung, die in jedem Fall nach einem Jahr aufzulösen sind. Diese geringe zeitliche Verschiebung wird in der Bewertung akzeptiert.

Abschließend wird der Anstieg (bzw. die Reduktion) des Working Capital (zur Definition vgl. Abbildung 3.19 in Kapitel 3.4.1) pro Jahr subtrahiert (bzw. addiert). Ein Anstieg bindet flüssige Mittel und reduziert damit den freien Cashflow, eine Reduktion setzt sie frei. Als Ergebnis erhält man den Free Cashflow, berechnet nach Steuern (und ohne Berücksichtigung des Tax

=	Jahresüberschuss
+	Zinsen und ähnliche Aufwendungen
+/-	Abschreibungen/Zuschreibungen
+/-	Zuführung/Auflösung Rückstellungen
-/+	Zunahme/Abnahme aktivischer Rechnungsabgrenzungsposten
+/-	Zunahme/Abnahme passivischer Rechnungsabgrenzungsposten
-/+	Zunahme/Abnahme des Bestands liquider Mittel
-	Investitionen in immaterielle Vermögensgegenstände
-	Investitionen in das Sachanlagevermögen
-	Investitionen in das Finanzanlagevermögen
-/+	Zunahme/Abnahme des Working Capitals
=	Operativer Einzahlungsüberschuss
-	Unternehmensteuerersparnis wegen anteiliger Fremdfinanzierung
=	Free Cashflow

Abb. 6.2: Indirekte Ableitung des Free Cashflows aus dem Jahresüberschuss

Shields). Der gesamte Rechenweg kann aus Abbildung 6.3 entnommen werden.

Da es sich um eine Prognose handelt, müssen die der Bewertung zugrunde liegenden Planungsrechnungen der Zielgesellschaft umfassend plausibilisiert werden. Die Vorgehensweise für die Plausibilisierung der Planung ist in Kapitel 3 und Kapitel 4 ausführlich dargestellt.

In diesem Zusammenhang wird nochmals deutlich, wie wichtig die Financial Due Diligence für die Qualität des ermittelten Wertes der Zielgesellschaft ist. Wird im Zuge der Planungsanalyse deutlich, dass beispielsweise die erwarteten Ergebnisse zu optimistisch sind oder die Planung nicht vollständig wäre, wirkt sich dies möglicherweise signifikant auf den hieraus abgeleiteten Unternehmenswert aus. Der Kaufpreis wäre somit zu korrigieren. Folglich gilt, dass die Aussagekraft eines ermittelten Unternehmenswertes ganz maßgeblich von der Qualität der in die Bewertung eingehenden Daten und von der Sorgfalt bei der Wahl der Bewertungsprämissen bestimmt wird.

Liegt eine Geschäftsplanung z.B. nur bis zum EBIT vor, ist diese für Zwecke der Bewertung zu vervollständigen. Ebenso ist eine Neuberechnung des Ergebnisses erforderlich, wenn aus der Sicht des Erwerbers die Geschäftsplanung zu modifizieren oder zu ergänzen ist. Insbesondere ist eine realistische Steuerbelastung der Zielgesellschaft zu planen. Die zu berücksichtigenden Steuerbelastungen sind in Deutschland derzeit vom Zusammenwirken mehrerer Steuerarten bedingt: Auf Unternehmensebene fällt als erstes die Gewerbesteuer an, deren effektive Belastung aufgrund ihrer In-sich-Abzugsfähigkeit bei Kapitalgesellschaften mit der Formel »Hebesatz geteilt durch (2 000 plus Hebesatz)« berechnet wird. Bei einem lokalen Hebesatz von 400 Prozent entspricht dies einer effektiven Gewerbesteuerlast von 16,67 Prozent. Für Personenunternehmen kann aufgrund von Freibeträgen und Hebesatzstaffelungen für exakte Berechnungen nicht auf die genannte Formel zurückgegriffen werden; bei der Betrachtung von Spitzenbelastungen können diese Effekte jedoch vernachlässigt werden.

	EBI
-	Nettoinvestitionen
+/-	Zu-/Abnahme der langfristigen Rückstellungen
-/+	Anstieg/Abnahme des Working Capital
=	FCF

mit EBI Earnings Before Interest
FCF Free Cashflow

Abb. 6.3: Direkte Berechnung des Free Cashflows

Die Gewerbesteuer mindert als (derzeit noch) abzugsfähige Betriebsausgabe nicht nur ihre eigene Bemessungsgrundlage, sondern auch die für die Körperschaftsteuer auf Ebene des Zielunternehmens (oder bei Personenunternehmen die Bemessungsgrundlage der Einkommensteuer auf Ebene des (Mit-)Unternehmers). Damit geht nur der verbleibende Betrag des EBIT nach Gewerbesteuer als Bemessungsgrundlage in die Belastung mit persönlicher Körperschaft- oder Einkommensteuer ein. Abschließend wird der Solidaritätszuschlag auf die letztgenannten Ertragsteuern errechnet. Abbildung 6.4 fasst die erläuterte Berechnung für Zielunternehmen in der Rechtsform einer Kapitalgesellschaft zusammen.

Die prognostizierten Cashflows gemäß Geschäftsplanung umfassen die erste Phase des Bewertungsmodells, den so genannten Detailplanungszeitraum. Da eine Gesellschaft fortgeführt werden soll, ist der Wert der nach dieser Phase erwirtschafteten Cashflows ebenfalls zu ermitteln. Diese werden einheitlich für die Berechnung der so genannten »Ewigen Rente« oder »Terminal Value« prognostiziert (vgl. die Abbildung 4.1 »Zusammenhang zwischen Geschäftsplanung und Unternehmenswert der Zielgesellschaft« in Kapitel 4.1). In der Ewigen Rente wird unterstellt, dass sich das Unternehmen in einem quasi normalisierten, eingeschwungenen Zustand befindet und daher konstant wachsende Cashflows erwirtschaftet. Da die Ewige Rente in der Regel 70 Prozent bis 90 Prozent des Unternehmenswertes bestimmt, sind die hier zugrunde liegenden Prämissen besonders sorgfältig zu analysieren. Auf die Ewige Rente wird in Abschnitt f näher eingegangen.

(3) Ermittlung der gewichteten Kapitalkosten (WACC)

(a) Grundsatz der WACC-Ermittlung

Im nächsten Schritt muss der Kapitalisierungszins ermittelt werden, mit dem die erwarteten Free Cashflows zum Unternehmenswert abgezinst wer-

$$s_{UN} = s_{gewst} + (1 - s_{gewst}) \times s_{kst}(1 + s_{solz})$$

mit	s_{UN}	Steuerbelastung des Zielunternehmens	
	s_{gewst}	effektiver Gewerbesteuersatz, berechnet aus zzt. 9,1%-19,68%	$\frac{\text{Hebesatz}}{\text{2.000 + Hebesatz}}$
	s_{kst}	Körperschaftsteuersatz, zzt. 25%	
	s_{solz}	Solidaritätszuschlag, zzt. 5,5%	

Abb. 6.4: Berechnung der Steuerbelastung des Zielunternehmens

den können. Hierbei ist das Äquivalenzprinzip zu beachten: Demnach muss der Nenner unter denselben Annahmen ermittelt werden wie der Zähler. Dabei muss z.B. das im Nenner abgebildete Risiko dem des im Zähler abgebildeten Zielunternehmens entsprechen (Risikoäquivalenz).

Nach dem WACC-Ansatz ergibt sich der Zinssatz als Mischgröße aus den Kapitalkosten für Eigenkapital und Fremdkapital, die mit ihrem Anteil am Gesamtkapital gewichtet werden. Dabei werden in der Regel die Marktwerte von Eigen- und Fremdkapital herangezogen, nicht die buchhalterischen Werte. Auch wenn in der Praxis im Regelfall nur diese beiden Kapitalarten unterschieden werden, ließen sich problemlos weitere Komponenten (z.B. Mezzanine-Kapital) einbeziehen.

Die gewichteten Kapitalkosten ergeben sich (vor Steuern) ausgedrückt als Formel wie in folgender Abbildung 6.5:

(b) Ermittlung der Fremdkapitalkosten

Die Kapitalkosten aller Komponenten sind mit Bezug auf das Zielunternehmen zu ermitteln, da sie die Verzinsungen abbilden, die die Kapitalgeber bei einer alternativen Anlage am Kapitalmarkt erwarten würden. Für die Fremdkapitalrendite muss daher auf die tatsächliche Bonität des Zielunternehmens abgestellt werden. Der Zinssatz ergibt sich als durchschnittliche Verzinsung, die das Unternehmen zum Bewertungszeitpunkt unter seiner gegebenen Gewinnsituation, Verschuldungsstruktur und Risikoeinordnung am Kapitalmarkt für Fremdkapital aufbringen muss.

Die Berücksichtigung zusätzlicher Kapitalkostenbestandteile kann aufgrund unterschiedlichster Finanzierungsformen (z.B. Mezzanine, hybride Finanzierungen, Pensionsrückstellungen, Leasing) erforderlich werden. Diese wären theoretisch auf mögliche Zahlungswirkungen und die Verursachung von Kapitalkosten zu analysieren. Im Rahmen von zeitkritischen Transaktionen bleiben solche Überlegungen meistens eher außen vor.

(c) Ermittlung der Eigenkapitalkosten anhand des CAPM

Für die Ermittlung der *Eigenkapitalrendite* wird regelmäßig auf das Capital Asset Pricing Model (CAPM) zurückgegriffen, das von einer (quasi) risi-

$$WACC = r_{EK} \cdot \frac{EK_{MW}}{EK_{MW} + FK_{MW}} + r_{FK} \cdot \frac{FK_{MW}}{EK_{MW} + FK_{MW}}$$

mit: r_{EK} Eigenkapitalkosten
EK_{MW} Marktwert des Eigenkapitals
r_{FK} Fremdkapitalkosten
FK_{MW} Marktwert des Fremdkapitals

Abb. 6.5: Ermittlung der gewichteten Kapitalkosten (WACC)

kofreien Anlage am Kapitalmarkt (z.B. in Anleihen öffentlicher Emittenten) ausgeht. Aus dem Vergleich der risikofreien Anlage mit dem Marktrisiko, also dem nicht diversifizierbaren Risiko einer Anlage am Kapitalmarkt (z.B. in den DAX), lässt sich die Marktrisikoprämie ableiten. Dies ist die Differenz zwischen der Rendite, die vom Kapitalmarkt für das erhöhte Risiko einer Anlage in ein diversifiziertes Aktiendepot verlangt wird (r_M), zur risikofreien Rendite öffentlicher Anleihen (r_f). Für das Zielunternehmen ist sie in dem Verhältnis von Bedeutung, in dem das Risiko des Zielunternehmens zum Risiko des Gesamtmarktes steht. Dieses Verhältnis wird im Risikobeitragsmaß *Beta* (β) abgebildet. Ein Beta größer Eins bedeutet, dass die Rendite des Unternehmens überproportional zu der des Marktes schwankt. Ein Beta kleiner Eins gibt an, dass das Unternehmen eine unterproportionale Volatilität zum Markt aufweist.

Während bei börsennotierten Unternehmen historische Beta-Faktoren direkt ermittelt werden können, müssen sie für nicht börsennotierte Unternehmen indirekt über den Vergleich mit einer so genannten Peer Group hergeleitet werden. Als Datenbasis können Quellen wie Bloomberg, Thomson Financial Datastream u.Ä. genutzt werden. Zur Überprüfung der Qualität der abgeleiteten Beta-Faktoren sind verschiedene statistische Tests möglich, wobei insbesondere in der Praxis das Bestimmtheitsmaß von Bedeutung ist.

Darüber hinaus wird i.d.R. das Risiko der unternehmensspezifischen Kapitalstruktur, das so genannte Gearing, in die Ermittlung des Betas einbezogen werden. Hierzu werden zunächst die Beta-Faktoren der Peer Group um den Einfluss der jeweiligen Fremdfinanzierung bereinigt (»Unlevering«), so dass sich Werte für rein eigenkapitalfinanzierte Unternehmen ergeben. Diese werden durch das »Relevering« an den Verschuldungsgrad des Zielunternehmens angepasst (vgl. Abbildung 6.6).

Letztlich ergibt sich die Eigenkapitalrendite nach dem CAPM aus der in Abbildung 6.7. wiedergegebenen Formel. Es ermittelt die vom Investor verlangte Eigenkapitalrendite vor Steuern als Ergebnis aus der risikofreien Marktüberrendite vor Steuern r_f, der Marktrisikoprämie ($r_M - r_f$) und dem unternehmens- und verschuldungsindividuellen Risikobeitragsmaß β.

(d) Gewichtung von Eigen- und Fremdkapitalkosten

Wenn die unternehmensspezifischen Eigen- und Fremdkapitalkosten ermittelt sind, erfolgt im nächsten Schritt ihre Gewichtung. Als Ausgangspunkt dient die Ist-Kapitalstruktur des Zielunternehmens im Transaktionszeitpunkt; es kann aber auch die Soll-Kapitalstruktur (so genannte Zielkapitalstruktur) zugrunde gelegt werden. Für den Detailplanungszeitraum ist es zudem möglich, die Veränderungen der Kapitalstruktur vom Ist- zum Sollzustand abzubilden, indem für die einzelnen Jahre unterschiedliche Ge-

$$\beta^{EK}_{verschuldet} = \beta^{EK}_{unverschuldet} \times \left(1 + (1 - s_{UN}) \frac{FK^{MW}}{EK^{MW}}\right) - \beta^{FK} \times (1 - s_{UN}) \times \frac{FK^{MW}}{EK^{MW}}$$

mit $$\beta^{FK} = \frac{r_{FK} - r_f}{r_M - r_f}$$

s_{UN}	Steuerbelastung des Zielunternehmens
FK^{MW}	Fremdkapital zu Marktwerten
EK^{MW}	Eigenkapital zu Marktwerten
r_{FK}	Fremdkapitalzinssatz des Zielunternehmens
r_f	risikofreier Zinssatz
r_M	Marktrendite

Abb. 6.6: Umrechnung von Betafaktoren (»Gearing«)

wichtungen der Kapitalkomponenten angewendet werden. Sofern eine Veränderung der Eigen- oder Fremdkapitalkosten zu erwarten ist, beispielsweise durch eine Verbesserung der Bonität des Zielunternehmens nach der Transaktion, können auch diese Veränderungen in die Bewertung einbezogen werden. Allerdings sollte darauf geachtet werden, nicht zu viele Stellschrauben gleichzeitig zu verändern. Durch eine Sensitivitätsanalyse können wichtige Aussagen über die Bedeutung einzelner Veränderungen auf den Unternehmenswert gewonnen werden.

Bei der Gewichtung ist zu beachten, dass das Ziel der Unternehmensbewertung die Ermittlung eines Marktwertes ist und daher auch die Gewichtung von Eigen- und Fremdkapitalrendite *zu* Marktwerten erfolgen muss. Da in den Zähler Marktwerte einfließen, muss auch die Gewichtung im Nenner anhand dieser Werte vorgenommen werden. In der Praxis der Unterneh-

$$r_{EK} = r_f + \beta\,[\,r_M - r_f\,]$$

mit		
r_{EK}	Eigenkapitalkosten	
r_f	risikofreier Zinssatz	
β	Risikobeitragsmaß Beta =	$\beta^{EK}_{verschuldet}$
r_M	Marktüberrendite	

Abb. 6.7: Capital Asset Pricing Model

mensbewertung ergibt sich daraus jedoch ein Problem: Um die Gewichtung der Eigenkapitalrendite in Form von Marktwert des Eigenkapitals zu Marktwert des Gesamtkapitals berechnen zu können, wird die Zielgröße der gesamten Bewertung, der Marktwert des Eigenkapitals, benötigt. Hieraus ergibt sich ein Zirkularitätsproblem, das sich jedoch mit Hilfe von entsprechenden Rechenprogrammen lösen lässt.

(e) Berücksichtigung des Tax Shields

Mit der Gewichtung von Eigen- und Fremdkapitalkosten ist die Ermittlung der Weighted Average Cost of Capital noch nicht abgeschlossen. Da bei der Berechnung der Free Cashflows das Tax Shield, also der steuermindernde Effekt gezahlter Fremdkapitalzinsen, nicht berücksichtigt wurde, muss dies alternativ im Nenner im WACC erfolgen. Auch diese Vorgehensweise entspricht dem Äquivalenzprinzip: Zähler und Nenner werden unter Berücksichtigung von Steuereffekten ermittelt. Dabei erhöht das Tax Shield den Wert der Cashflows im Zähler. Sofern aufgrund des Entity-Ansatzes im Zähler nicht zwischen freien Zahlungsmitteln für Eigen- und für Fremdkapitalgeber unterschieden wird, kann der Steuereffekt dort nicht eingerechnet werden; der Zähler ist zu niedrig. Statt dessen wird die fehlende Werterhöhung im Zähler durch eine Minderung im Nenner abgebildet (d.h. das führt zu einer Werterhöhung). Im WACC-Ansatz ist der Fremdkapitalanteil an den Gesamtkapitalkosten bekannt, die Fremdkapitalkosten r_f werden um den durch sie hervorgerufenen Steuereffekt, das Tax Shield, korrigiert. Zahlt beispielsweise ein Unternehmen, das einem Steuersatz von 40 Prozent unterliegt, einen Fremdkapitalzinssatz von acht Prozent, so »spart« jeder Euro gezahlte Zinsen 40 Cent Steuern und reduziert damit den Nachsteuergewinn nur um 60 Cent. Damit beträgt die Belastung nicht acht Prozent, sondern lediglich 4,8 Prozent [0,08 x (1 – 0,40) = 0,048]. Diese Reduktion der Fremdkapitalkosten um 0,032 (d.h. um 40 Prozent) ist das Tax Shield.

Zur Berücksichtigung des Tax Shields sind theoretisch zwei Vorgehensweisen denkbar:

- Es kann in die Berechnung der Free Cashflows im Zähler einbezogen werden. Da dies Nachsteuergrößen sind, erhöhen sie sich wieder um den Betrag, um den die Steuerbelastung durch das Tax Shield sinkt. Der Nachteil dieser Vorgehensweise ist, dass bei Veränderungen in der Zinshöhe oder in der (Ziel-)Kapitalstruktur der Teil des Free Cashflows, der an Fremdkapitalgeber gezahlt wird, jährlich neu prognostiziert werden muss. Daher ist diese direkte Vorgehensweise unüblich.
- Alternativ wird das Tax Shield indirekt bei der Ermittlung der gewichteten Kapitalkosten im Nenner berücksichtigt. Dies ist die übliche Vorge-

$$WACC_{Tax\ Shield} = r_{EK} * \frac{EK_{MW}}{GK_{MW}} + r_{FK} (1 - [Tax\ Shield]) * \frac{FK_{MW}}{GK_{MW}}$$

mit $WACC_{Tax\ Shield}$	Weighted Average Cost of Capital unter Berücksichtigung des Tax Shield
r_{EK}	Eigenkapitalkosten des Zielunternehmens
r_{FK}	Fremdkapitalkosten des Zielunternehmens
EK_{MW}	Eigenkapital zum Marktwert
FK_{MW}	Fremdkapital zum Marktwert
$GK_{MW} = EK_{MW} + FK_{MW}$	Gesamtkapital zum Marktwert
[Tax Shield]	Tax Shield in %

Abb. 6.8: Weighted Average Cost of Capital unter Berücksichtigung des Tax Shields

hensweise, da sowohl Zins- als auch Kapitalstrukturänderungen automatisch das Tax Shield mit korrigieren. Das Ergebnis sind die Weighted Average Cost of Capital unter Berücksichtung der steuerlichen Abzugsfähigkeit von Zinsen in Abbildung 6.8.

Abbildung 6.9 stellt die Belastungen formal dar. Zu berücksichtigen ist, dass Zinszahlungen auf Dauerschulden zwar bei der Körperschaftsteuer im Regelfall als Betriebsausgabe abzugsfähig sind. Bei der Ermittlung der Gewerbesteuer werden sie jedoch zur Hälfte wieder hinzugerechnet, womit dem Objektcharakter der Gewerbesteuer entsprochen werden soll. Damit umfasst das Tax Shield nicht die volle laufende Belastung, sondern nur den Teil, der von der gewerbesteuerlichen Modifikation nicht betroffen ist.

(f) Ermittlung des Wachstumsabschlags (Ewige Rente)

Für die Ermittlung des Wertes der Cashflows nach dem Ende der Detailplanungsphase (auch als Restwert bezeichnet) wird bei den kapitalwertorientierten Methoden die so genannte Ewige Rente berechnet. Dies ist der jährlich erzielbare Cashflow in einem »eingeschwungenen« Zustand, den das Zielunternehmen am Ende der Detailplanungsphase erreicht haben sollte. Es handelt sich hierbei um einen normalisierten, »repräsentativen« Wert ohne Beeinflussung durch Einmaleffekte, Erweiterungsinvestitionen (nur notwendiger Ersatz) oder Zinsgewinne.

Die Ewige Rente wird fortgeschrieben, indem pauschal ein konstantes Wachstum unterstellt wird. Meistens werden in der Praxis Wachstumsraten zwischen null Prozent und zwei Prozent angenommen. Ausnahmen sind aber bei sehr wachstumsstarken Branchen durchaus möglich.

$$[Tax\ \ Shield] = 0{,}5 \times S_{gewst,k} + (1 - 0{,}5 \times S_{gewst,k}) \times S_{kst} \times (1 + S_{solz})$$

mit $S_{gewst,k}$ effektiver Gewerbesteuersatz der Kapitalgesellschaft, zzt. 9,1%-19,68%
S_{kst} Körperschaftsteuersatz, zzt. 25%
S_{solz} Solidaritätszuschlag, zzt. 5,5%

Abb. 6.9: Berechnung des Tax Shields

Das Wachstum wird mathematisch als Abschlag im Nenner berücksichtigt und damit werterhöhend. Das bedeutet, je höher der Wachstumsabschlag gewählt wird, umso niedriger sind die Kapitalkosten in der Ewigen Rente und umso höher steigt der Wert. Damit ist Wachstum relativ einfach zu handhaben, beinhaltet aber auch ein besonders hohes Potenzial an Bewertungsfehlern. Vor allem in reifen Branchen stellt sich die Frage nach der Dauerhaftigkeit des unterstellten Wachstums. Da mit dem Wachstumsabschlag nur eine einzige, durchschnittliche und zeitlich unbegrenzte Wachstumsrate abgebildet werden kann, ist die Nachhaltigkeit dieser Rate gut zu überlegen.

(4) Ermittlung des Gesamtunternehmenswertes durch Diskontierung

Zusammenfassend ergibt sich der Gesamtunternehmenswert nach dem WACC-Ansatz aus der in Abbildung 6.10 dargestellten Formel.

Der erste Teil des Wertes bildet die Free Cashflows des Detailprognosezeitraums ab, der von t = 1 (dem ersten Jahr nach der Transaktion) bis zum Endzeitpunkt N reicht. Diese Free Cashflows werden mit den Weighted Average Cost of Capital unter Berücksichtigung des Tax Shields auf den Transaktionszeitpunkt t = 0 abgezinst und aufsummiert.

Der zweite Teil enthält die Berechnung der Ewigen Rente bzw. des Terminal Values. Hier wird der Free Cashflow des ersten Jahres nach dem Detailplanungszeitraum FCF_{N+1} als Ewige Rente definiert, deren Wert ermittelt werden kann, indem sie durch den um den Wachstumsabschlag w verminderten Kapitalkostensatz $WACC_{Tax\ Shield}$ geteilt wird. Dies ergibt den Wert der Ewige Rente am Ende des Detailplanungszeitraums. Bevor er mit den übrigen Barwerten aufsummiert werden kann, muss er auf den selben Zeitpunkt t = 0 abgezinst werden.

(5) Ermittlung des Marktwertes des Eigenkapitals durch Abzug des Fremdkapitals

Im letzten Schritt wird das Fremdkapital, bewertet zu Marktwerten, abgezogen, um den Ertragswert aus Sicht des Eigenkapitalgebers zu erhalten. Da-

$$UW_{WACC} = \sum_{t=1}^{N} \frac{FCF_t}{(1 + WACC_{Tax\ Shield})^t} + \frac{FCF_{N+1}}{WACC_{Tax\ Shield} - w} \times \frac{1}{(1 + WACC_{Tax\ Shield})^N} - FK_{MW}$$

mit	UW_{WACC}	Ertragswert nach dem WACC-Ansatz
	N	Ende des Detailplanungszeitraums
	FCF_t	Free Cashflow des Jahres t
	$WACC_{Tax\ Shield}$	Weighted Average Cost of Capital unter Berücksichtigung des Tax Shields
	w	Wachstumsabschlag
	FK_{MW}	Fremdkapital zum Marktwert

Abb. 6.10: Gesamtunternehmenswert nach dem WACC-Ansatz

bei ist gemäß der Bewertungstheorie von verzinslichem Fremdkapital auszugehen. Diese Fremdkapitalkomponente ist in der Praxis nicht immer eindeutig identifizierbar. Mischformen, wie z.B. Mezzanine-Finanzierungen, lassen sich nicht eindeutig zuordnen. Dementsprechend ist die Abgrenzung der abzuziehenden Finanzverbindlichkeiten zur Ermittlung des Kaufpreises regelmäßig ein intensiv diskutierter Gegenstand der Verhandlungen (siehe hierzu auch im Detail Kapitel 6.3.1).

Sofern kein nicht betriebsnotwendiges Vermögen zu berücksichtigen ist, wäre die Bewertung nach diesem Schritt dann abgeschlossen.

Bevor auf die Bewertung nicht betriebsnotwendiger Vermögenswerte separat eingegangen wird, werden die wesentlichen Unterschiede bei einer Equity-Bewertung aufgezeigt.

6.2.3 Unterschiede bei der Equity-Bewertung

Bei einer Equity-Bewertung wird der Wert des Zielunternehmens direkt ermittelt, ohne den Umweg über den Gesamtunternehmenswert zu gehen. Folglich müssen alle einfließenden Wertkomponenten auf die alleinige Betrachtung des Eigenkapitalgebers ausgerichtet werden. Ausgangspunkt im Zähler ist dabei entweder der Cashflow to equity oder der Jahresüberschuss, wobei im letzten Fall nicht mehr von einer DCF-Bewertung gesprochen werden kann. Die Bewertung auf der Basis von Jahresüberschüssen wird als Ertragswertmethode bezeichnet.

Handelsrechtlicher Jahresüberschuss

[- persönliche Ertragsteuern des Anteilseigners]

+/- Erhöhung/Verminderung des Fremdkapitalbestandes

+ Abschreibungen u.Ä. zahlungsunwirksame Aufwendungen

- zahlungsunwirksame Erträge

- Investitionsauszahlungen

+/- Verminderung/Erhöhung des Nettoumlaufvermögens

= Cashflow to equity

Abb. 6.11: Indirekte Ermittlung des Cashflow to equity

Der Cashflow to equity ist der Betrag an Zahlungsmitteln, der in der jeweiligen Periode für Zahlungen an den Eigenkapitalgeber zur Verfügung steht. Bei der indirekten Ermittlung aus dem handelsrechtlichen Jahresüberschuss wird er durch Korrektur außerordentlicher Aufwendungen und Erträge sowie durch die Eliminierung nicht zahlungswirksamer Aufwands- und Ertragsgrößen gewonnen (vgl. Abbildung 6.11). Die direkte Ermittlung ist im Grunde analog zum Free Cashflow ohne Ansprüche der Fremdkapitalgeber vorzunehmen.

Für die Abzinsung der Cashflows werden die Eigenkapitalkosten benötigt, die anhand des CAPMs abgeleitet werden. Da die steuerliche Abzugsfähigkeit der Fremdkapitalzinsen bereits im Zähler berücksichtigt wurde, ist ein Einbezug des Tax Shields im Nenner nicht erforderlich.

Auch die Ewige Rente wird mit Bezug auf den Eigenkapitalgeber ermittelt. Zur Kapitalisierung der zukünftigen Cashflows werden entsprechend die Eigenkapitalkosten herangezogen. Die gesamte Vorgehensweise kann Abbildung 6.12 entnommen werden. Dabei ist zu beachten, dass beim Equity-Ansatz das Fremdkapital vom ermittelten Barwert nicht mehr abgezogen werden muss.

6.2.4 Bewertung des nicht betriebsnotwendigen Vermögens

Die bisherigen Bewertungsschritte bezogen sich lediglich auf die Erträge aus dem betriebsnotwendigen Vermögen. Das nicht betriebsnotwendige Vermögen wird aus der gesamten Geschäftsplanung (Plan-Gewinn- und -Verlustrechnung, Planbilanz und Plan-Cashflow-Rechnung) eliminiert. Daher muss abschließend sein Wert zum DCF-Wert hinzuaddiert werden, um

$$UW_{CAPM} = \sum_{t=1}^{N} \frac{FCE_t}{(1+r_{EK})^t} + \frac{FCE_{N+1}}{r_{EK} - w} \times \frac{1}{(1+r_{EK})^N}$$

mit UW_{CAPM} Ertragswert nach dem CAPM-Ansatz

N Ende des Detailplanungszeitraums

FCE_t Cashflow to equity des Jahres t

r_{EK} Eigenkapitalkosten nach dem CAPM

w Wachstumsabschlag

Abb. 6.12: Ertragswert (Equity) nach dem CAPM-Ansatz

den Gesamtwert der Zielgesellschaft mit allen Vermögenswerten zu erhalten.

Werden bestimmte Vermögensgegenstände (z.B. Grundstücke, Betriebsgebäude, Marken, Lizenzen) aus einer Transaktion ausgenommen, sind diese aus der Bewertungsperspektive grundsätzlich analog zu den nicht betriebsnotwendigen Vermögenswerten aus der bestehenden Geschäftsplanung zu eliminieren. Wird hierfür gegebenenfalls ein separater Kaufpreis vereinbart, sind solche Vermögensgegenstände separat nach den hier dargestellten Prinzipien zu bewerten. In den anderen Fällen werden sie bei einer Bewertung einfach außer Betracht gelassen.

Nicht betriebsnotwendiges Vermögen befindet sich oft aus historischen Gründen im Unternehmensvermögen. Solche Vermögensgegenstände sollten durch die Financial Due Diligence identifiziert werden. Dabei ist nicht nur zu untersuchen, welche Vermögenswerte vorliegen, sondern auch, wie schnell sie ohne negative Rückwirkungen auf den betrieblichen Bereich veräußert (bzw. in manchen Fällen auch stillgelegt) werden können. Vor allem von dem Verkauf von Einrichtungen mit sozialer Komponente wie Werkswohnungen, Betriebskindergärten, Hotelanlagen für Mitarbeiterschulungen und ähnlichen Vermögenswerten kann ein Signaleffekt mit negativen Auswirkungen für das laufende Geschäft ausgehen.

Der Wert des nicht betriebsnotwendigen Vermögens ergibt sich im Regelfall aus einer Substanzbetrachtung. Da davon auszugehen ist, dass diese Vermögensgegenstände nach Abschluss der Transaktion veräußert oder möglicherweise zur Finanzierung des Kaufpreises verwendet werden, muss ihr Marktwert als Liquidationswert ermittelt und um den Effekt einer eventuellen Veräußerungsgewinnbesteuerung reduziert werden. Unter Umständen ist dabei zu untersuchen, ob die Übertragung stiller Reserven auf betriebsnotwendige Reinvestitionen möglich ist.

Der Marktwert des nicht betriebsnotwendigen Vermögens entspricht dem Einzelveräußerungspreis abzüglich eventuell anfallender Veräußerungskosten. Auch Veräußerungsnebenkosten, wie z.B. Grunderwerbsteuer, sind in die Berechnung einzubeziehen, sofern sie nicht auf den Käufer überwälzt werden können. Handelt es sich um nicht betriebsnotwendige Schulden, ist deren Ablösungsbetrag anzusetzen.

Für die Bewertung ist von einer realistischen Zeitspanne bis zur Veräußerung auszugehen. Vor allem bei umfangreichem Grundbesitz kann es notwendig oder geboten sein, einen Veräußerungszeitraum von mehreren Jahren anzusetzen. Daraus resultiert zum einen, dass der Liquidationserlös mit seinem Barwert zum Transaktionszeitpunkt anzusetzen ist. Zum anderen müssen zwischenzeitlich anfallende Aufwendungen (z.B. Grundsteuer, Verwaltungsgebühren) und Erträge (z.B. Mieteinnahmen) mit ihren abgezinsten Beträgen in die Berechnung einfließen.

6.2.5 Bewertung auf der Basis des Marktes

(a) Grundlagen der Multiplikatorverfahren

Für die Bewertung von Unternehmen werden neben den zukunftserfolgsorientierten Bewertungsverfahren wie dem Ertragswert- oder Discounted Cashflow-Verfahren in der Praxis häufig marktorientierte Bewertungsverfahren (auch »Multiplikatorverfahren«) angewendet. Der Markt als Bewertungsinstrument wird in der Unternehmensbewertung vor allem zur Plausibilisierung ermittelter Werte sowie für erste Preisindikationen herangezogen. Eine Multiplikatorbewertung ersetzt dabei keine detaillierte Unternehmensanalyse, -planung und -bewertung, kann aber wertvolle Hinweise auf Über- oder Unterbewertungen des Zielunternehmens im Vergleich zu möglichen Wettbewerbern oder Alternativzielen liefern. Ein wesentlicher Vorteil eines Einsatzes von Multiplikatoren ist ihre vergleichsweise einfache Anwendung. Bei mangelnder Berücksichtigung der impliziten Annahmen kann sie aber auch zu Trugschlüssen und damit zu Fehlentscheidungen führen.

Multiplikatoren repräsentieren die Relation zwischen dem Wert, den der Markt dem Zielunternehmen beimessen würde, und einer (Erfolgs-)Größe des Unternehmens. Für die Ableitung von Marktpreisen lassen sich zwei grundlegende Vorgehensweisen unterscheiden:

- Börsenkursbezogene Multiplikatorverfahren ziehen als Vergleichsobjekte Unternehmen heran, die dem Zielunternehmen ähnlich sind und für die Marktpreise aus Börsendaten abgeleitet werden können. Ausgangspunkt ist der Aktienmarkt.
- Transaktionsbezogene Multiplikatorverfahren beziehen sich auf Transaktionen ähnlicher Unternehmen in der jüngeren Vergangenheit, aus denen auf den Wert des Zielunternehmens geschlossen werden kann. Ausgangspunkt ist folglich der M&A-Markt.

Beide Vorgehensweisen können zur direkten Ermittlung von Equity-Werten oder – in Abhängigkeit von der Ausgestaltung des Multiplikators – zur indirekten Entity-Bewertung verwendet werden. Equity-Multiplikatoren berücksichtigen nicht, dass bei unterschiedlichem Verschuldungsgrad die Eigenkapitalkosten variieren. Entity-Multiplikatoren hingegen ermöglichen eine bessere Vergleichbarkeit unterschiedlich finanzierter Unternehmen.

(b) Auswahl der Multiplikatoren

Multiplikatoren werden grundsätzlich aus dem Verhältnis des bekannten Börsen- oder Transaktionspreises der Vergleichsunternehmen zu einer Bezugsgröße hergeleitet, die auch hinsichtlich des Zielunternehmens bekannt ist. Der gesuchte Marktwert des zu bewertenden Unternehmens ergibt sich folglich aus der Multiplikation der unternehmensindividuellen Bezugsgröße und dem als allgemeingültig unterstellten Verhältnis zwischen Marktpreis und Bezugsgröße, abgebildet im Multiplikator (vgl. Abbildung 6.13).

Beim Multiplikatoransatz wird implizit unterstellt, dass sich aus beobachtbaren Marktpreisen vergleichbarer Unternehmen Rückschlüsse auf den Wert eines anderen Unternehmens ziehen lassen. Dabei wird insbesondere unterstellt, dass der im Multiplikator abgebildete Zusammenhang zwischen Preis und Bezugsgröße auch gleichermaßen für das Bewertungsobjekt gilt. Wesentlich für die Aussagefähigkeit der Bewertung ist folglich die bestmögliche Vergleichbarkeit der Unternehmen der Peer Group mit dem Bewertungsobjekt.

Als Equity-Multiplikatoren treten vor allem auf

- der Marktwert des Eigenkapitals (Equity Value) in Relation zum Gewinn vor Steuern (Profit Before Tax, PBT),
- der Marktwert des Eigenkapitals (Equity Value) in Relation zum Gewinn nach Steuern (Earnings, Net Profit) sowie
- der Marktwert des Eigenkapitals (Equity Value) in Relation zu den Net Assets.

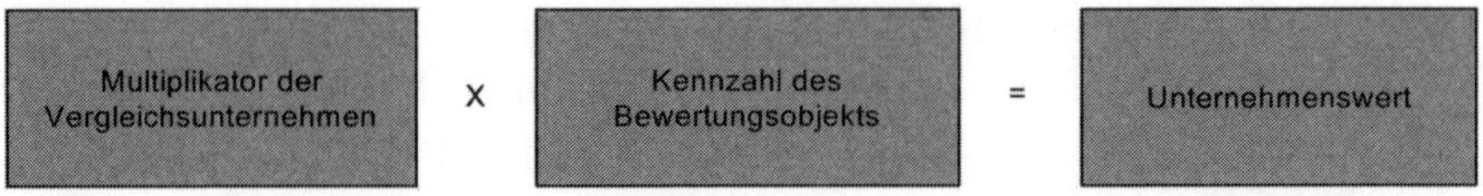

Abb. 6.13: Grundidee der Multiplikatormethode

Wichtig bei der Anwendung von Equity-Multiplikatoren ist, dass hierzu nur Größen in Frage kommen, auf die ausschließlich die Eigenkapitalgeber Anspruch haben, nachdem die Ansprüche der übrigen Kapitalgeber bereits erfüllt worden sind, also nach Abzug von Fremdkapitalzinsen. Der Kurswert einer Aktie geteilt durch den Gewinn nach Steuern liefert beispielsweise das aus der Aktienanalyse bekannte Kurs-Gewinn-Verhältnis (KGV). Statt des Kurswertes wird die gesamte Marktkapitalisierung verwendet, die sich aus der Multiplikation des Kurses mit der Anzahl der ausgegebenen Aktien ergibt. Daher wird dieser Multiplikator auch als KGV-Multiplikator bezeichnet.

Als Entity-Multiplikatoren werden insbesondere verwendet

- der Marktwert des Unternehmens (Entity Value) in Relation zum Umsatz,
- der Marktwert des Unternehmens (Entity Value) in Relation zum EBIT und
- der Marktwert des Unternehmens (Entity Value) in Relation zum EBITDA.

Zu beachten ist, dass EBIT und EBITDA rein operative Größen sind, die den Finanz- und Investitionsbereich der Unternehmen außer Betracht lassen. Vorteil des EBITDA ist vor allem, dass durch die Abschreibungskorrektur die Wirkungen unterschiedlicher Bilanzierungsvorschriften und abweichender Wahlrechtsausübungen eliminiert werden. Der Umsatz hingegen ist als Kenngröße kaum manipulierbar, kann jedoch keine abweichenden Kostenstrukturen und Effizienzen berücksichtigen. Der Umsatz-Multiplikator setzt also identische Umsatzrenditen voraus. Er sollte daher nur dann verwendet werden, wenn Einflussfaktoren auf das Ergebnis vergleichbar sind und der Umsatz den zentralen Werttreiber des Unternehmens darstellt.

Nach der Ermittlung des Entity Value muss noch die Nettoverschuldung, berechnet als Marktwert des Fremdkapitals, abgezogen werden, um den Marktwert des Eigenkapitals als Zielgröße der Bewertung zu erhalten. Die Vorgehensweise zur Berechnung dieses Fremdkapitalwertes ist identisch zu der im WACC-Verfahren (siehe auch Abbildung 6.14).

Abb. 6.14: Zuordnung der Multiplikatoren zum Equity- und Entity-Wert

Neben den bisher betrachteten Multiplikatoren finden auch Größen Anwendung in der Multiplikatorbewertung, die auf operative Werttreiber der Zielbranche abstellen, z.B. Mengengrößen wie die Kundenzahl bei Mobilfunkunternehmen oder Quadratmeterflächen im Einzelhandel. Mengengrößen sind allerdings grundsätzlich mit Vorsicht zu behandeln, da die Unterschiede der Ertragskraft bzw. der Kostenstrukturen zwischen der Peer Group und dem Bewertungsobjekt nicht berücksichtigt werden. Vor allem bei der Bewertung junger und innovativer Unternehmen werden beispielsweise

- in der Softwarebranche die durchschnittliche Anzahl der User-Sets pro Installation, die Gesamtanzahl der Installationen, das durchschnittliche Lizenzvolumen oder die Höhe der Wartungsgebühren,
- in der Chipfertigung der Bit output oder die Fehlerquote sowie
- in der Biotechnologie der Status der behördlichen Genehmigungen oder die Anzahl der Produkte im Zulassungsprozess

verwendet.

Problematisch an den hieraus gebildeten, unkonventionellen Multiplikatoren ist, dass es für wirklich innovative Unternehmen keine Vergleichsobjekte gibt. Sie ermöglichen lediglich die Ermittlung eines Marktwertes auf Basis einer einheitlichen Bezugsgröße. Investoren in derartige Unternehmen sind jedoch vor allem an individuellen Potenzialen für die Zukunft interessiert. Diese sind in Multiplikatoren nicht vergleichend abbildbar.

(c) Festlegung der Peer Group und Datenerhebung

Die Gruppe vergleichbarer Unternehmen, für die Aktienkurse oder Transaktionspreise vorliegen, wird als Peer Group bezeichnet. Der Umfang dieser Vergleichsgruppe und ihre Passgenauigkeit zum Zielunternehmen ist ein entscheidendes Kriterium für die Validität der ermittelten Werte.

Um Unternehmen identifizieren zu können, die mit dem Zielunternehmen vergleichbar sind, müssen im ersten Schritt die Charakteristika des zu bewertenden Unternehmens herausgearbeitet werden. Hierzu sind insbesondere die Kriterien Ursprungsland, Branche, Absatzvolumen bzw. Umsatzgröße, Produktportfolio, Marktsegment und Marktanteil, Wettbewerbssituation, Wachstumsaussichten und Kapitalstruktur relevant. Basierend auf den Ergebnissen der Vergangenheitsanalyse und Planungsplausibilisierung bilden diese Informationen den Ausgangspunkt für die Suche nach passenden Vergleichsunternehmen.

Da völlig identische Unternehmen nicht existieren, stellt die Auswahl der Vergleichsunternehmen im zweiten Schritt eine besondere Schwierigkeit dar. Zwar können Analysten-Schätzungen wie beispielsweise die des Informationsdienstes I/B/E/S (Institutional Brokers Estimate System) verwendet werden; da es sich jedoch um unsichere und nur durchschnittliche Werte handelt, werden in der Praxis regelmäßig eigene Datenerhebungen vorgenommen. Zur Erzielung sinnvoller Ergebnisse sollten zudem nur Unternehmen mit positiven Kennzahlen für den Vergleich herangezogen werden. Zusätzlich muss abgewogen werden zwischen der »Passgenauigkeit« der Unternehmen und dem Ziel, eine aussagekräftige Peer Group von mindestens vier bis fünf Gesellschaften zu erhalten.

Im dritten Schritt werden die Finanzdaten der Vergleichsunternehmen um Sondereinflüsse bereinigt. Dabei kann es sich sowohl um interne wie um externe Besonderheiten handeln: Intern ist nur auf den Teil der Bezugsgröße abzustellen, der nachhaltig, also voraussichtlich dauerhaft, erzielbar ist. Hierzu sind außerordentliche und einmalige Effekte zu identifizieren. Auch die unterschiedliche Ausübung von Bilanzierungs- und Bewertungswahlrechten ist möglichst zu eliminieren. Je nach Größe der Peer Group und Umfang der erforderlichen Bereinigungen kann dies einen erheblichen Analyseaufwand verursachen. Außerdem sollte in der Analyse kritisch untersucht werden, ob – wenn auf Transaktionen der jüngeren Vergangenheit abgestellt wird – die Transaktionssituationen vergleichbar sind. Wertverschiebungen können ihre Ursache auch in der Person des Käufers eines Vergleichsunternehmens haben. Wenn dieser z.B. besondere Synergien realisieren oder einen Wettbewerber aus strategischen Gründen aufkaufen wollte, ist dies für den Kaufinteressenten des jetzt betrachteten Zielunternehmens möglicherweise irrelevant.

(d) Berechnung des Unternehmenswertes

Als Ergebnis der Recherche sollten mehrere und unterschiedliche Bezugsgrößen für mehrere Vergleichsunternehmen vorliegen und daraus eine Reihe von Multiplikatoren berechnet werden können. Sofern sich innerhalb der Peer Group Ausreißer bei den Multiplikatoren ergeben, sind die Ursachen zu untersuchen und diese Extremwerte gegebenenfalls zu eliminieren. Durch die Berechnung des Durchschnitts der verbleibenden Werte pro Multiplikator und Multiplikation mit den entsprechenden Bezugsgrößen des Zielunternehmens ergibt sich eine Bandbreite von Unternehmenswerten. Je enger diese ausfällt, als desto verlässlicher wird das Ergebnis eingeschätzt.

Der Marktwert des Zielunternehmens wird meist aus dem Median (Zentralwert) ermittelt. Der Median minimiert die Summe der absoluten Abweichungen und bietet daher gegenüber dem Durchschnitt (arithmetischen Mittel) den Vorteil, dass Extremwerte die Berechnung nicht so stark beeinflussen. Zu berücksichtigen ist dabei, dass bei Anwendung von Equity-Multiplikatoren unterschiedliche Verschuldungsgrade und damit variierende Eigenkapitalkosten von Zielunternehmen und Unternehmen der Peer Group nicht abgebildet werden. Bei stark abweichend finanzierten Unternehmen sollten daher Entity-Multiplikatoren stärker gewichtet werden.

Anhand eines historischen Vergleichs der Multiplikatoren können Informationen über zyklische Bewegungen der Marktbewertung gewonnen werden. Der Abgleich mit Höchst- und Tiefstständen ermöglicht eine bessere Beurteilung des ermittelten Unternehmenswertes. Eine Glättung durch Verwendung mehrjähriger Durchschnittswerte für die Peer Group sowie für das Zielunternehmen kann Informationen über die Nachhaltigkeit des ermittelten Wertes liefern. Allerdings ist dabei zu berücksichtigen, dass das Ziel der Analyse die Ermittlung des Unternehmenswertes zum Transaktionsstichtag ist, nicht die Berechnung historischer Durchschnittswerte.

Außerdem ist zu überprüfen, inwiefern Bewertungszu- oder -abschläge für das Zielunternehmen vorzunehmen sind. In der Praxis werden beispielsweise bei der Übernahme von Mehrheitsanteilen so genannte Kontrollprämien gezahlt, um die erweiterten Mitspracherechte abzugelten. Bei einem nicht börsennotierten Zielunternehmen kann im Vergleich zu einer börsennotierten Peer Group ein Abschlag für mangelnde Fungibilität der Anteile in Betracht kommen. Diese Zu- oder Abschläge sind jedoch sehr vom Einzelfall abhängig, so dass eine allgemeine Empfehlung nicht abgegeben werden kann.

Sofern ein Entity-Wert ermittelt wurde, muss im letzten Schritt der Nettobetrag des Fremdkapitals abgezogen werden. In der Praxis werden hierzu meist Buchwerte als Näherungslösung für die Marktwerte der Fremdkapitalpositionen verwendet. Es kann aber auch auf Notierungen entsprechender Anleihetitel o.Ä. zurückgegriffen werden. Abzuziehen sind im Einzelnen

- die Netto-Finanzschulden des Zielunternehmens,
- eventuelle Anteile Dritter, die nicht in die Bewertung einfließen dürfen,
- langfristige Schuldrückstellungen, vor allem für betriebliche Altersversorgung, sowie
- sonstige Ansprüche Dritter gegenüber dem Zielunternehmen, die den Wert für den Kaufinteressenten mindern.

Der so errechnete Marktwert des Zielunternehmens kann auch zur Plausibilisierung des zuvor ermittelten Unternehmenswerts auf Basis zukünftiger Erfolge (DCF-Bewertung o.Ä.) verwendet werden. Abweichungen zwischen beiden Werten sind auf ihre Gründe zu untersuchen. Sachlich nicht begründbare wesentliche Abweichungen sollten zum Anlass genommen werden, die der Bewertung zugrunde liegenden Ausgangsdaten und Prämissen kritisch zu überprüfen. Vor allem die Ursachen für eine abweichende Einschätzung des Zielunternehmens durch den Markt, z.B. in Bezug auf die Ertragserwartungen, sind zu ermitteln. Unterschiedliche Ergebnisse können aber auch daran liegen, dass der M&A-Markt eine bestimmte Käufer- oder Verkäufersituation widerspiegelt und möglicherweise bestimmte Abschläge oder Zuschläge erzielt werden. Unter Umständen müssen die bei diesem Vergleich gewonnenen Erkenntnisse in die Kaufpreisfindung mit einfließen.

(e) Anwendungsbereich

Kritiker des Multiplikatoransatzes führen insbesondere an, dass jedes Unternehmen einzigartig ist und dies bei der Multiplikatorbewertung nicht ausreichend berücksichtigt wird. Die Auswahl möglichst vergleichbarer Unternehmen stellt in der Tat eine schwierige Aufgabe dar. Umso wichtiger ist eine sorgfältige Analyse der vergleichbaren Unternehmen sowie eine Bereinigung der Finanzdaten. Zudem kann über eine Gewichtung der Unternehmen der Peer Group dem Maß der Vergleichbarkeit Rechnung getragen werden. Bei den aus Unternehmenstransaktionen abgeleiteten Multiplikatoren besteht zusätzlich das Problem einer regelmäßig geringen Anzahl an zeitnahen Transaktionen sowie die eingeschränkte Verfügbarkeit der relevanten Daten. Je eingehender somit die Analyse des zu bewertenden Unternehmens sowie der Unternehmen der Peer Group erfolgt, umso umfangreicher können die relevanten Werttreiber in die Wertfindung eingehen. Im Einzelfall müssen geeignete Multiplikatoren sorgfältig ausgewählt werden, um die unternehmensspezifischen Unterschiede, wie z.B. unterschiedliche Rentabilitäten oder Finanzierungsstrukturen, möglichst weitgehend zu erfassen. Eine stringente Durchführung des Multiplikatoransatzes erfordert folglich eine intensive Auseinandersetzung mit dem Bewertungsobjekt, den Vergleichsunternehmen und der Branche.

6.2.6 Bewertungsbesonderheiten bei Anwendung des IDW S 1

In Deutschland werden Bewertungen durch den Standard »Grundsätze zur Durchführung von Unternehmensbewertungen« dem so genannten IDW S 1 geprägt, der vom Institut der Wirtschaftsprüfer (IDW) veröffentlicht wird. Der IDW S 1 wurde im Juni 2000 erstmalig verabschiedet und im Oktober 2005 grundlegend überarbeitet.

Der IDW S 1 legt die Grundsätze dar, nach denen Wirtschaftsprüfer Unternehmen bewerten. Der Standard enthält im Überblick folgende Regelungen:

- Festlegung von Vorgehensweisen bei einer Bewertung (z.B. Dokumentation, Arbeitspapiere);
- Definition von bestimmten Bewertungsprinzipien (z.B. Festlegung des Bewertungszwecks, Stichtagsprinzip);
- Abgrenzung der Funktion des bewertenden Wirtschaftsprüfers: Der IDW trennt dabei zwischen einem so genannten objektivierten Wert und dem subjektiven Wert. Der objektivierte Wert ist ein »von den individuellen Wertvorstellungen betroffener Parteien unabhängiger Wert des Unternehmens« (IDW S 1, Tz. 12). Der subjektive Wert ist ein Entscheidungswert unter der Berücksichtigung der individuellen Möglichkeiten und Planungen. Bei einer Bewertung nach IDW S 1 wird in der Praxis häufig die Berechnung eines objektivierten Wertes unterstellt. Bei dieser Bewertungsfunktion geht der bewertende Wirtschaftsprüfer von ganz bestimmten wertrelevanten Prämissen aus (z.B. bei der Ableitung der Kapitalkosten und Berücksichtigung persönlicher Einkommensteuer);
- Definition der zulässigen Bewertungsverfahren: Der IDW S 1 akzeptiert die Anwendung des DCF-Verfahrens und des Ertragswertverfahrens.

Marktorientierte Bewertungsverfahren sollen nur zusätzlich als Plausibilisierung herangezogen werden.

Ein wesentlicher Unterschied zwischen den international anerkannten Bewertungsprinzipien und der deutschen Ertragsbewertung nach IDW S 1 ist die Frage, aus welcher Perspektive die Unternehmenswerte ermittelt werden. In der internationalen Bewertungspraxis wird üblicherweise die Ebene des zu bewertenden Unternehmens betrachtet; zusätzliche Zahlungsabflüsse auf Ebene des (zukünftigen) Anteilseigners werden nicht berücksichtigt. Die deutsche, IDW-geprägte Bewertung berücksichtigt demgegenüber im Fall der objektivierten Bewertung auch die steuerliche Situation auf Anteilseignerebene. Folglich favorisiert das IDW im Bewertungsstandard IDW S 1 eine Bewertung, die nach persönlicher Einkommensteuer des potenziellen, ggf. typisierten Anteilseigners erfolgt. Dabei ist für die Ermittlung des objektivierten Wertes gemäß IDW S 1 eine typisierte persönliche Einkommensteuer eines deutschen Investors in Höhe von 35 Prozent zugrunde zu legen. Die 35 Prozent werden somit als durchschnittlicher Einkommensteuersatz eines typischen, deutschen Investors auf persönlicher Ebene angesehen.

Eine Bewertung nach dem objektivierten Bewertungsansatz gemäß IDW S 1 hat in der normalen Transaktion keine Bedeutung, so dass die Frage der persönlichen Einkommensteuer zunächst nicht von Bedeutung ist. Mit der Frage des IDW S 1 kann ein Unternehmen aber konfrontiert sein, wenn im Zuge einer Transaktion z.B. eine Fairness Opinion erstellt werden soll. Eine Fairness Opinion bestätigt durch einen unabhängigen Experten die Angemessenheit eines Kaufpreises im Zuge einer Transaktion. Eine Fairness Opinion kann für interne Zwecke (z.B. für die Zustimmung durch den Aufsichtsrat) erstellt werden. Alternativ ist eine Fairness Opinion auch für die Rechtfertigung des Managements für die Angemessenheit eines Kaufpreises gegenüber dem Kapitalmarkt denkbar. In den Fällen, in denen eine Fairness Opinion erstellt wird, ist z.B. bei Beauftragung einer Wirtschaftsprüfungsgesellschaft zu spezifizieren, ob der objektivierte Wert gemäß IDW S 1 und die persönliche Einkommensteuer zugrunde gelegt werden sollen.

Eine Rolle kann der IDW S 1 auch dann spielen, wenn nach einer Transaktion weitere gesellschaftsrechtliche Maßnahmen geplant sind und z.B. zwischen dem Erwerber und der Zielgesellschaft ein Beherrschungs- und Gewinnabführungsvertrag abgeschlossen werden soll. Ist die Zielgesellschaft eine Aktiengesellschaft und sind noch Minderheiten beteiligt, sind bestimmte aktienrechtliche Regelungen zu beachten. Insbesondere ist den Minderheitsaktionären bei bestimmten aktienrechtlichen Restrukturierungsmaßnahmen ein angemessener Ausgleich bzw. eine angemessene

Abfindung gemäß §§ 304, 305 AktG anzubieten. Die Ermittlung dieser Ausgleichs- bzw. Abfindungszahlungen orientiert sich nach aktueller Rechtslage weitgehend an dem Bewertungsstandard IDW S 1.

6.3 Kaufpreis und Kaufpreisanpassung

6.3.1 Kaufpreis und Kaufpreisformeln

Zentrale Fragen jeder Transaktion betreffen die Höhe des Kaufpreises und seine endgültige Festlegung im Vertrag. Der Erwerber wird in aller Regel nach den in Kapitel 6.2 dargestellten Bewertungsprinzipien frühzeitig eine (teilweise erst rudimentäre) Unternehmensbewertung durchführen, um seinen Grenzpreis für die Vorgespräche bzw. für ein erstes Angebot zu kalkulieren. Gleichermaßen kann der Veräußerer sich eine Vorstellung machen, welchen Kaufpreis er für die zu veräußernden Anteile (oder Assets) mindestens erwartet. Zu diesem Zweck wird er möglicherweise überschlägig ebenfalls eine Unternehmensbewertung erstellen.

Insbesondere der Erwerber wird bei seiner Bewertung der Zielgesellschaft zunächst ein Informationsdefizit haben, da er sich vor der Durchführung der Due Diligence auf die wenigen vorliegenden Informationen (z.B. auf Angaben in einem Informationsmemorandum) stützen muss. Die Financial Due Diligence ist im nächsten Schritt ein Instrument des Erwerbers, um mehr über die Zielgesellschaft zu erfahren, seine erste, rudimentäre Bewertung zu präzisieren und im Ergebnis eine bessere Wertvorstellung zu entwickeln. Auf der Basis der Ergebnisse der Financial Due Diligence ergibt sich für den Kaufpreis gegebenenfalls ein Anpassungsbedarf.

In der Praxis tendieren die Parteien erfahrungsgemäß dazu, den Kaufpreis relativ früh und vor Durchführung einer Due Diligence schriftlich in einem »Term Sheet« oder einem »Letter of Intent« (LoI) zu vereinbaren (siehe hierzu auch Kapitel 1.2). Auch wenn in dieser Vereinbarung der Kaufpreis nur vorläufig definiert ist, weichen die Parteien häufig aus verhandlungstaktischen Gründen von der vereinbarten Größenordnung ohne nennenswerten Grund in der Praxis nicht mehr ab. Gewinnt der Erwerber im Rahmen der Financial Due Diligence Erkenntnisse, die zu einer anderen Einschätzung der bewertungsrelevanten Parameter führen, ist eine Feinsteuerung des Kaufpreises im Wege der Verhandlung über die Kaufpreishöhe nur innerhalb eines schmalen Korridors möglich. Vielmehr verlagert sich die Verhandlung über die Kaufpreishöhe in der Praxis eher auf die Definition und damit Abgrenzung des Kaufpreises sowie auf andere Vereinbarungen im Kaufvertrag.

Der Kaufpreis kann unmittelbar als Equity Value oder als Enterprise-Value mit einer Anpassung zum Equity Value definiert werden. Die Wahl der relevanten Größe sollte von der vom Erwerber gewählten Methode der Unternehmensbewertung abhängen. Hat der Erwerber z.B. eine Multiplikatorbewertung auf der Basis von Umsatzmultiplikatoren herangezogen, bietet sich eine Formel nach dem Enterprise Value an.

In der Transaktionspraxis ist heute die Vereinbarung einer so genannten Cash-Free/Debt-Free Klausel für die Definition des Kaufpreises üblich. Rechnerisch wird der Kaufpreis der Anteile aus dem Unternehmensgesamtwert (Enterprise Value) abzüglich Nettofinanzverbindlichkeiten (Net Debt) ermittelt (siehe hierzu Abbildung 6.15). Aus Bewertungssicht wird in der Cash-Free/Debt-Free Klausel somit von einem Gesamtunternehmenswert eines Unternehmens ohne Verschuldung ausgegangen. Um den Kaufpreis zu ermitteln, der den Eigentümern der Anteile zu zahlen ist, ist von dem Gesamtunternehmenswert das Fremdkapital abzuziehen, das den Fremdkapitalgebern zusteht. Betriebswirtschaftlich handelt es sich bei der Cash-Free/Debt-Free Klausel somit um die Überleitung eines Enterprise Values auf den Kaufpreis, der für die Anteile tatsächlich gezahlt wird (Equity Value). Die Beliebtheit dieser Formel ist darauf zurückzuführen, dass – gerade im angelsächsischen Raum – Unternehmensbewertungen primär auf der Basis von Entity-Methoden durchgeführt werden. Folglich wird im Rahmen von (meist schriftlichen) Vorvereinbarungen zunächst ein Enterprise Value zwischen den Parteien verhandelt.

Im Rahmen der Vertragsverhandlung ist diese erste Vereinbarung über den Kaufpreis zu konkretisieren, indem die Komponenten des zu zahlenden Kaufpreises im Detail definiert werden. Das bedeutet, dass im Kaufvertrag insbesondere die Positionen, die zu den Nettofinanzverbindlichkeiten zu zählen sind, genau abgegrenzt werden müssen. Die Erkenntnisse der Financial Due Diligence spielen für die Definition der Bestandteile des zu zahlenden Kaufpreises und der Kaufpreisanpassungsformel (siehe hierzu im Folgenden) somit eine wesentliche Rolle.

(a) Einfluss der Financial Due Diligence auf den Enterprise Value

Durch die Erkenntnisse, die in der Financial Due Diligence gewonnen werden, konkretisieren sich die Informationen über die Vermögens-, Finanz- und Ertragslage der Zielgesellschaft. Annahmen, die vorher getroffen wurden, stellen sich dann u.U. als nicht realistisch heraus und sind zu modifizieren. Ergeben sich beispielsweise aus der Financial Due Diligence

Cash-Free/Debt-Free Klausel:

Enterprise Value (= Gesamtunternehmenswert)

./. Net Debt (= Nettofinanzverbindlichkeiten)

= Equity Value (= Kaufpreis für die Anteile)

Mit

Nettofinanzverbindlichkeiten =

Finanzverbindlichkeiten/verzinsliche Verbindlichkeiten

./. überschüssige, d.h. nicht betriebsnotwendige Liquidität

Abb. 6.15: Cash-Free/Debt-Free Klausel

Zweifel an der Plausibilität der Geschäftsplanung (z.B. zu ambitioniertes Umsatzwachstum, erwartete Preissteigerungen auf dem Beschaffungsmarkt), wird der Erwerber die Originalplanung ggf. modifizieren. Die prognostizierten Cashflows werden sich verringern und c.p. der ermittelte Barwert niedriger sein als bei der ersten Wertindikation.

(b) Einfluss der Financial Due Diligence auf die Abgrenzung der Nettofinanzverbindlichkeiten

Ein wesentlicher Bestandteil der Vertragsverhandlungen über den Kaufpreis stellt die Abgrenzung und Definition der Nettofinanzverbindlichkeiten dar.

Nettofinanzverbindlichkeiten umfassen grundsätzlich sämtliche verzinslichen Verbindlichkeiten abzüglich überschüssiger Liquidität. Soweit nicht betriebsnotwendige Liquidität in der Zielgesellschaft vorhanden ist und mit übertragen wird, wird – unter der Fiktion der Schuldentilgung – die überschüssige Kasse in der Regel mit den Finanzverbindlichkeiten verrechnet. Im Ergebnis kommt man zu den so genannten Nettofinanzverbindlichkeiten (»Net Debt«).

Im Rahmen der Vertragsverhandlung ist regelmäßig strittig, wie Nettofinanzverbindlichkeiten im Einzelnen abzugrenzen sind. Ein Verkäufer wird versuchen, die Abzugsposten für die Ermittlung des Kaufpreises möglichst niedrig zu halten, d.h. Finanzverbindlichkeiten möglichst eng bzw. die Kassenposition möglichst weit zu definieren, da sie den Kaufpreis erhöhen. Folglich wird ein Verkäufer unter Finanzverbindlichkeiten zunächst nur die mittel- und langfristigen Bankverbindlichkeiten ausweisen. Aus der Sicht des Erwerbers ist es hingegen sinnvoll, die Finanzverbindlichkeiten detailliert zu definieren und die hinzuzurechnenden Positionen weiter zu fassen. Hintergrund ist, dass die Zielgesellschaft so genannte »verdeckte Finanzverbindlichkeiten« haben kann, die aus Erwerbersicht durchaus kaufpreisrelevant sein können. Folglich sollte es das Ziel des Erwerbers sein, im Rahmen der Financial Due Diligence die Verbindlichkeiten mit Finanzierungscharakter vollumfänglich zu identifizieren, um sie in der Vertragsgestaltung hinsichtlich Höhe und Umfang eindeutig abzugrenzen und vom Kaufpreis abzuziehen.

Die Definition der Finanzverbindlichkeiten erfolgt i.d.R. bilanzorientiert. In Abhängigkeit vom zugrunde liegenden Rechnungslegungssystem der Zielgesellschaft ergeben sich unterschiedliche Positionen, die in die Berechnung einzubeziehen sind.

Grundsätzlich umfassen Finanzverbindlichkeiten zunächst die Kontokorrentlinien und (klassischen) Bankdarlehen, d.h. die kurz-, mittel- und langfristigen Verbindlichkeiten gegenüber Kreditinstituten, die in der Regel verzinslich sind. Schwieriger ist die Abgrenzung bei anderen Verbindlichkeiten, die Finanzierungscharakter haben, aber nicht eindeutig Finanzverbindlichkeiten darstellen. Der Einbezug solcher Positionen ist letztlich Verhandlungssache und kann einen erheblichen Einfluss auf den Kaufpreis haben.

Typische Abgrenzungsschwierigkeiten von Finanzverbindlichkeiten betreffen insbesondere folgende Positionen:

(i) Gesellschafterdarlehen,
(ii) Leasing,
(iii) Mezzanine-Finanzierung,
(iv) Pensionsverpflichtungen und
(v) Sonstige Verbindlichkeiten.

(i) Gesellschafterdarlehen

Gesellschafterdarlehen sind Finanzmittel, die der Zielgesellschaft von den bisherigen Gesellschaftern bzw. aus dem alten Konzernverbund gewährt werden. Solche Darlehen können unter Umständen nicht verzinslich ausgestaltet sein. Nicht eindeutig als Finanzverbindlichkeiten erkennbar sind Gesellschafterdarlehen, die z.B. mit einem Besserungsschein versehen sind (siehe auch Kapitel 5.1.5). Die Financial Due Diligence muss zeigen, welche Gesellschafterdarlehen zusätzlich einzubeziehen wären. Parallel ist zu beachten, wie Gesellschafterdarlehen generell in der Transaktion behandelt werden. Die in der Praxis bevorzugte Vorgehensweise ist, dass Gesellschafterdarlehen vom Erwerber neben den Anteilen vom bisherigen Gesellschafter erworben werden. Alternativ können die Gesellschafterdarlehen vor der Übertragung der Anteile zurückgeführt werden, was aber aus gesellschaftsrechtlicher Sicht mit bestimmten Risiken verbunden ist.

(ii) Leasing

Geleaste Vermögensgegenstände sind je nach Ausgestaltung der Leasingverträge und in Abhängigkeit von der Zuordnung des wirtschaftlichen Eigentums beim Leasingnehmer oder Leasinggeber unterschiedlich zu bilanzieren. Die Bilanzierung ist auch vom angewandten Rechnungslegungssystem abhängig, d.h. die Bilanzierungsvorschriften sind nach nationalem Handelsrecht und internationalen Rechnungslegungsgrundsätzen unterschiedlich.

Wenn eine Zielgesellschaft sehr umfangreiche Leasingverhältnisse hat, kann ein Erwerber im Zuge einer Transaktion prüfen, inwieweit die Ausgestaltung des Leasingverhältnisses einer Fremdfinanzierung äquivalent ist und daher die Verbindlichkeiten aus Leasinggeschäften in die Nettofinanzverbindlichkeiten einzubeziehen sind.

(iii) Mezzanine-Finanzierung

Der Bereich Mezzanine-Finanzierung umfasst Finanzierungsformen, die aufgrund der Gestaltung teilweise Eigenkapital-, teilweise Fremdkapitalcharakter haben. Mezzanine-Kapital ist sehr flexibel in seiner rechtlichen Ausgestaltung (siehe Kapitel 3.2.2 und Kapitel 3.2.3).

Im Zuge der Financial Due Diligence wird die bestehende Finanzierung der Zielgesellschaft analysiert und im Hinblick auf solche hybriden Finanzinstrumente untersucht. In Abhängigkeit von der Ausgestaltung der Mezzanine-Finanzierung wird der Erwerber im Rahmen der Vertragsverhandlung diese Finanzinstrumente den Finanzverbindlichkeiten hinzurechnen. Die Verzinsung des Kapitals kann dabei sehr unterschiedlich ausgestaltet sein. Eine entscheidende Stellgröße ist das Verhältnis von laufender zu endfälliger Zahlung und von festen zu erfolgsabhängigen Komponenten. Als erfolgsabhängige Komponente wird z.B. ein so genannter Equity-Kicker vereinbart, der eine Wertzuwachs-Beteiligung enthält. Equity-Kicker sind häufig als Option oder als Wandlungsrecht ausgestaltet. Der Investor hat z.B. das Wahlrecht, bei Ausübung seiner Call-Option Anteile des Unternehmens zu erwerben oder seinen Anspruch auf Rückzahlung des Investitionsbetrages gegen eine bestimmte Anzahl von Geschäftsanteilen zu tauschen. In Abhängigkeit davon, ob es sich bei der Finanzierung eher um Eigenkapital oder um Fremdkapital handelt, ist sie in den Finanzverbindlichkeiten zu berücksichtigen. Häufig wird eine Mezzanine-Finanzierung vor einem Erwerb separat abgelöst, so dass diese Position dann gegebenenfalls entfällt.

(iv) Pensionsverpflichtungen

Altersversorgungssysteme von Unternehmen können sehr unterschiedlich ausgestaltet sein. Pensionsverpflichtungen umfassen die Zusagen der Unternehmen zur Zahlung einer Altersversorgung an die Mitarbeiter.

Bei der Financial Due Diligence sind die Pensionszusagen der Zielgesellschaft zu identifizieren und die tatsächliche Höhe der Verpflichtung zum Stichtag zu analysieren (siehe hierzu Kapitel 2.1.2). Wenn eine Unterdeckung des Wertes in der Bilanz festgestellt wird, ist diese Differenz in der Bewertung zu berücksichtigen.

In der M&A-Praxis werden Pensionsverpflichtungen, die wesentlich sind, im Kaufvertrag häufig gesondert geregelt. Wird der Kaufpreis z.B. als Cash-Free/Debt-Free Klausel ohne Pensionsverpflichtungen vereinbart, wird der (negative) Wert dieser Verpflichtungen zum Übertragungsstichtag separat ermittelt. Übliche Praxis ist, die Pensionsverpflichtungen als Finanzverbindlichkeiten zu definieren und vom Enterprise-Value abzuziehen. Die Höhe der Pensionsverbindlichkeiten lässt sich in der Regel nicht aus der bilanzierten Rückstellung ableiten, sondern ist separat zu ermitteln (siehe hierzu Kapitel 3.2.2).

(v) Sonstige Verbindlichkeiten

In Abhängigkeit vom Einzelfall gibt es in der Zielgesellschaft möglicherweise weitere Verbindlichkeiten, die eine Zinskomponente enthalten und daher zu den Finanzverbindlichkeiten gezählt werden können. Typische Beispiele sind etwa echtes und unechtes Factoring oder ungewöhnlich hohe Zahlungsrückstände gegenüber Lieferanten.

Bei der Definition der Finanzverbindlichkeiten ist – insbesondere aus Verkäufersicht – darauf zu achten, dass die möglichen Komponenten der Finanzverbindlichkeiten nicht doppelt im Kaufpreis berücksichtigt werden, indem sie einerseits als Finanzverbindlichkeiten abgezogen werden, gleichzeitig aber in der Geschäftsplanung als Zinsaufwand das Ergebnis mindern. Dies kann gerade bei den Pensionsverbindlichkeiten wesentliche Auswirkungen haben. Folglich müsste transparent gemacht werden, wie die Finanzverbindlichkeiten die Geschäftsplanung beeinflusst haben, die der Ermittlung des Enterprise Value zugrunde lagen. In der Praxis wird dieser Aspekt allerdings schwierig durchzusetzen sein, da ein Erwerber in der Regel seine Berechnung des Unternehmensgesamtwertes nicht offenlegt.

Neben der Abgrenzung der Finanzverbindlichkeiten sind die liquiden Mittel zu definieren, die zur Berechnung der Nettofinanzverbindlichkeiten von den Finanzverbindlichkeiten abzuziehen sind. In der Regel werden Bankguthaben und Kassenbestände gem. der handelsrechtlichen Definition in § 266 Abs. 2 B. IV. HGB zu den liquiden Mitteln gerechnet. Unter Umständen sind manche Positionen strittig, die kurzfristig in liquide Mittel umwandelbar sind, aber nicht unter den flüssigen Mitteln in der Bilanz ausgewiesen werden. Hierzu zählen z.B. handelsrechtlich unter den sonstigen Wertpapieren auszuweisende Posten (§ 266 Abs. 2 B. III. 3. HGB).

Aus der Perspektive der Bewertungstheorie ist in die Berechnungsformel nur der Liquiditätsbestand einzubeziehen, der nicht betriebsnotwendig ist und daher für eine Ausschüttung an die Anteilseigner oder zur Tilgung von Schulden zur Verfügung steht, ohne das operative Geschäft zu berühren. Die Definition der liquiden Mittel für die Berechnung des Kaufpreises sollte somit im Idealfall einen Referenzbetrag enthalten, so dass nur die diese Referenzgröße überschießenden liquiden Mittel in die Kaufpreisberechnung eingehen. Diese Referenzgröße repräsentiert die betriebsnotwendigen liquiden Mittel. Den Betrag muss der Erwerber im Rahmen der Financial Due Diligence ermitteln, bzw. er muss die vom Verkäufer genannte Referenzgröße durch die Financial Due Diligence verifizieren. Folglich wird die Analyse der betriebsnotwendigen Liquidität im Rahmen der Finanz- und Liquiditätsanalyse dann ein wesentlicher Bestandteil der Financial Due Diligence.

Darüber hinaus ist bei der Frage der liquiden Mittel das so genannte »Trapped Cash« zu beachten. Trapped Cash sind liquide Mittel, die nicht frei ausschüttbar, sondern z.B. aufgrund von gesellschaftsrechtlichen Ausschüttungssperren im Unternehmen gebunden sind. Solche Ausschüttungssperren können beispielsweise aus Vereinbarungen des Gesellschaftsvertrages resultieren oder die Liquidität ausländischer Tochtergesellschaften binden. Auch wenn in einer Konzernbilanz diese Liquidität ausgewiesen wird, ist sie für die Anteilseigner nicht frei verfügbar. Im Rahmen der Financial Due Diligence ist aus der Sicht des Erwerbers daher nicht nur die Höhe der betriebsnotwendigen Liquidität zu prüfen, sondern auch die Möglichkeit, ob überschüssige Liquidität überhaupt ausgeschüttet werden kann. In diesem Punkt ist eine enge Zusammenarbeit zwischen Legal und Financial Due Diligence erforderlich, um gegebenenfalls gesellschaftsrechtliche Ausschüttungssperren zu erfassen.

In der M&A-Praxis wird die Abgrenzung der liquiden Mittel allerdings häufig stark vereinfacht und es wird nicht explizit auf die nicht betriebsnotwendige Liquidität abgestellt. Für die Berechnung der Nettofinanzverbindlichkeiten wird vielmehr der zum Stichtag vorliegende gesamte Kassenbestand gemäß Konzernabschluss herangezogen. Diese Vorgehensweise führt dazu, dass stichtagsbedingte Liquiditätsbestände kaufpreiserhöhend bzw. -vermindernd wirken können, ohne dass sich der Wert des Unternehmens dadurch ändert. Findet beispielsweise das Closing einer Transaktion zum 20. eines Monats statt, d.h. kurz bevor die Gehälter an die Mitarbeiter bezahlt werden, erhöht sich bei Aufstellung einer Stichtagsbilanz zum Closing der Kaufpreis. Tatsächlich sind aber wenige Tage später die Gehälter auszubezahlen, so dass diese Liquidität für das operative Geschäft im Unternehmen fehlt und ggf. nachgeschossen werden muss. Für den Investor ändert sich der Wert eines Unternehmens durch solche Liquiditätsschwankungen aber in der Regel nicht. Um derartige stichtagsbezogenen Effekte bei der Kaufpreisberechnung zu vermeiden, muss ein durchschnittlicher Liquiditätsbedarf ermittelt und zwischen den Parteien im Kaufvertrag vereinbart werden.

Die Cash-Free/Debt-Free-Klausel ist in den Unternehmenskaufverträgen anwendbar, wenn der Erwerber sein Kaufpreiskalkül auf einen Enterprise Value aufsetzt und der Kaufpreis für die Anteile bzw. Assets der Anteilseigner noch definiert werden muss. In den anderen Fällen wird der Kaufpreis für die Anteile unmittelbar bestimmt (Equity-Bewertung). In Abhängigkeit von den wert- bzw. preisrelevanten Parametern kann sich aus den Erkenntnissen über die finanzielle Lage und Entwicklung der Zielgesellschaft ein Anpassungsbedarf für den Kaufpreis ergeben. Im Vergleich zu einer Cash-Free/Debt-Free-Klausel sind solche Anpassungen dann über die Verhandlung des Kaufpreises direkt zu regeln, da zusätzliche Kaufpreiselemente entfallen.

6.3.2 Kaufpreisanpassungsmechanismen

Aufgrund der Struktur und des zeitlichen Ablaufes einer Transaktion reicht es in der Regel nicht aus, im Kaufvertrag einen Kaufpreis zu vereinbaren. Zwischen dem letzten Bilanzstichtag, der Due Diligence, der Unterschrift des Kaufvertrags und dem Closing kann in der Zielgesellschaft noch viel passieren, was den Wert der Gesellschaft verändert und den ursprünglich vereinbarten Kaufpreis beeinflussen sollte. Daher ist es üblich, bestimmte Klauseln zur Absicherung von unvorhersehbaren Entwicklungen im Kaufvertrag zu vereinbaren. Solche typischen Vereinbarungen sind Gewährleistungen, so genannte Verhaltensklauseln (Covenants of Conduct) und die Kaufpreisanpassungen.

In Abbildung 6.16 sind der Ablauf einer Transaktion und die Anpassungsmechanismen im Kaufvertrag schematisch dargestellt. Der Aufsatzpunkt mit geprüften Finanzzahlen ist der letzte Jahresabschluss der Zielgesellschaft, also der letzte Bilanzstichtag vor der Transaktion. Die Due Diligence findet im laufenden Geschäftsjahr der Zielgesellschaft statt, so dass in der Regel bis zum Ende der Due Diligence aktuelle Finanzinformationen erfasst werden können. Daran schließen sich die Verhandlung und der Vertragsabschluss (»Signing«) an. Der Kaufpreis wird letztlich aus der Kaufpreisanpassung zum Closing ermittelt.

Die Kaufpreisanpassungsklauseln sind in Unternehmenskaufverträgen somit ein gängiges Instrument, um den endgültigen Kaufpreis für die Zielgesellschaft zum Closing zu bestimmen. Da in der Regel zum Zeitpunkt des Signing bzw. zum Closing kein aktueller Jahresabschluss vorliegt, wird in Kaufverträgen eine Anpassung des ursprünglichen Kaufpreises für Veränderungen in der finanziellen Lage der Gesellschaft seit dem letzten Bilanzstichtag bzw. den Erkenntnissen aus der Due Diligence vereinbart.

Um die Kaufpreisanpassung ermitteln zu können, wird zum Closing in der Regel ein Stichtags-Jahresabschluss aufgestellt (so genannte Closing Financial Statements bzw. Closing Accounts), auf dessen Basis die Kaufpreisanpassung kalkuliert wird. Die Closing Accounts werden von der Geschäftsführung der Zielgesellschaft aufgestellt. In den Kaufverträgen wird meistens vereinbart, dass die Closing Accounts von einem unabhängigen Prüfer geprüft werden, der vom Verkäufer und Käufer gemeinsam benannt wird.

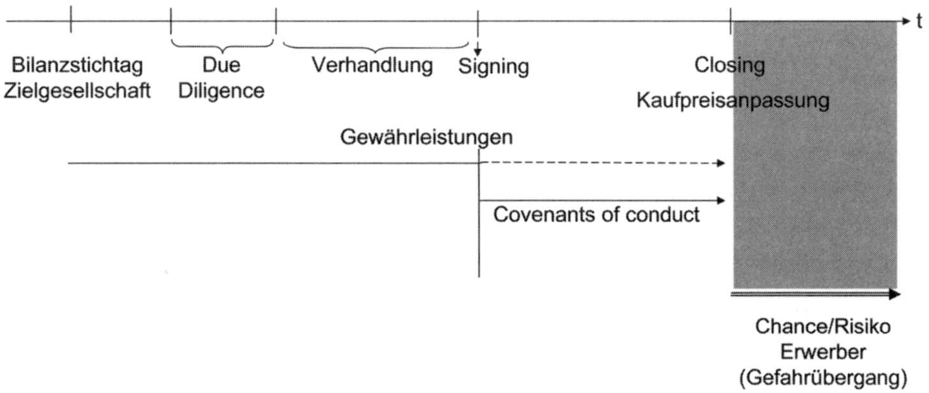

Abb. 6.16: Schematischer Ablauf einer Transaktion und Kaufpreisanpassung

Kaufpreisanpassungen werden typischerweise nach folgenden Mechanismen vereinbart:

(i) Anpassung des Kaufpreises aufgrund von Veränderungen der Nettofinanzverbindlichkeiten (Net Debt-Klausel) und des Nettoumlaufvermögens (Working Capital-Klausel) oder
(ii) Anpassung des Kaufpreises aufgrund von Veränderungen des Netto-Eigenkapitals (Net Equity-Klausel).

Die Mechanismen funktionieren im Detail wie folgt:

(i) Net Debt-Klausel und Working Capital-Klausel

Auf der Basis der Stichtagsbilanz werden die Nettofinanzverbindlichkeiten zum Closing berechnet. Die Berechnung der Nettofinanzverbindlichkeiten basiert auf der Definition gemäß Kaufvertrag. Der ursprünglich im Kaufvertrag vereinbarte Kaufpreis der Anteile wird in der Höhe angepasst, in der sich die Nettofinanzverbindlichkeiten im Vergleich zur Berechnung im Rahmen der Cash-Free/Debt-Free Klausel ändern. Das bedeutet, dass sämtliche Veränderungen der Nettofinanzverbindlichkeiten gemäß Kaufvertrag im Vergleich zur Stichtagsbilanz den Kaufpreis für die Anteile ändern.

Alternativ kann im Kaufvertrag vereinbart werden, dass der ursprünglich vertraglich vereinbarte Kaufpreis erst dann angepasst wird, wenn ein bestimmter Referenzwert der Nettofinanzverbindlichkeiten überschritten wird. Folglich ergibt sich eine Änderung des Kaufpreises zugunsten des Verkäufers, wenn die Nettofinanzverbindlichkeiten gemäß der Closingbilanz niedriger sind als in der ursprünglichen Berechnung. Dies ist der Fall, wenn sich die Finanzverbindlichkeiten verringert haben oder der Kassenbestand gestiegen ist. Umgekehrt ist es vorteilhaft aus der Sicht des Käufers, wenn die Nettofinanzverbindlichkeiten steigen und somit der tatsächlich zu zahlende Kaufpreis niedriger ist. Das bedeutet, dass höhere Schulden vorliegen bzw. der Anteil der Kasse niedriger als ursprünglich angenommen ist.

Wichtig ist, dass eine Net Debt-Klausel alleine nicht vor Veränderungen anderer Bilanzpositionen schützt. So könnte beispielsweise der Verkäufer einen höheren Kaufpreis provozieren, indem langfristiges Fremdkapital in kurzfristige Verbindlichkeiten umgeschichtet wird oder Forderungen eingetrieben bzw. Zahlungen verzögert werden, um den Kassenbestand zu erhöhen. Die Variationsmöglichkeiten liegen dabei in der Regel beim Verkäufer, der bis zum Closing das operative Geschäft der Gesellschaft und die Aufstellung der Stichtagsbilanz beeinflussen kann. Um zu verhindern, dass reine Bilanzeffekte den Kaufpreis beeinflussen, ohne dass sich auch der eigentliche Wert der Gesellschaft ändert, sind Cash-Free/Debt-Free Klausel und Net Debt-Klausel in der Regel mit einer Working Capital-Klausel zu kombinieren.

Für die Abgrenzung des Working Capitals in Kaufverträgen gibt es keine einheitliche Definition. Vergleichbar zu den Möglichkeiten bei der Abgrenzung von Nettofinanzverbindlichkeiten nimmt die vertragliche Definition des Working Capitals in der Verhandlung zwischen den Parteien erfahrungsgemäß einen großen Stellenwert ein. Die Definition der relevanten Positionen hängt dabei in sehr starkem Maße davon ab, wie die Nettofinanzverbindlichkeiten definiert wurden. Entscheidend ist, dass doppelte Berücksichtigungen von Positionen vermieden werden.

Die Messung der Veränderung des Working Capitals erfolgt in der Regel durch einen Vergleich mit einem Referenzwert. Denkbar ist beispielsweise, das durchschnittlich benötigte Working Capital der Zielgesellschaft zu definieren und bei Abweichungen dazu eine Kaufpreisanpassung zu vereinbaren. Um eine sinnvolle Größenordnung anzusetzen, sind die Erkenntnisse aus der Financial Due Diligence heranzuziehen und mit den relevanten Parametern der Kaufpreisfindung abzugleichen.

(ii) Net Equity-Klausel

Alternativ zur Cash-Free/Debt-Free Klausel in Verbindung mit einer Net Debt-/Working Capital Anpassung kann auch eine Anpassung des Eigenkapitals vereinbart werden. Da ein Steigen oder Sinken des Eigenkapitals das Resultat aus der Veränderung der anderen Bilanzpositionen ist, deckt eine Eigenkapitalgarantie fast alle möglichen bilanziellen Änderungen ab. Eine

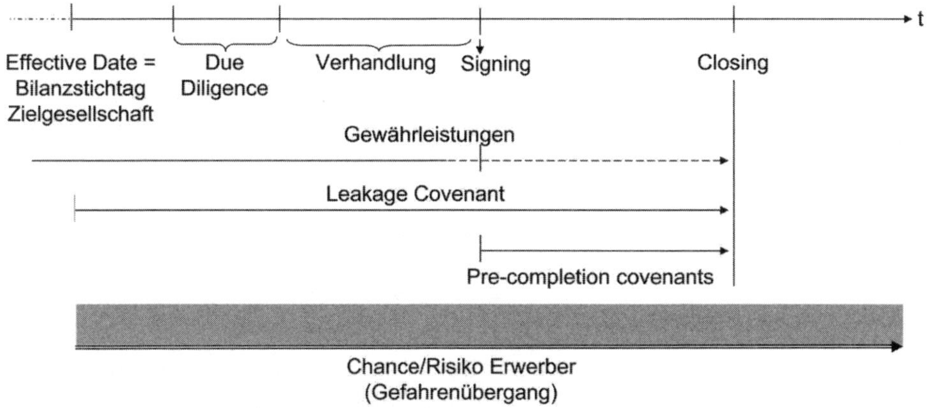

Abb. 6.17: Locked Box-Mechanismus

Kombination von z.B. Working Capital-Klausel und Net Equity-Klausel würde daher zu Doppelzählungen führen und eine fehlerhafte Kaufpreisveränderung bewirken.

In der Praxis – und insbesondere in einem verkäuferfreundlichen Markt – wird gelegentlich der so genannte »Locked Box«-Mechanismus vereinbart. In diesem Modell werden keine Stichtagsbilanzen zum Closing aufgestellt. Stattdessen wird der Kaufpreis für die Anteile in Bezug auf einen effektiven Stichtag vereinbart, der typischerweise vor dem Closing liegt. In Abbildung 6.17 ist das typisierte Ablaufschema für ein Locked Box-Modell dargestellt.

Der effektive Stichtag zur Festlegung des Kaufpreises ist in der Regel der letzte Bilanzstichtag der Zielgesellschaft, da zu diesem Zeitpunkt ein vollständiger, meistens geprüfter Jahresabschluss vorliegt. Diese Datenbasis kann im Rahmen der Financial Due Diligence vollumfänglich untersucht werden, und auf der Basis des Ergebnisses wird der Kaufpreis vereinbart. Der Käufer erwirbt die Zielgesellschaft wirtschaftlich ab dem »Effective Date«, so dass ihm sämtliche Chancen und Risiken des Geschäfts ab diesem Zeitpunkt zuzurechnen sind. Im Kaufvertrag muss durch entsprechende zusätzliche Vereinbarungen geregelt sein, dass alle Vermögensgegenstände und v.a. die Liquidität bis zum Closing in der Gesellschaft bleiben. Der Verkäufer muss sich z.B. verpflichten, dass kein Wertverlust in der Zielgesellschaft entsteht, durch Ausschüttungen, Boni oder Managementvergütungen (so genannte Leakage Covenant). Der Locked Box-Mechanismus ist im Grunde die Vereinbarung eines Festkaufpreises bezogen auf einen bestimmten Referenzstichtag. Vor diesem Hintergrund ist der Financial Due Diligence bei einem Locked Box-Mechanismus ein ganz besonderes Gewicht beizumessen.

Neben den hier dargestellten Kaufpreisanpassungsklauseln werden im Kaufvertrag regelmäßig weitere Klauseln (»Covenants«) vereinbart, auf die in Kapitel 6.4 im Einzelnen eingegangen wird. In allen diesen Klauseln müssen bei der Vertragsgestaltung die Erkenntnisse eingehen, die im Rahmen der Financial Due Diligence gewonnen wurden.

6.3.3 Variable Kaufpreisfestsetzung (Earn-Out)

In der Praxis ist die Einschätzung der Geschäftsplanung und der zukünftig erreichbaren Cashflows trotz umfangreicher Analysen im Zuge der Financial Due Diligence unsicher. Wenn zwischen den Parteien keine Einigkeit über die zukünftige Entwicklung der Gesellschaft und folglich auch über die Bewertung gefunden werden kann, besteht grundsätzlich die Möglichkeit der Vereinbarung von variablen Bestandteilen eines Kaufpreises oder so genannter Earn-Out-Klauseln. Dabei handelt es sich um die Festlegung zeitlich verzögerter Kaufpreiszahlungen, die an den Eintritt bestimmter Ereignisse oder an ähnliche Kriterien geknüpft sind. Diese Klauseln werden nach wie vor bei wachstumsstarken Unternehmen vereinbart, die nach einer längeren Phase der Investition und des Geschäftsaufbaus veräußert werden, deren Erfolge aber v.a. nach dem Zeitpunkt der Transaktion erwartet werden.

Bei der verzögerten Kaufpreisbestimmung wird aufgrund der bekannten und prognostizierten Daten ein Basispreis für die Anteile der Zielgesellschaft ermittelt. Entsprechend der in den Folgejahren eintretenden Entwicklung oder aufgrund eines bestimmten Ereignisses wird der ursprünglich vereinbarte Kaufpreis korrigiert.

Die Bezugsgröße für eine Earn-Out-Vereinbarung kann ganz unterschiedlich gewählt werden, insbesondere kann eine Kaufpreisanpassung ausgelöst werden

- bei Erreichen einer bestimmten Ergebnisgröße (z.B. eines EBIT, Gewinns oder Umsatzes) oder
- bei Eintritt eines wertrelevanten Ereignisses, z.B. der Zulassung eines Medikamentes oder der Registrierung eines Patentes.

Aus der Sicht der M&A-Praxis werden solche Earn-Out-Klauseln häufig sehr kritisch gesehen. Für den Verkäufer ist insbesondere problematisch, dass er nach dem Verkauf keine Kontrolle mehr über den Geschäftsgang und die Darstellung der finanziellen Daten hat. Prinzipiell besteht somit die Gefahr einer gezielten Ergebnisverlagerung in einen nicht mehr von der Klausel abgedeckten Zeitpunkt zum Vorteil des Erwerbers. Für den Käufer kann eine Earn-Out-Vereinbarung möglicherweise eine betriebswirtschaftlich sinnvolle Umstrukturierung der Zielgesellschaft oder eine Integration in den Konzernverbund für den Zeitraum der Earn-Out-Klausel verhindern. Mögliche gewinnversprechende Investitionen werden zunächst nicht getätigt, da sie zu einem höheren Unternehmenskaufpreis führen könnten. Dies ist insbesondere dann der Fall, wenn die Investitionen durch Kapitalmaßnahmen des neuen Gesellschafters finanziert werden sollen. Synergieeffekte, die in einem Konzernverbund beispielsweise durch Zusammenlegung von zentralen administrativen Aufgaben (z.B. Buchhaltung, Cashmanagement, Personalwesen) erzielt werden können, würden zwangsläufig zu einer Vermischung des Potenzials der erworbenen Gesellschaft und der bestehenden Gesellschaftsstruktur des Erwerbers führen.

Eine Earn-Out-Vereinbarung ist somit vor allem dann sinnvoll und durchführbar, wenn sie an Kriterien anknüpft, die wesentliche Werttreiber des Geschäftsmodells darstellen und gleichzeitig vom Erwerber nicht beeinflusst werden können.

6.4 Sonstige Vertragsgestaltung

6.4.1 Rechtliche Bedeutung der Due Diligence beim Unternehmenskauf

Im Rahmen einer Transaktion stellt sich regelmäßig die Frage, inwiefern eine durchgeführte oder unterlassene Due Diligence die Rechte und Pflichten der involvierten Vertragsparteien und insbesondere die Rechtsposition des Käufers beeinflussen kann. Problematisch ist dabei, dass eine Integration der Due Diligence in die deutschen Rechtsvorschriften bislang nicht stattgefunden hat und ihre Auswirkungen auf das privatrechtliche Haftungssystem weitgehend ungeklärt sind.

Die Due Diligence geht auf den im angloamerikanischen Rechtsbereich bestehenden Grundsatz zurück, dass der Käufer den Kaufgegenstand vor Vertragsschluss auf Mängel zu prüfen hat, damit er sich im Vertrag entsprechende Rechte vorbehalten kann, um nicht allein das Risiko der Mangelhaftigkeit des Kaufgegenstands zu tragen.

Eine derartige Geschäftspraxis zeichnet sich auch für Deutschland ab, obwohl das deutsche Kaufrecht Gewährleistungsregelungen bereit hält, die den Verkäufern eine gesetzliche Mängelhaftung auferlegten, unabhängig davon ob eine Due Diligence durchgeführt wurde. Da insbesondere Regelungen über die Rechtsfolgen nicht im ausreichenden und befriedigenden Umfang auf die spezifischen Umstände eines Unternehmenskaufes anzuwenden sind, ist eine klare vertragliche Übereinkunft zwischen den Vertragsparteien zu bevorzugen.

(a) Das deutsche System der Mängelhaftung

Gegenstand des Unternehmenskaufs ist das Unternehmen als Inbegriff von Sachen, Rechten und immateriellen Vermögenswerten. Im deutschen Rechtskreis existiert jedoch kein einheitlicher Rechtsbegriff des Unternehmens. Der Unternehmenskauf kann als Übertragung einzelner Wirtschaftsgüter (»Asset Deal«) oder als Erwerb von Geschäftsanteilen (»Share Deal«) vollzogen werden (vgl. Kapitel 1.2). Auf den Unternehmenskauf finden die allgemeinen Regelungen über den Kauf der §§ 433 ff. BGB Anwendung.

Die allgemeinen vertragstypischen Pflichten bei einem Kaufvertrag bestehen seitens des Veräußerers in der Pflicht, dem Käufer die Sache frei von Sach- und Rechtsmängeln zu übergeben und ihm das Eigentum an der Sache zu verschaffen. Dem Käufer hingegen obliegt es, die gekaufte Sache abzunehmen und den vereinbarten Kaufpreis zu zahlen. Die kaufrechtlichen Gewährleistungsansprüche finden seit Inkrafttreten des Schuldrechtsmodernisierungsgesetzes vom 1. Januar 2002 sowohl auf Sach- als auch auf Rechtsmängel Anwendung und haben somit gleichermaßen beim Asset Deal und Share Deal Gültigkeit. Ferner sind auch vorvertragliche Schuldverhältnisse geregelt, was eine Haftung des Verkäufers für vorvertragliche Pflichtverletzung auslöst (früher: gewohnheitsrechtliche culpa in contrahendo).

Dem Käufer stehen beim Vorliegen eines Mangels gem. § 437 BGB folgende Möglichkeiten zur Verfügung: Nacherfüllung und bei deren Verweigerung oder Fehlschlag, Rücktritt, Kaufpreisminderung, Schadensersatz oder Ersatz für vergebliche Aufwendungen. Ein Mangel liegt immer dann vor, wenn die Sache bei Gefahrenübergang nicht die vereinbarte Beschaffenheit aufweist. Allerdings vermag das gesetzliche Haftungssystem nicht die Folgen eines Mangels im Rahmen des Unternehmenskaufs umfassend und sachgerecht zu lösen. Es ist daher zu empfehlen, derartige Regelungslücken durch individuelle vertragliche Abreden, z.B. in Form eines eigenständigen Garantiesystems, auszufüllen.

(b) Einfluss der Due Diligence auf das gesetzliche Haftungssystem

Grundsätzlich ist ein Käufer mit seinen Mangelansprüchen gegen den Verkäufer ausgeschlossen, wenn er von dem Mangel Kenntnis erlangt hat oder durch grobe Fahrlässigkeit in Unkenntnis über den Mangel geblieben ist (§ 442 BGB). Gerade im Rahmen einer Due Diligence wird ein potenzieller Käufer eine große Menge an Informationen über das Zielunternehmen erhalten. Sofern er hierbei einen Mangel des Zielunternehmens erkennt, kann er grundsätzlich keine Mängelansprüche gegenüber dem Verkäufer geltend machen. Die Folge für den Käufer ist dann, entweder den Kaufpreis entsprechend zu reduzieren oder sich eine Freistellung von den negativen Folgen des entdeckten Mangels vom Verkäufer geben zu lassen. In vielen Fällen wird es für den Käufer jedoch schwierig sein, jeden Mangel, der der Zielgesellschaft anhaften könnte, zu erkennen. Denn häufig ist die Zeit, die dem Käufer zur Sichtung der Due Diligence-Unterlagen bleibt, nicht ausreichend, um sämtliche Informationen zu verarbeiten. Daher stellt sich insbesondere die Frage, wie sich eine »schlecht« durchgeführte Due Diligence auf den Haftungsausschluss für Mängelansprüche für den Käufer auswirkt.

Eine unterbliebene, nur unvollständig oder nicht sorgfältig durchgeführte Due Diligence seitens des Käufers könnte dazu führen, dass dem Käufer grob fahrlässige Unkenntnis von einem Mangel vorgehalten wird und somit ein Mangelgewährleistungsanspruch ausgeschlossen ist. Grundsätzlich ist der Käufer nicht verpflichtet, den Kaufgegenstand vor und bei Vertragsabschluss zu prüfen. Das Unterlassen der Prüfung kann aber nach vieler Ansicht dann eine grobe Fahrlässigkeit begründen, wenn der Käufer eine besondere Sachkunde hat, die dem Verkäufer fehlt oder eine Verkehrssitte im Sinne einer eingehenden Besichtigung des Kaufgegenstands besteht.

Zwar mag in der Praxis die Durchführung einer Due Diligence sehr geläufig geworden sein, jedoch betrifft dies zumeist nur Unternehmenstransaktionen, die ein gewisses Volumen haben und damit auch ein erhebliches wirtschaftliches Risiko in sich tragen. Bei kleineren und mittleren Unternehmenskäufen gibt es bisher noch keine durchgehende Praxis, eine umfassende Due Diligence des Unternehmens durchzuführen. Vielmehr muss der Käufer in den meisten Fällen versuchen, sich aus den wenigen Daten, die der Verkäufer zur Verfügung stellt, ein Bild zu machen. Im Einzelnen wird es für den Käufer auch schwierig sein, zu erkennen, welche Nachforschungen er anstellen muss. Bisher hat sich auch noch keine überwiegende Meinung herausgebildet, die für eine Due Diligence als Verkehrssitte spricht. Daher dürfte eine »schlecht« durchgeführte Due Diligence nicht zu einem Rechtsverlust des Käufers führen.

In diesem Zusammenhang sei nochmals kurz darauf hingewiesen, dass die Durchführung einer Due Diligence durch den Käufer den Verkäufer nicht von seiner gegebenenfalls vorhandenen Pflicht zur Aufklärung über bestimmte Sachverhalte entbindet (zur Aufklärungspflicht des Verkäufers über Mängel siehe Kapitel 1.7).

Letztlich spielt die Frage des § 442 BGB in der Praxis eher eine untergeordnete Rolle, da seine Anwendbarkeit in vielen Fällen ausgeschlossen und dafür ein gesondertes Haftungssystem im Kaufvertrag vereinbart wird. Das vertraglich vereinbarte Haftungssystem spiegelt dann in besonderem Maße die Erkenntnisse aus der Due Diligence wider.

Separat von der Haftung des Käufers ist die Haftung des Geschäftsführungsorgans des Käufers im Rahmen seiner kaufmännischen Sorgfaltspflichten gegenüber denen seiner Gesellschaft zu beurteilen, die in Kapitel 1.7 angesprochen werden.

6.4.2 Absicherung gegen Risiken durch Vereinbarung von Garantien

Die Ergebnisse einer Due Diligence-Prüfung liefern dem Kaufinteressenten wichtige Anhaltspunkte für eine Absicherung gegen identifizierte Risiken im Kaufvertrag. Da die Gewährleistungsregelungen des BGB den spezifischen Besonderheiten beim Unternehmenskauf häufig nicht gerecht werden, sind infolgedessen eigenständige vertragliche (Garantie-)Abreden ratsam (§ 311 BGB). Dabei sind vor allem der Haftungsgrund, die Haftungsfolgen und der Haftungsumfang sowie Fragen der Verjährung gesondert zu vereinbaren. Die tatsächliche Ausformulierung im Vertragswerk wird sich nicht zuletzt in Abhängigkeit vom Umfang der vollzogenen Due Diligence als auch vom Umfang des durch den Verkäufer zur Verfügung gestellten Datenmaterials allgemeiner oder konkreter gestalten. Je weniger Daten und Informationen dem Käufer bereitgestellt wurden, umso differenzierter und detaillierter erwartet er ein vertragliches Gewährleistungssystem. Insofern hat die Due Diligence generell und insbesondere auch die Financial Due Diligence einen erheblichen Einfluss auf das vertragliche Haftungssystem.

Im Rahmen einer selbstständigen Garantie verpflichtet sich der Verkäufer verschuldensunabhängig für das Vorhandensein bzw. Fehlen bestimmter Umstände des Kaufobjekts zu haften. Die zu vereinbarenden Garantien richten sich nach dem Einzelfall und können sich auf eine Vielzahl von Sachverhalten beziehen, z.B. auf Vermögensgegenstände, gewerbliche Schutzrechte, Rechtsstreitigkeiten, Kundenstamm, Produkte und Leistungen, EDV-Systeme u.v.m. Daneben werden Garantien auch bezüglich der Vermögens-, Finanz- und Ertragslage des Unternehmens in Form von Eigenkapital- oder auch Bilanzgarantien vereinbart.

Der Haftungsumfang des Verkäufers wird im Regelfall im Kaufvertrag zwischen den Parteien fest vereinbart. So werden beispielsweise weitere Haftungshöchstbeträge (»Caps«) für den Schadensfall sowie bestimmte Haftungsuntergrenzen für Kleinschäden (so genannte de minimis-Schwellen) festgelegt. Ferner kann vorab eine Berechnungsmethode spezifiziert werden, mit der im Garantiefall bezogen auf bestimmte Kennzahlen die Höhe des Anspruchs des Käufers ermittelt werden soll.

Der Käufer muss sicherstellen, dass ihm vom Verkäufer im Garantiefall ein entstandener Schaden tatsächlich ersetzt wird. Eine häufig vom Käufer geforderte Gestaltung zur Sicherstellung der Zahlungen ist die Hinterlegung eines Teils des Kaufpreises auf einem Treuhandkonto zur Absicherung etwaiger Garantieansprüche (Escrow Account). Für den Verkäufer bedeutet dies jedoch, dass er über den Kaufpreis (ganz oder teilweise) erst nach Ablauf der Garantiefristen (Auflösung des Escrow) verfügen kann. Letztlich wird es insoweit auf die Bonität und Reputation des Verkäufers ankommen, wie die Ausgestaltung des Kaufvertrags erfolgt.

Die konkrete Ausgestaltung von Garantien im Kaufvertrag wird durch die Ergebnisse aus allen verschiedenen Due Diligence-Teilprüfungen mitbestimmt. Erkenntnisse aus der Financial Due Diligence sind hierbei oft besonders hilfreich, da im Rahmen der Analysen entstandene Schäden im Geschäftsverlauf der Vergangenheit und zukünftige Risiken identifiziert werden. Neben der Absicherung von in der Due Diligence identifizierten Risiken durch Garantien oder Senkung des Kaufpreises kann der Käufer auch eine Freistellung für ein solches Risiko verlangen. Dies wird er insbesondere dann fordern, wenn er ein Risiko über einen längeren Zeitraum (vor Closing) absichern möchte, z.B. Altlasten auf Grundstücken oder Steuernachzahlungen. Der Unterschied zwischen Garantien und Freistellungen äußert sich zumeist in den unterschiedlichen Rechtsfolgen, d.h. bei einer Freistellung wird häufig kein Haftungshöchstbetrag vereinbart und die vereinbarte Verjährung ist länger.

6.4.3 Haftung des Erwerbers für Altverbindlichkeiten des Unternehmens

Durch Übernahme eines Unternehmens kann der Erwerber aufgrund eines Vertrages oder einer gesetzlichen Regelung zur Haftung für Verbindlichkeiten des übernommenen Unternehmens oder des Veräußerers verpflichtet sein. Hierbei ist zwischen Asset Deal und Share Deal zu unterscheiden.

(a) Haftung für Altverbindlichkeiten des Unternehmens beim Asset Deal

Wird der Unternehmenskauf als Asset Deal durchgeführt, erwirbt der Käufer grundsätzlich diejenigen Verbindlichkeiten, die im Kaufvertrag als Kaufgegenstand festgelegt sind. Daneben muss der Erwerber jedoch unter Umständen aufgrund Gesetzes für Verbindlichkeiten einstehen, auch wenn er diese nicht ausdrücklich vertraglich übernommen hat. Zu beachten sind in diesem Zusammenhang insbesondere die Haftung des Erwerbers für Verbindlichkeiten des Geschäftsbetriebs des früheren Inhabers bei Firmenfortführung (§ 25 HGB), die Pflichten gegenüber Arbeitnehmern bei Betriebsübergang (§ 613a BGB), die Haftung des Betriebsübernehmers für Steuern, bei denen sich die Steuerpflicht auf den Betrieb des Unternehmens gründet (§ 75 AO). Vielfach werden im Kaufvertrag Sonderregelungen für die Verteilung des Haftungsrisikos zwischen Käufer und Verkäufer im Innenverhältnis in Abweichung zur Gesetzeslage getroffen.

(b) Haftung für Altverbindlichkeiten des Unternehmens beim Share Deal

Bei einem Share Deal übernimmt der Erwerber in der Regel den Rechtsträger des Unternehmens und damit mittelbar alle Verbindlichkeiten des Unternehmens. Daneben kommt in Abhängigkeit der Rechtsform des verkauften Rechtsträgers eine Haftung für Verbindlichkeiten des Verkäufers in seiner Eigenschaft als Gesellschafter in Betracht, z.B. für rückständige Einlagen.

(c) Material-Adverse-Change-Klauseln

In der Ausgestaltung von Unternehmenskaufverträgen findet die Formulierung so genannter »Material-Adverse-Change-Klauseln« (kurz: MAC-Klauseln) zunehmend Verbreitung. Mit derartigen Vereinbarungen versuchen die Vertragsparteien, sich vor »wesentlichen nachteiligen Veränderungen« der Zielgesellschaft zu schützen. Ziel dabei ist zu bestimmen, welche Vertragsseite das Risiko einer wesentlichen Verschlechterung der Verhältnisse der Zielgesellschaft zwischen Vertragsunterzeichnung und Vollzug des Kaufvertrags zu tragen hat. Zwischen den Vertragsparteien werden vorab Kriterien festgelegt, bei deren Vorliegen die MAC-Klausel eingreift. MAC-Klauseln sind mithin ein Instrument der Risikoverteilung. Darüber hinaus kann eine MAC-Klausel auch als Garantie im Kaufvertrag ausgestaltet werden, d.h. der Käufer erhält nach Vollzug Schadensersatz, sollte der in der Garantie zugesicherte Zustand des Unternehmens nicht mehr bestehen.

Der »Material-Adverse-Change« stellt tatbestandsmäßig eine wesentlich nachteilige Veränderung dar. Diese Veränderung umfasst solche Vorkommnisse, Umstände oder Entwicklungen, die erhebliche negative Auswirkungen auf die Vermögens-, Finanz- und Ertragslage oder die Geschäftsaussichten der Zielgesellschaft insgesamt oder einzelner Geschäftsbereiche zur Folge haben, haben würden oder vernünftigerweise erwarten lassen. Die Identifikation von Risiken, die solche erheblichen negativen Auswirkungen auf die zukünftige Vermögens-, Finanz- und Ertragslage der Zielgesellschaft haben können, ist eine der Kernaufgaben der Financial Due Diligence.

Rechtsfolgen bei Vorliegen einer wesentlichen Verschlechterung des Kaufgegenstands zwischen Vertragsunterzeichnung und Vollzug des Kaufvertrags können vertraglich von den Parteien ausgestaltet werden, häufig wird dem Käufer das Recht gewährt, vom Vertrag Abstand zu nehmen. Vielfach wird die MAC-Klausel auch als aufschiebende Bedingung an die Zahlung des Kaufpreises geknüpft, d.h. bei Vorliegen eines MAC ist der Käufer berechtigt, den Kaufpreis nicht zu zahlen und somit den Vollzug des Vertrags zu verhindern.

Der Gesetzgeber hat wesentliche Änderungen der Geschäftsgrundlage in § 313 BGB kodifiziert. Entsprechend dieser Regelungen kann eine Anpassung des Vertrags bei Störung der Geschäftsgrundlage verlangt werden. Der Begriff der Geschäftsgrundlage beschreibt dabei die Vorstellungen von mindestens einer Vertragspartei über das Vorhandensein oder den künftigen Eintritt bestimmter Umstände, die Voraussetzung für den Willen zum Geschäftsabschluss sind. Die Regelungen zur Störung der Geschäftsgrundlage greifen jedoch nur dann ein, wenn die Parteien nicht bereits eine vertragliche Risikoverteilung für Wegfall, Änderung oder Fehlen bestimmter Umstände getroffen haben. Ferner ist der Begriff der »Unzumutbarkeit« auslegungsbedürftig, wodurch Wertungselemente im Einzelfall maßgeblich sind.

Aufgrund dieser Unsicherheiten bietet es sich an, die Regelungen des § 313 BGB auszuklammern und stattdessen wie zuvor beschrieben gesonderte MAC-Klauseln in den Kaufvertrag aufzunehmen.

Die konkrete inhaltliche Ausgestaltung, der Umfang und die Benennung der MAC-Klauseln richten sich nach den jeweiligen Gegebenheiten des Einzelfalls. Dennoch gilt es sorgfältig abzuwägen, den Tatbestand der MAC entweder möglichst exakt und abschließend zu definieren, so dass subjektive Wertungselemente ausgeschlossen werden können oder eine weit gefasste, generalklauselartige Formulierung zu wählen. Aus Sicht des Käufers ist die detaillierte Nennung der Ereignisse und Umstände der MAC nicht erstrebenswert, denn erst eine weite Definition ermöglicht es, die Risiken einer unvorhergesehenen oder unvorhersehbaren Verschlechterung auf den Verkäufer abzuwälzen. Der Verkäufer hingegen ist bemüht, durch eine restriktive Abgrenzung der Tatbestände einer MAC etwaigen Inanspruchnahmen zu entgehen. Grundsätzlich steht und fällt die Rechtssicherheit mit Genauigkeit und Vollständigkeit der Festlegung möglicher Schwellenwerte und einzelner Umstände, die eine MAC begründen. Darüber hinaus sollten die Grenzen der Zumutbarkeit einer MAC abgesteckt werden. Gemeint ist damit sinngemäß, bis zu welchem Ausmaß einer wesentlich nachteiligen Veränderung eine Vertragspartei auf eine Anpassung oder Abstandnahme vom Vertrag verzichtet. Dazu können Schwellenwerte als Hilfsmittel dienen. Die Ausformulierung von MAC-Klauseln knüpft an spezielle Risiken an, die im Falle ihrer Realisierung als eine MAC zu klassifizieren sind.

Derartige Ereignisse können unternehmensexterne »wirtschaftliche« und »nicht wirtschaftliche« Sachverhalte betreffen. Diese auch als »Market MAC« bezeichnete Klauseln adressieren auch außerhalb des Unternehmens liegende Geschehnisse, die sich nachteilig auswirken können. Hierzu zählen beispielsweise ein starker Kursverfall an der Börse (»Börsencrash«), Konjunkturschwankungen aber auch Ereignisse sozialer, rechtlicher und politischer Art, wie Gesetzesänderungen, Umweltkatastrophen oder Streiks.

Hingegen sind Anknüpfungspunkte der Absicherung »interner« Verschlechterungen so genannte »Business MAC«, die möglichen Auswirkungen auf den Geschäftsbetrieb des Unternehmens. Hierbei stellen z.B. der Verlust bedeutender Kunden oder Lieferanten oder das Betroffensein von Gerichtsverfahren etc. entsprechende Risiken dar.

Der Zeitraum, für den diese Risikovereinbarung gelten soll, ist im Kaufvertrag genau festzulegen.

6.4.4 Closing Conditions

Beim Abschluss und der Durchführung des Unternehmenskaufvertrags ist vor allem die dingliche Übertragung des Unternehmens von Bedeutung. Diese erfolgt zumeist nicht zeitgleich mit dem schuldrechtlichen Vertragsabschluss, sondern erst zu einem späteren Zeitpunkt. Mit dem Begriff »Closing« ist nach mehrheitlicher Auffassung der zentrale Abwicklungszeitpunkt gemeint, zu dem die Übertragung des Zielobjekts vollzogen und der Vertrag somit erfüllt wird. Zuweilen wird mit dem Closing aber nicht nur die Benennung des Stichtags, sondern vielmehr auch die zusammenfassende Umschreibung der an diesem Stichtag vorzunehmenden Rechtshandlungen bezeichnet. Diese umfassen insbesondere die Übergabe (Besitzwechsel), die dingliche Übertragung (Eigentumserwerb) und die Zahlung des Kaufpreises.

Da ein Unternehmenskauf in vielen Fällen bei Unterzeichnung des Kaufvertrags noch nicht vollzugsreif ist, muss der Vertrag normalerweise bestimmte Bedingungen enthalten, die vor Vollzug zu erfüllen sind, die so genannten »Closing Conditions«, die rechtlich »aufschiebende Bedingungen« sind. Typische Closing-Bedingungen sind beispielsweise:

- Kartellrechtliche Freigaben,
- Nichteintritt von Umständen, die ein MAC darstellen,
- Kaufpreiszahlung,
- Gremienvorbehalt,
- Verzichte auf oder Nichtausübung von Vorkaufsrechten,
- Erhalt von erforderlichen Zustimmungen (von Dritten, staatliche Genehmigungen) sowie
- Sicherheitenfreigabe.

Grundsätzlich ist der vertragliche Mechanismus der »Closing Conditions« so gestaltet, dass der Käufer nicht den Kaufpreis zahlen muss, wenn die Closing Conditions nicht erfüllt sind. Dies hat zur Folge, dass das dingliche Eigentum an den Anteilen oder Vermögensgegenständen nicht auf den Käufer übergeht, da der Eigentumsübergang auf die Zahlung des Kaufpreises aufschiebend bedingt ist. Abhängig von den spezifischen Einzelfallregelungen kann der Käufer oder der Verkäufer z.B. vom Vertrag Abstand nehmen, falls eine oder mehrere der Bedingungen nicht eintreten, je nachdem zu wessen Gunsten die Bedingung ausgestaltet ist und warum die Bedingung nicht eingetreten ist.

Die Durchführung einer Due Diligence im Rahmen von Unternehmensakquisitionen ist ein legitimes Erfordernis des Käufers vor dem Closing. Eine vorläufige Due Diligence wird durchgeführt, um ein entsprechend qualifiziertes Angebot abgeben zu können. Eine umfassende Due Diligence-Untersuchung erfolgt dann oft bezüglich der separat zum Closing-Stichtag aufgestellten Abschlüsse (»Closing Financial Statements« bzw. Closing Accounts) und hat oft direkten Einfluss auf die Kaufpreisermittlung (siehe auch Kapitel 6.3.1 und Kapitel 6.3.2).

Mit den aus der Due Diligence gewonnenen Erkenntnissen kann eingeschätzt werden, welche (besonderen) Closing-Bedingungen zu vereinbaren bzw. überhaupt realisierbar sind. Überdies können sie Anhaltspunkte liefern, einzelne Bedingungen gegebenenfalls zu konkretisieren.

6.4.5 Business Covenants

Im kritischen Zeitraum zwischen dem »Signing« (Abschluss des Transaktionsvertrages) und dem »Closing«, etwa auch weil der Verkäufer das Unternehmen nicht mehr mit der gleichen Motivation führt, besteht das erhöhte Risiko für den Käufer eines Unternehmens, dass das Kaufobjekt erheblichen Wertveränderungen ausgesetzt sein kann. So kann sich das Zielobjekt nicht nur infolge eines zufälligen Ereignisses verschlechtern, sondern sogar untergehen (siehe nochmals Abbildung 6.17 in Kapitel 6.3.2).

Um das Risiko weitgehend einzugrenzen, wird der Käufer eines Unternehmens häufig vom Verkäufer bestimmte Zusagen bezüglich der Unternehmensführung zwischen dem Unterzeichnungs- und dem Vollzugsstichtag erwarten. Grundsätzlich hat der Verkäufer hierbei zu versichern, dass er bis zum Closing das Zielunternehmen im Rahmen des gewöhnlichen Geschäftsbetriebs bzw. im Wesentlichen wie bislang weiterführt. Diese generalklauselartige Vereinbarung sollte jedoch in weiteren einzelnen Verpflichtungen konkretisiert werden, da diese so genannten »ordinary course of business« Covenants sehr häufig nicht imstande sind, den besonderen Interessen und den abzusichernden Risiken zu genügen. Die nachfolgenden Ausführungen geben einen kurzen Überblick darüber, welche unterschiedlichen »Vertragsabreden verpflichtenden Inhalts« auftreten können.

Es können zwei Arten von »Pre-Closing Covenants« unterschieden werden und zwar die »Affirmative Covenants« (Handlungspflichten) und die »Negative Covenants« (Unterlassungspflichten). Beispiele für »Affirmative Covenants« sind:

- Einhalten der für das Unternehmen relevanten Gesetze,
- Aufrechterhaltung des Geschäftsbetriebs und des Versicherungsschutzes,
- Einholen staatlicher Genehmigungen und Erfüllung staatlicher Auflagen,
- dem Käufer vollen Zugriff auf bestimmte Unterlagen/Aufzeichnungen gewähren,
- Einhaltung aller eingegangen Verpflichtungen sowie
- Vereinbarung, dass das Unternehmen weiterhin seinem gewöhnlichen Geschäftsgang nachgeht, so wie es auch bisher geschehen ist.

»Negative Covenants« verpflichten zur Unterlassung bestimmter Handlungen. Oder anders gesagt, sie legen Handlungen fest, die ohne Zustimmung der verpflichtenden Partei nicht ausgeführt werden dürfen. Dies wiederum kann den Handlungsspielraum des Verkäufers erheblich einschränken. Charakteristische »Negative Covenants« stellen dabei folgende Unterlassungspflichten dar:

- Verbot, die bisher angewandten Bilanzierungsmethoden zu verändern,
- keine Verträge oder Verpflichtungen eingehen, die außerhalb des gewöhnlichen Geschäftsbetriebs liegen,
- keine neuen Aktienemissionen tätigen,
- keine Dividendenzahlungen oder anderweitige Ausschüttungen an die Gesellschafter leisten,
- bestehende Verträge nicht kündigen oder ändern,
- keine (nennenswerten) Investitionen (als die geplanten) tätigen,
- keine zusätzlichen Verbindlichkeiten eingehen,
- keine Vermögensgegenstände veräußern (sofern nicht im Rahmen des gewöhnlichen Geschäftsbetriebs),
- nicht auf bestehende Ansprüche verzichten oder Rechte aufgeben sowie

- Handlungen unterlassen, die einen MAC-Tatbestand verursachen können.

Der Teil der oben genannten Covenants, die einen Substanzverlust des Unternehmens bis zum Closing verhindern sollen (z.B. keine Ausschüttungen an Gesellschafter, kein Verzicht auf bestehende Rechte und Ansprüche), werden auch als »Leakage Covenants« bezeichnet. Die tatsächliche Ausgestaltung und Formulierung entsprechender Covenants wird sich letztendlich an den Gegebenheiten des Einzelfalls orientieren. Es ist vor allem zu berücksichtigen, dass in kartellrechtlich relevanten Fällen einzelne Covenants dem Käufer bereits zu viel Einfluss auf die Zielgesellschaft geben können, welcher vor kartellrechtlicher Freigabe unzulässig ist.

Allerdings bietet die bloße Vereinbarung der Covenants nicht notwendigerweise den beabsichtigten Schutz. Vielmehr stellt die Formulierung geeigneter Sanktionsmaßnahmen die Effizienz dieses vertraglichen Regelungsinstruments sicher. Die jeweiligen Sanktionsmaßnahmen können dabei individuell vertraglich gestaltet werden. Im Falle von Handlungen entgegen den vereinbarten Nebenabreden muss der Verpflichtete mit rechtlichen Konsequenzen rechnen, die von einer Nachverhandlung der Vertragsinhalte bis hin zur Vertragskündigung reichen können. Covenants ermöglichen also der verpflichtenden Vertragsseite eine rechtzeitige Reaktion auf eine Gefährdung des Vertragsinhalts bzw. gestatten es, bei Verletzung der getroffenen Vereinbarungen entsprechend einzugreifen.

Anhang
Checkliste Financial Due Diligence

1 Das Unternehmen

1.1 Unternehmen der Gruppe und Geschäftsgegenstand

- 1.1.1 Struktur der Gruppe:
  - (i) Schaubild der Gruppe (gesamt)
  - (ii) Organigramm jedes Unternehmens der Gruppe (einzeln)
- 1.1.2 Liste der Gruppengesellschaften mit Angabe von
  - (i) Namen und Sitz
  - (ii) Höhe des gezeichneten Kapitals, Beteiligungshöhe (in %)
  - (iii) eingetragene Niederlassungen/Hauptgeschäftsstellen
  - (iv) sonstige für die Gesellschaft wichtige Informationen (z.B. keine gewerbliche Tätigkeit, Auflösung/Liquidation der Gesellschaft etc.)
- 1.1.3 Liste aller Joint Venture-, Gesellschafts- oder anderer Gewinnbeteiligungsverträge, bei denen die Gruppe Vertragspartei ist
- 1.1.4 Beschreibung der Tätigkeiten jeder einzelnen Gruppengesellschaft und jedes einzelnen Geschäftsbereichs innerhalb der Gruppe
- 1.1.5 Für jede einzelne Gruppengesellschaft Kopien von
  - (i) Satzungen
  - (ii) aktuellen Auszügen aus Handels-/Gesellschaftsregistern

1.2 Noch nicht erledigte Anmeldungen zum Handels-/Gesellschaftsregister

- 1.2.1 Aktuelle Unternehmenspräsentationen aller Gruppengesellschaften

1.3 Anteile/Gesellschafter

- 1.3.1 Gesellschafterliste jeder einzelnen Gruppengesellschaft (inkl. stille Gesellschafter) mit Angabe von
  - (i) Name und Adresse bzw. Sitz
  - (ii) Höhe der gehaltenen Anteile

1.3.2 Liste mit kurzer Beschreibung aller
  (i) Gesellschaftervereinbarungen (wie z.B. Verpfändungen, Sicherheitsabtretungen, Optionen, Treuhandverhältnissen, Nießbräuchen, Unterbeteiligungen etc.)
  (ii) anderen Vereinbarungen (wie z.B. Übertragung von Rechten auf Dritte etc.)

1.4 Geschäftsleiter/Mitglieder von Aufsichts- oder Beiräten/Verwaltungsrat

1.4.1 Liste aller Mitglieder/Personen jeder Gruppengesellschaft (mit Angabe relevanter Ämter/Beteiligungen an konzernfremden Gesellschaften) von
  (i) Geschäftsleitung
  (ii) Aufsichts- oder Beirat
  (iii) Prokuristen
  (iv) sonstigen zur Vertretung bevollmächtigten Personen

1.4.2 Sitzungsprotokolle jeder Gruppengesellschaft der letzten drei Jahre von
  (i) Geschäftsleitung
  (ii) Aufsichtsrat

1.4.3 Protokolle und Beschlüsse von Gesellschafterversammlungen der Muttergesellschaft [und aller anderen Gruppengesellschaften] der letzten drei Jahre

1.4.4 Aufstellung über familiäre Beziehungen zwischen Geschäftsleitung bzw. Vorstand/Mitgliedern von Aufsichts-/Beiräten/Verwaltungsrat/Kunden/Lieferanten

2 Märkte und Wettbewerb

2.1 Abgrenzung und Beschreibung der relevanten Märkte (z.B. nach Branche, geographisch, Abnehmer) mit Angabe der Tätigkeiten in einzelnen Ländern

2.2 Darstellung von Marktvolumen (Menge und Wert) und Marktsegmentierung für die Märkte, in denen das Unternehmen tätig ist

2.3 Einschätzung des Marktwachstums in den relevanten Märkten mit Angaben zu Preisen und Mengen

2.4 Vorhandene Marktanalysen (in Auftrag gegeben oder selbst erstellt)

2.5 Auflistung der Marktführer und der größten Wettbewerber mit Angabe der Marktanteile

2.6 Darstellung der Stärken und Schwächen des Unternehmens im Vergleich zu Wettbewerbern; wesentlicher Wettbewerbsvorteil

2.7 Aufstellung bestehender und neuer Partnerschaften sowie Kooperationen mit anderen Unternehmen im Absatzbereich

2.8 Auflistung von Zusammenschlüssen und Akquisitionen in der Branche in den letzten drei Jahren
2.9 Darstellung und Erläuterung zu bestehenden Markteintrittsbarrieren

3 Controlling, Produkte und Geschäftsmodell
3.1 Auswertungen aus dem internen Rechnungswesen
  3.1.1 Auswertungen aus dem Controlling für die letzten drei Jahre nach Geschäftsbereichen
    (i) Soll-Ist-Vergleiche
    (ii) Abweichungsanalysen
  3.1.2 Betriebswirtschaftliche Auswertungen (BWA)
3.2 Beschreibung des Geschäftsmodells und der Geschäftsbereiche
3.3 Waren-/Leistungseingang
  3.3.1 Allgemeine Einkaufsbedingungen und/oder Allgemeine Verkaufsbedingungen, die im Geschäft der Gesellschaft verwendet werden
  3.3.2 Aufstellung aller wesentlichen Lieferanten mit Angabe von
    (i) Name des Lieferanten
    (ii) Dauer der Lieferbeziehung
    (iii) Rahmenkonditionen/Abnahmeverpflichtungen etc.
    (iv) sonstigen für die Lieferantenbeziehung wesentlichen Informationen (z.B. Just-in-time-Vereinbarungen etc.)
    (v) Kopien der letzten fünf größten Rechnungen je wesentlichem Lieferant
3.4 Leistungserstellung/Produktionsprozess
  3.4.1 Beschreibung der Produktionsverfahren und Aufstellung der Produktionskapazitäten
  3.4.2 Beschreibung der Forschungs- und Entwicklungsaktivitäten mit Angaben zu
    (i) Budgets einzelner Projekte
    (ii) kürzlich abgeschlossenen Projekten
    (iii) geplanten Projekten
    (iv) Kooperationsverträgen
3.5 Waren-/Leistungsausgang
  3.5.1 Beschreibung der angebotenen Produkte/Dienstleistungen (z.B. Kopie der aktuellen Produktliste/Verkaufsprospekte)
  3.5.2 Beschreibung der Positionierung am Markt und im Produktlebenszyklus für die einzelnen Produkte/Produktgruppen

3.5.3 Aufstellung der Marketing- und Vertriebsmaßnahmen mit Angaben zu
(i) Budget
(ii) Laufzeit der Maßnahme

3.5.4 Beschreibung der genutzten Distributionskanäle einschließlich
(i) Vertriebsart (Einzel-, Großhandel, Direktvertrieb etc.)
(ii) aller wesentlichen Vertriebs-, Agentur- oder vergleichbaren Verträge, bei denen die Gesellschaft Vertragspartei ist

3.5.5 Aufstellung der wichtigsten Kunden und Erstellung einer ABC-Analyse mit Angabe von
(i) Name des Kunden
(ii) Umsatz in den letzten drei Jahren p.a.
(iii) Dauer der Kundenbeziehung
(iv) Rahmenkonditionen, Zahlungszielen etc.
(v) individuellen Rabatt- und Bonusvereinbarungen
(vi) sonstigen für die Kundenbeziehung wesentlichen Informationen

4 Allgemeines Management und Organisation

4.1 Corporate Governance

4.1.1 Beschreibung der Firmenstrategie (Kopie des Strategiepapiers und der Geschäftsordnung) mit Angaben zur letzten Überarbeitung, Häufigkeit der Anpassung an veränderte Rahmenbedingungen, Kommunikation der Strategie im Unternehmen etc.

4.1.2 Beschreibung des Management-Informations-Systems (MIS) mit Angaben zu Inhalt und Umfang, Häufigkeit und verantwortlichen Mitarbeiter; Kopien aktueller MIS-Berichte

4.1.3 Beschreibung der Vergütungsstruktur des Managements und der Mitarbeiter

4.1.4 Stellungnahme zu Corporate Governance Grundsätzen und Kopie der Grundsätze

4.1.5 Kopie der Erklärung zum Corporate Governance Kodex (Entsprechenserklärung)

4.2 Organigramm (Überblick) der Gesellschaft

4.3 Rechnungswesen

4.3.1 Aufstellung der im Rechnungswesen/Controlling eingesetzten EDV-Programme (z.B. Programme zur Anlagenverwaltung, Materialwirtschaft, Auftragsverarbeitung, Fakturierung etc.) mit Angaben des Herstellers, letztes Update, Zertifizierung der Programme etc.

4.3.2 Flussdiagramme und Ablaufbeschreibungen wesentlicher Prozesse des Rechnungswesens
   (i) Bestellwesen, Wareneingang und Kreditorenbuchhaltung
   (ii) Auftragseingang und -bearbeitung
   (iii) Warenausgang und Fakturierung
   (iv) Forderungsmanagement und Mahnwesen
   (v) sonstiger für das Unternehmen wesentlicher Prozesse im Rechnungswesen

4.3.3 Aufstellung der Leistungsbeziehungen sowie Konditionen der internen Leistungsverrechnung mit einzelnen verbundenen Unternehmen

4.3.4 Stellungnahme zur Abhängigkeit des Ergebnisses von Verrechnungspreisen

4.4 Controlling

4.4.1 Darstellung von Organisation, Aufbau und Funktionsweise des internen Controllings und Berichtswesens (verantwortliche Personen, Eingliederung im Unternehmen etc.)

4.4.2 Darstellung des internen Berichtssystems mit Angaben zu
   (i) Inhalt des Berichts
   (ii) Ersteller des Berichts
   (iii) Adressat des Berichts
   (iv) Häufigkeit der Berichterstattung

4.4.3 Aufstellung regelmäßig vorgenommener Auswertungen des Controllings (z.B. Produktdeckungsbeitragsrechnungen, Soll-/Ist-Vergleichsrechnungen)

4.5 Risikomanagement und Qualitätsmanagement

4.5.1 Angaben zum Risikomanagement (verantwortlicher Mitarbeiter, Verfügbarkeit, Handbuch oder andere Dokumentationsunterlagen)

4.5.2 Angaben zum Qualitätsmanagement (verantwortlicher Mitarbeiter, Verfügbarkeit, Handbuch oder andere Dokumentationsunterlagen)

4.6 Informationstechnologie (IT)

4.6.1 Darstellung von Organisation und Aufbau der EDV-Abteilung inkl. technische Informationen
   (i) verantwortliche Personen
   (ii) Eingliederung im Unternehmen
   (iii) Weisungsbefugnisse
   (iv) Lokalität der DV-Server
   (v) technische Sicherheitsmaßnahmen
   (vi) Vergütungsstruktur und Personal

4.6.2 Aufstellung sämtlicher vom Unternehmen genutzter IT-Lizenzen/-Rechte und Hardwaregegenstände mit Angabe der Wartungs- und Update-Verträge sowie der Konditionen und Laufzeit aufgeteilt nach
(i) gekauft
(ii) geleast oder gemietet

4.6.3 Kopien der Verträge der IT-Lizenzen und IT-Rechte mit Angaben zu Zertifizierung etc.

4.6.4 Aufstellung der Zugangsberechtigungen zu einzelnen Programmen mit Angaben zu
(i) Name der Person
(ii) Zugangsberechtigungen/-beschränkungen
(iii) integrierten Kontrollen (Funktionstrennung/4-Augen-Prinzip)

5 Personal und Vergütungsstruktur

5.1.1 Aufstellung der Anzahl der Mitarbeiter je Gesellschaft

5.1.2 Aufstellung der Anzahl der Arbeitnehmer der letzten drei Jahre je Gruppengesellschaft, aufgeschlüsselt nach
(i) Angestellten
(ii) Arbeitern
(iii) Auszubildenden
(iv) Teilzeitarbeitnehmern (detailliert nach Anzahl der Arbeitsstunden)
(v) schwerbehinderten Arbeitnehmern
(vi) Arbeitnehmern mit einem befristeten Arbeitsvertrag
(vii) Mutterschafts-/Vaterschaftsurlaub/sonstigen Freistellungen
(viii) Heimarbeitsplätzen
(ix) freiberuflichen Mitarbeitern

5.1.3 Vergütungsstruktur Management (Fixgehalt, Bonusvereinbarungen, Optionen, Altersversorgung etc.)

5.1.4 Vergütungsstruktur Mitarbeiter (Fixgehalt, Bonusvereinbarungen, Optionen, Altersversorgung etc.)

5.1.5 Aufstellung und Beschreibung von Mitarbeiterbeteiligungsprogrammen mit Angaben zu Mitarbeitern, Konditionen, Umfang der Inanspruchnahme etc.

5.1.6 Aufstellung betreffend Zusagen für Altersversorgung mit Angaben zu begünstigten Mitarbeitern, Rahmenverträgen, Konditionen etc. (soweit vorhanden)

5.1.7 Zugehörigkeit zu Tarifvereinbarungen, Gewerkschaften etc.

5.1.8 Aufstellung der Aufwendungen aufgrund Prämienvereinbarungen oder anderer gewinnbezogener Zahlungsregelungen der Gruppe und Angaben über Begünstigte bzw. Teilnehmer für die letzten drei Jahre

5.1.9 Aufstellung der Aufwendungen aus Versicherungen, Gesundheitsfürsorge und anderen Sozialleistungen der Gruppe für die letzten drei Jahre

5.1.10 Angabe bzw. Schätzung der aus anhängigen oder drohenden Arbeitsgerichtsverfahren entstehenden Aufwendungen

5.1.11 Aufstellung über Kündigungen und Abbau von Arbeitsplätzen in den letzten drei Jahren mit Angabe der damit verbundenen Aufwendungen

5.1.12 Alle Dienstverträge zwischen der Gruppe und Arbeitnehmern, die mehr als 75.000 Euro verdienen, einschließlich Angaben über Wettbewerbsverbote und Vertraulichkeitsvereinbarungen

5.1.13 Aufstellung sämtlicher Verträge der Gruppe mit Beratern, Handelsvertretern und Werkvertragsunternehmern mit Angabe der jährlichen Aufwendungen/Honorare

6 Jahresabschlüsse und Finanzdaten

6.1 Jahresabschlüsse (externes Rechnungswesen)

6.1.1 Allgemeines

(i) Jahresabschlüsse (Einzel- und Konzernabschlüsse) mit Lageberichten der Gesellschaft sowie der Tochtergesellschaften für die letzten fünf Jahre

(ii) Prüfungsberichte bzgl. Einzel- und Konzernabschlüssen der Gesellschaft sowie der Tochtergesellschaften

(iii) Sämtliche Managementletter des Abschlussprüfers betreffend die Prüfung der Jahresabschlüsse (Einzel- und Konzernabschlüsse) der Gesellschaft für die letzten drei Jahre

(iv) Aktuelle Summen- und Saldenlisten für Bilanz und GuV

(v) Cashflow-Rechnungen der letzten drei Jahre

(vi) Sämtliche internen Revisionsberichte der Gesellschaft für die letzten drei Jahre

(vii) Aktuelle interne Bilanzierungsrichtlinie; Angaben über alle Veränderungen der Buchführungsgrundsätze oder Abweichungen davon in den letzten drei Jahren

(viii) Kontaktdaten des Abschlussprüfers sowie Entbindung des Abschlussprüfers von seiner Verschwiegenheitspflicht durch die Gesellschaft

6.2 Bilanz: Aktiva

6.2.1 Anlagespiegel der letzten drei Jahre mit
- (i) historischen Anschaffungs-/Herstellungskosten
- (ii) Zugängen und Abgängen
- (iii) kumulierten Abschreibungen und Jahresabschreibungen
- (iv) Restbuchwerten der Vorperiode sowie der aktuellen Periode
- (v) Beschreibung der angewandten Abschreibungsmethoden und Nutzungsdauern des Anlagevermögens

6.2.2 Liste aller bei der Gesellschaft immateriellen Vermögensgegenstände, die Dritten gehören, und Kopien aller Lizenzverträge oder anderer diesbezüglicher Vereinbarungen

6.2.3 Liste aller immateriellen Vermögensgegenstände, die die Gesellschaft Dritten lizenziert hat, mit Kopien der Abrechnungen und sonstiger hierfür relevanten Dokumente für die letzten drei Jahre

6.2.4 Liste der von der Gesellschaft gemeinsam mit anderen genutzten gewerblichen Schutzrechte

6.2.5 Auflistung der Grundstücke und Gebäude, die sich im Eigentum der Gesellschaft befinden, mit Kopien der aktuellen Grundbuchauszüge

6.2.6 Auflistung der Grundstücke und Gebäude, die von der Gesellschaft gemietet/gepachtet oder vermietet/verpachtet sind

6.2.7 Alle Miet-, Pacht- und Leasingverträge mit der Gesellschaft als Vermieter oder Mieter (betreffend Grundstücke und anderes Anlagevermögen)

6.2.8 Aufstellung aller immateriellen Vermögensgegenstände (aufgeteilt nach bilanziert/nicht bilanziert)

6.2.9 Alle Berichte/Gutachten und Bewertungen des Grundvermögens und von anderem Anlagevermögen der Gesellschaft durch außenstehende Berater/Gutachter aus den letzten drei Jahren

6.2.10 Aufstellung wesentlicher Investitionen in das Anlagevermögen in den letzten drei Jahren mit Angabe der Investitionshöhe je Investitionsprojekt

6.2.11 Höhe der künftig vorzunehmenden Instandhaltungsinvestitionen in das Anlagevermögen

6.2.12 Aufstellung der Vorräte, gegliedert nach Roh-/Hilfs-/Betriebsstoffen, unfertigen Erzeugnissen/Leistungen, fertigen Erzeugnissen/Waren und geleisteten Anzahlungen der letzten drei Jahre

6.2.13 Aufstellung über die Gängigkeit bzw. Werthaltigkeit der Vorräte, gegliedert nach Roh-/Hilfs-/Betriebsstoffen, unfertigen Erzeugnissen/Leistungen und fertigen Erzeugnissen/Waren der letzten drei Jahre; Angaben zur Bewertungsmethode und körperliche Bestandsaufnahme

6.2.14 Offene-Posten-Liste und Altersstruktur für die Debitoren
- (i) zum letzten Bilanzstichtag
- (ii) zum aktuellen Datum

6.2.15 Angaben zur Höhe (%-Satz) der vorgenommenen Pauschalwertberichtigungen in den letzten drei Jahren

6.2.16 Aufstellung der vorgenommenen Einzelwertberichtigungen in den letzten drei Jahren unter Angabe der Höhe für jeden einzelnen Debitor; Hermes-Versicherung

6.2.17 Angabe von Factoring-Vereinbarungen und Leasing

6.3 Bilanz: Passiva

6.3.1 Eigenkapital
- (i) Aufstellung aller Kapitalmaßnahmen der letzten drei Jahre, ggf. mit Einzahlungsnachweis
- (ii) Beschlüsse über Änderungen des Stamm-/Grundkapitals, über Einstellungen in/Entnahmen aus Rücklagen, über die Gewinnverwendung
- (iii) Nachweis der Zuzahlungen von Gesellschaftern in Rücklagen gem. § 272 Abs. 2 Nr. 1 bis 4 HGB
- (iv) Verträge/Vereinbarungen zu überlassenem Genussrechtskapital
- (v) Vereinbarungen zu Einlagen stiller Gesellschafter

6.3.2 Detaillierte Aufgliederung der Rückstellungen (Rückstellungsspiegel) der vergangenen drei Jahresabschlüsse mit einer Aufschlüsselung der einzelnen Positionen unter den »Sonstigen Rückstellungen«

6.3.3 Erläuterung Inanspruchnahme Kulanz- und Gewährleistungsverpflichtungen in den vergangenen drei Jahren

6.3.4 Kopien der Pensionsordnungen der Gesellschaft (andere als die gesetzliche Rentenversicherung) und die letzten versicherungsmathematischen Gutachten (HGB, Steuerrecht, IAS/IFRS) oder Finanzierungsgutachten und Mitgliederdaten

- **6.3.5** Auflistung der Rückstellungen für Rechtsstreitigkeiten in den letzten drei Jahren unter Angabe der tatsächlichen Inanspruchnahme
- **6.3.6** Aufstellung sämtlicher Bankverbindungen der Gesellschaft mit Kopien der Kontoauszüge des letzten Monats
- **6.3.7** Aufstellung aller vorhandenen Darlehensverbindlichkeiten der Gesellschaft bei Dritten mit Angaben zu Konditionen und Laufzeiten
- **6.3.8** Kopien dieser Darlehensverträge mit Angaben zu Konditionen, Laufzeiten und Sicherheiten
- **6.3.9** Aufstellung der vorhandenen konzerninternen Darlehen mit Angaben zu Konditionen und Laufzeiten
- **6.3.10** Offene-Posten-Liste für die Kreditoren (mit Fälligkeitsdatum)
  - (i) zum letzten Bilanzstichtag
  - (ii) zum aktuellen Datum
- **6.3.11** Aufstellung sonstiger finanzieller Verpflichtungen und Haftungsverhältnisse der letzten drei Jahre, z.B.
  - (i) Termingeschäfte
  - (ii) Verpfändungen, dingliche Belastungen, Sicherungsabtretungen oder andere Sicherungsrechte, die ein Unternehmen der Gesellschaft zugunsten von Darlehensgebern oder anderen Dritten gewährt hat
  - (iii) Bürgschaften/Patronatserklärungen der Gesellschaft zugunsten Dritter oder einer anderen Gesellschaft

6.4 Gewinn- und Verlustrechnung

- **6.4.1** Aufschlüsselung der Umsätze nach Produkten, Kunden, Geschäftsbereichen und Regionen für die letzten drei Jahre
- **6.4.2** Aufstellung der sonstigen betrieblichen Erträge getrennt nach Einzelpositionen für die letzten drei Jahre
- **6.4.3** Aufstellung der sonstigen betrieblichen Aufwendungen getrennt nach Einzelpositionen für die letzten drei Jahre
- **6.4.4** Aufstellung über außerordentliche Aufwendungen und Erträge getrennt nach Einzelpositionen der letzten drei Jahre mit Beschreibung der zugrunde liegenden Geschäftsvorfälle
- **6.4.5** Aufstellung von Währungseffekten der letzten drei Jahre

6.5 Finanzdaten (Year to Date) für den Zeitraum nach dem letzten Jahresabschlussstichtag bis zur Durchführung der Due Diligence

- **6.5.1** Aktuelle betriebswirtschaftliche Auswertungen (BWA)
- **6.5.2** Aktuelle Auswertungen (Soll-Ist-Vergleiche; Abweichungsanalysen) aus dem Controlling

6.5.3 Liste der Verträge, bei denen die Gesellschaft Vertragspartei ist, betreffend den Erwerb oder die Aufgabe von Geschäften/Wirtschaftsgütern/Beteiligungen, einschließlich Angaben über alle ausstehenden Verpflichtungen daraus

6.5.4 Kopien der aktuellen Kontoauszüge sämtlicher Kontoverbindungen

6.5.5 Aufstellung sämtlicher Leasing-/Mietkauf-/Vorbehaltskauf-/Factoringverträge und andere Mittel der Finanzierung (einschließlich nicht in der Bilanz auszuweisende Finanzierungen) mit Angabe der Laufzeiten, Raten p.a. etc.

6.5.6 Aufstellung und Beschreibung von Mitarbeiterbeteiligungsprogrammen mit Angaben zu Mitarbeitern, Konditionen, Umfang der Inanspruchnahme etc.

6.5.7 Aufstellung neuer sonstiger finanzieller Verpflichtungen und Haftungsverhältnisse

6.5.8 Liste über anhängige/drohende Verfahren (Rechtsstreitigkeiten) mit einer Einschätzung über die zu erwartenden Kosten für die Gesellschaft (Kopien des wesentlichen Schriftverkehrs für die Kostenschätzung)

7 Geschäftsplanung

7.1 Erläuterung des Planungsprozesses in sachlicher und zeitlicher Hinsicht (Angabe des Ansprechpartners für die Planungsverantwortung)

7.2 Aktuelle Geschäftsplanung bestehend aus
- (i) Plan-Gewinn- und Verlustrechnung
- (ii) Plan-Bilanz
- (iii) Finanzplanung (Cashflow-Rechnung)

7.3 Absatzplanung mit Angaben zu

7.3.1 Mengen- und Preisgerüst mit Beschreibung der Vorgehensweise für die Planerstellung (z.B. Fortschreibung von Vergangenheitstrends; Hochrechnung bereits innerjähriger Daten auf ganzjährige Plandaten; Ableitung von Planumsätzen aus vorhandenen Auftragsbeständen etc.) nach Produktgruppen (Einschnittentwicklung, Umsatzentwicklung)

7.3.2 Aufstellung der Absatzpreise (aktuelle Preisliste und künftig zu erwartende Preisentwicklungen) für die einzelnen Produkte/Produktgruppen

7.4 Produktionsplanung mit Angaben zu
- (i) Kapazitätsveränderungen/-grenzen
- (ii) erforderlichen Investitionen etc.
- (iii) Produkten

7.5 Personalplanung mit Angaben zu
(i) Mitarbeiterzahl je Planjahr, abgestimmt auf geplante Investitionen
(ii) Kalkulation von Kosten aufgrund Personalbeschaffung/ggf. Personalfreisetzung

7.6 Investitionsplanung mit Darstellung von
(i) Investitionsprojekten (Ersatz-/Rationalisierungs-/Erweiterungsinvestition)
(ii) Investitionszeitpunkt
(iii) Anschaffungskosten mit Preissteigerungen
(iv) handelsrechtlicher und wirtschaftlicher Nutzungsdauer
(v) Finanzierung der Investitionen (Konditionen etc.)
(vi) Angaben zu möglichen Investitionszulagen

7.7 Detailinformationen zur Liquiditätsplanung (Ausschüttungen, Liquiditätsbeschaffung etc.)

7.8 Detailplanung der außerordentlichen Aufwendungen und Erträge für den Planungszeitraum

7.9 Angaben zu Annahmen und zur Abbildung von Währungsrisiken; Beschreibung von Absicherungsmaßnahmen

7.10 Darstellung sonstiger Planungsprämissen (z.B. Umlagen, kalkulatorische Kosten, Konditionen an Kunden)

7.11 Auflistung der Prämissen für die Überleitung des letzten testierten Jahresabschlusses (Bilanz, Gewinn- und Verlustrechnung) in das erste Planjahr für jede Position

7.12 Beschreibung der Maßnahmen zur Berücksichtigung von Unsicherheiten in der Planung (z.B. Chancenzuschläge/Risikoabschläge, Erstellung von Alternativplänen, Ermittlung von Bandbreiten für die Plandaten, Wahrscheinlichkeiten)

8 Sonstiges

8.1 Versicherungen

8.1.1 Liste aller vorhandenen Versicherungspolicen jeweils mit Angaben zu
(i) Art der Versicherung
(ii) jährlichen Prämien
(iii) Stichtagen für Vertragsverlängerungen
(iv) Deckungssummen

8.1.2 Angaben über alle sensiblen Geschäftsbereiche, die eine besondere Versicherung erfordern

8.1.3 Aufstellung über ausstehende oder drohende Ansprüche gegenüber der Gesellschaft und Umstände, die Ansprüche auslösen können

8.1.4 Liste über Versicherungsansprüche aus den letzten drei Jahren

8.2 Produkthaftung

8.2.1 Schriftliche Einschätzung des Managements zum Produkthaftungsrisiko

8.2.2 Auflistung sämtlicher Umstände, die künftig zu einer Haftung in Bezug auf Produkte der Gesellschaft führen können

8.2.3 Darstellung der Maßnahmen, die bzgl. Produkthaftungsrisiken im Rahmen des Risikomanagements vorgenommen werden (Häufigkeit der Anpassung an veränderte Umfeldbedingungen; ergriffene Maßnahmen zur Risikoanalyse und Risikobewältigung)

8.3 Finanzielle Belastungen aus Umweltschutz und -risiken

8.3.1 Aufstellung erwarteter Aufwendungen/Kosten aus Auswirkungen neuer/beabsichtigter Vorschriften/Umweltschutzauflagen etc.

8.3.2 Auflistung der Rückstellungen für Umweltrisiken in den letzten drei Jahren unter Angabe der tatsächlichen Inanspruchnahme.

8.3.3 Darstellung der Maßnahmen, die bzgl. Umweltrisiken im Rahmen des Risikomanagements vorgenommen werden (Häufigkeit der Anpassung an veränderte Umfeldbedingungen; ergriffene Maßnahmen zur Risikoanalyse und Risikobewältigung)

8.4 Wichtige Aspekte der Geschäftsentwicklung in den letzten 18 Monaten

8.4.1 Beschreibung wesentlicher Änderungen der Wirtschaftlichkeit/Erfolgsaussichten der Gesellschaft

8.4.2 Angaben über Umstände, die einen wesentlichen Einfluss auf die Gesellschaft haben können (z.B. Unterbrechungen, Strukturveränderungen, Umfangsänderungen des Geschäfts) und Angaben darüber, ob diese Umstände auch Einfluss auf ähnliche Geschäfte haben

8.5 Weitere potenzielle Risiken

8.5.1 Aufstellung aller wesentlicher finanziellen Belastungen (z.B. stille Beteiligung, Zusagen etc.) für die Gesellschaft, die von dieser Liste nicht erfasst sind

9 Steuern

9.1 Kopien der Steuererklärungen und Änderungserklärungen der Gruppengesellschaften (jeweils einschließlich Anlagen) sowie der Steuerbescheide (einschließlich Vorauszahlungsbescheide, Steueranmeldungen,

Bescheide über einheitliche und gesonderte Gewinnfeststellungen) der letzten fünf Jahre zu

- **9.1.1** Einkommen- oder Körperschaftsteuer
- **9.1.2** Kapitalertragsteuer
- **9.1.3** Lohnsteuer
- **9.1.4** Gewerbesteuer
- **9.1.5** Umsatzsteuer
- **9.1.6** Grunderwerbsteuer
- **9.1.7** Grundsteuer
- **9.1.8** anderen relevanten Steuern

9.2 Stand der Arbeiten für die noch offenen Steuererklärungen und -anmeldungen und ggf. Vorlage von Entwurfsfassungen; Abgabetermine sowie beantragte Fristverlängerungen

9.3 Tabellarische Übersicht zu allen unbeglichenen Steuerschulden sowie Zinsen mit Angabe der Art der geplanten Erfüllung (Zahlung, Aufrechnung, in Aussicht stehender Erlass, ggf. Verjährung)

9.4 Bilanzen und Bilanzierung

- **9.4.1** Steuerbilanzen der letzten fünf Geschäftsjahre mit Erläuterung der Unterschiede zwischen Handels- und Steuerbilanz sowie Ergänzungs- und Sonderbilanzen
- **9.4.2** Übersicht über die Abschreibungsgrundsätze (Abschreibungsmethode, Nutzungsdauern mit Angabe von handels- und steuerrechtlichen Abweichungen)
- **9.4.3** Dokumentation zu vorgenommenen Teilwertabschreibungen sowie zu unterlassenen und vorgenommenen Wertaufholungen in den Folgejahren
- **9.4.4** Angaben zu nach dem letzten Bilanzstichtag ausgezahlten oder beschlossenen Dividenden/anderen Ausschüttungen
- **9.4.5** Unterlagen zur Steuerplanung der Gesellschaft

9.5 Berichte über Betriebsprüfungen sowie die daraufhin ergangenen Steuerbescheide

9.6 Schriftwechsel mit der Finanzverwaltung zu Rechtsbehelfsverfahren, Klageverfahren, Steuerstrafverfahren sowie Schriftwechsel zu verbindlichen Auskünften

9.7 Sonstige Vereinbarungen mit der Finanzverwaltung über bestimmte steuerrelevante Sachverhalte (z.B. Besprechungsprotokolle, Telefonnotizen, interne Vermerke)

9.8 Wesentliche Verträge und sonstige Vereinbarungen mit Gesellschaftern und verbundenen Unternehmen bzw. nahestehenden Personen:

- **9.8.1** Beherrschungs- und Gewinnabführungsverträge

9.8.2 Angaben zu Forderungsverzichten und zu anderen (offenen und verdeckten) Zuwendungen von Gesellschaftern, anderen Gruppengesellschaftern sowie von fremden Dritten mit Angaben zur Werthaltigkeit der entsprechenden Forderungen und ggf. vorliegenden Besserungsvereinbarungen

9.8.3 Rangrücktrittserklärungen

9.8.4 Kostenumlagevereinbarungen

9.8.5 Vereinbarungen über gruppeninterne Liefer- und Leistungsbeziehungen, Einlagen und Ausschüttungen sowie Verrechnungspreisdokumentation

9.9 Übersicht über bestehende bzw. ehemalige Organschaften für Körperschaft-, Gewerbe- und Umsatzsteuer der letzten fünf Jahre

9.10 Verlustvorträge

9.10.1 Darstellung der Entwicklung der Verlustvorträge (Körperschaft- und Gewerbesteuer) in den letzen zehn Jahren

9.10.2 Aufstellung über Anteilsübertragungen und Kapitalerhöhungen nach Eintritt der Verlustsituation sowie Betriebsvermögenszuführungen

9.10.3 Angaben zur Änderung des Umfangs des Geschäftsbetriebs (Art, Umfang, Zahl der Arbeitnehmer, Zusammensetzung des Aktivvermögens) seit Eintritt der Verlustsituation

9.11 Darstellung der Entwicklung der Kapitalkonten der Gesellschafter unter Berücksichtigung von Gewinnen/Verlusten, Entnahmen sowie (offenen und verdeckten) Einlagen der letzten fünf Jahre

9.12 Angaben zu unentgeltlichen Übertragungen von Wirtschaftsgütern oder Übertragungen gegen Gewährung bzw. Minderung von Gesellschaftsrechten

9.13 Angaben zu bestehenden Betriebsaufspaltungen (Gesellschaft als Besitz- oder Betriebsunternehmen) oder zur Übertragung einzelner Wirtschaftsgüter im Rahmen einer Realteilung

9.14 Subventionen und Steuervergünstigungen

9.14.1 Übersicht zu von der Gesellschaft in Anspruch genommenen Subventionen und Steuervergünstigungen (z.B. Investitionszulagen, Investitionszuschüsse, Sonderabschreibungen) sowie Angaben zu möglichen Verletzungen von Voraussetzungen nach Gewährung dieser Vergünstigungen

9.14.2 Angaben zu beantragten bzw. in Anspruch genommenen EG-Beihilfen

9.15 Grunderwerbsteuer

9.15.1 Angaben zu Änderungen von direkten bzw. indirekten Beteiligungsverhältnissen im In- und Ausland sowie zu Treuhandverhältnissen

9.15.2 Angaben zu nicht versteuerten Grundstücksübertragungen

9.16 Umsatzsteuer

9.16.1 Angaben zur Option von steuerfreien zu steuerpflichtigen Umsätzen

9.16.2 Angaben zur Aufteilung von Vorsteuerbeträgen bei steuerpflichtigen und steuerfreien Umsätzen (§ 15 Abs. 4 UStG)

9.16.3 Angaben zu umsatzsteuerfreien und zu unentgeltlichen Übertragungen von Wirtschaftsgütern innerhalb der Gruppe

Literaturverzeichnis

Kapitel 1

Bauer, A./Traugott, R.: Vorteile durch integrierte Due Diligence – Reibungsverluste vermeiden, in: *Venture Capital Magazin*, 12/2003, S. 16 f.

Bayerke, R.: Die Financial Due Diligence als Bestandteil einer Unternehmensanalyse, in: *Betriebswirtschaftliche Mandantenbetreuung*, 1/2004, S. 18 bis 25

Berens, W./Brauner, H. U./Strauch, J. (Hrsg.): *Due Diligence bei Unternehmensakquisitionen*, 4. Auflage, 2005

Deutscher Corporate Governance Kodex (DCGK) i.d.F. vom 12. Juni 2006

Emittentenleitfaden BaFin i.d.F. vom 15. Juli 2006, Tz. III 2.2.1.4.2.

Fromm-Russenschuck, V./Banerjea, N. R.: Die Zulässigkeit des Handels mit Insiderpapieren nach Durchführung einer Due Diligence-Prüfung, in: *Betriebs-Berater*, 45/2004, S. 2425 bis 2428

Hölters, W.: *Handbuch des Unternehmens- und Beteiligungskaufs: Grundfragen, Bewertung, Finanzierung, Steuerrecht, Arbeitsrecht, Vertragsrecht, Kartellrecht, Börsenrecht, Insolvenzrecht, Internationales Recht, Vertragsbeispiele*; 6. Auflage, Köln 2005

Holzapfel, H.-J./Pöllath, R.: *Unternehmenskauf in Recht und Praxis: rechtliche und steuerliche Aspekte*, 12. Auflage, München 2005

Kiethe, K.: Vorstandshaftung aufgrund fehlerhafter Due Diligence beim Unternehmenskauf, in: *NZG*, 20/1999, S. 976 bis 983

Merkt, H.: Rechtliche Bedeutung der »due diligence« beim Unternehmenskauf, in: *WIB* 4/1996, S. 145 bis 150

Picot, G. (Hrsg.): *Unternehmenskauf und Restrukturierung*, 3. Auflage, München 2004

Picot, G.: *Handbuch Mergers & Acquisitions*, 3. Auflage, Stuttgart 2005.

Schneider, I.: Unternehmenserwerb mit Informationen aus einer Due Diligence kein strafbarer Insiderhandel, in: *Der Betrieb*, 49/2005, S. 2678 bis 2681

Tigges, M.: Due Diligence und Gewährleistung im Unternehmenskauf, in: *Finanzbetrieb*, 2/2005, S. 95 bis 106

Werner, R.: Haftungsrisiken bei Unternehmensakquisitionen: die Pflicht des Vorstands zur Due Diligence, in: *ZIP*, 23/2000, S. 989 bis 996

Ziemons, H.: Neuerungen im Insiderrecht und bei der Ad-hoc-Publizität durch die Marktmissbrauchsrichtlinie und das Gesetz zur Verbesserung des Anlegerschutzes, in: *NZG*, 12/2004, S. 537 bis 543

Kapitel 2

Ballwieser, W.: *IFRS-Rechnungslegung*, München 2006

Ballwieser, W./Beyer, S./Zelger, H. (Hrsg.): *Unternehmenskauf nach IFRS und US-GAAP*, Stuttgart 2005 (insb. Kuhner, C., Die Zielsetzungen von IFRS, US-GAAP und HGB und deren Konsequenzen für die Abbildung von Unternehmenskäufen, S. 1–30)

Coenenberg, A.G.: *Jahresabschluss und Jahresabschlussanalyse*, 20. Auflage, Stuttgart 2005 (insb. 1.–10. und 13. Kapitel)

Fischer, T.M./Klöpfer, E., Bilanzpolitik nach IFRS: Sind die IFRS objektiver als das HGB?, in: *Kapitalmarktorientierte Rechnungslegung* (KoR) 2006, S. 709–719

IDW (Hrsg.): *WP-Handbuch 2006*, Band I (insb. Abschnitte E, F, M, N, O)

Handbuch Financial Due Diligence. Luise Hölscher, Anke Nestler und Ralf Otto

ISBN 978-3-527-50295-0

Noack, U.: Das EHUG ist beschlossen – elektronische Handels- und Unternehmensregister ab 2007, in: *Neue Zeitschrift für Gesellschaftsrecht* (NZG) 2006, S. 801–806

Scheffler, W.: *Besteuerung von Unternehmen*, Band II: Steuerbilanz und Vermögensaufstellung, 4. Auflage, Heidelberg 2006 (insb. 1. Teil)

Schlotter, J.N.: Das EHUG ist in Kraft getreten: Das Recht der Unternehmenspublizität hat eine neue Grundlage, in: *Betriebs-Berater* (BB) 2007, S. 1–5

Kapitel 3

Ballwieser, W. et. al. (Hrsg.): *Handwörterbuch der Rechnungslegung und Prüfung*, 3. Auflage, Stuttgart 2002

Ballwieser, W.: *IFRS-Rechnungslegung*, München 2006

Ballwieser, W./Beine, F./Hayn, S. u.a. (Hrsg.): Kommentar zur internationalen Rechnungslegung nach *IFRS 2007*, 3. Auflage, Weinheim 2007

Born, K.: *Rechnungslegung international*, 5. Auflage, Stuttgart 2007

Buchholz, R.: *Internationale Rechnungslegung*, 6. Auflage, Berlin 2007

Coenenberg, A. G.: *Jahresabschluss und Jahresabschlussanalyse*, 20. Auflage, Stuttgart 2008 (insbes.14.-17. Kapitel)

Eckes, B. et. al.: *Bilanzanalyse-Kommentar nach IFRS*, Heidelberg 2006

Grünberger, D.: *IAS/IFRS 2007*, 5. Auflage, Münster 2006

Hommel, M./Rammert, S.: *IFRS-Bilanzanalyse case by case*, Stuttgart 2006

IDW (Hrsg.): *WP-Handbuch 2002*, Band II, 12. Auflage, Düsseldorf 2002 (insb. Abschnitt O)

IDW (Hrsg.): *WP-Handbuch 2006*, Band I, 13. Auflage, Düsseldorf 2006 (insb. Abschnitt R)

Kasperzak, R./Nestler, A.: »Zur Berücksichtigung des Tax Amortization Benefit bei der Fair Value-Ermittlung immaterieller Vermögenswerte nach IFRS 3«, in: *DB 2007*, S. 473–478

Kirsch, H.: *Finanz- und erfolgswirtschaftliche Jahresabschlussanalyse nach IFRS*, 2. Auflage, München 2006

Kuhn, S./Scharpf, P.: *Rechnungslegung von Financial Instruments nach IFRS*, 3. Auflage, Stuttgart 2006 (insb. Kapitel 9)

Küting, K./Weber, C.-P.: *Die Bilanzanalyse – Beurteilung von Abschlüssen nach HGB und IFRS*, 8. Auflage, Stuttgart 2006 (insb. 3. Abschnitt)

Meyer, M. A.: *Cashflow-Reporting und Cashflow-Analyse*, Düsseldorf 2007

Nobach, K.: *Bedeutung der IAS/IFRS für die Bilanzpolitik deutscher Unternehmen*, Herne/Berlin 2006

Scherrer, G.: *Konzernrechnungslegung nach HGB und IFRS*, 2. Auflage, München 2006

Wohlgemuth, F.: *IFRS: Bilanzpolitik und Bilanzanalyse*, Berlin 2006

Kapitel 4

Bednarczyk, T./Golla, S./Klandt, H.: Berücksichtigung von Unsicherheiten bei der Business Plan-Erstellung, in: *FB*, 1/2006, S. 56 ff.

Brühl, V.: Analyse des Umsatzrisikos in der Due Diligence, in: *M&A Review*, 10/2002, S. 425 ff.

Burger, C. (Hrsg.): Der Business-Plan in der Praxis, Stuttgart, 2002

Coenenberg, A. G.: *Jahresabschluss und Jahresabschlussanalyse – Betriebswirtschaftliche, handelsrechtliche, steuerrechtliche und internationale Grundsätze – HGB, IFRS und US-GAAP*, 20. Auflage, Stuttgart, 2005

Erichsen, J.: Leitfaden für die Erstellung eines Businessplans, *BBB*, 1/2005, S. 21 ff.

Fuhr, A.: *Die Prüfung der Unternehmensplanung*, Düsseldorf, 2003

Hofmeister, R.: *Der Businessplan*, 3. Auflage, Frankfurt/Wien, 2003

Koch, W./Wegmann, J.: *Praktiker Handbuch Due Diligence – Analyse mittelständischer Unternehmen*, 2. Auflage, Stuttgart, 2002

Küting, K./Weber, C. P.: *Die Bilanzanalyse – Beurteilung von Abschlüssen nach HGB und IFRS*, 8. Auflage, Stuttgart, 2006 (insb. 3. Abschnitt)

Peemöller, V. H. (Hrsg.): *Praxishandbuch der Unternehmensbewertung*, 3. Auflage, Berlin, 2005
Wirtschaftsprüfer-Handbuch: 2002, Band I und II, 12. Auflage, Düsseldorf

Kapitel 5

Beck: *Beck'sches IFRS-Handbuch*, 2. Auflage, München 2006
IDW (Hrsg.): *WP-Handbuch 2002*, Band II, 12. Auflage, Düsseldorf 2002 (insb. Abschnitt O)
IDW (Hrsg.): *WP-Handbuch 2006*, Band I, Düsseldorf 2006 (insb. Abschnitt R)
Schwarz, C.: Derivative Finanzinstrumente und hedge accounting, Berlin 2006

Kapitel 6

Barthel, C. W.: Unternehmenswert: Grundlagen und Varianten des Umsatzverfahrens, in: *Deutsches Steuerrecht*, 1996, S. 1458–1464
Barthel, C. W.: Unternehmenswert: Theoretische Fundierung des Umsatzverfahrens, in: *Deutsches Steuerrecht*, 1996, S. 1701–1707
Bausch, P./Pape, U.: Ermittlung von Restwerten – eine vergleichende Gegenüberstellung von Ausstiegs- und Fortführungswerten, in: *Finanz Betrieb* 2005, S. 474–484
Behringer, S.: Earn-out-Klauseln bei Unternehmensakquisitionen, *UM* 7/2004, S. 245 ff.
Berger, K. P./Filgut, E.: Material-Adverse-Change-Klauseln in Wertpapiererwerbs- und Übernahmeangebote, in: *WM*, 6/2005, S.253–260
Brösel, G./Hauttmann, R.: Einsatz von Unternehmensbewertungsverfahren zur Bestimmung von Konzessionsgrenzen sowie in Verhandlungssituationen, in: *Finanz Betrieb* 2007, S. 223–238
Bruski, J.: Kaufpreisbemessung und Kaufpreisanpassung im Unternehmenskaufvertrag, in: Betriebs-Berater 2005, Special zu Heft 30/2005
Buchner, R./Englert, J.: Die Bewertung von Unternehmen auf der Basis des Unternehmensvergleichs, in: *Betriebs-Berater* 1994, S. 1573–1580
Buermeyer, I. Bedingungen in öffentlichen Übernahmeangeboten, insbesondere Material-Adverse-Change-Klausel, Frankfurt am Main, 2006
Fleischer, H./Körber, T.: Due Diligence und Gewährleistung beim Unternehmenskauf, in: *BB*, 17/2001, S. 841–849
Goehr, M./Kupke, T.: Der Kapitalisierungszins im Rahmen der Unternehmensbewertung, in: *Betriebswirtschaftliche Mandantenbetreuung* Sonderheft 2006, S. 7–14
Hilgard, M.: Cash-free/Debt-free-Klauseln beim Unternehmenskauf, in: *DB*, 10/2007, S. 559–564
Hölscher, L.: *Käuferbezogene Unternehmensbewertung*, Frankfurt a.M. u.a. 1998
Hölters, W.: Handbuch des Unternehmens- und Beteiligungskaufs: Grundfragen, Bewertung, Finanzierung, Steuerrecht, Arbeitsrecht, Vertragsrecht, Kartellrecht, Börsenrecht, Insolvenzrecht, Internationales Recht, Vertragsbeispiel, 6. Auflage, 2005
Holzapfel, H.-J./Pöllath, R.: Unternehmenskauf in Recht und Praxis: rechtliche und steuerliche Aspekte, 12. Auflage, 2005
IDW (Hrsg.): IDW Standard 1: Grundsätze zur Durchführung von Unternehmensbewertungen (IDW S 1), in: *Die Wirtschaftsprüfung* 2005, S. 1303–1321
IDW (Hrsg.): *Wirtschaftsprüfer-Handbuch 2002*, Band II, 12. Auflage, Düsseldorf 2002 (insb. Abschnitt A)
Kästle, M.: Rechtsfragen der Verwendung von Covenants in Kreditverträgen, Berlin, 2003
Käuferorientierte Unternehmensbewertung, Frankfurt u.a. 1998
Kiethe, K.: Vorstandshaftung aufgrund fehlerhafter Due Diligence beim Unternehmenskauf, in: *NZG*, 20/1999, S. 976–983
Kraus, P./Wende, V.: Entwicklung von Multiplikatoren, *O&R Corporate Finance Bulletin Special*, Dezember 2003
Lappe, T./Schmitt, A.: Risikoverteilung beim Unternehmenskauf durch Stichtagsregelung, in: *DB*, 03/2007, S. 153–157
Loges, R.:, Der Einfluss der »Due Diligence« auf die Rechtsstellung des Käufers eines Unternehmens, in: *DB*, 19/1997, S. 965–969

Maehrle, H./Friedrich, M./Jaslowitzer, S.: Bewertung junger High Tech-Unternehmen, in: *Finanz Betrieb* 2005, S. 834–839
Nestler, A./Essler, W.: Die Bewertung von Unternehmen anhand der Multiplikatormethode, in: *Betriebswirtschaftliche Mandantenbetreuung* Sonderheft 2006, S. 1–6
Nestler, A./Kupke, T.: Die Bewertung von Unternehmen mit dem Discounted Cash Flow-Verfahren, in: *Betriebswirtschaftliche Mandantenbetreuung* Sonderheft 2006, S. 15–22
Peemöller, V. (Hrsg.): Praxishandbuch der Unternehmensbewertung, 3. Auflage, 2005.
Picot, G. (Hrsg.): *Unternehmenskauf und Restrukturierung*, 3. Auflage, 2004
Picot, G.,:Due Diligence und privatrechtliches Haftungssystem, S. 313–346, in: Berens, Wolfgang/ Brauner, Hans U./ Strauch, Joachim (Hrsg.), *Due Diligence bei Unternehmensakquisitionen*, 4. Auflage, 2005
Picot, G./Duggal, R.: Unternehmenskauf: Schutz vor wesentlich nachteiligen Veränderungen der Grundlagen der Transaktion durch sog. MAC-Klauseln, in: *DB*, 49/2003, S. 2635–2642
Praxmarer, S.: Unternehmensbewertung in der Praxis, in: *Wirtschaftswissenschaftliches Studium* 2005, S. 229–232
Richter, F.: Valuation with or without personal income taxes? in: *Schmalenbach Business Review 2004*, S. 20–45
Storck, C. A.: Sorgfaltspflicht zur Durchführung einer Due Diligence für den Vorstand einer AG, in: *FinanzBetrieb* 5/2004, S. 363–368
Tigges, M.: Due Diligence und Gewährleistung im Unternehmenskauf, in: *FinanzBetrieb*, 2/2005, S. 95–106
Triebel, V./Hölzle, G.: Schuldrechtsreform und Unternehmenskaufverträge, in: *BB*, 11/2002, S. 521–537
Volk, G.: Qualitative Aspekte der Unternehmensbewertung, in: *Deutsches Steuerrecht 2005*, S. 752–758
Von Braunschweig, P.: Variable Kaufpreisklauseln in Unternehmenskaufverträgen, *DB*, 2002, S. 1815 ff.
Werner, R.: Haftungsrisiken bei Unternehmensakquisitionen: die Pflicht des Vorstands zur Due Diligence, in: *ZIP*, 23/2000, S. 989–996

Stichwortverzeichnis

Handbuch Financial Due Diligence. Luise Hölscher, Anke Nestler und Ralf Otto

ISBN 978-3-527-50295-0